南京大学青年历史学人书系

1937

抗日战争期间中日间的宣传战

（1937~1945）

1945

A Propaganda Warfare between China and Japan during the War of Resistance against Japan, 1937-1945

翟意安　著

社会科学文献出版社
SOCIAL SCIENCES ACADEMIC PRESS (CHINA)

目　录

绪　论

一　宣传战源流

所谓宣传，乃是宣传者为使受众形成预期意识倾向而进行的信息传递活动。宣传活动在人类文明发展史中源远流长。《三国志·蜀书·彭羕传》中有“先主（刘备——引者注）亦以为奇，数令羕宣传军事，指授诸将，奉使称意，识遇日加”句，[①] 可见中国东汉末年已将“宣”、“传”两字合用。而现代意义上的“宣传”一词，则源于1622年罗马天主教皇格列高利十五世创立的“信仰宣传委员会”（Congregation for Propaganding the Faith），当时该会简称为Propaganda，意思是通过传教士使用各种文字、语言符号传播教义。propaganda一词的广泛运用，是在18世纪下半叶美国反殖民主义的革命和法国资产阶级革命时期。中国在戊戌维新和辛亥革命时期，“宣传”一词已广为人知，其意义本此。

而“宣传”之所以被称为“战”，则与第一次世界大战有着直接而密切的关系。在这次世界大战中，宣传得到参战国的普遍重视和广泛应用，当时英、法、德、美等参战国利用各种宣传手法来鼓动本国民众、诋毁敌人、拉拢中立国和盟友，其涉及范围之广泛、手段之无所不用其极，达到了史无前例的地步。美国人拉斯维尔以此为基础，撰写出了被称为传播学奠基之作的《世界大战中的宣传技巧》，并在书中对宣传在现代战争中的作用和影响给予很高的评价：“现代战争必须在三个战线展开，军事战

① 《三国志·蜀书》，中华书局，1992，第995页。

线、经济战线和宣传战线。”① 一战后，宣传在战争中的应用日益受到世界各国的重视。也是自此发端，propaganda 一词在西方语境中成为一个充满贬义的词语，往往带有“欺骗”、“不义”、“撒谎”等负面意义。

拉斯维尔所谓宣传战，是国与国之间在舆论宣传方面针锋相对的较量。宣传的对象包括本国民众、敌国民众和中立国民众。对于本国民众，一方面是宣传本方作战的正义性及本方力量的强大，强化本方必然胜利的信念，另一方面是反击敌国的针对性宣传。对于敌国民众，是宣传其作战的非正义性，强化其失败不可避免的观点。对于中立国民众，则是强调其与本方的友好交往，争取其支持本方。这种研究模式，力避对研究对象的主观化研判，争取理性、客观地叙述历史，接近历史真相，对于获得令人信服的研究结论无疑是大有裨益的。

二　宣传战与中国抗战（1937～1945）

就抗战时期中国和日本之间的宣传战而言，这种研究模式也具有重要的参照意义。当时的中日两国，都非常重视宣传战。日本在一战后，逐步设立了包括陆军省新闻班、海军省海军军事普及委员会、外务省情报部和文化事业部、铁道省国际观光局以及后来集大成的内阁情报委员会（后逐步扩编为内阁情报部、内阁情报局）等机构来进行宣传战。内阁情报局编订的关于内阁情报委员会的成立史中，也反复强调两个所谓的历史事实，即“德意志之所以在世界大战中失败，其于宣传战中的失利，堪称最大原因之一。而我国在满洲事变发生时，在国际上处于孤立状态，也是因为在对外宣传上的表现远比中国拙劣”。②

正是基于这种体认，日本政府之于宣传战，无论是对内还是对外，都煞费苦心。七七事变爆发后数月，日本政府宣称：“近来我国内外局势日益复杂化，此诚国民上下一致，克服时艰，共期国运发展之秋也。当此时

---

① 〔美〕哈罗德·D. 拉斯维尔：《世界大战中的宣传技巧》，张洁、田青译，中国人民大学出版社，2003，第 173 页。

② 内閣情報部「情報宣伝と内閣情報部」（昭和 12 年）、萩野富士夫編「情報局関係極秘資料」第 8 巻、不二出版社、2003、第 2 頁。“满洲事变”即九一八事变。

期，欲遂行国策，于广收信息而予以公正客观之探讨及取舍之际，乃须使国民正确认识当今局势，培育健全而积极之社会舆论，从而使国家政治生活得以在国民充分理解之基础上堂堂正正开展。而在对外方面，为增进国际社会对我国之理解，则必须将帝国之真正意图晓彻世界各地。换言之，今日实为我国最为重要之时刻，内外信息之传播，不可有丝毫偏差。”①

日本政府所谓“培育健全而积极之社会舆论”，其实是“思想专制”的另一种提法，不过美其名曰“思想监督”而已。这与20世纪30年代以后日本社会主流意识形态日渐法西斯化、对外扩张的欲望日趋狂热的整体气氛是相吻合的。这其中，日本政府的积极引导起了很大作用，比如内阁情报委员会的成立。按照惯例，委员会的设立，大都冠以“由某某大臣监管”的注脚。而内阁情报委员会从成立起就隶属于首相，受其监管，足见日本政府对其重视程度之高。抗战全面爆发后，日本又在中国成立“宣抚班”等机构进行针对中国民众的宣传，并借助“新民会”等汉奸傀儡组织对中国民众进行奴化宣传，试图消解中国民众的抗战意识。以常理揆之，抗战期间日本的对华宣传，乃是刺刀下的宣传，宣传者与受众之间是根本对立的。研究表明，人们常常把距离自己远的观点，评价为比实际上更远的观点，对其采取回避态度；而对于接近他们立场的信息，会认为比实际上更加接近自己的观点，甚至认为与自己的观点完全相同。即所谓“相近观点的相同评价规律”和“相距较远观点的不同评价规律”。由于近代日本的对华侵略及中国民族主义运动的兴起，一般而言，多数中国民众更容易接受抗日的主张而排斥日本的对华宣传。这是日本对华宣传中不可克服的根本性矛盾。

然而，中国的特殊国情又使日本在对华宣传中有机可乘。根据拉斯维尔的定义，宣传“仅仅指通过重要的符号，或者更具体但是不那么准确地说，就是通过故事、谣言、报道、图片以及社会传播的其他形式，来控制意见。宣传关注的是通过直接操纵社会暗示，而不是通过改变环境中或

① 内閣情報部「情報宣伝と内閣情報部」（昭和12年）、荻野富士夫編「情報局関係極秘資料」第8巻、第2頁。

者有机体中的其他条件，来控制公众舆论和态度”。[①] 宣传并不像新闻那样追求内容的真实性。而作为侵略者，抗战期间日本人在中国进行的宣传战，多借助欺瞒、谣言等不义手法。宣传战的目的不单是向受众传播信息，更主要的是要影响受众对现实客体的“定势”，进而影响他们的理论活动和实践活动的内容、方向。所谓“定势”，乃是指主体状态的模式对以后心理活动趋向的制约性。苏联心理学家乌兹纳捷认为，定势不是主体的什么具体“心理体验”，而是主体状态的模式，即主体对某种体验的准备性、倾向性。也就是说，由一定心理活动所形成的准备状态，决定同类后继心理活动的趋势。[②] 定势是在直接需要和具体环境的作用下产生的，并且是在人本身还没有意识到这一点时引起相应行为的。定势的形成，可以晓以大义，可以百般引导，也可以威逼之、利诱之。众生百态，环境各异，掌宣传者欲改变其思想或定势，自不能不因势施为。近代的中国社会中，民族主义与帝国主义的矛盾并非唯一的社会矛盾，中央与地方矛盾、国共矛盾、阶级矛盾等也交替作用，使中国社会呈现错综复杂的局面。即便所谓民族主义与帝国主义的矛盾，亦有中日、中欧、中美的分别。凡此种种，均成为日本对华宣传中的可乘之机。

三 宣传战之组织

日本是最早关注宣传战在一战中的运用的东方国家之一，比较早地建立了本国负责宣传战的机构，如20世纪早期的陆军省新闻班（后改为陆军省情报部）、外务省情报部及海军省海军军事普及委员会等。九一八事变后，日本政府和军部为了统合日本国内媒体的宣传口径以配合其对外扩张政策，千方百计促成日本国内最大的两家通讯社日本新闻联合社和日本电报通讯社（即今“电通”前身）及日本多家报社、电台等单位的合并，于1936年1月成立了代表日本政府发声的同盟通讯社（简称“同盟社”）。该社也成为二战时期世界上最有影响力的通讯社之

① 〔美〕哈罗德·D. 拉斯维尔：《世界大战中的宣传技巧》，第22页。

② 〔苏〕肖·阿·纳奇拉什维里：《宣传心理学》，金初高译，新华出版社，1984，“中译本序言”。

一。同年 7 月，日本政府设置专门的官方机构内阁情报委员会作为管理和指导日本国内外宣传工作的机构，实际上形成了内阁情报委员会、陆军省情报部、海军省海军军事普及委员会和内务省共同负责日本国内外宣传工作的格局，并一直延续至二战结束。

在日本，宣传战一般被称为“思想战”，它是作为包括军事战、经济战和“思想战”在内的日本人所谓“整体战”的一个组成部分而存在的。在被日本占领的中国各沦陷区，除了情报委员会等中央机构及其分布在日本国内外的下属机构，日伪政权也有一整套发动“思想战”的公私机构（如日军“宣抚班”以及“新民会”等汉奸组织），用于进行本地化的宣传。

中国方面的对日宣传由南京国民政府主导，在全国抗日统一战线的旗帜下进行。而在抗战全面爆发之前，一方面出于对民众运动的恐惧，另一方面出于“攘外必先安内”的考量，南京国民政府对于中国民众宣传抗日的活动以压制为主。即便在七七事变之后，南京国民政府着手组建国际宣传处进行对外宣传，政府中亦多有对宣传不置可否乃至不屑一顾者，以至于从事对外宣传的国际宣传处处长曾虚白抱怨道：“那时候的中央政府官员大都不了解公共关系的重要，谁也不愿意挑上发布新闻和招待记者这副重担，我们向各方面接洽，所得的答复差不多是一样的：当前应付作战的业务这样重要，实无余力来应付这些不重要的宣传工作。他们不知道，在战时，一个紧急应战的国家，宣传这套武器跟飞机、坦克一样重要。我们抗战初期，从南京到武汉，永远在把这些宣传价值论说服同寅的困扰中挣扎着。”①

对外宣传尚且如此，对内宣传更是备受冷落和压制。在那个闻“共产”则变色的年代，大抵所有民众运动在国民党人眼中都有“赤化”的嫌疑，蒋介石的心腹刘健群在一次中央委员谈话会上对此做了露骨的自白，他说：“对付民众运动，最好是用打狗棒主义。什么是打狗棒主义呢？就是由宣传部订许多条款、规则，谁要发起民众运动，就叫他先立

---

① 曾虚白：《曾虚白自传》（上），台北，联经出版事业股份公司，1988，第 189 ~ 191 页。

案，说他某处不合格，一推两推一年就下去了，这不是最好的办法么？假如我们不用这个办法，这个也来民众运动，那个也来民众运动，那就如同把打狗棒放下了，狗来咬你，还受得了么？"①

在这种极端敌视普罗大众的心态下，国民政府的官老爷能够放下架子，推心置腹地向老百姓宣传抗日，显然是难以想象的。然而随着日本对华侵略的步步紧逼，社会各界要求团结抗日的呼声日益高涨，国民党政权不得不顺应民意，联合中国共产党，团结社会各界精英，组建政治部第三厅，积极宣传抗日，在对内和对外宣传方面做了很多成效显著的工作，堪称国共合作的典范。②

在包括对日宣传的国际宣传方面，国民政府国际宣传处发挥了至关重要的作用。国际宣传处成立于1937年11月，其设立的初衷在于改善中国在国际舆论中的不利处境，为中国抗战争取国际支持。国际宣传处的工作分国内部分和国外部分，国内部分主要是为驻国统区外国记者提供采访的便利（包括采写、编撰英文新闻资讯寄送国内外记者或机构，接待外国友人，进行对外广播，撰写对敌宣传资料以及审核外国记者稿件，等等），国外部分则是在欧美等地设立分支机构进行对外宣传等。③

另外，当时国统区的各大公私报纸和杂志如《中央日报》、《大公报》和《东方杂志》等，在对日舆论宣传方面也做了很多工作。④其他诸如宋

---

① 冯玉祥：《我所认识的蒋介石》，中国青年出版社，2015，第80页。

② 关于政治部第三厅，参见阳翰笙《第三厅——国统区抗日民族统一战线的一个战斗堡垒》（一）（二）（三），《新文学史料》1980年第4期、1981年第1期、1981年第2期；崔莹：《抗战初期的国民政府军事委员会政治部第三厅》，《历史档案》1989年第3期；谢增寿：《论国民政府军委政治部第三厅的起落——为纪念抗日战争爆发五十周年而作》，《南充师院学报》（哲学社会科学版）1987年第3期；徐行：《周恩来与抗战初期的政治部第三厅》，《南开学报》（哲学社会科学版）2005年第4期；周韬、李彩素：《论中国共产党与抗战时期的国民政府政治部第三厅》，《湖南科技大学学报》（社会科学版）2010年第2期；蔡震：《从文献史料看郭沫若主政三厅始末》，《新文学史料》2012年第3期；钱远铎：《我所了解的政治部第三厅》，《武汉文史资料》2015年第3期。

③ 参见董显光《董显光自传：一个中国农夫的自述》，曾虚白译，台北，新生报出版部，1984；曾虚白：《曾虚白自传》（上）。

④ 参见闫妮《抗战时期国民政府对敌舆论宣传研究（1937～1945）》，硕士学位论文，湘潭大学，2013。

美龄的对美外交活动，宋庆龄、陶行知、张彭春等社会名流以及红十字会、各宗教团体和华侨团体等的民间外交活动，也在中国的战时宣传方面做出了杰出的贡献。[①]

而在华北地区，主要是中国共产党领导下的各敌后根据地民众进行对敌宣传战的工作。中国共产党从建立之日起就非常重视宣传工作。抗战爆发后，中共着力在国民党势力相对薄弱的华北（主要在农村）发展力量，很好地在华北农村传播了中共的抗日主张，扩大了自身的影响力，并立足华北，开展针对日伪的敌军工作。

中共在宣传问题上，经历了过“左”、过右，最终回归理性的发展阶段。在建党初期，存在“宣传更重于组织”的问题，如恽代英1925年7月25日在《怎样做一个宣传家》一文中写道：“我们怎样改造世界呢？我们靠宣传工作，靠一张嘴、一支笔，宣传那些应当要求改造世界的人起来学我们一同改造世界；我们要宣传到使勇敢的人起来帮助我们宣传，我们要宣传到怯弱的人都了解而赞助我们的主张，我们要宣传到一切被压迫的人们都联合起来，多数向来为统治阶级作爪牙效劳奔走的人们都对于统治阶级倒戈相向，于是，统治阶级便土崩瓦解的倒下来了。”[②] 夸大宣传的作用，轻视组织工作和武装斗争，使中共在第一次国内革命中丧失了主导权。第一次国内革命失败后，中共的宣传鼓动工作一度陷于停顿。之后，中共集中精力于土地革命和武装斗争，对于宣传与组织、宣传与军事之间的正确关系还来不及从理论上进行认识，于是出现时而重武装斗争而轻视宣传工作，时而重宣传工作又轻视组织工作或者相反的现象。

中共的宣传工作在抗战时期得到充分发展和完善。1941年，中共中央宣传部制定《关于党的宣传鼓动工作提纲》，指出“宣传鼓动工作和组织工作对于我们整个党的工作正如鸟之两翼，车之两轮，不可缺一”，二者相辅相成，“党的宣传鼓动工作为党的组织工作开辟道路，组织工作为宣传鼓动工作巩固地盘，反转来，组织工作为宣传鼓动工作扩大地盘，宣

① 参见朱蓉蓉《抗日战争时期的民间外交研究》，博士学位论文，苏州大学，2010。

② 恽代英：《怎样做一个宣传家》，转引自林之达《从党的宣传史看第一次国内革命战争的失败》，《毛泽东思想研究》2007年第1期。

传鼓动工作又为组织工作巩固阵地”；肯定了宣传工作在党的事业中的重要地位，揭示了其与党的其他工作的有机联系，以及与党的组织工作的辩证关系。也是在这个文件中，中共中央宣传部对宣传鼓动工作的任务和范畴，中共宣传鼓动工作的特点，宣传和鼓动的相互关系，宣传鼓动的基本原则，宣传鼓动工作的方法，党内教育问题，群众鼓动工作，文化运动，报纸、刊物、通讯社及出版工作，宣传鼓动工作干部的培养，宣传鼓动工作的统一领导和组织系统问题进行了具体阐述，标志着中共在宣传理论上的成熟。①

中共的对敌宣传战，也面对着“敌”、“我”及第三方三个工作对象。“敌”者，主要指侵华日军及其卵翼下的伪军、伪政权。“我”者，主要指中共领导下的武装部队，包括八路军、新四军和中共领导下的民兵武装等，也包括中共所创建的抗日根据地中的民众及沦陷区同情中共或有可能同情中共的民众。客观地说，这是中共在抗战时期的宣传战中着力最多的地方，毕竟，中共要建立一支为其完全掌控的、不同于旧军队的新式武装，就需要建立一个行之有效的、庞大的宣传、教化体系，一方面引导民众投入抗日运动，另一方面发展自己的武装。第三方则主要是以美国记者斯诺、史沫特莱等为首的西方媒体人，以及访问延安的外国人等，中共通过和他们的接触，宣传自己的抗日理念，进而通过他们的报道和描述（通过媒体或者报告、演讲等），为中共争取到国际国内的广泛理解和同情。

敌军工作也是中共的对敌宣传战中极为重要的一部分，是中共政治工作的延续。它是针对中共的对立面而开展的一系列瓦解、争取工作的总称。中共瓦解和争取敌军的工作形成于土地革命战争时期，而在抗战及解放战争时期得到进一步的完善和发展。

中共在抗战期间的发展壮大，与其敌军工作的开展有着密切关联。中共的敌军工作，包括对日军、伪军及伪政权、伪组织的各种争取和瓦解工

---

① 《中央宣传部关于党的宣传鼓动工作提纲》（1941 年 6 月 20 日），中共中央宣传部办公厅、中央档案馆编研部编《中国共产党宣传工作文献选编（1937～1949）》，学习出版社，1996，第 258 页。

作，在当时的语境下，有“敌军工作”、“敌伪军工作”、“敌军政治工作”、“对敌政治攻势”等表述形式。①

抗战期间，中共设立专门的机构负责敌军工作，但毛泽东、朱德、彭德怀、刘少奇、刘伯承、邓小平等中共领导人也经常性地参与到敌军工作中，大到方针政策的制定，小到对具体工作的指示，体现了中共对敌军工作的高度重视。

就工作内容而言，中共的对敌工作，中央方面，是各种对敌伪政策的制定和颁布，以及对下级工作的指导和监督；在地方及前线，则有对日伪军的宣传鼓动、分化瓦解，以及对伪军伪组织的争取、反正工作，建立得到伪军暗中支持的地下交通站，对敌伪的对华宣传的反击等内容。另外，对解放区及沦陷区军民以及被俘日伪军进行说服教育，也是敌军工作的重要内容。敌军工作的参与者，除了中共领导下的广大官兵及民众外，还有受中共影响的敌占区民众及日伪军俘虏。中共之所以能够在对敌工作中取得成功，就在于其极为重视充分发动党、政、军、民多方力量来进行对敌军工作，使之成为一场无处不在的群众运动。

抗战时期中共的敌军工作，分为对日军工作及对伪军工作。前者重在宣传和瓦解其士气，后者除了宣传瓦解外，争取伪军反正亦是极为重要的一面。对敌及对伪两者是密切相关的。一方面，对伪工作可以带动和促进对敌工作（中共的对敌工作有时就是通过对伪工作展开的）；另一方面，对敌工作对对伪工作也有推动作用。将对敌工作和对伪工作割裂开来进行研究，或有论述上的便利，但对了解事情的真相反而是有害的。当时及后来的研究者，往往将二者分开来研究，易于给读者造成中共的对日军工作

① 所谓“敌”，有时指日军及伪军（蔡前：《八路军抗战以来敌军工作经验》，《八路军军政杂志》第1卷第5期，1939年5月，第59～66页），有时又专指日军（谭政：《论敌军工作的目的与方针》，《八路军军政杂志》第1卷第9期，1939年9月，第38～43页），并无专门规定。解读当时的相关文本，必须联系上下文。又据抗战时期从事敌伪军工作的老同志回忆：“瓦解争取敌军的工作，在内战时期（土地革命战争）叫兵运工作，抗日战争时期叫敌伪工作，解放战争时期叫国军工作。打击特务奸细和政策攻心、瓦解敌军是相互配合的两个拳头。”宋子健：《运西地区的敌伪工作》，张玉鹏、张文杰主编《冀鲁豫边区敌军工作》，河南人民出版社，1995，第353页。

和对伪军工作互不统属、各成一体的误解。实际上，两者是紧密相连的。就具体的负责机构而言，中共的对日伪军工作，最初均由各级敌工部、科、组、股负责，只是到了抗战后期才将对日军工作交由日本人民解放联盟负责。抗战期间中共的敌军工作，一开始主要针对日军，伪军的地位并不重要。而随着在中国战场的泥足深陷，日本不得不借助伪军来维持占领区的“治安”及辅助作战，因而逐渐扩充关内伪军数量，使其一度达到百万之巨。伪军来源复杂，有国民党溃兵、地方武装、宗教势力及招募兵员等。伪军之投敌，除了少数鲜廉寡耻的汉奸外，多数系出于自保，即便投敌，暗中仍然和中共及国民党方面交往，这成为中共争取伪军的现实基础。另一方面，由于日军的强大压力，中共有意识地和伪军保持联系，允许其以“两面派”面目出现，应付日军，支持抗日。然而欲使伪军支持中共，又绝非单纯文宣工作可以致之。如若缺乏实力，则绝少可能得到伪军的支持。因而中共对伪军的政策，多为打拉结合，只有对死心塌地的汉奸卖国贼才坚决打击。中共对伪军的争取，随着其实力的扩大而加深其程度。由最初的几十几百人，发展到抗战后期，几千几万人投向中共的情况亦非罕见，这也从一个侧面反映了中共在险恶的抗战环境中是如何融入人民群众之中，从而获得自身的发展壮大的。中共的日军工作和伪军工作互为影响，不仅体现在抗战的各个时期敌军工作侧重点之在日或在伪的不同，也体现在二者的相互作用，对日工作的变化固然影响及于伪军，伪军暗中帮助中共进行对日宣传乃至反正，对中共的对日军工作当然也发挥了作用。要厘清抗战期间中共的敌军工作，须将二者结合起来，对比分析、解剖。与中共的敌军工作相对应，日伪方面也有针对中共的宣传、瓦解工作以及特务活动，对此进行反击也是中共敌军工作的重要内容之一。

应当意识到，对敌工作不仅是抗战期间中共对敌宣传、瓦解的工作，也是关乎其生存发展及最终壮大的重要问题。不管是对伪军工作还是对日军工作，其出发点都是巩固和发展中共势力。也正是在这一点上，对于中共的对日和对伪工作应联系看待而不是分开。同时，要阐明这个问题，必须结合当时的国际国内形势，分析抗战各个时期中共对敌伪政策的变化及其效果、影响。以往将二者联系起来进行研究的论著，或仅仅笼统地论述抗战中中共敌军工作的经验教训、成就，而忽视其过程的跌宕起伏，或失之过简。在材料方面，对日方资料的使用亦显不足。

中共的敌军工作，从属于其政治工作，也就是“党的工作”，关系到中共对军队和政权的控制问题。“瓦解敌军”是八路军的政治工作三原则（官兵一致、军民一致、瓦解敌军）之一，也是中共武装及各级地方政权中普遍适用的原则。唯其重要及普遍，中共的敌军工作虽有从总政治部敌工部直至连队的敌军工作组的由上至下的专门机构负责，但涉及具体的工作内容如对敌宣传、组织人员渗入伪军伪组织中之时，各级政治机关的宣传机构、民运机构，军队及地方政权无不卷入其中，绝非敌工部门可以单独负责。而且，由于斗争形势的复杂，敌军工作在各地（主要是华北）的发展程度是有差别的。领导人对敌军工作的重视程度、敌军工作人员的素质、敌人的打压力度等，都是影响中共的敌军工作效果的因素。这些都需要上级的统筹安排，而这就体现在中共的敌军工作政策的与时俱进上。

另外，以中共中央军委总政治部、八路军政治部（后来的野战政治部）为代表的中共高层对敌军工作的认识，有一个逐渐深化、走向成熟的过程，相应的，中共的敌军工作本身，也是逐渐走向成熟的。平面化地阐述中共敌军工作的优缺点及工作成效，无补于了解事情的真相——尽管抗战中，中共领导下不少地区的敌军工作是改进了，但同样的缺点，往往在抗战的初期和后期都存在，如果不是用发展的眼光看问题，不是辩证地看待普遍和特殊、个别和一般的问题，就无法真正理解抗战中中共的敌军工作。

中共对敌军工作的指导，除了要求前线部队定期汇报工作（通过政治部、政治处等）以便汇总意见，下发新指示对敌军工作政策进行调整外，也在党报党刊上发表相关领导人及前线指战员的带有指导性质的敌军工作文章（如《八路军军政杂志》等）。

中共抗战期间的敌军工作对其发展壮大产生了极为重要的作用，对此，当时及此后中共出版的各种报刊、文献资料中多有记载。而由于牵涉到抗战中中共与国民党、日军和伪军的复杂关系，相关研究多处于初始阶段，比诸敌军工作对中共发展的影响，可以说还是远远不够的，有待进一步的探讨和研究。

四　宣传战之研究

早在抗战期间，中共中央及各抗日根据地创办的报刊中，就发表过多篇关于中共敌军工作的文章。抗战胜利后，相关记载则较少见诸文献。20世纪80年代以来，抗战期间中共敌后抗日根据地的诸多文献相继公开出版，其中相当内容涉及中共的敌军工作。

关于中共在抗战期间的敌军工作，直接以此为题的论著有十余种。研究著作方面，林之达主编的《中国共产党宣传史》（四川人民出版社，1990）对中国共产党在抗战时期的宣传活动进行了扼要介绍，指出中共正是在仔细研究了日军的反动宣传之后，提出了有针对性的对策，而中共对伪军的瓦解和争取也多数是从实际出发的。

侯敬智、蒋一斌在《中国人民解放军政治工作发展史》中提出，抗战时期是中共军队政治工作发展的成熟期，作为中共军队政治工作的三大原则之一，瓦解敌军历来是中共军队政治工作的一项重要任务。通过确立新的敌军工作方针、加强敌军工作的组织建设及实行统一领导、开展对敌政治工作（尤其是太平洋战争后）、派遣敌后武工队、发展国际反法西斯战线（建立日朝反战组织等），中共的瓦解敌军工作收到了显著成效。该书对谭政在抗战时期对中共军队政治工作的贡献进行了积极评价，认为谭政在《论敌军工作的目的与方针》、《对敌军工作的当前任务》等文章中提出的关于敌军工作的目的及敌军工作应采取的方法、手段等的论述成为中共敌军工作的重要依据。①

孙金科先生是国内较早关注抗战时期在华日人反战活动的研究者之一。从1990年至今，他在《近代史研究》、《抗日战争研究》等刊物上发

---

① 侯敬智、蒋一斌主编《中国人民解放军政治工作发展史》，国防大学出版社，1995，第163页。

表了十余篇相关论文。[①] 抗战胜利五十周年之际，孙先生应中国抗日战争史学会、中国人民抗日战争纪念馆邀请，融汇数十年研究心血，撰成《日本人民的反战斗争》一书，于次年由北京出版社出版。该书较为全面地叙述了 1931 ~ 1945 年在华日人在国统区和中共控制区乃至日本国内的反战活动的产生、发展和变化的全过程，因“史料较为丰富、叙史较为准确”、叙事生动而受到赞誉。[②]

徐则浩于 1987 年发表《抗日战争中八路军、新四军的敌军工作》（《安徽史学》1987 年第 3 期），又于 2005 年出版专著《从俘虏到战友——记八路军、新四军的敌军工作》（安徽人民出版社），从中共方面入手，论述了 1937 ~ 1945 年中共的敌军工作逐渐建立、发展和完善的整个过程，将对敌宣传战线上的各位工作人员（中共指战员和日军俘虏）在思想上认识的变化和转折与中共的组织和指导结合起来，联系中共在对敌工作上的反思，而非简单地罗列史实。

鲍苏惠的硕士学位论文《抗日战争时期中国共产党的日军俘虏政策研究》（华东师范大学，2007），对中共日俘政策出台的背景及该政策的提出、实施及所产生作用进行了论证。柳俪葳的硕士学位论文《中国共产党争取伪军工作论述——以晋察冀边区为例》（河北师范大学，2006），充分利用河北省档案馆所藏史料，论述了中共晋察冀边区政府争取和瓦解伪军的政策、措施及其影响和作用，以及工作中的特点和不足等。

刘熙明《伪军：强权竞逐下的卒子》（台北，稻乡出版社，2002）一

---

① 计有《野坂参三没有去过华北敌占区或敌后根据地》，《抗日战争研究》1992 年第 2 期；《赣榆县抗日山烈士陵园》，《抗日战争研究》1993 年第 1 期；《日本作家绿川英子的反战斗争》，《抗日战争研究》1995 年第 2 期；《在日本举行的“日中战争时期在华日本人反战运动国际讨论会”综述》，《抗日战争研究》1999 年第 2 期；《关于野坂参三》，《抗日战争研究》2007 年第 1 期；等等。另外，孙金科发表的关于国统区日人反战运动的论文有《关于国统区日人反战运动的几个问题》，《贵州文史丛刊》1990 年第 4 期；《国统区日本人民反战同盟》，《近代史研究》1990 年第 1 期；《镇远俘虏收容所纪实》，《文史天地》1995 年第 6 期；《周恩来与在华日本人民反战运动》，《文史天地》1995 年第 5 期。

② 罗焕章：《不能忘记的历史——读孙金科著〈日本人民的反战斗争〉》，《抗日战争研究》1997 年第 2 期。

书博采各类公私文献，全面、深入地论述了抗战时期“伪军的形成及其政治立场”、“伪军与强权之关系”、“集团型伪军的活动”、“抗战胜利后伪军的结局”、“东北伪满军在国共政权竞逐的角色”等问题，对伪军产生的背景和原因，伪军与国、共、日三方的微妙关系做了论述。

黄兆康、项东《抗战时期毛泽东关于友军与敌军工作的理论和实践》（《军事历史研究》1993年第5期）及王东、王志刚《抗战期间毛泽东关于人民军队敌军工作的理论和思想》（《中州学刊》2011年第1期）论述了抗战时期毛泽东关于敌军工作的理论和实践。柳茂坤《抗日战争时期的敌后武工队》（《抗日战争研究》1993年第2期）论述了中共领导下的敌后武工队对敌伪开展政治攻势的情形。孙道同《论八路军瓦解和争取敌军的工作》（《南京政治学院学报》1995年第4期）简要论述了抗战时期八路军对日军和伪军的瓦解及争取工作。周晓东《论中共在抗日战争中的瓦解敌军工作》（《抗日战争研究》1997年第2期）论述了中共在抗战期间瓦解日伪军工作的方针政策、发展阶段、实践与经验等。于景森《抗战时期党的对敌宣传工作及其经验》（《党史博采》1995年第12期）将中共的对日宣传工作划分为初创、发展、完善和高潮四个阶段，认为抗战前三年中共虽初步建立了对敌宣传的组织机构，制定了俘虏方针政策，但宣传的方式方法较为单调，收效甚微。到1940年10月以后，随着党内上下对这项工作的进一步强调和重视，情况才慢慢发生了变化，宣传变得更有针对性，而1941年底太平洋战争爆发后，中共对敌宣传进入完善期，宣传效果开始彰显，1944年6月局部反攻开始后，对敌宣传进入高潮期。

此外，王明德、王林燕探讨了抗战期间中共的对敌宣传策略，① 李良志、鲁书月论述了胡乔木对抗日战争宣传与研究的贡献，② 等等。

史料方面，出版了回忆性质的史料，如张玉鹏、张文杰主编《冀鲁豫边区敌军工作》（河南人民出版社，1995），张军锋主编《八路军老战

① 王明德：《不战而屈人之兵——抗战时期中共的对敌宣传》，《台州师专学报》1997年第2期；王林燕：《抗战期间我军对敌宣传策略浅谈》，《军事记者》2005年第12期。

② 李良志、鲁书月：《胡乔木对抗日战争宣传与研究的贡献》，《抗日战争研究》2004年第1期。

士口述实录》（中央文献出版社，2005），刘国霖、铃木传三郎《一个“老八路”和日本俘虏的回忆》（学苑出版社，2000），等等。

1963 年，原日军士兵、反战同盟盟员香川孝志及前田光繁出版了回忆其在抗战期间被八路军俘虏和受教育而走上反战道路的经历的著作。1985 年，该书被译成中文，以《八路军中的日本兵》为名由时事出版社出版。

在华日本人反战同盟记录编集委员会编的《反战士兵的故事：在华日本人反战同盟成员记录》反映了同盟成员的反战活动，[①] 鹿地亘资料调查刊行会编的 13 卷本《日本人民反战同盟资料》全面记录了抗战时期鹿地亘等人领导下的在华日人的反战活动，[②] 而唯一一位二战后留在中国的原在华日本人反战同盟成员小林清于 1987 年出版了“可以说是世界各国中最全面、最系统、最准确的反映抗日战争时期的在华日人反战组织情况的材料”。[③]

由袁树峰、陈建辉主编的《在华日人反战纪实》（河北教育出版社，2005）全面论述了抗战时期在华日人的反战情形。

中国国民党在抗战时期也非常重视宣传工作，在广播、报刊、国际宣传乃至战俘工作等方面都做了很多努力，积极与日本侵略者在宣传战上进行对抗。而日军自 1937 年以来也一直以国民党作为宣传战的主要对象，直到中共势力在华北日益发展，才逐渐开始重视其力量（尤其是 1940 年百团大战后），在宣传战上对中共展开有针对性的工作。伪军在宣传战上唯日军马首是瞻，但其作为四种势力中最为弱小的一方，在国、共、日三方间周旋，也是宣传战中一股不可忽视的力量。

关于抗战时期国民政府的对日宣传，学术界成果颇丰。孙发永《抗战时期国民党政府对外新闻宣传活动研究》（硕士学位论文，苏州大学，2007）通过对当时中日双方实力的比较以及国际局势的解读，分析国民

---

① 反戦同盟記録編集委員会編「反戦兵士物語：在華日本人反戦同盟員の記録」日本共産党中央委員会出版部、1963。

② 鹿地亘資料調査刊行会編「日本人民反戦同盟資料」不二出版、1994～1995。

③ 〔日〕小林清：《在华日人反战组织史话》，社会科学文献出版社，1987，第 143 页。

党对外新闻宣传的必要性，并辩证地看待其进步的一面，也指出其谋求一党专政、实施新闻管制的反动一面。朱蓉蓉《抗日战争时期的民间外交研究》（硕士学位论文，苏州大学，2010）探讨了抗战时期分别由中共、国民政府、社会名流及抗日团体主导的民间外交，着重论述上述各主体针对欧美国家、华人华侨组织等的抗日宣传活动，论证了民间外交对中国抗战的积极意义。闫妮《抗战时期国民政府对敌舆论宣传研究（1937～1945）》（硕士学位论文，湘潭大学，2013）探讨了国民政府舆论机构的演变、对敌舆论战的运作及绩效。

陈建新《〈大公报〉与抗日宣传》(博士学位论文，浙江大学，2006)、余亮《全面抗战时期国民政府的对美宣传策略及其效应》（硕士学位论文，江西师范大学，2006)、黎宁《抗战时期〈中央日报〉的新闻宣传研究》(硕士学位论文，湖南师范大学，2009)、曹炎《抗战时期〈新华日报〉、〈中央日报〉、〈大公报〉舆论宣传研究》（硕士学位论文，湖南师范大学，2011）从新闻学的角度探讨了抗战时期中国新闻界对抗战宣传的贡献。

严海建《抗战时期国民党高层对宣传工作的关注与反思》（《社会科学战线》2018 年第 11 期）以抗战时期《中央日报》为中心，指出“蒋介石的个人集权及保守的执政心态，是影响国民党宣传事业效能的关键因素。政治集团的宣传往往寓理念与技术于一体，战时国民党宣传上的弱势亦反映出其主义与组织两方面的积弊”，认为蒋介石的过度干预对国民党的战时宣传造成了极为负面的影响。王晓岚《论抗战时期国民党的对外新闻宣传策略》（《抗日战争研究》1998 年第 3 期）认为，抗战时期国民党的对外新闻宣传策略可以归纳为五点：广布国际宣传网；利用外国人在各国推进宣传工作；充分利用外国记者和外国的新闻媒介；以美国为重点宣传对象；说好不说坏的宣传政策。古琳晖、李峻《论抗日战争时期蒋介石国民政府的国际舆论动员》（《江海学刊》2005 年第 5 期）阐述了国民政府以国际宣传处为大本营，广布国际宣传网，与军事行动和外交活动密切配合，充分利用外籍人士和外国传媒的力量，大力开展国际舆论动员，促使美国政策发生了有利于中国的转变。张威《抗战时期的国民党对外宣传及美国记者群》［《杭州师范大学学报》（社会科学版）2005 年第 5 期］探讨了抗战时期国民政府为了赢得国际社会对中国抗日战争的支持，将对外的舆论的重心放在对英美等大国上，运用各种方法，取得了极大成功。刘会军《外交斡旋、非官方出访和舆论策应——蒋介石国民政府抗战外交的特殊运作》（《民国档案》2005 年第 3 期）则将论述重点放在国民政府外交的特殊渠道上。

有一些论文着力于研究国民政府在舆论战中的组织机构建设和队伍建设，如武燕军《抗战时期的国际宣传处》（《民国档案》1990 年第 2 期）介绍了国际宣传处在抗战中的功能及其活动、绩效；胡耀亭《抗战时期国民党国际广播电台节目的构成及其特色》（《中国广播》2005 年第 11 期）阐述了国民党的抗战广播活动；等等，不一而足。

一般而言，国内学界的相关研究，在史料的采择上多以中文为主，着眼点亦多为国民政府的对日宣传，而对于日本方面的对华宣传语焉不详或鲜少涉及——关于前者，虽然“孤证不立”未必放之四海而皆准，但置众多相关日文史料于不顾，容有语言能力不逮的客观原因，对于追求客观的史学传统而言，则不能不说是一个遗憾；关于后者，研究者少涉猎，对于史学传统而言，亦不可谓非遗憾。

五　本书篇章结构

本书除绪论、结语外，共有四章。

第一章介绍了抗战时期中日双方的宣传组织。关于日本的宣传组织，主要介绍了内阁情报局、“宣抚班”和同盟社的产生与发展历史。抗战时期中国的宣传组织，主要分中国共产党和中国国民党两个系统。其中，对于中国共产党的宣传组织，分抗战爆发前和爆发后两个阶段进行介绍。

第二章论述抗日战争期间日本的对华宣传战。第一节回顾了甲午战争前后日本知识阶层对华观的变迁。第二节以《周报》、《写真周报》的出版发行情况为例，论述了抗战时期日本政府对本国民众的宣传工作。第三节论证抗战期间日本对华政策与对华宣传策略变化的关系。第四节论述日本对华宣传战的阶段性发展。第五节总结日本对华宣传的效果。

第三章讨论抗战时期中共的对日宣传战。第一节论述抗战时期中共的组织和宣传工作在中共发展壮大过程中的重要作用。第二节论述毛泽东与抗战时期中共的宣传工作的关系。第三节到第六节分别论述了中共在抗战全面爆发初期、战略相持阶段、太平洋战争爆发后以及战略反攻阶段对日伪军的宣传工作（敌军工作）。第七节阐述中共对日宣传的效果。

第四章讲述抗战时期国民政府和国民党的对日宣传。第一节论述国民政府在对日宣传上面临的困扰和相应对策。第二节分析抗战时期国民党宣传政策的演变。第三节讨论军事委员会政治部第三厅的宣传工作。第四节以国际宣传处的活动为例，探讨国民政府的国际宣传。第五节论述国民政府和国民党抗日宣传的效果。

结语部分总结全书，指出组织能力的强弱对现代的宣传活动的效果具有至关重要的影响。同时，宣传应当做到赢得最广大的底层民众的支持，以此作为宣传活动达到目的的基础，是为“底层效应”。

第一章　中日双方的宣传组织

宣传战，应在本国、敌国、第三国国民三个群体中展开。在第一次世界大战中，英国有专门的机构协调国内各方的宣传口径，其经验为后来者所仿效。日本在抗战爆发前即已统一本国的媒体宣传口径，成立了代表日本政府发声的同盟通讯社，以及监督该社的内阁情报委员会（即后来的内阁情报局）。该委员会与日本陆海军中的宣传机构相协调，在实际上形成了内阁情报委员会、陆军省情报部、海军省海军军事普及委员会和内务省共同负责日本国内外宣传工作的格局，并一直延续至二战结束。在对华宣传战上，侵华日军最初派出隶属于部队的“宣抚班”从事所谓“宣抚”活动，实际上也是日军对华宣传战的一线部队。1940 年 2 月，“宣抚班”被撤销，其宣传工作由“新民会”等伪组织代行，但实际上日军仍在幕后操控一切。

南京国民政府由外交部、中央宣传部、军事委员会政治部第三厅、国际宣传处、军事委员会第五部等机构共同负责内外宣传。其中军事委员会政治部第三厅中有郭沫若等中共人士参与，在鼓舞人心、揭露敌人、动员民众等方面发挥了重要作用。

抗战时期中共的宣传工作，在国统区由驻各地［上海、南京、武汉、长沙、桂林、重庆、河南林县、兰州、迪化（乌鲁木齐）］的八路军办事处以及《群众》周刊和《新华日报》负责。1937 年底，中共又在延安成立专司对外联络宣传的交际处，接待来延安的中外友人，宣传中共的抗日主张，取得了很好的效果。而对日伪军以及国内民众（包括解放区和沦陷区民众）的宣传，基本上由八路军政治部（后改为野战政治部）、中央军委总政治部、八路军后方政治部（后改为留守兵团政治部）、陕甘宁晋绥联防军政治部及其下属机构负责。换言之，中共的宣传工作，在很大程度上与其敌军工作是重合的。而中共的敌军工作，又从属于其政治工作。① 抗战全面爆发之初，中共中央就设立了敌军工作委员会。红军改编后，八路军及新四军中也设立了敌军工作部门。八路军政治部和中央军委总政治部中均设有敌军工作部门。应该指出的是，中共的敌军工作与其他部门（如宣传教育部、锄奸部等）是紧密相关的。

第一节　日本的对华宣传组织

一　近代日本宣传机构的发展变化

宣传有对内及对外之分。就日本而言，江户时代朱子学的发展，使之成为日本幕府宣传其政治主张的重要手段，其出发点是独裁政权的意识形态监管及控制。明治维新之后，日本积极推动国民思想的西化，以期推动民智的开化，为此而成立各种宣传组织和机构，发展无线电广播、电影等现代技术，制定相关法律法规。换言之，官方宣传在日本的发展最初是与其近代启蒙运动相联系的，其后则逐渐成为传播日本政府官方意志、争取民众支持、强化舆论管控的重要手段。

早在 1896 年，日本政府即开始关注无线电报发报技术，并于七年后实现了向台湾发报。1915 年，日本政府颁布《无线电信法》。第一次世界大战后，日本开始在国内建立广播基站。1923 年，日本通信省制定了关于私人无线电广播设备的规定，规定广播电站为私人非营利组织，主要通过收取（用户的）收听许可费维持运营。其一切节目内容须经过政府许可方能播出，在工作时间内不得播放娱乐节目。时任东京某广播站站长的

① “八路军的政治工作，是八路军部队中共产党的工作，政治文化工作，组织工作，除奸工作，争取地方居民、团结抗日友军、瓦解敌伪军工作的总称。而尤‘以共产党的党的工作，特别是支部工作作为一切政治工作的基础’。”见萧向荣《八路军的政治工作》，《八路军军政杂志》第 2 卷第 10 期，1940 年 10 月，第 49～70 页。

后藤新平将无线电广播视为联系政府与民众的重要媒介，认为无线电广播可以提升流行文化的层次，并能通过传播经济信息，促进工商业发展。通信大臣安达谦藏则提醒人们注意英国的 BBC 广播电台在英国工人大罢工中的特殊作用，强调无线电广播的政治作用。[①] 在这种背景下，日本政府更加重视广播事业的发展。1924 年 11 月 29 日，社团法人东京放送局成立，第一任总裁为后藤新平。1925 年 1 月 10 日，社团法人名古屋放送局成立。1925 年 2 月 28 日，社团法人大阪放送局成立。1925 年 3 月 1 日，东京放送局位于芝浦东京高等工艺学校的临时设备开始中波广播的试播。1925 年 3 月 22 日，东京放送局开始中波广播的临时广播。1925 年 5 月 10 日，大阪放送局设在高丽桥三越支店屋顶的临时设备开始中波广播的试验广播。1925 年 6 月 1 日，大阪放送局开始中波广播的临时广播。1925 年 6 月 23 日，名古屋放送局开始中波广播的试验广播。1925 年 7 月 12 日，东京放送局在东京市芝区（今东京都港区）的爱宕山开始中波广播的广播第一频道本广播。1925 年 7 月 15 日，名古屋放送局开始中波广播的本广播。1926 年 8 月 6 日，社团法人日本放送协会召开成立大会，第一任会长为岩原谦三。1926 年 8 月 20 日，社团法人日本放送协会（NHK[②]）正式成立。同时社团法人东京放送局、大阪放送局、名古屋放送局解散，设备及员工由日本放送协会全面承接。NHK 的主要宗旨是以公共目的向日本全国提供广播服务，并负有提供国际广播的职责。NHK 包括位于东京都涩谷区的 NHK 放送中心、各个道府县设置的放送局（广播台）、作为采访据点的支局或报道室（以前的通讯部），以及接收契约缔结和收听费

---

① 参见 Gordon Daniels, "Japanese Domestic Radio and Cinema Propaganda, 1937 - 1945: An Overview," *Historial Journal of Film Radio and Television*, Sep. 1982, pp. 115 - 132; K. R. M. Short, *Film and Radio Propaganda in World War II*, London, Croom Helm Ltd., 1983, pp. 293 - 294。

② "NHK" 这个简称，来自其日语罗马字全名 "Nippon hoso kyokai" 或 "Nihon hoso kyokai"。日本政府未强制规定 "日本" 一词的假名与罗马字拼写［"にっぽん"（Nippon）或 "にほん"（Nihon）］，但 NHK 官方更倾向于使用前者。官方英语名称则为 "Japan Broadcasting Corporation"，二战前的译称为 "The Broadcasting Corporation of Japan"。相对的，NHK 的日文全名 "日本放送协会" 很少被使用，可能是有日本电视台、日本放送等名称相似的民营媒体的缘故。此外，"NHK" 之名也被日本发条株式会社使用。

征收业务的营业所。

NHK名义上是私营组织，实则与日本政府，具体而言，与当时的日本通信省有千丝万缕的联系，其人事任免、节目内容、财政安排以及相关规章制度的制定和变更俱须经过通信大臣的首肯。它实际上是日本政府的代言人。

NHK最初只在东京、大阪和名古屋建有广播站，但由于发展迅速，不久即在日本全国范围内建立了广播网络，成为影响日本全国舆论的重要媒体。如1926年12月15日，NHK用“圣上病情”、“临时新闻”等名称延长关于大正天皇病情的广播。从16日开始中止娱乐文艺表演节目，24日夜晚以后普通讲演节目也中止。12月25日，速报（东京2时54分，大阪、名古屋3时）大正天皇驾崩，中止“时报”、“新闻”、“天气预报”以外的广播节目。又如1928年11月10日，NHK现场直播昭和天皇即位仪式，等等，这些都是对日本舆情影响广泛的重大事件。NHK也日益成为日本政府影响本国民众的重要媒介。

NHK最初为日本通信省所管辖，后因其重要性日益突出，日本内务省、文部省等均想插手。1926年12月1日，大阪中央放送局开始首次中波广播。1927年8月13日，大阪中央放送局开始转播甲子园“全国高等学校棒球选拔大会”，为体育现场直播的开端。1928年1月12日，东京中央放送局开始转播国技馆“大相扑”的春季赛会，为相扑比赛现场直播的开端。1930年6月1日，广播技术研究所成立，开始进行关于电视广播技术的研究。1931年4月6日，东京中央放送局开播中波广播的第二频道。1933年6月26日，大阪、名古屋两中央放送局开播中波广播的第二频道。1934年5月16日，开始地方分支机构改编，废除原有的支部制，改在本部（位于东京）之下在全国设置6个中央放送局，原有的支所则改组为放送局。1935年6月1日，面向美国的海外广播“Radio Tokyo”（ラジオ・トウキョウ）开播，这是日本放送协会提供国际广播服务的开端。1938年12月20日，位于东京市麴町区（今千代田区）内幸町的东京放送会馆落成，日本放送协会总部从爱宕山迁移至此，次年5月13日开始在此制播节目。1939年5月13日，广播技术研究所电视实验局第一次发射无线电视电波。1939年7月1日，全国广播和城市广播节目改名为第一广播和第二广播节目。1941 年 1 月 29 日，日本放送协会和意大利放送协会缔结广播协定。1941 年 12 月 8 日，播出太平洋战争爆发的临时新闻。第二广播、气象预报节目中止。1941 年 12 月 9 日，发布广播电波管制命令。1943 年 11 月 12 日，定 3 月 22 日为“广播纪念日”，同日亦为日本放送协会的开播纪念日。1945 年 8 月 15 日，广播昭和天皇的《终战诏书》。1945 年 9 月 4 日，依据联合国军最高司令官总司令部的指令，停止外语的海外广播。9 月 10 日，日语的海外广播也停止。

二　从内阁情报委员会到内阁情报局：日本对华“思想战”负责机构

文化侵略①是近代日本侵略中国的重要方式，其中日本民间“有思想能力和表达能力的”学者和文化人负有重大的侵略责任，② 而作为侵略行为的发动者，日本政府更是罪无可逭，其于两次世界大战之际发动的“思想战”正是对华文化侵略的重要表现。

“思想战”（ideological warfare），又称心理战（psychological operations，PSYOP；psychological warfare，PSYWAR）、神经战、宣传战，是日本在 20 世纪两次世界大战期间提出的战争概念，顾名思义，乃是敌对双方在意识形态领域的斗争。其以影响国家、组织或个人的看法、态度、情感、印象以及活动为目的，通过有计划地灵活运用、操纵、宣传情报资料或防止相关情报资料

---

① 王向远在《日本对中国的文化侵略——学者、文化人的侵华战争》一书中对文化侵略的界定是：“当文化被用来为武力侵略服务的时候——包括事先制造侵略他国的思想舆论，对将来武力侵略他国的可能性和必要性进行种种学术意味的设想、研究和论证；或在战争中为侵略进行宣传辩护；或在占领他国的条件下，以奴役被侵略国的人民为目的，蓄意歧视、污蔑、毁损、破坏、掠夺对象国的文化，并将自国的思想观念、宗教信仰、文化设施、自国的语言文学等强加于对象国，——这些‘文化’的行为都构成‘文化侵略’。”（昆仑出版社，2005，“前言”，第 4 页）

② 王向远在《日本对中国的文化侵略——学者、文化人的侵华战争》中提出：“以侵华战争而论言，从总体上看，最早、最系统地提出侵华设想的是民间学者文化人；为日本侵华制造理论根据并将侵略加以美化的，也是学者和文化人；在日本不断扩大、并最终全面发动侵略战争期间，登上中国土地而实施文化侵略的人，仍然主要是那些学者和文化人。”“总之，日本对华实施文化侵略的主体成分是学者和文化人。”（“前言”，第 15 页）

扩散，以达到军事或政治目的。

有别于武装斗争，“思想战”在非（武装）战争时期即已开始。“思想战”不是日本的首创，早在楚汉战争之时，中国就出现了“思想战”的经典战例——“四面楚歌”。古今中外，类似的例子不胜枚举。作为国家战略的一部分，日本在1919～1945年发动的“思想战”则以其时间跨度之长、参与民众之多以及政府干预之强烈而独树一帜。

在国内学术界，谈到日本的“思想战”，一般都会联系到1938年抗日战争进入相持阶段后日军华北方面军提出的“以思想对思想”。在1940年，日军华北方面军又颁布了《华北地区思想战指导纲要》，向华北民众宣扬做“新民”，树立“灭共亲日”的思想，鼓吹中日携手建立“大东亚新秩序”，等等，妄图瓦解华北人民的抗日意志，泯灭中华民族以爱国思想为核心的民族精神，实现占领中国、建立日本“大东亚帝国”的野心。

显然，在日本提出的“思想战”中，中国是重要的实施目标，而为了实现对华战略目标，日本政府又需要对本国及第三国人民进行蛊惑宣传，其“思想战”的范围也相应地有针对占领地区的奴化教育、针对外国人的美化侵略的宣传，以及针对本国人的异化思想取缔、思想禁锢。

从另一个层面来说，日本的对华“思想战”，是其明治维新以来国家发展战略的必然组成部分。

日本民族自称“讷言敏行”，日本从国家层面自觉地发动“思想战”可以追溯到1919年。在一战时期，欧洲各国倾尽全力、花样百出的斗争使隔岸观火的日本意识到国家宣传对战争进程的影响。[①] 一战后，日本先后设立了各自为政的陆军省新闻班（1919年，后改为陆军省情报[②]部）、外务省情报部（1920年）、海军军事普及委员会（1923年），对国民进行战争预热。至于“思想战”概念的正式使用，至少在1925年村上启作

① 某些日本军官甚至认为，德国在第一次世界大战中的失败，不是由于军事上的失利，而是由于在宣传战中输给了英国。希特勒有感于此，对宣传工作特别重视，将德国民众团结起来，德国军队也因此无敌于天下。日本有必要向德国学习。「情報局ノ組織卜機能 昭和16年5月」、JACAR（アジア歴史資料センター，以下省略）、Ref. A06031104700。

② 日文的「情報」，对应中文的情报、信息（消息）两个义项。

《战争要论》（陆军大学校将校集会所，1925）中已经开始了。

20世纪上半叶的国际舆论，是由以美联社（AP）、路透社（Reuters）、合众社（UP）等为首的英美系通讯社主导的，当日本的对外扩张损害了欧美在亚洲的利益时，它们向日本发出了批评的声音。九一八事变后，为了改变日本在国际舆论中的不利地位，在外相内田康哉的支持下，由外务省情报部白鸟敏夫、陆军省铃木贞一、参谋本部武藤章等官员组成了沟通声气的“时局同志会”，并设立了负责对外宣传的“情报委员会”。另一方面，鉴于日本两大通讯社日本新闻联合社（联合）和日本电报通讯社（电通）在九一八事变报道过程中的互相矛盾及对AP、UP、Reuters的依赖，日本政府决定设立一元化的国家通讯社。1936年1月，联合和电通两社合并，成立同盟通讯社。[①] 同年7月，作为该社的指导机关，日本政府以“时局同志会”这个非正式的委员会为基础，设立内阁情报委员会，并进入政府官制序列。委员会接受首相管理，由委员长和委员等组成，委员长由内阁书记长官担任，总理会务；委员则由首相奏请从各厅敕任官中委任，在委员长遭遇事故之时，首相得从委员中指定一人代理其职务。委员会设立专职人员七人，其中事务官三人（一人敕任、二人奏任，具体人数可据首相奏请从各厅高级官员中增选），书记四人（判任）。[②] 另，委员会又设干事长及干事若干，干事长由首席事务官担任，承委员长之命管理庶务，干事由首相奏请在各厅高级官员中选拔，承上司（干事长）之命整理庶务。[③]

根据《情报委员会官制》的规定，委员会的职责是“在首相的管理下，负责联络调整与各厅情报相关的重要事务”，实际上就是负责信息的管控和发布，当时主要服务于外务省的对华战略，专职人员较少。

1937年9月，内阁情报委员会改组为内阁情报部，仍受首相管理，其

① 关于同盟社的成立始末，参见〔日〕松本重治《上海时代》，曹振威、沈中琦等译，上海书店出版社，2005。

② 敕任，经由日本天皇敕令任用；奏任，经由大臣、知事奏请，天皇裁可任用；判任，由长官直接任命。

③ 「昭和十一年・勅令第一三八号・情報委員会官制」、JACAR、Ref. A03022032099。

职责则进一步扩大，负责联络调整政府各厅中与作为“国策执行基础的情报”相关之事务、国内外报道事务、“启发宣传”事务，并负责搜集（非政府各厅管辖范围内的）情报，进行新闻报道和“启发宣传”（到1939年，又增加了推进与“国民精神总动员”相关的各事项的任务）。情报部的固定职位有部长1人（敕任）、书记官5人（奏任）、属员17人（判任）。此外又设委员长和委员、参与等职位，委员长由内阁官房长官担任，委员和参与则由首相奏请选拔，委员出自各厅高级官员，参与由有一定学识经验者担当（不拘官民），人数在十人以内，待遇同敕任官（另有官职者以原官职待遇为准）。[①] 内阁情报部与各省的关系，详见图1－1。

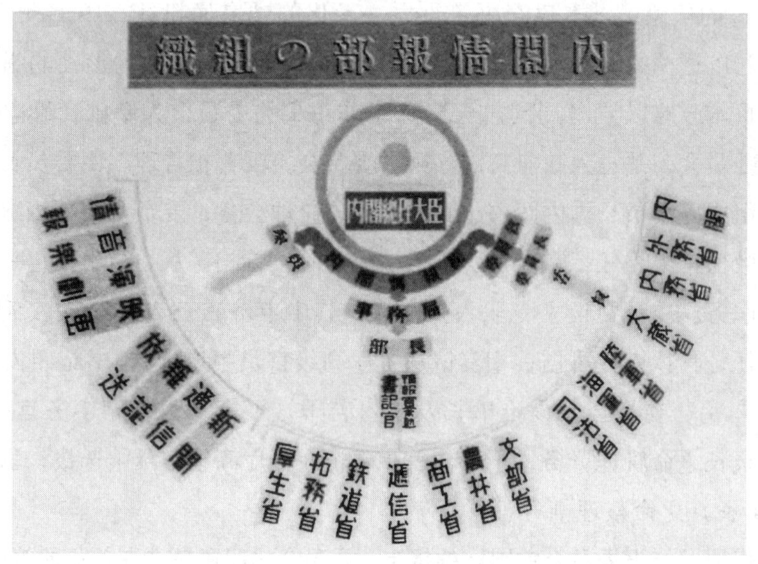

图1－1　日本内阁情报部组织机构

资料来源：「写真週報　創刊号」、JACAR、Ref. A06031059600。

由图1－1可知，内阁情报部委员出自司法、海军、陆军、大藏、内务、外务六省及内阁，事务局则由厚生、拓务、铁道、递信、商工、农

① 「昭和十二年・勅令第五一九号・情報委員会官制ヲ改正シ内閣情報部官制ト改題」、JACAR、Ref. A03022131199。

林、文部七省负责，参与负责情报、音乐、曲艺、电影、广播、杂志、通讯、新闻事务。

内阁情报部下设五部，部下设课，课负责具体事务，其职责及人员配备详见表 1－1。

表 1－1　内阁情报部构成

长官、次长、秘书	第一部 总务	第一课 文书、会计、庶务	第二课 情报搜集	第三课 企划调查	第二部 企划	第一课 思想	第二课 社会	第三课 青少年	第三部 宣传	第一课 电影、摄像	第二课 文艺	第三课 编辑	第四部 报道	第一课 新闻通讯	第二课 出版单行本	第三课 广播	第五部 对外宣传	第一课 报道发表	第二课 宣传	第三课 文化
定员（人）	145	50	30	20	80	20	30	30	95	40	20	35	100	40	40	20	90	20	35	35
		打字员 45																		

资料来源：「内閣情報局設置要綱・内閣情報部構成」、JACAR、Ref. A03024734900。

大致说来，内阁情报部和厚生、拓务、铁道、递信、商工、农林、文部七省关系较为密切，五部部长均出自此七省，而参与及出自司法、海军、陆军、大藏、内务、外务六省内阁的委员大体为顾问性质。

1940 年 12 月近卫文麿第二次组阁后，作为政府行政机构改革的第一步，内阁情报部被改组为内阁情报局，试图将以三省为首的各省厅的宣传业务统合于该局。内阁情报局对首相负责，直接最高主管官员为总裁（亲任[①]），下设次长 1 人（敕任）、秘书 1 人（奏任）、情报官 51 人（奏任，内 5 人为敕任）、属员 89 人（判任）、技术人员 1 人（判任）。与其他政府部门的职员经过高等考试而入选不同，情报局的上

① 由日本天皇亲署任命状赴任者。

述专职人员都是由高等文官考试委员会从有一定学识和经验的官员或学者当中特别选拔的，显示了日本政府对“思想战”的重视。除了专职人员之外，情报局还可以在内阁所属各厅的高级官员中直接任命情报官。参与人数扩大至15人以内。[①] 具体的构成情况见表1－2。

表1－2　内阁情报局的构成（1940年9月25日）

<table>
<tr><td rowspan="20">总裁（亲、新）</td><td rowspan="12">次长（敕、新）</td><td rowspan="6">庶务部部长（敕、阁现）</td><td rowspan="2">庶务课课长（奏、阁现）</td><td>情报官一（奏，阁现）</td></tr>
<tr><td>理事官一（奏，新）</td></tr>
<tr><td rowspan="3">检阅课课长（兼）（奏、内）</td><td>情报官二（奏，内现）</td></tr>
<tr><td>（兼）情报官五（奏，内）</td></tr>
<tr><td>（兼）理事官一（奏，内）</td></tr>
<tr><td>事业课课长（奏、新）</td><td>情报官三（奏，阁现一、新二）</td></tr>
<tr><td rowspan="3">企划部部长（奏、海现）</td><td>企划课课长（奏、海现）</td><td>情报官三（奏，阁陆海现各一）</td></tr>
<tr><td>情报课课长（奏、陆现）</td><td>情报官三（奏，海现一、新二）</td></tr>
<tr><td>调查课课长（奏、阁现）</td><td>情报官二（奏，陆现一、新一）</td></tr>
<tr><td rowspan="3">报道部部长（敕，陆现）</td><td>新闻课课长（奏、陆现）</td><td>情报官四（奏，阁现二、陆海现各一）</td></tr>
<tr><td>出版课课长（奏，海现）</td><td>情报官三（奏，阁陆海各一）</td></tr>
<tr><td>广播课课长（奏，递现）</td><td>情报官二（奏，阁增、递现各一）</td></tr>
<tr><td rowspan="8">秘书官（奏、新）</td><td rowspan="3">对外部部长（敕，外现）</td><td>报道课课长（奏，外现）</td><td>情报官五（奏，外现二、外增一、陆海现各一）</td></tr>
<tr><td>宣传课课长（奏，外现）</td><td>情报官四（奏，外现三、外增一）</td></tr>
<tr><td>文化课课长（奏，外现）</td><td>情报官四（奏，外现、外增各二）</td></tr>
<tr><td rowspan="5">文化部部长（敕，阁现）</td><td>编辑课课长（奏，阁现）</td><td>情报官四（奏，阁陆海现各一、新一）</td></tr>
<tr><td rowspan="2">电影戏剧课课长（奏，新）</td><td>情报官二（奏，新）</td></tr>
<tr><td>技师一（奏，新）</td></tr>
<tr><td>文艺课课长（奏，新）</td><td>情报官二（奏，阁现、新各一）</td></tr>
<tr><td>设备课课长（奏，阁现）</td><td>情报官二（奏，阁现、新各一）</td></tr>
</table>

注：表中略字含义如下。亲，亲任；敕，敕任；奏，奏任；阁，内阁情报部；外，外务省；内，内务省；陆，陆军省；海，海军省；递，递信省；现，现在定员；增，本年度增员；新，新增职员；兼，兼任。

资料来源：「情報局機構案」、JACAR、Ref. A03024735100。

① 「情報局ノ組織ト機能　昭和16年5月」、JACAR、Ref. A06031104700。

相比内阁情报部的构成情形，内阁情报局的构成中外务省、内务省、陆军省、海军省、递信省的参与度明显加强，五部部长中，海军、陆军、外务三省各占一席，在课长和情报官中各省也显示了其影响力。据表1－2，可得出表1－3。

表1－3　内阁情报局职员之构成及来源

单位：人

职务	内阁情报部	内务省	新增职员	海军省	陆军省	递信省	外务省	总计	
部长	2			1	1		1	5	五部职员合计75人
课长	4	1	3	2	2	1	3	16	
情报官	10	7	10	6	6	1	11	51	
理事官		1	1					2	
技师			1					1	

从表1－2和表1－3可以看出，新改组成立的内阁情报局对原来的内阁情报部做了较大的变动，在部长、课长、情报官三项职务中，内阁情报部职员所占的比例分别为40%、25%、20%，军部（海军部、陆军部）所占比例则分别为40%、25%、24%，这从另一个侧面反映了第二次近卫内阁中军部影响力的提高及其对宣传的重视。

从职能上说，内阁情报局比起原先的内阁情报部更为明确（详见表1－4）。

表1－4　内阁情报局之职能（1940年9月25日）

<table>
<tr><td rowspan="2">总长</td><td rowspan="2">次长、秘书</td><td rowspan="2">第一部
庶务</td><td>第一课　庶务</td><td>人事、会计、文书，一般性事务、相关机密事项；对各种外围机构的襄助；各厅之间的联络</td></tr>
<tr><td>第二课　检阅</td><td>报纸杂志等出版物的检阅、管理；相关广播、电影、戏曲等影艺形式内容之检阅、管理</td></tr>
</table>

续表

总长	次长、秘书	第一部 庶务	第三课　事业	各种群众活动及相关社会团体之联络（演讲会、讲习会之开展和指导）
		第二部 企划	第一课　企划	确立国内外舆论之指导方针、发动国内外启发性宣传；思想战政策之确立和实施
			第二课　情报	各种情报之搜集整理
			第三课　调查	调查国内外舆论动向、研究各种思想之动向；关于启发性宣传之调查
		第三部 报道	第一课　报纸	政府对报社的信息发布（定期召开记者会）；对新闻通讯之指导
			第二课　出版	对杂志等其他出版物的指导；报纸杂志所用纸张之管制
			第三课　广播	对广播之指导、广播内容之检阅和管理；对社团法人日本广播协会之监督
		第四部 对外	第一课　报道	政府对外文报社的信息发布（定期召开记者会）；对外文新闻通讯之指导；对外国通讯员之指导；指导、检阅对外新闻报道、电报
			第二课　宣传	制作启发性对外宣传资料；对外文出版物等之指导；指导各种对外宣传机构
			第三课　文化	制作及指导对外宣传之电影、海报；对外文化工作之实施及指导；指导国际文化团体
		第五部 文化	第一课　编辑	制作各种信息及启发性宣传材料；周报、写真周报之编辑出版；指导编写各种小册子、杂志
			第二课　电影、戏剧	对以电影、戏剧等形式进行宣传之实施及指导；对电影、戏剧等演艺团体之监督；关于电影法施行之相关事务（除了检阅之外）
			第三课　文艺	对文学、美术、音乐等文艺活动的一般性指导；对文学、美术、音乐等文艺活动团体之指导
			第四课　执行	关于启发性宣传之实用技巧之调查研究；博览会、展览会等之举行及指导；画报宣传之实施及指导；画报团体之指导及监督；传单、邮件类之制作及指导

资料来源：「情報局機構案」、JACAR、Ref. A03024735100。

内阁情报局成立之初，本拟将外务省、内务省、递信省、陆军省、海军省的情报、报道等部门统合起来，实行一元化的情报（信息）搜集、管制及发布，但海军省、陆军省和内务省拒绝放权，致使很多情报搜集和管理工作重复进行。到了1945年4月，陆军省、海军省、外务省、“大东亚省”的报道政策和对外宣传部门归属内阁情报局管辖，而其中掌管情报搜集和调查这一重要工作的第一部（企划部）由海军（少将）掌管，掌握报道实权的第二部（报道部）则归陆军（少将）掌管，这两个主要职能部门落入军部之手，也就意味着内阁情报局实际上成为军部的附属机构。同年12月，随着日本战败，内阁情报局也寿终正寝了。

虽然一直存在下属各部门各自为政的现象，但内阁情报委员会和内阁情报部、内阁情报局在鼓吹日本对外扩张的“合理性”和“合法性”这一目标上是一致的。

在被日本占领的各沦陷区，日伪政权也有一整套发动“思想战”的公私机构（如“新民会”等汉奸组织），用于进行本地化的宣传，由作为内阁情报委员会（部、局）重要组成部分的日本各省厅（尤其是握有实权的陆军省）宣传机构对其发号施令。

对于包括日本内阁情报部在内的日本宣传系统，当时的中国政府也十分关注。在1941年发表的一篇时文中，郭志嵩提到：

> 虽然到今日为止，敌寇还没有宣传省的设置，他却有无数宣传的有机体，其中重要的有：内阁情报部，陆军省情报部，报导班，新闻班，海军省军事普及班，外务省情报部，对华文化事业部，递信省同盟通信部内务省特高课……内阁情报部是日本宣传的大本营，各有关省局都派员参加。自从“九一八”以后，范围尤大，同盟通信社，陆军省的管制，有新闻放送员一千人，其他职员一千人，全国分三大支局及三十七个分局，海外支局遍布世界各大都市，外务省的文化事业部，专门做对华宣传，握有最大权威的陆军省情报部，一方面加紧对国内的宣传，一方面则监视其他宣传团体。敌国的宣传系统是多元化的，在以上这些团体之下，都有无数小的宣传机构，直接间接受政

府的津贴和指导，专门在民众里面散布法西斯的欺骗宣传。其他如铁道省，各海上运输会社，国际观光局之类半官半私的团体，大部分也受外务省的直接嘱托，从事对外宣传工作。

日本的宣传费用，是很庞大的，只就一笔总理大臣的机密费而言，照平时的预算每年为一千万元，其中大部分都用在宣传，其他如外务省陆军省海军省等，在常年预算里，也都有一大笔宣传费。在日俄战争中，日本为宣传用去的费用达七千万元，占战费百分之四，如果按照这个比率，则四年日本军事费用二百四十万万中，宣传费就约有十万万元之巨，以今天宣传范围的扩大，宣传方式的复杂，这个比率只有增大不会减少的。

敌人的宣传政策，无论对内对外，都是潜行的间接式的收买政策，在国内方面，为要不断提高并保持民众的“爱国”情绪，当然就要经常地刺激与麻醉，因此，它除收买国内新闻杂志，制作电影，画片，和小册子以外，还由政府派遣大批随军记者，以及著名文艺家如菊池宽，佐藤春夫，岛木健作，林芙美子，西条八十等，由军部给以极大的便利和津贴，使他们在中国战场收集材料，写作小说诗歌，来咏颂战争，赞美中国的风景物产，把士兵像神一样的崇拜和描写着。再对国外方面，早在“九一八”时，敌人就已进行了对外国杂志和报纸的贿买，当我军退出南京，敌人为扩大那一宣传，就曾以每家三十万元的代价，收买南洋及美洲一切新闻杂志，获得了那一个短时期宣传的胜利，至于沦陷区汉奸报纸杂志，受敌收买，经常发表荒谬淫秽的文学，当然更不用说了。

对于中国民众，敌寇一向运用着麻醉，欺骗，煽动，利诱和挑拨离间的伎俩，不消说，在这徒劳无功，武力征服中国的幻想已归消灭的今天，更是敌寇军阀所异常注意的。

在战争爆发以前，日本就秘密收买了一些无耻的中国报人……搜集情报，影响舆论，同时在东京，长春等地广播电台聘用中国人广播新闻，自抗战以来，敌寇在占领地区遍地建立了汉奸文化团体，报纸通讯社，尤其从汪逆精卫出逃后，汉奸报纸的数目，更有显著的增加……

日本人在沦陷区还办了很多杂志，如上海的《醒狮》，北平的《新中国》、《民众》和《剿共军》，绥远的《蒙古周刊》等。

另外，日本人还在中国设立了很多通讯社，如南京汪伪政府的中央通讯社，香港的国民通讯社，北平的进化通讯社和经济通讯社，天津的新闻通讯社和天津社，张家口的蒙疆新闻社和"满洲国通讯社蒙古支社"等，这些通讯社都统一接收日本同盟通讯社的新闻稿，为日本的侵略行径摇旗呐喊，助纣为虐。而汉奸报纸"除了作为敌人的扩音器外，一个最大的特征，就是以很大的篇幅登载淫亵的文字，充分发挥麻醉的作用"。

而且，出版报纸只是日军在我沦陷区进行宣传工作的"很小的一部分活动"，随着作战的需要，日军继之以散发传单、图画，张贴标语口号等形式，以歪曲的事实，"鼓吹沦陷区的建设和安宁，直接劝我军投降"，还有，"敌人每占一地，它的'宣抚班'便随着对我民众进行威吓和利诱的宣传，举凡布告，招贴，对联，通俗小说，甚至日用品如火柴盒等等，都无不被采做宣传的工具。敌寇宣传的方式，以及它用心的毒辣，真可说是无微不至的了"。①

文中还列表如下（见表 1－5）：

表 1－5　抗战时期的汉奸报纸（截至 1941 年）

地名	报名	负责人(机构)	篇幅	发行数量
上海	新申报	敌军报道部	八页	一五〇〇〇
	和平报	伪上海市府	四页	五〇〇〇
	新生日报			五〇〇〇
	生活日报		四页	六〇〇〇
	春申新报			
	大中日报		四页	四〇〇〇
	新中华报	梁鸿志	四页	五〇〇〇

① 郭志嵩：《敌我的宣传战》，张研、孙燕京主编《民国史料丛刊》第 300 册《政治・抗日战争》，大象出版社，2009，第 14～17 页。

续表

地名	报名	负责人(机构)	篇幅	发行数量
上海	中华日报	汪精卫	八页	六〇〇〇
	品报	钱华		一〇〇〇〇
	时代晚报	汪精卫	四页	六〇〇〇
	民族日报	汪精卫	四页	五〇〇〇
	国民日报		四页	四〇〇〇
	中国商报		四页	八〇〇〇
	酒报		四页	五〇〇〇
	民众报		四页	五〇〇〇
南京	南京新报	秦墨哂	朝六页晚二页	七〇〇〇
	中报	汪精卫	八页	八〇〇〇
	新南京报	梁鸡[鸿]志	八页	八〇〇〇
	南京晚报	有田义一	四页	六〇〇〇
	实业新报		四页	五〇〇〇
	总汇报		八页	一〇〇〇〇
广州	迅报		四页	
	大华报		八页	
北平	新民报	新民会	八页	二〇〇〇
	北平晨报	张见庵	四页	一〇〇〇
	实报	管冀贤	四页	二〇〇〇
	实言白话报		四页	八〇〇
	新兴报		四页	八〇〇
	时言报		二页	六〇〇
	华言报		六页	六〇〇
	全民报	伪市府	四页	一〇〇〇
	新北京报		二页	五〇〇
	新申报		四页	
	民众报		四页	
	政文报(法文)		四页	
	时事日报(英文)		四页	
	世界日报		四页	
	华北新晨		四页	

续表

地名	报名	负责人(机构)	篇幅	发行数量
天津	庸报		八页	二〇〇〇
	救国日报	王德仁、宋元久	四页	一〇〇〇
	东亚晨报	郑方瞻	八页	一五〇〇
	东亚晚报	郑方瞻	四页	八〇〇
	天风日报		八页	一五〇〇
	天声日报		四页	一〇〇〇
	国强日报		四页	八〇〇
	新天津报		八页	二〇〇〇
	大北报		四页	一〇〇〇
	国强报		四页	八〇〇
	天津时报		四页	一〇〇〇
	德华日报(德文)		四页	
	美邦协和(英文)		四页	
汉口	武汉报		四页	二〇〇〇
	武汉时报	伪市府	四页	一五〇〇
	楚报		四页	二〇〇〇
青岛	大青岛报	伪市府	四页	一〇〇〇
	青岛新民报	新民会	四页	一〇〇〇
	鲁东日报		四页	八〇〇
香港	香港日报	日人	八页	四〇〇〇
	南华日报	汪精卫	八页	四〇〇〇
	天演日报	李仲猷	八页	三〇〇〇
	自由日报			二〇〇〇
	人生报			
江苏无锡	新锡日报	张瑞初	四页	一五〇〇
苏州	苏州新报	伪县府	朝四页晚二页	六〇〇〇
	江南日报	王纯根		一〇〇〇
	苏州日报	吕新初	四页	
镇江	新镇报		四页	
	镇江新报	张定一	二页	一〇〇〇
松江	新松江报	伪县府	二页	五〇〇
丹阳	新丹阳报	胡志颐	二页	一〇〇〇
句容	句容苏报	杨玉波	二页	

续表

地名	报名	负责人(机构)	篇幅	发行数量
金坛	新金坛报	伪县府	二页	一〇〇〇
崇明	新崇明报	白潜令	二页	三〇〇
太仓	太仓新报	顾息今(?)	二页	六〇〇
常熟	虞报	归子嘉	四页	一五〇〇
常州	民□日报		四页	八〇〇
	武进日报	潘景让	二页	一〇〇〇
江阴	新江阴报	伪县府	二页	五〇〇
南通	江北新报	张学乡	二页	七〇〇
如皋	新皋报	管家栋	二页	四〇〇
扬州	大江北新报	朱康	二页	六〇〇
浙江杭州	新浙江日报	伪省府	八页	八〇〇〇
	杭州新报	程季英	朝四页晚二页	六〇〇〇
嘉兴	新兴报	盛吉生	四页	一〇〇〇
吴兴	湖州日报		四页	一〇〇〇
	湖州新报	张百川	二页	八〇〇
平湖	平湖日报	王蓝生	四页	五〇〇
海宁	更生日报		二页	五〇〇
峡石	更生日报		二页	五〇〇
安徽芜湖	皖南新报	伪县府	二页	八〇〇
	芜湖新报	朱绣封	四页	一五〇〇
蚌埠	蚌埠新报	张祐基	二页	二五〇〇
江西南昌	南昌日报	伪县府	四页	一〇〇〇
	南昌民报		四页	八〇〇
	国民日报		四页	八〇〇
九江	民心日报		二页	六〇〇
	东方报		二页	五〇〇
山东济南	山东新民报	新民会	四页	一〇〇〇
山西太原	山西新民报	新民会	八页	一五〇〇
大同	晋北日报			
	同□日报			
河南开封	新河南日报	伪省府	四页	一〇〇〇
新乡	河南新报		四页	八〇〇
河北通州	冀东日报		二页	八〇〇
	日日新闻		四页	五〇〇

续表

地名	报名	负责人(机构)	篇幅	发行数量
石家庄	石门日报		二页	四〇〇
保定	新闻正报		二页	
	周声报		二页	
察哈尔张家口	察哈尔新报		四页	
	蒙疆日报		四页	

三　抗日战争期间日军在华“宣抚班”

“宣抚班”是1937～1940年日本侵略者控制中国沦陷区民众的重要基层组织，在维持沦陷区地方秩序、确保交通要道（尤其是与日军军事行动相关者）安全、组织“治安维持会”、开展对华宣传及奴化教育、搜集情报等方面都发挥了十分重要的作用，是日本帝国主义侵略者掌控沦陷区的重要爪牙。“宣抚班”组织严密，从上到下有严密的组织、管理、运行和考核机制，其存在的三年多时间里，在稳定侵华日军“后方”（沦陷区）、为日军军事行动提供便利等方面发挥了重要作用。

“宣抚班”随日军军事行动的展开而进入沦陷区，是沦陷区傀儡政权及“新民会”等汉奸组织得以成立和存在的幕后操纵者。历来关于伪政权、伪组织的研究颇有可观，而关于“宣抚班”的论文和专著，却无论中日学界均少有涉及。以笔者管见所及，中国学者的研究有曹大臣《日本占领华中初期的基层控制模式——以太仓县为中心（1937～1940）》（《民国档案》2004年第1期），日本学者的研究则有坂轮宣政《日莲信仰与（日本）战前在大陆的活动——以宣抚班和八木沼丈夫为例》、伊藤桂一《密战新记（119）宣抚班班长的工作——藤井军曹的体验》，① 以及

① 坂輪宣政「日蓮信仰と戦前大陸での活動——宣撫班と八木沼丈夫を足がかりに」『現代宗教研究』2010年第1号；伊藤桂一「新・秘めたる戦記（119）宣撫班長の仕事——藤井軍曹の体験」『丸』2004年第12号。

中村重穗关于“宣抚班”的五篇论文。① 上述论著均立足于“宣抚班”工作的某一方面，未全面论及日军在华“宣抚”工作由上到下的整个体系。

1. 何为“宣抚班”

“宣抚”也者，原为上意下达、安定民众之意。中国历代有设置“宣抚使”安定战后民众的惯例，日军设“宣抚官”来安定华北民众，原有此意，因而“宣抚班”原非单纯的宣传机关。关于其“宣抚班”的具体职能，日军在针对中国农民的一张题为《诸位知道宣抚班到底是怎么一回事吗?》的传单中有这样的解释：“日本军宣抚班，是依着大日本帝国一亿臣民的总意而结成的”，而“此次事变，实因对于‘苏联走狗，赤化东亚大陆，取抗日政策，扰乱东亚和平’国民党军之统帅蒋介石之政权加以膺惩为目的，绝不以邻邦之良善中国人民为敌”。“因此次事变，（1）良善的市民农民，均蒙战祸，而度其悲惨之生活。（2）地方治安，极为紊乱，使人民不得安居乐业。（3）因受国民党与共产党欺骗、宣传，致将所有财务均被人抢去，并且误解皇军圣战正义。（4）盲信共产党‘先甜后苦’的宣传，附和雷同，致将可贵之生命抛弃的，也到处都是。”“日本国民……为的是可怜诸位，拯救诸位，所以才特意派我们宣抚班前来贵国，欲将水深火热中的中国人民救出来，登诸衽席之上。”具体而言，“宣抚班”的职能包括：“一，对于受灾难、无衣食的，加以救济。对于病人，施诊给药。失业者为觅职业，使之生活安定。二，为谋确立治安，特整备自卫团与保甲制度，而指导之，建设安居乐业之仙乡。三，使学校开课，启发中国国民知识，养成道德人才，将黄种复兴与东亚文明宣扬世界。四，对于盲信国共两党捏造之宣传

① 中村重穂「大日本軍宣撫班と『日本語會話讀本』——日中15年戦争期華北に於ける日本語教育の一断面」『日本語教育』2002年第10号；「大日本軍宣撫班編『日本語會話讀本』の執筆者をめぐる一考察」『北海道大学留学生センター紀要』2002年第12号；「宣撫工作としての日本語教育に関する一考察——元宣撫官への書面調査から」『日本語教育』2004年第1号；「宣撫班本部編『日本語會話讀本』の文献学的考察：その成立過程をめぐって」『北海道大学留学生センター紀要』2004年第12号；「宣撫班本部編『日本語會話讀本』の文献学的考察・その2：南満洲教育会編纂教科書との比較を通して」『北海道大学留学生センター紀要』2006年第12号。

之民众说明皇军之诚意，而解消其恐怖日军之心而使之都得安居乐业。五，与新政府协力，第一先谋复兴农村，使农民更生，实施农村经济及治水并改良农耕办法，使之实现王道农村，同时并谋其文化向上而建设并驾世界之国民生活与文化。”“以上事业，为第一期之目的。”“宣抚班”“当行‘宣情达德’，使下情得以上达，以东洋唯一之德政，实现黄种全部之幸福。这才是宣抚班的使命，是日本国民之总意”。“然后日本再与贵国提挈协力，将欧美西洋的压迫一概脱除，而建设黄种人之道德文化，实现我亚洲民族之黄金时代，使我黄族凌驾欧美，夸耀世界。这才是宣抚班真正的义务，又是宣抚班的真正责任哪?”“现在正要大家努力齐心，打倒可恐怖的赤化，免得作赤化的奴隶，同时将苏联国内的困苦农民一律救出，这才是东洋之义仁道德，才是东洋人类之公爱，才是世界之同情。”① 上述信息显示，日军“宣抚班”不仅负责对中国沦陷区民众的宣传，还负有救济灾民、维护地方“治安”、对沦陷区中国民众进行奴化宣传乃至“复兴”地方经济等责任，同时又是在华日军和沦陷区中国民众之间的重要中介，是上令下达和下情上达的桥梁。

2.“宣抚班”的产生及在华发展

日军“宣抚班”的职能超乎一般的宣传机构，其诞生实与日本对宣传战的关注有密切关系。日本是最早关注宣传战在一战中的运用的东方国家之一，也比较早地建立了本国负责宣传战的机构。在日本，宣传战一般被称为“思想战”，它是作为包括“军事战、经济战和思想战”在内的日本人所谓“整体战”的一个组成部分而存在的。② 1932 年，日本为“讨伐”中国义勇军而临时设置宣传队以怀柔占领区民众，即是日本发动对华宣传战的先声。伪满洲国建立后，日本人又在当地设置了从中央到地方的各级“宣抚小委员会”来进行宣传工作。抗日战争全面爆发后，日军又将其在中国东北进行“思想战”的做法移植到华北并进一步发展。

1937 年 7 月 21 日，东北的“宣抚”头目八木沼丈夫应日军华北方面军

① 见「宣伝工作資料（2）」，JACAR，Ref. C13032516700。

② 「情報局ノ組織ト機能」、JACAR、Ref. A06031104700。

的电请，到天津统筹组建华北“宣抚班”。8月9日，日本军方又从中国东北选调了52名在“铁道爱护村”工作中经验丰富的满铁职员，外加满铁天津事务所调查课职员一名，组成了7个班53人的华北“宣抚班”。[①] 8月13～17日，各“宣抚班”开赴工作地区。9月15日，日军华北方面军宣传部又临时组建了丰台“宣抚班”，使日军华北“宣抚班”达到八个班。各班以昌平、唐山、塘沽、杨村、廊坊、安定、长辛店、通州为基地展开工作，其相应的负责地区为自秦皇岛至朱各庄（十一站）、自滦县至田庄（十一站）、自芦台至张贵庄及大沽（八站一街）、自北仓至豆张庄（三站）、自落垡至万庄（三站）、自安定至丰台（五站）以及长辛店和通州附近。[②]

8月29日，日军华北方面军“宣抚班”本部宣告成立，隶属于日军华北方面军宣传部。其工作重点在于配合日军的作战行动，确保津浦、京汉、平绥铁路沿线及晋北地区兵站线的稳定。随着日军军事行动的延伸，“宣抚班”工作范围不断扩大，班次和人数也相应地迅速膨胀。截至1937年12月底，日军华北“宣抚班”已经有80个班共计829人［其中日本人534人，中国（包括日方所谓“满洲国”）人295人］，包括1个本部班、66个现地班、2个特殊“宣抚班”、5个联络班、6个医疗班。换言之，除了宣传工作，“宣抚班”中还有负责医疗和联络工作的成员。事实上当时日军华北“宣抚班”的工作内容也超出了单纯的对华宣传的范畴。其工作范围包括北宁线（唐山一带）、津浦线（自天津至兖州）、京津线（廊坊一带）、京汉线（自北京至磁县）、正太线（自石家庄至榆次）、同蒲线（自代县至祁县）。

同时，日军华北方面军司令部在成立后，又设置了一个与“宣抚班”密切相关的机构——特务部，并一度将“宣抚班”隶属于特务部。1938年1月18日，日军华北方面军“宣抚班”本部由天津迁往北京。其工作重心也转向山东，并开始着手在山西进行“宣抚”工作。4月1日，现地“宣抚班”又转而归属日军华北方面军下属的第一军（济南）和第二军

① 「昭和12年」、JACAR、Ref. C11110458400。

② 「勇躍出発」、JACAR、Ref. C11110458500。

（天津），而以特务机关的指挥机关编成两军司令部“宣抚班”，分管下属各现地“宣抚班”。而驻扎石家庄的第三班、青岛的第四班、太原的第十班、彰德的第四十九班则仍隶属当地特务机关。

到 1938 年 12 月底，日军华北“宣抚班”达到 128 个班 1556 人（其中日本人 1014 人、中国人 542 人），包括本部班 1 个、军指挥班 2 个（时日军华北方面军下辖第一、第二两军）、兵团指挥班 5 个、现地班 113 个、联络班 3 个、医疗班 4 个。工作范围包括北宁线、津浦线（自天津至徐州、灵璧）、京汉线（自北京至博爱、怀庆）、正太线（自石家庄至榆次）、同蒲线（自代县至蒲州）、胶济线（自济南至青岛、芝罘）、陇海线（自徐州至开封）。

1939 年，日军华北“宣抚班”达到 181 个班 2371 人（其中日本人 1363 人、中国人 1008 人）。由于 1938 年 12 月“宣抚班”的隶属关系由特务部转归日军华北方面军，各地的“宣抚班”也相应转归日军驻华北各部队（详见表 1－6）。

表 1－6　“宣抚班”配属状况

<table>
<tr><td rowspan="3">部队名称</td><td colspan="18">杉山部队</td></tr>
<tr><td rowspan="2">南云部队</td><td rowspan="2">桑木部队</td><td rowspan="2">前田部队</td><td rowspan="2">□□部队</td><td rowspan="2">□□部队</td><td colspan="4">尾高部队（第十二军）</td><td colspan="8">梅津部队（第一军）</td><td rowspan="2">杉山部队本部“宣抚班”</td></tr>
<tr><td>木村部队</td><td>鸷津部队</td><td>今村部队</td><td>军指挥班</td><td>阿南部队</td><td>手岛部队</td><td>百武部队</td><td>柳下部队</td><td>舞部队</td><td>谷口部队</td><td>平田部队</td><td>军指挥班</td></tr>
<tr><td>班数</td><td>2</td><td>28</td><td>12</td><td>12</td><td>13</td><td>14</td><td>15</td><td>23</td><td>1</td><td>2</td><td>4</td><td>6</td><td>6</td><td>16</td><td>13</td><td>12</td><td>1</td><td rowspan="2">1</td></tr>
<tr><td>合计</td><td colspan="5">67</td><td colspan="4">53</td><td colspan="8">60</td></tr>
<tr><td>总计</td><td colspan="18">181</td></tr>
</table>

至于工作范围，则已不局限于华北，而是扩展到江苏。当时日军在华北、华中各省均配置了大量“宣抚班”，具体到县一级行政单位，配置了“宣抚班”的县数量分别是山东 50 县、河北 65 县、山西 51 县、河南 33 县、江苏 15 县，合计 214 县。

3. “宣抚班”之人员构成

日军华北方面军“宣抚班”对外称“大日本军宣抚班”，其成员称“宣抚官”或“宣抚员”。“宣抚官”最初主要由有“宣抚”经验的日本人和中国东北人（即日本所谓“满洲”人）构成。此后随着“宣抚”范围的扩大，需要更多的“宣抚官”，而满铁成员又逐渐撤出“宣抚班”，于是日军开始在华北以及日本国内招募“宣抚官”。作为沟通沦陷区中国民众和在华日军的中介，“宣抚官”的基本条件自然是兼通中日两国语言。然而实际上符合这一条件的“宣抚官”远远不敷所需，日军往往不得不退而求其次。1938 年，19 岁的山东宁津人张成德在奉天（沈阳）由日本人办的私立日语专科学校“日满书院”学习了不到两年后，应报纸上的招聘“宣抚官”广告而报名投考并被录取，随即被派往山东，先后在胶济路普集车站、龙山车站、兰村车站、城阳车站和即墨县、海阳县“宣抚班”任“宣抚官”，后又在伪即墨县第七区区公所任职。[①] 这算是一个比较符合日本人要求的“宣抚官”。然而符合这一条件的中国人也是“供不应求”。

由于在华北招募不易，日本军方将目光转向日本国内。1938 年 1 月 28 日，日军华北方面军参谋长致电日本陆军省陆军次官，要求在日本国内选拔 250 名“宣抚官”充实华北日军部队。当时提出的选拔标准是：参选者年龄不超过 30 岁；学历要求专科毕业以上，或 3 月毕业，后者要求提供最后学期成绩及校长推荐书；身体合格。参选者还需参加历时两天的考试。以 1938 年 3 月 5～6 日在日本东京的陆军预科士官学校和大阪偕行社[②]举行的考试为例，第一天是为时一个小时的学科考试，第二天则是

---

① 张成德：《日寇侵华的特殊工具——“宣抚班”》，《宁津文史资料》第 3 辑，1983，第 119 页。

② 偕行社，1877 年 2 月 15 日成立于日本东京，是日本陆军内以提高修养、保持团结为目的的团体，当时入会者达 3000 人。此后日本各地师团中也成立偕行社，会员缴纳会费，逐渐成为一个颇具影响的带有财团法人性质的右翼团体。二战后偕行社被解散，1957 年重新成立财团法人，当时主要目的是为日本在侵华战争及二战中受伤将士及伤亡将士家属介绍工作、接受教育乃至婚嫁等提供帮助。2001 年，日本陆上自卫队军官入会成为正式会员，偕行社遂又成为日本军官间联络感情的重要组织。“偕行”二字，出自《诗经·秦风·无衣》：“岂曰无衣，与子同裳。王于兴师，修我甲兵。与子偕行。”引自日本偕行社网站，http://www.kaikosha.or.jp/kaikosya-gaiyo/rekisi.html。

从早上8点到晚上8点，对参选者进行口试和身体检查。[①] 1938年3月21日，华北“宣抚班”第一次从日本本土录用100名“宣抚班”成员；8月，有京都帝国大学学生11名到华北“宣抚班”实习。还有一部分经过训练的中国人（包括所谓“满洲国”人）。如1937年底华北“宣抚班”的人员构成是日本人534人、中国人295人；1938年底为日本人1014人、中国人542人。此后，为了“避嫌”，日本逐渐减少“宣抚班”中的日本人和“满洲国”人，如1939年日本华北“宣抚班”的一份“宣抚”计划显示，1939年4月至1940年3月，该班计划进行三期对华“宣抚”，为此要录用、增补部分“宣抚班”成员（见表1-7）。

表1-7　日本军方录用、增补“宣抚班”成员

期别	录用人员				合计
	日本人	“满支人”			
		方面军录用	军兵团录用	合计	
第一期(1939年4~6月)	650	250	250	500	1150
第二期(1939年7~9月)	200	150	200	350	550
第三期(1939年10月至1940年3月)	100	50	100	150	250
合计	950	450	550	1000	1950

注：“满支人”即日本人所谓“满洲国”人和中国人，“方面军”指日军华北方面军本部，“军兵团”指日军华北方面军下属各兵团。

由表1-7可见，日本军方在“宣抚官”的构成上，是计划逐步减少日本人的比例而增加中国人的比例的。相比被迫出征中国的日军官兵，“宣抚官”或来自专科以上毕业的日本学生，或来自日本民间志愿人士，或来自原来在中国大陆退伍并在当地就业的日本士兵，或是通日语的中国人，他们一般都受过一定的考核和训练，或有一定的在华经历，对中国国情有一定的了解，其文化素质一般而言要高于普通日军士兵，被称为

① 「北支那方面軍宣撫官採用試験に関する件」、JACAR、Ref. C04120285500。

“以笔作战的士兵”。

同为“宣抚官”，中国人和日本人是有所区别的。据时任“宣抚官”的张成德回忆，当时，“铁路沿线各大站和沿线各县城都有宣抚班。宣抚班人员有多有少，最多不超过十个人。宣抚班的成员有：班长一人，由日本宣抚官充任，其余都是宣抚官。宣抚官的级别有‘部员’、有‘雇员’，部员高，雇员低，身份都是‘军嘱托’，日本人都是部员，中国人大部分是雇员，个别的也有部员。宣抚官有日本人、有中国人（从东北招考来的，都会日语），服装穿伪满的协和服或穿日本军装，宣抚班长和宣抚官都带‘大日本军宣抚官’袖章，袖章白底红字，给养由各地日本警备队供应。各地宣抚班受各地日本警备队领导，如日本警备队出发‘讨伐’或‘扫荡’，即通知宣抚班随军作宣抚工作。宣抚班也可根据需要，请求警备队派兵保护到各村作宣抚工作”。①

“宣抚官”一般选择男性，但有时为了适应中国“男女授受不亲”的传统观点，也起用女性“宣抚官”。② 如1937年10月10日日军侵占石家庄后成立的“大日本军石门第三宣抚班”，即包括“男女宣抚员”若干名。③ 为达到特定目的，日本人甚至利用外国人做“宣抚”工作。在山西省广灵县南村，日军向荷兰传教士经营的孤儿院进行若干捐赠，传教士大为感激，遂有所谓“第三国传教士组成的宣抚班”，对信众进行“宣抚”活动，据称“获得极好的结果”。

“宣抚官”以文职人员或中国政府机关职员身份入职，以“建设大东亚”为共同目标，但与担当占领地警备的日军相比，在地位和职责上处于不同立场，盖因作战行动的性质，毕竟不能以民间的情势来左右，当采取军事行动时，未必会照顾到“宣抚官”的情况。与此同时，当地居民则把他们视为日军一分子而抱有畏惧及戒备心理。作为和军队打交道的唯

① 张成德：《日寇侵华的特殊工具——“宣抚班”》，《宁津文史资料》第3辑，第121页。

② 「宣伝宣撫参考手帳　十二．華人応対要領100条」（昭和14年2月）、JACAR、Ref. C13032547100。

③ 赵德汶：《石门第三“宣抚班”和伪新民会》，《石家庄文史资料》第2辑，1984，第74页。

一窗口，居民委托“宣抚班”向军队进行各种交涉。“宣抚班”一方面试图处理好日军和占领区民众的关系，另一方面在日军在华烧杀掳掠残害中国军民之际毫无作为甚至同为帮凶。

4. “宣抚班”的职能划分

“宣抚班”有所谓“从军宣抚班”和“定居宣抚班”的区别，后者固定于某一区域开展“宣抚”活动，前者则跟随日军部队开展相关活动，如当时的山冈、下元、谷、中岛、土肥原、川岸、板垣、矶谷、山下兵团都配备有“宣抚班”，每班 7 ~ 10 人不等，也有同一个班分成两个小班分头行动的。

加上“宣抚班”本部，实际上当时日军华北“宣抚班”可以分成三个部分，即日军华北方面军司令部“宣抚班”(即华北“宣抚班”本部)、方面军下属各军及兵团“宣抚指挥班”、各地“宣抚班”。方面军司令官是各“宣抚班”的最高负责人，可因工作需要将“宣抚班”分配给各军及直辖兵团，而各军又可按照实际需要在其下属各兵团内部进行“宣抚班”的分配。各军及兵团司令官可综合其警备区域情况及各地“宣抚班”能力的不同设定“宣抚”基地及决定各“宣抚班”工作区域，并视情况在各部队设置特务机关长。就性质而论，“宣抚班”又有所谓现地班、指挥班、联络班、医疗班、特殊“宣抚班”等区别。

配属了“宣抚班”的部队，其指挥官可指定一名军官负责辅助“宣抚班”等事宜。各地“宣抚班”有大、中、小班的区别，各由班长 1 人，班员（“宣抚官”）日本人 7 人、5 人、3 人，中国人 7 人、5 人、3 人构成，合计各有 15 人、11 人、7 人。“宣抚班”可分班使用，而为避免力量过于分散导致效能降低，一般规定大班限于分为三班，中班限于分为两班，小班不分。此外，各军及各兵团在其人手不足的情况下也可以组建临时“宣抚班”。

方面军司令部“宣抚班”配属于参谋部第四课，负责方面军管内(驻蒙古部队辖区除外)“宣抚”工作计划、工作经费和预算的制定，以及“宣抚班”的编成、分配、补充、人事、教育训练、功绩及调查等事务。方面军下属各军及兵团的“宣抚指挥班”则归所属军及兵团的主任参谋节制，负责辖区内“宣抚”工作计划、工作经费、预算的制定，以及“宣抚班”的编成、配置、分配、补充、人事、教育训练、功绩、联络及调查等事务。而军所属兵团“宣抚指挥班”的业务则由所属各军决定。各地的“宣抚班”归所属部队及特务机关长节制，在各班长指挥下负责相应辖区内“宣抚”工作。①

关于“宣抚”工作中的重要事项以及人事变动等事项，“宣抚班”要向方面军参谋长提交报告或通报，报告的内容和提交时间均有一定之规，各种“宣抚班”及班长各司其职（详见表1－8）。

表1－8　“宣抚班”报告内容

<table>
<tr><th>负责者</th><th>报告内容</th><th>提交时间</th></tr>
<tr><td rowspan="2">方面军司令部“宣抚班”</td><td>“宣抚”工作月报</td><td>翌月30日(25日)</td></tr>
<tr><td>“宣抚”工作经费分配表</td><td>当月5日</td></tr>
<tr><td rowspan="3">现地“宣抚班”</td><td>阵中日记</td><td rowspan="3">由各军及直辖兵团处理</td></tr>
<tr><td>机密费决算报告书</td></tr>
<tr><td>临时军事费用决算报告书</td></tr>
<tr><td>各班班长</td><td>功绩资料</td><td>翌月30日(25日)</td></tr>
<tr><td rowspan="2">现地“宣抚班”</td><td>关于“宣抚班”的命令书</td><td rowspan="4">随时提交报告</td></tr>
<tr><td>工作计划</td></tr>
<tr><td rowspan="2">“宣抚指挥班”</td><td>“宣抚班”配置的变更</td></tr>
<tr><td>其他重要事项</td></tr>
</table>

注：括号外的日期指由各军提交的报告到达方面军司令部的时间，括号内的日期指各直辖兵团提交的报告到达方面军司令部的时间。

至于“宣抚”工作月报，其记载内容也有明确规定，一般包括以下各项：“一，一般概况，记载宣传、治安状况、政治、经济文化等方面情况；二，主要实施事项，记载实施项目、对象、反响等；三，工作进展（包括）：1、宣传势力圈；2、民众组织的活动状况；3、宣传对象的思想动向（记载对日本新政府、国共两党及第三国的思想动向）；四，

① 「第3章　編成及任務」、JACAR、Ref. C11110461100；「第4章　宣撫班の運用」、JACAR、Ref. C11110461200。

敌情及敌方宣传状况（包括）：1、敌情；2、敌方工作队的编成及活动状况；3、对我方势力圈的影响；4、敌方宣传材料；五，工作效果（记述特殊的反响）；六，将来打算；七，意见、希望、观察结果；八，各种统计（包括）：情报、训练、各种调查、邮件检查、对民众实施治疗情况、问事处处理事件数量、搜集武器弹药、筹集物资情形等。”月报的相关事项，如调查报告、特别工作、重要讲演的要职等其他必要资料，需以另纸誊出上交。其内容如果认为和上一个月相比没有变化的，则可以省略不记。①

除了对工作过程的检验，“宣抚班”上层（包括日军华北方面军司令官）对“宣抚班”成员的工作成绩和表现也有考核（见表1-9、表1-10）。

表1-9 “宣抚班”各班成绩（1939年）

班别	班员			治安程度	分班数	工作进展	业务处理	资材经费	内务	团结力	总评	序列
	日	中	合计									
第100班	5	4	9	乙地	1	甲	甲	甲	乙	甲下(83)	甲(90)	1
第200班	4	3	7	甲地	1	甲	甲	乙	乙	甲	甲	2

表1-10 “宣抚班”中坚班员以上（含班长）工作成绩（1939年）

班别	姓名	年龄（岁）	性格	责任感	调和性	统御力	创造力	观察力	实行力	品行癖好	概括评定	序列	摘要
第100班	荒木五郎	28	刚健	甲	乙	甲	甲	乙	甲	良	甲(90)	1	胜任现地班长
第200班	山田三平	31	温和	乙	甲	乙	甲	甲	乙	酒癖	甲下(84)	2	有处理事务的才能，适宜担任县联络员

① 「别紙第2 宣撫工作月報記載要領（一例）」、JACAR、Ref. C11110461400。

华北方面军司令部“宣抚班”，即“宣抚班”本部，设班长一人（八木沼丈夫），辅佐人员二人，下设总务、指导、训练、调查四个系，每个系设主任一人。其中总务系下设庶务、文书、人事、功绩四个部门，每个部门设一个主管。其中庶务部门的业务内容包括：“一、一般庶务；二、警备防谍；三、现金出纳、结算；四、审查；五、物品的筹措、调配、保管；六、物品的使用和管制；七、物品的修理；八、值夜班；九、班员福利；十、配军；十一、接收邮品；十二、保管资材；十三、非其他系负责的业务。”文书部门的业务内容包括：“一、全盘计划；二、预算；三、强化及补充编制；四、章程；五、组织和权限；六、印章的保管；七、文书的审议及转呈；八、会议；九、业务报告；十、文书的收发、誊清；十一、军中日记、日报、业务日报；十二、绝密文书、图书的保管；十三、与军司令部联络事宜；十四、非其他系主管的涉外事务。”人事部门的业务内容包括：“一、人事任免、调动及身份鉴定；二、战役者□□手续；三、服务规律及赏罚；四、工作成绩考核表；五、出差及休假；六、军事；七、给养和待遇；八、人事制度的调查、研究及制定。”功绩部门的业务内容包括：“一、收集功绩资料；二、调查整理功绩资料；三、上报功绩资料。”

指导系下设教化、厚生、宣传三个部门，各部门设主管一人，其中教化部门的业务内容包括：“一、组织民众；二、各种团体的活动；三、教材；四、社会教育。”厚生部门的业务内容包括：“一、赈济；二、金融经济；三、生产流通；四、职业辅导；五、保健卫生。”宣传部门的业务内容包括：“一、民众宣传；二、电影；三、演剧；四、举办及参加展览会。”

训练系下设一个训练部门，设主管一人，其业务内容包括：“一、教育训练；二、培养（人才）；三、教育资料。”

调查系下设调查部门一个，设主管一人，其业务内容包括：“一、关于检讨工作效果的资料；二、工作对象的调查；三、工作统计；四、共产党资料；五、月刊宣抚；六、相片；七、宣传、宣抚资料、器材；八、特命事项；九、翻译。”

方面军下属各军及兵团“宣抚指挥班”及各地“宣抚班”属于一线“宣抚班”成员，其工作分为“协助方面军”、“民众宣抚”及“调查”三部分。其中“协助方面军”又分为以下几个方面。①配合作战，具体包括搜集情报；侦察敌情、地形以及各种调查事项；做向导及翻译；协助修理及建造军用铁路、道路、桥梁、堤防、飞机通道、通信线路；协助运送武器弹药；收容伤员及战死者；清扫战场（搜集尸体，收集武器弹药、弹壳等其他遗弃物）；寻找部队宿营地；筹措军粮、军马草料；筹措军用车马、苦力等；搜集军用枕木、钢铁、木材等物资；搜索回收隐匿的武器弹药。②保护兵站线，具体包括组织指导“爱护村”（铁路、汽车路、水路、机场及电话线）；建立和强化“爱护村”情报网；砍伐铁路、汽车路、水路、机场及电话线两侧地区的高杆植物并禁止种植之；协助铺设及修复铁路、汽车路、桥梁、飞机场。③协助警备事宜，具体包括指导和训练警察部队；指导和训练如何组织自卫团、保卫团；收买、利用红枪会、大刀会、青帮、红帮等特殊团体；搜索检举潜伏的抗日分子和土匪；回收民间枪械；④破坏敌对组织，具体包括“通过开展对敌宣传战使之丧失斗志乃至暴动”；开展国共两党所属组织的摧毁、“归顺”和怀柔工作；“劝告敌军投降”；“通过宣传来扰乱敌军驻地民心”；“组织训练敌方失陷地区的亲日团体”，开展积极斗争。

“民众宣抚”分为八个部分。①安抚民众，具体包括厘清民众对“事变”的认识，阐明“皇军”的本义；去除地方宣传，张贴布告和宣传画；开设妇女避难所；开设民众问事处；调查户口；召开“治安”会议；惩戒诱导危险分子；开设针对民众的“安慰”、娱乐设施。②“新政”工作，包括各府县市“治安维持会”的组成和指导；县市村制度的确立和指导；恢复县政的基础工作；维护“新政府”运动。③新生工作，包括阐明七七事变的“真正意义”；“剿共（产党）灭（国民）党”工作；普及和贯彻“新民主义”；建设“东亚新秩序”工作。④救恤工作，包括救济难民、贫困者（施米施粥等）；开设难民收容所；开设免费诊所及开展巡回治疗、送药；职业介绍；协助开办针对无劳动能力者（残疾人、病患、老人、孤儿等）的救济机构；推动和协助开设针对有劳动能力者的救济及安排工作机构（如民生工厂等）；推动难民回乡工作；推动外出打工。⑤保护奖励工作，包括居民家庭财产的保护和管理；发放“良民证”；保护有正当职业者并协助其发展；表彰有功人员及行善者；救助保护遭受土匪袭击村落；开设避难所（防止土匪袭击）；普及日语，奖励相关人员；奖励及普及植树爱林活动。⑥经济工作，包括指导各种经济团体的组建和改良；指导组建物资对策委员会、灾区重建委员会；指导组建商会、农会；开展联合准备银行券及军票的流通工作、取缔旧纸币的流通；推动商铺和工厂的开设；复兴金融机构；稀缺物资和滞销物资的进出口工作；协助播种工作；“对敌经济封锁”；失业对策；物价统制。⑦教育文化工作，包括指导成立各种“教化”组织；指导成立各种思想领导组织；指导开办普通日语学校；发行各种报纸、教材、戏曲小说读本等；指导监督邮局的重新开张；指导收音机广播；指导电影等民众娱乐工作的开展；实施“新生中国”的纪念事业；开展“改善生活运动”；指导设立卫生机构和开展防疫业务。⑧团体指导，包括青少年对的组织、指导、训练；妇女会的组织、指导和训练；自卫团、保卫团的组织、指导和训练；“爱护村”（铁路、主要道路、水路、飞机场、电线）；指导秘密会社（红枪会、大刀会、青帮、红帮等）；指导宗教团体（佛教、基督教、回教等）；组织、指导教育会、商工会、农会等；指导慈善团体（红十字会等）。

“调查”部分分为：①一般调查，具体包括户口调查（家庭、人口、男女、职业、国籍），面积（总面积、耕地面积、未耕地面积），铁路、道路、河流、运河、桥梁、机场，主要生产品，军需资源，家畜家禽，汽车、马车、人力车，官厅，警察组织，自卫组织，民间所有枪械弹药，学校，医疗机构，邮政、电信、电话机构，一切公私工厂，秘密会社，租税、捐税，地主自耕农、自耕农兼佃农、佃农，物价、地价。②特殊调查研究，包括调查研究敌方军事、政治组织、政策宣传，制定对策；调查研究共产党、国民党等抗日团体的组织活动，制定对策；研究各种秘密结社，制定对策；研究中国社会实质。

从军“宣抚班”成员作为作战部队的一分子，在行动上并受部队长官节制。以抗战时期日军华北方面军第一一四师团为例，根据相关规定，除了方面军特务部和“宣抚班”本部下达的命令，该师团所属“宣抚班”还受各师团《宣抚工作勤务规定》的约束。①

根据该规定，大队以上部队长官得设负责“宣抚”工作的佐官或尉官一人，部队“宣抚官”二人（由步兵连队下士官担任），步兵大队下士官一人，普通士兵至少八人（部队“宣抚员”），以及若干翻译人员。该佐官或尉官兼领本部工作及“宣抚”工作，乃是兼职性质。而其所辖“宣抚班”，除受该官节制外，和师团的“宣抚指挥班”也有密切关系，其“宣抚员”的教育即是以连队为单位，根据实际需要，由“宣抚指挥班”负责培训。同时，师团的“宣抚指挥班”也负责监督、指导各“宣抚班”的宣传、“宣抚”工作，辅佐师团的主要参谋对“宣抚”工作资料和“宣抚”经费进行分配，同时和方面军的“宣抚指挥班”密切联系，掌握“宣抚班”班长以下各级成员的人事调度权（详见图 1－2）。

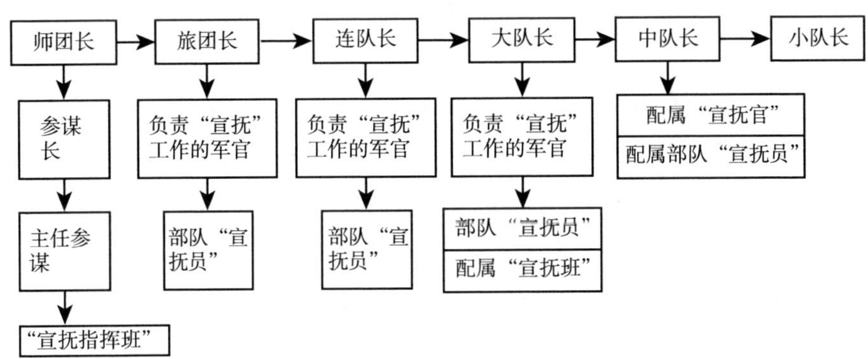

图 1－2　日军的“宣抚”工作组织

资料来源：「宣撫工作勤務規定　昭和 14 年 1 月 14 日　第 114 師団司令部（1）」、JACAR、Ref. C11111590300。

① 「宣撫工作勤務規定　昭和 14 年 1 月 14 日　第 114 師団司令部（1）」、JACAR、Ref. C11111590300。日军第一一四师团于 1937 年 10 月 12 日成立。在第十军（司令官柳川平助中将）隶下于同年 11 月在杭州湾登陆，从中国军队背后发动攻击，参与了对南京的战役。1938 年 2 月被调派至华北地区参加徐州会战，此后在华北负责“治安作战”任务，1939 年 7 月复员。

换言之，师团的“宣抚班”分为“宣抚指挥班”和现地“宣抚班”两种。现地“宣抚班”的工作包括：①全局性事务，具体包括人事变动、功绩统计，“宣抚”计划的制订；②具体工作，包括“宣抚”工作的实施、宣传，搜集和整理情报，“招抚”民众，调查及搜集资料，定期报告等；③庶务，包括人事调动事宜，撰写阵中日记，收发和整理文件，会计、给养事宜，联络工作；等等。

“宣抚指挥班”的工作包括：①全局性事务，包括“宣抚员”的教育、功绩整理和人事调度；②计划性事务，包括制订“宣抚”工作计划、“宣抚班”的编成和分配、宣传工作、其他计划工作；③联络事宜，包括搜集及整理情报、联络报告、阵中日记，“招抚”民众，设计调查计划；④庶务，包括有关人事变动及“宣抚员”功绩庶务、文件的收发和整理、内务、武器弹药的管理；⑤会计事务，包括预算和决算，薪饷，军需品之购买、保管和分配，事务用消耗品相关事宜。

“宣抚班”受“宣抚指挥班”节制。据张成德回忆：

> 宣抚班直属日寇的华北派遣军领导，在山东的济南、青岛、烟台等地设有“宣抚指挥班”，指挥班下设“宣抚班”。根据需要，宣抚班以下设“宣抚分班”，如普集车站是第五十九宣抚班，龙山车站的宣抚班是五十九宣抚班的分班，分班共有两个人，我曾在龙山宣抚班住过。即墨县城里是第四十二宣抚班的分班，兰村车站宣抚班是四十二宣抚班的分班，多时四人，少时两人。①

5.“宣抚班”的活动及其影响

从“宣抚班”本部到具体负责“宣抚”事宜的“宣抚班”，日军各级“宣抚”部门各司其职，使整个“宣抚”工作有效进行。而具体对中国军民进行“宣抚”活动的则是随日军部队到沦陷区的大小“宣抚班”。从 1937 年 7 月成立到 1940 年 2 月与“新民会”合并（华北以外地区除

---

① 张成德：《日寇侵华的特殊工具——“宣抚班”》，《宁津文史资料》第 3 辑，第 120 页。

外)，“宣抚班”配合日军部队在华北、华中沦陷区大肆活动，成为沦陷区事实上的“太上皇”。

以石家庄的日军石门第三“宣抚班”为例，1937 年 10 月 10 日，日军侵占石家庄，随即成立“大日本军石门第三宣抚班”。该班成立后，即“在石门各地大肆进行反动宣传活动，鼓吹‘中日亲善’、‘同文同种’，胡说‘日本出兵中国是为了救中国人民摆脱苦难’、‘建设大东亚共荣圈’等，欺骗群众。日军占领石家庄的初期，宣抚班负责发布文告，张贴安民告示，阻止市民外逃等等。宣抚班还网罗汉奸、流氓，拼凑了石门治安维持会，由大汉奸大恶霸李汉卿出任会长。宣抚班还搜罗附近村庄的零星地主武装，组成皇协军，由赵学臣、李小贞充当头目。它还组织地方警察等。更主要的是，宣抚班直接操纵了石门伪政权的建设，先是改组维持会为市公署筹备处，由马鹤俦任处长，后来正式成立市政公署，仍由马鹤俦任伪市长。后来日军派遣顾问数人进驻市政公署，宣抚班才放弃对市政公署的操纵和控制，但仍然起监督作用”。①

表 1 - 11 是 1939 年日军某“宣抚班”的工作日程，从中可见“宣抚班”工作的大致情形。其中“视觉宣传”、训练青少年队、指导“治安维持会”和治病给药（施疗施药）是常态性的工作，而重点在于青少年队的训练。穿插进行农事指导、巡回拉洋片、施粥、开“爱护村”村长会议、开妇女会及卫生家庭讲座会、“自卫团”警备演习、进行调查及工作检讨等活动，日程排得很满。

从 1937 年 8 月到 1938 年底，日军华北方面军一共执行了五期“宣抚”计划，每次计划的方针和工作内容都有所不同。第一期“宣抚”计划制订于 1937 年 8 月 10 日。其方针为：确保交通通信网的畅通，保障日军军事行动的顺利开展。为此，“宣抚班”的任务重点放在建设“铁路爱护村”、安抚铁路沿线居民方面，以便为日军所谓“华北建设”打下基础。因而当时日军“宣抚班”主要在日军占领的华北各主要城市和铁路沿

① 赵德汶：《石门第三“宣抚班”和伪新民会》，《石家庄文史资料》第 2 辑，第 74 ~ 75 页。

表 1－11　“宣抚”工作日程

<table>
<tr><td>日期</td><td>20</td><td>21</td><td>22</td><td>23</td><td>24</td><td>25</td><td>26</td><td>27</td><td>28</td><td>29</td><td>30</td><td>31</td><td rowspan="2">备考</td></tr>
<tr><td>星期</td><td>四</td><td>五</td><td>六</td><td>日</td><td>一</td><td>二</td><td>三</td><td>四</td><td>五</td><td>六</td><td>日</td><td>一</td></tr>
<tr><td rowspan="8">工作事项</td><td colspan="12">视觉宣传</td><td rowspan="10">一、希望按照右述日程行事，持续了解工作对象的情况和敌人的行动，俾诸事顺遂。
二、致力于配合部队作战，使之顺利进行。
三、重点在于青少年队的训练。</td></tr>
<tr><td colspan="12">青少年队训练</td></tr>
<tr><td colspan="12">施疗施药</td></tr>
<tr><td colspan="6">巡回拉洋片(宣传工作)</td><td colspan="2"></td><td colspan="3">农事指导</td><td rowspan="3">○地区「爱护村」村长会议</td></tr>
<tr><td colspan="5"></td><td colspan="4">施粥</td><td colspan="2"></td></tr>
<tr><td></td><td>农事合作社准备委员会</td><td></td><td>“自卫团”警备演习</td><td></td><td>妇女会家庭卫生讲座会</td><td></td><td>必需品</td><td>廉卖市场</td><td></td><td></td></tr>
<tr><td colspan="12">指导“治安维持会”</td></tr>
<tr><td colspan="8"></td><td colspan="3">各种调查、工作检讨</td><td></td></tr>
<tr><td>工作对象</td><td colspan="12">一、农事合作社准备委员会：“维持会”、商务会、镇村公署各职员，民间有力者
一、“自卫团”警备演习：“自卫团”团员 320 名
一、妇女会、家庭卫生讲座会：军宣妇女会员 90 名
一、“爱护村”村长会议：○地区 70 名
一、各项调查：物资、卫生情况、一般情况、效果检查</td></tr>
<tr><td>摘要</td><td colspan="12">一、视觉宣传
（一）宣传画、布告、传单　（二）快报、墙报、墙壁标语
一、青少年队训练
（一）青年队密集教练　（二）少年队杖法、特殊演练
一、巡回拉洋片
（一）某某地区巡回拉洋片　（二）反英
一、农事指导
（一）发放春耕种子　（二）播种指导
一、必需品廉价市场
（一）小麦、粟　（二）□□子、盐　（三）其他杂货
一、○地区“爱护村”村长会议
（一）禁止高杆植物　（二）搜集枕木　（三）“一日一信”</td></tr>
</table>

资料来源：「宣撫班小史・附表（昭和十四年）」、JACAR、Ref. C11110461500。

线（尤其是北宁线）开展工作，规定将铁路两侧五公里范围设定为“铁路爱护村”地区，设置“爱护村”机构，划定各村所需保护铁路区域，倡导“自发的铁路警备”，要求中国民众遵守其“铁路通信保护法令”。

并提出了“我们的铁路”、“共同保护我们的铁路”等口号，提倡所谓“一日一信”工作，亦即每天提供情报信息。

此外，其宣传内容还包括贯彻七七事变后日本所发表的对华声明，强调日军的威力，将“华北建设”明朗化，阐明二十九路军乃是“自取灭亡”，进行“南北分离工作”，阻止共产党、蓝衣社、抗日团体出入华北，说明国民党“历年恶行”，说明立足于“兴亚大道”本义基础上的“日满支友邻关系”等。①

1937 年 9 月 24 日，日军华北方面军制订了第二期“宣抚”计划。其中提出了“强化爱护村组织、培养指导阶层、组建及教化爱路青少年队”的方针，要求按照第一期计划设定“铁路爱护村”并扩大、强化之，同时开展招徕难民工作。在已经设立“爱护村”的地区，要求：①建构一个“指导者网络”，包括教育铁路从军人员、强化“爱护村”指导层、组建及教化“爱路少年队”、选拔及指导基层青少年、指导学校教员及学童、指导地方团体、对“铁路爱护委员会”及“爱护区”的内部指导；②强化“爱护村”组织，包括设计“爱护村”村旗、划定村界、贯彻“一日一信”制度等；③开展思想工作，包括提高“灭党剿共”思想，灌输“日满支善邻”思想，造成“联村防卫”、“自村自净”的形势；④指导“爱路周”活动；⑤保护、奖励及救恤工作，包括必需品的筹措和配给、巡回治疗、表彰、展览会及悬赏募集歌谣和论文。在尚未设立“爱护村”的地区，则要求：①安抚民心；②确保兵站线及县城的安全（民路合作，以民护路）；③促进金票的快速流通；④推进第一期计划中规划好的工作。此外，该计划并要求“宣抚班”成员指导和援助农产品的收获工作。②

此后，日军又对华北进行了第三、第四期“宣抚”工作，强调在宣传方面，要“特别加强对各机关的统制，重点放在使中国军民懂得其一

---

① 「宣撫班小史・駐屯軍宣撫班第 1 期宣傳計画概要（昭和 12 年 8 月 10 日）」、JACAR、Ref. C11110458800。

② 「宣撫班小史・軍宣撫班第 2 期宣傳計画概要（昭和 12 年 9 月 24 日）」、JACAR、Ref. C11110458900。

切幸福的获得，必须反共叛蒋，依靠亲日防共的新政权”。①

在进行对华“宣抚”工作的同时，日军逐渐开始重视中国共产党及其领导下的抗日武装力量，特别是在政治工作方面。如据当时驻察南附近的日军独立混成第二旅团独立步兵第三大队队附田副正信少佐回忆：“当时（1938年）在察南政府派有日满系顾问及指导官，在各县也派有指导官。但是，这种治安工作与现实状况不相适应。例如，部队进驻之后，却立即搞起植树节活动。在这时的重要工作应该是收集情报，保护、修补道路和通信线路，训练自卫团。相形之下，共产党的政治工作比我方巧妙得多。他们以怀柔、威压相结合，牢固地掌握了农民阶层。处于彼此势力中间地区的居民，朝迎日军，晚通共军，向双方纳税等，这时必须予以重视的事实。我相信扩大治安圈的第一要事，就是掌握民心。”为此，田副正信“指导部队对居民注意威武与慈爱相结合的工作方法，并教育士兵每个人都要做宣抚员，保持正确行动。当时日军士兵的教育程度相当高，相信这些对治安各方面都起到了扩大效果的作用”。“在5月，讨伐土匪、训练部队、宣抚居民等方面的工作都取得了成果。”②

1938年11月18日，日军华北方面军制订第五期“宣抚”计划，指出为适应广东、汉口被日军占领后的新形势，宣传的重点应置于促成蒋介石政权的覆灭，俾有助于华北的“治安肃正”工作。该计划并对当时“宣抚班”的国内外宣传做了规定。在对华宣传上，要宣传“东亚新秩序建设；皇军战胜的实情；蒋政权内部的紊乱；新政权之光明正大；共产党的蛮横行为；各国对蒋态度的恶化”。在宣传手段上，要求“整备中国方面的宣传机关（县政府内设置治安维持会），培养中国方面的宣传斗士，安排中国方面要人的街头演讲，引导中国青年；安排中国方面的实力人物到南方参观其被破坏情状；散布民谣，组建谣言队；全面推行反共、反蒋运动（促其下野）；灵活运用宣抚班；粉碎敌方宣传”。在对外宣传上，

---

① 见1938年9月15日日军华北方面军司令官寺内寿一大将对派来视察军情的侍从武官的情况报告，日本防卫厅战史室编《华北治安战》（上），天津市政协编译组译，天津人民出版社，1982，第81页。

② 《华北治安战》（上），第81、82、83页。

要求主要“使其意识到在中国，特别是华北的新形势，而要在此新形势下享受利益，惟有与日本合作”。宣传的手段包括安排有影响力的外国人、报社记者进行实地参观。在对日本国内的宣传上，则强调要使民众有进行“长期战”的觉悟。①

6. “宣抚班”的反共活动

日军“宣抚班”的主要目的是协助日军在华军事活动，而反共也是其中一个十分重要的内容。1937 年 12 月 22 日，日军华北方面军公布《军占领地区治安维持实施纲要》，其中在关于“实施上的注意事项”方面特别辟出一部分讲解如何进行“共军的处理”：“一、对共军应彻底进行扫荡。为此，在共军地区，应一面进行讨伐，一面采取宣传及其它方法，尽量灌输防共思想。对于与共军合流或被共军操纵的匪众，应迅速设法使之与共军脱离。二、对于受南方抗日势力唆使的政治匪众，应努力予以击溃，尤其要消灭其组织及领导。三、对匪化的地方自卫团及当地居民，结合讨伐进行宣抚，使其重新就业。四、对盘踞外国租界的共产党及抗日团体，主要依靠宪兵队及中国警察机关，查明其动静，以适当手段使其逐渐减少，如有可能则一网打尽。五、在劝告归顺投降时，要利用新政权的名义，以保持他们的体面，这对归顺工作有利。”② 而在前文所示日军华北“宣抚班”1937 年提出的两期“宣传计划概要”中，也提出了“阻止共产党、蓝衣社、抗日团体出入华北”的宣传要领（1937 年 8 月 10 日）和“反共灭党”的宣传口号（1937 年 9 月 24 日）。

不过总的说来，国共两党都不是当时日军华北“宣抚班”的工作重点，其工作重点是配合日军作战需要，建设所谓“铁道爱护村”，镇抚铁路沿线中国居民。也就是说，此时日方的对华宣传战更重视其后方安定而非作为宣传战第一线的国共两党管控区域。

不过随着中共抗日斗争的发展，日军也逐渐意识到中共对自己的威胁，开始强化对中共的调查了解和反共活动。据日军华北方面军《战时

---

① 「宣撫班小史・第 5 期宣傳計画　昭和 13 年」、JACAR、Ref. C11110459300。

② 《华北治安战》（上），第 66 ~ 72 页。

月报资料》记载，1939 年日军第一期“肃正作战”期间，“共军在正太路南北地区有活动模样，共军的内部活动渐趋深入细致，特别是朱德所在的晋南方面，由于工作很彻底，收集敌人的情报十分困难”。“在新占领的白洋淀周围及接近作战地区边界地方，由于共军的抗日共产政策，居民逃窜，交通通信被破坏。这些地方治安的恢复尚需相当努力。”在筱塚兵团（第十师团）管区，“新占领地区为多年来共军的根据地，赤化思想很深”。

从 1939 年 5 月开始，日军华北“宣抚班”的三崎良一在山西省和顺县做了将近一个月的调查，写出了该地区“中共势力渗透及扶植状况”的调查报告。[①]

四 “宣抚班”之外的日本对华宣传战组织及机构

除了“宣抚班”等主要以日本人为班底组建的宣传机构之外，日本人还建立了诸如“华北特别警备队”、“剿共委员会”、“治安工作队”等组织进行对华宣传战。另外，日本人在华北、华中等地所扶植的傀儡政权中也设立有各种宣传机构。

成立于 1937 年 12 月的北平伪中华民国临时政府，于 1938 年 10 月在“行政委员会”中增设情报处，办理国内外宣传及情报搜集事宜。成立于 1938 年 3 月 28 日的南京伪中华民国维新政府，于同年 5 月在“行政院”内增设宣传局，局内设三科及秘书室，分别掌理该局文书、印信、人事及会计、庶务等事项。宣传局主要负责国内一切刊物之指导或统制，国外重要情报及宣传资料之沟通，国内外记者之联络及书面宣传，戏剧、电影之指导、检查，播音设施之管理，等等。[②]

1940 年 3 月，汪伪政权在南京成立。同年 3 月，汪伪政权宣传部成立，隶属“行政院”，掌理宣传事宜。

“宣传部”设部长 1 人，综理部务，监督所属职员及各机关。政务次

---

① 《华北治安战》（上），第 93 页。

② 韩文昌、邵玲主编《民国时期中央国家机关组织概述》，中央档案出版社，1994，第 589、596 页。

长、常务次长各1人（1943年12月改为次长1人），辅佐部长处理部务。参事4~6人，撰拟审核该部法案命令及办理特交事项。秘书4~6人，审核文稿，办理机要文件，部务会议及特交事项。视察3人，视察各地宣传工作状况。编审9人，编辑审订该部宣传文字刊物及特交事项。特派员7人，专员3人，承长官之命，办理指定事项。“宣传部”内设总务、宣传指导、宣传事业、特种宣传四司。

总务司下设文书、会计、庶务三科（1941年11月增设人事科），分掌收发、分配、撰拟、保管文件，公布部令，典守印信，该部及所属机关职员任免、奖惩之记录，印刷及发行；经费出纳；官产官物保管及庶务等事项。

宣传指导司下设指导、调查两科及国际情报室，分掌宣传大纲之撰定，宣传机关及工作人员指导、训练；新闻稿件撰拟、发布，报纸、刊物、重要稿件、论文之译述、审查，报纸、刊物、通讯及有关宣传之电讯及其他出版物之检核，宣传工作之考核，宣传问题之解答，各种报纸、图书、刊物之征集事项。

宣传事业司下设登记、出版两科，分掌一般宣传事业、宣传活动、文艺宣传之规划及实施，新闻事业、文化团体之联络及扶助，报社、杂志社、通讯社及其他新闻事业组织之调查、登记，记者及一般新闻事业从业员之调查、登记，新闻事业同业公会、记者公会及文化团体之调查登记；宣传文告、刊物、通俗宣传读物等之编撰，丛书、年鉴及其他出版物之编纂事项。特种宣传司下设管理、民众宣传两科，分掌特种宣传方案之规划及实施，广播及有关宣传之无线电讯管理；民营广播事业注册及监督，国营电影、戏剧以及一般电影、戏剧、歌曲之检查及改进，广播、电影、戏剧事业及其从业员之联络、扶助，各种艺术团体之监督、改进、扶助，以及不属各司掌理的宣传事项。1941年5月，宣传事业司职掌略有变动，原掌文艺宣传之规划及实施事项改归特种宣传司掌理，新增加印刷发行事项。1943年12月，“宣传部”增设咨询委员3~5人，以备咨询建议。

宣传指导司职掌之广播电影、戏剧事业及从业人员之联络及扶助，文艺宣传之规划实施、各种艺术团体之监督改进及扶助等宣传事项改由特种宣传司掌理。

“宣传部”附属机关有国际宣传局，1940 年 5 月成立，掌理对外宣传事宜。1943 年 12 月，该局裁撤，其业务由“宣传部”直接兼筹办理。

国际宣传局内设管理、新闻、编译、情报四处。管理处掌文书、会计、庶务，外人报纸、通讯社、出版机关及新闻记者之登记并发给执照，中国人在国内国外所办外国文学报纸、通讯社及出版机关之登记、指导，外人所办文化团体之调查登记，外国文学报纸发往国外或自国内发出之新闻电讯消息及进口外国书籍、杂志之检查，外人新闻机关所设无线电台之取缔，外人报纸、通讯社新闻记者、无线电广播电台散布传递有违中国国策言论消息之取缔事项。新闻处掌国防宣传方案之规划及实施，对外文告之发布，对外宣传新闻论著之撰发，国际新闻电讯通信之收集、转发事项。编译处掌对外宣传文告、新闻论著之译述，对外宣传刊物及其他出版物之编纂，外文报纸、刊物及其他出版物之征集及其中有关中国记载评论之译述，外文中国年鉴及其他参考书籍之编纂，图书登记、整理、保管事项。情报处掌国际舆论及一般国际情报之收集，国际宣传资料之收集研究，国际新闻言论机关之联络及运用，国际文化团体之联络，外籍新闻记者及从业员之联络运用事项。

“宣传部”附属机关还有中央电讯社、全国电影指导委员会、中央书讯社、特种宣传委员会、新闻检查所、广播无线电台管理处等。①

除此之外，日本军部在抗战的不同时期，在中国占领区也设了诸多宣传机构。众所周知，抗战全面爆发之初，日军“宣抚班”是日本对华宣传战的重要参与者，1940 年 2 月“宣抚班”合并于“新民会”后，表面上日本人退出了之前的对华“宣抚”工作，实际上仍然操控着包括宣传在内的一切对华事务，“新民会”等只不过是其侵华的傀儡而已。

1938 年 11 月，日方成立附属于日军华北方面军司令部的“华北灭共委员会”，其目的是“在保证华北治安肃清的前提下，为灭绝共产主义思想及芟除抗日意识，调查研究日本方面各个机构的思想对策［包括对中

① 韩文昌、邵玲主编《民国时期中央国家机关组织概述》，第 659～661 页。

国方面（指伪政府——引者注）的思想指导]"，下设中央委员会、地方委员会、地区委员会三层组织机构。其中中央委员会的业务为审议与治安有关的一些事项，包括日方对全华北的思想对策纲领，华北各机关相关思想对策业务之统制要领，对中国方面"亲日灭共"政策的指导纲要，对于前往华北的军人、军属及当地侨民思想的监督管理，关于委员会附属机关的业务指导，关于地方委员会的统制指导事项，等等。①

"中央灭共委员会"设于北平，"地区灭共委员会"设于各街道中，"地方灭共委员会"设于地方部队中，则其触角已伸到华北各地。此外，"中央灭共委员会"设置五个部，分管调查、指导、宣传、规划、情报业务。其中第四部部长为陆军宪兵大佐大野广一。大野重视对华北的"思想战"，主张"以思想对思想"，以及以日本军、政、民的全体参与对华宣传。

另外，该委员会在北平设立了一个专门负责研究第三国际、中国共产党、国共关系以及在"满洲的剿共经验"的调查部——"黄城事务所"。此外，如"兴亚院"华北联络部、宪兵队司令部等部门也对包括共产党在内的中国军民开展"思想战"。

1940 年 8 ~ 12 月，中共领导下的八路军对华北日军占领区进行了大规模的破袭战，给华北日伪军造成重大损失。遭受攻击的日军，"从各地的兵团直到军、方面军，均由痛苦的经验中取得了宝贵的经验，改变了对共产党的认识"。日方所谓"教训"，首先就是和宣传有关的，"此次，凡平日治安工作较好的地区就能得到民众的积极支持"，所以，"为了笼络民心，应该抓住直接影响民众生活的切实问题进行治安。进行宣传、宣抚工作，应尽量提示具体、简明的内容"。"黄城事务所"编订的《剿共指南》提出："在剿灭以三分军事、七分政治为进攻手段的八路军时，我方的武装斗争也必须具有高度的政治性。"②

在此之前，日军华北方面军司令部参谋本部并未设置针对共产党的专

① 「北支滅共委員会期定」、JACAR、Ref. B02030559500。

② 《华北治安战》（上），第 326、327、378 页。

职参谋，其他部门如参谋部第四课（通过各地特务机关）、宪兵队司令部、“兴亚院”华北联络部、“中央灭共委员会”等，虽各有其正式的调查研究和情报收集工作，却未能汇总各种成果加以综合利用，因而日军对中共并不真正了解。百团大战后，日军加强了对共产党的调查研究，认为虽然“共军本身的战斗力，依然异常低劣，而今后也不易很快提高”，但加上“其潜在民众之中广泛的武装力量”，其影响则不可忽视，因此在华北，日军加大了对中共的打击力度。①

1943 年 9 月，日军在华北编成了以破获中共秘密组织及秘密活动为主要任务、具有特殊专门能力的部队“华北特别警备队”（简称“北特警”）。10 月，“北特警”奉命编入日军华北方面军战斗序列。“北特警”拥有单独的对共调查班、科学侦谍班、特别侦谍队和临时特别情报队等特殊部队，并有进行剔抉及小规模游击战的机能。另外，“北特警”还负有向民众进行宣传、收揽民心的职责。其对华宣传，有公开的和不公开的两种形式。前者有建立秘密宣传组织、由秘密宣传员煽动民众和个人、传递信件或散发宣传品等形式；后者有公开医疗，推广报纸杂志，散布及张贴传单、照片、墙报，进行拉洋片、电影、戏剧演出，举办民众大会、讲演会，通过扩音器、留声机进行广播，进行具体工作（应急配给物资、援助土建工作、支援农业生产），根据需要组织参观城市等内容。为达到目的，日军甚至要求“北特警”成员放下身段，“要忍耐、和气、冷静、谨慎，不发威风、倾听民声、明察民众心情，以诚意处理事务……对每一个人都应不厌其烦地进行工作，以此获得民心”。对民众进行宣传时，“要抛掉理论，投其所好”，“宣传内容，要适合民族性、人民生活及文化程度、习惯，要特别注意防止我方的主观、自以为是的作风”。并强调要特别重视利用俘虏充当宣传工作人员。

日方对“北特警”抱以重望，但据日军华北方面军参谋长大城户三治中将回忆，“北特警”的活动“并未取得多大效果，其部署和活动都以城市为中心，在山岳平原地带是无能为力的。宪兵只知见可疑的就绑，多

① 《华北治安战》（上），第 402、418 页。

有过分，毫无保护民众之意。该部队为按照方面军的希望所设，但其结果却适得其反”。①

1943年秋，伪华北政务委员会设立“剿共委员会”，负责为“剿共”进行收集情报、宣传、教育等工作，但由于经费及人员缺乏，一直没有什么进展，到1944年底被撤销。

1943年，日军在山东致力于强化宣传机构，省设宣传局，县设宣传科，又把过去不统一的宣传室、“宣抚班”等一律统一起来，开始训练宣传干部。“新民会”也在山东设立专门的宣传部门，与日军、伪政权的宣传机关三者合一进行工作。在游击区，日伪组织仿照中共武工队形式，组成政治工作队（如“新民先锋队”等）、“治安推进工作班”等实行武装宣传。这种政治工作队多在敌伪军的直接指挥下工作。而“新民先锋队”、“挺进工作队”则由“新民会”领导。它们都是敌人特务的武装工作队，其任务是建立伪组织，进行保甲工作、宣传工作，重点在于逮捕中共工作人员，破坏中共地下组织。政治工作队是日伪伸入中共抗日根据地边沿活动的主要政治力量，具有一定的欺骗性和危险性。

另外，在山东，日军还设置了负责宣传工作的所谓“治安工作队”（或称“宣抚班”），每逢“扫荡”则随军出发，“冀东一次‘扫荡’，日寇组织42个‘宣抚班’，一起出发活动”。

从1943年开始，日军在山东“增设日本特务机关，大队以上设政务将校，关于特务工作，这些将校受省特务机关指挥；关于治安警备事项，作战讨伐，经济统制（物资劳工获得——就是掠夺物资，与抓壮丁），受现地兵团指挥。这个大队以上的政务将校，在四五月间一律经过训练后就职，他们的工作任务：（一）根据情况，进行宣传与抉剔‘匪共’地下组织。（二）支那武装之训练与其筑城工作。（三）治安维持会之处置与活动促进。（四）区公所之筑城与防御工事。（五）交通通讯，筑堡工作。（六）封锁沟线与经济封锁任务”。这种特务，对中共威胁极大，“冀鲁边干部一般均能深刻体验‘不怕敌人武力，只怕特务未除’”。“日军也常利

① 《华北治安战》（下），第360~381、390页。

用封建会门、迷信团体作其特务活动之依托，向中共抗日根据地边沿区活动，造成其‘蚕食’进攻的有利条件，如冀鲁边的黑团（联庄会），胶东‘蚕食’大泽山时的新民会，临沂及鲁中实验区的青协组织。”①

另外，设置广播电台也是日军进行对华宣传战的重要手段，资料显示：

> 日本帝国主义在我国沦陷区建立的日伪广播电台大概有62座，主要分布于黑龙江、辽宁、吉林、内蒙古、北京、天津、河北、河南、山西、山东、上海、江苏、浙江、湖北、福建、广东、台湾和香港等地（注：按照现行的行政区划）。在这些地区，日本侵略者成立了专门的广播宣传机构，颁布了一系列的法律、法规来控制、管理当地的广播电台，将其作为鼓吹“大东亚共荣圈”、“东亚圣战”的重要“喉舌”。②

日本在中国设广播电台，始于1925年7月的“大连放送局”（日文“放送”即“广播”之意），主要服务于日本人。1931年九一八事变之后，东北原有的奉天和哈尔滨两座广播电台先后被日军攫取。1931年10月26日，日伪“奉天放送局”开始播音。1932年3月，伪满洲国在长春宣告成立。日伪把长春改称“新京”，作为伪满“国都”。同年10月，日本关东军司令部由沈阳迁到长春。当时日军主管通信、广播事务的关东军特殊通信部也迁到长春。该部在其管辖的“新京电话局”内设立演播室，以“奉天放送局新京演奏所”的名义开始播音。在此基础上，又于1933年4月在长春南广场成立“新京放送局”，由关东军司令部直接控制。

七七事变爆发后，华北、华东、华中、华南诸多城市沦陷，当地的广

---

① 肖华：《关于对敌斗争问题——肖华同志在全山东政治工作会议上的总结报告》，山东省档案馆、山东社会科学院历史研究所合编《山东革命历史档案资料选编》第12辑，山东人民出版社，1983，第40～41、43～44、63页。

② 哈艳秋：《回旋历史的声音（下篇）——简论日本侵华时期的日伪广播》，《中国广播》2005年第12期。

播电台也成为日伪进行对华宣传战的工具，1940 年 7 月，伪华北政务委员会控制下的“华北广播协会”宣告成立，下辖广播电台共 8 座，总发射功率 100 多千瓦。其中，北平“中央广播电台”以日语、汉语广播，是华北地区日伪广播事业的中心。

其他如“蒙疆广播协会”，控制着绥远、察南、晋北等地的广播，并先后在京包铁路沿线的张家口、大同、厚和（今呼和浩特）、包头 4 个城市办起广播电台。其中，“张家口广播电台”于 1937 年 9 月 10 日开始播音，分设两台，第一台以汉语节目为主，兼有蒙古语节目。第二台为日语广播，发射功率为 10 千瓦，一度为华北地区功率最大的广播电台。1938 年秋，“厚和放送局”建立，中波发射功率 20 千瓦，用日、汉两种语言播音，大部分时间转播日本东京电台、“蒙疆放送局”的节目和播放唱片。

1937 年 11 月，上海沦陷，日军利用其所接管国民党在上海的两座广播电台建立起日伪“大上海广播电台”，以汉语、日语、英语以及中国方言（沪语和粤语）播报新闻，成为日本军事当局的喉舌。12 月 13 日，南京沦陷，日军于 1938 年 9 月 10 日建立“南京放送局”，即日伪“南京广播电台”，成为汪伪鼓吹“中日亲善”、“完成大东亚圣战”等的重要场所。

综合而言，从 1925 年到 1945 年日本战败投降，日本在中国建立的广播电台，“不但数量上远超过中国的官办广播电台，而且发射功率也十分强大，仅伪满广播的发射功率即达 300 千瓦左右，而抗日战争时期，国民党官办广播的总发射功率最高不过 140 多千瓦”。①

五　同盟社成立始末与日本的战时舆论管控

诞生于 1936 年的同盟通讯社，由日本新闻联合社、日本电报通讯社两家通讯社及日本各个报社等合并而成，是代表日本政府发声的传媒机构。第二次世界大战期间，同盟社迅速发展为代表“大东亚共荣圈”的

① 赵玉明：《日本侵华广播史略（上）》，《中国广播》2015 年第 5 期。

通讯社，是当时世界上最有影响力的通讯社之一。而作为日本政府的御用机构，该社也是日本国内上意下达的重要管道，是政府控制民众的重要机构。

同盟社的出现，与当时日本政坛的迅速法西斯化、军国主义化密切相关。明治维新以来，日本的新闻业经历了社会精英主导的“政论时代”、民主运动以来揭露丑恶现象的民主时代，以及经历政府打压之后的“中报”（即以“客观报道”自居，实际上是和政治保持一定距离的“明哲保身”）时代。① 在同盟社成立之前，报业主导的舆论界对日本军部的法西斯主张并没有太多的认知和认可。美国人贝尔加米尼阅读了大量20世纪20年代末期日本的报刊社论和小说摘录，从中“没有发现任何走向军国主义的倾向。相反，我发现民心向往和平，唾弃那陈腐的对日本武士道的崇拜。然而，在当时严肃的经济和军事刊物上，我却发现了种种策划战争的证明——这种策划得不到公众的支持，但是却受到一小撮高高在上的日本贵族的指导和组织”。② 可以说，同盟社的成立，虽然有媒体自发联合的成分，但起主导作用的是日本政府和军部法西斯势力。

1. “思想战”背景下的舆论管控

同盟社的成立，本质上是为了因应日本政府的“思想战”战略。对于九一八事变及此后日本的一系列对华侵略活动，国际社会发出了批评的声音。在美国，1931年9月22日，《纽约晚报》揭露“日人着现代欧洲文明之衣冠，然未改古时野蛮习惯”，侵占中国城市，杀戮无辜人民。同月，《世界电信报》指责日本破坏《非战公约》，并建议美国政府为维护《非战公约》的尊严，立即制止日本的侵略活动。在英国，1931年10月9日，《曼彻斯特导报》指出：“日军部的侵占满洲乃是一种经过细心计划的行动。日代表谓为‘地方事件’，真是荒谬之谈。”1932年9月，《曼彻斯特卫报》著文揭露伪满洲国“为日本一手造成”。1932年2月21日，北平《法文日报》社论揭露“日人一方面在日内瓦讨论裁军，一方面在

① 参见〔日〕内川芳美、新井直之《日本新闻事业史》，张国良译，新华出版社，1986。

② 〔美〕戴维·贝尔加米尼：《日本天皇的阴谋》，张震文等译，商务印书馆，1984，第20页。

上海大肆屠杀”，并引用溥仪英文老师庄士敦的文章，指出“宣统被推为半民治半君主满洲国之首领，被获得此地位，完全由于日本之意志”，揭露了伪满洲国的假面具。并称即便在日本，也出现了反战运动。[①] 当然，欧美主流媒体秉承政府的对日绥靖政策，并未谴责日本的对华侵略行动，某些报刊甚至露骨地为日本辩解。然而，对于视“满洲”为日本“生命线”，试图吞并中国、称霸世界的日本军部法西斯分子来说，上述批评声是无法容忍的。

同时，九一八事变后，日本军部加强了对国内舆论的管控。1931 年 9 月，日本陆军省在《关于满洲事变的宣传计划》中强调：“不要只限于叙述事变的直接动机，并应论及远因，明确其错误在于中国方面。”“此次关东军之行动，全属正当防卫，并未超越我军自卫及为完成我军本来任务所需的范围。”“事变是发生在对日本有特殊关系的地区，应由日中两国解决，不允许第三者插手。”[②]

军部对日本民众的舆论管控达到何种程度，从 1933 年 1 月 16 日西园寺公望公爵等人在内阁会议上的发言中可见一斑：“不论是社会舆论还是国民议论，今天都完全没有了！如果稍有一点对军部不利的言论，立刻就要受到宪兵的军刀或枪口来对你威胁。对言论的压迫没有比今天再严酷的……我对到我这里来的新闻记者说，现在不是连一点言论自由也没有吗？他们就感慨地说，一点也不错，我们也是言不由衷啊！”[③]

1932 年 5 月，在陆军省、外务省官员的协调下，日本政府各省厅的部分官员成立“时局同志会”，以密切各省厅的联系，统一内外宣传方针。6 月 3 日，“时局同志会”第一次会议在外务省召开，与会者有外务省文化部部长坪上，情报部部长白鸟敏夫、第二课课长筒井，陆军省铃木贞一中佐、秋山义隆中佐，参谋本部的松本健儿大佐、武藤章中佐。会

① 林声主编《“九一八”事变图志》，辽宁人民出版社，1991，第 245～252 页。

② 杉山元：《关于满洲事变的宣传计划》（1931 年 9 月 28 日），《日本现代史资料》（8），大月书店，转引自〔日〕入谷敏男《日本人的集团心理》，天津编译中心译，中国文史出版社，1989，第 21 页。

③ 〔日〕入谷敏男：《日本人的集团心理》，第 64 页。

上，参谋本部提出了《对外宣传大纲》，其要旨为："消除消极辩解的态度"；"关于事态之真相及帝国之境遇，积极宣传满蒙之经济发展何以为帝国生存上之绝对需要，而贯彻此种精神亦为国民之坚定意志，希望各国对此予以谅解"；"宣传之重点在于大国，而小国亦不可轻视"。为此，在统一外务省、军部宣传业务，尤其是使驻外机关精减合作之精神指导下，设立"中央"、"满洲"、各驻外机构及日内代表团间之联络组织。①

1932年8月27日，在上述提案的基础上，铃木贞一提出了《对内外宣传委员会案》。其中规定，"为统一及强化对时局之宣传计，设置直属内阁之委员会，审议、研究宣传之方针、方法、手段并部分地付诸实施"；"又，本委员会并准备研究于非常时期及战争时期统一情报宣传机关之相关事宜"；"本会之要点在于委员会及干事会之设立"；"关于委员会之组织，以内阁书记官长任委员长，以外务、陆军、海军（以上各二名）、文部、内务、递信（以上各一名）各省之局、部长级官员担任；干事会由上述各者之课长级官员担任，外务省情报部长任干事长；另，如有必要，亦可选拔民间人士担任委员会或干事会之顾问"。

同年9月，出于迅速开展活动的需要，在对陆军省上述方案略加修改之后，"时局同志会"成员一致同意在外务省成立情报委员会，由外务省有田次官担任委员长。9月10日，有田在官邸设午宴招待委员会成员。除上述各省局、部长级官员以及课长级官员外，海军军令部也有代表出席，由此情报委员会正式成立，并定于每周三下午开会（从1933年1月开始变成聚餐的形式），此后委员和干事逐渐增加。

委员会设置中央、"满洲"、"在外"等机关，其职能分别如下：中央机关负责确定宣传方针，统一付诸实施，并负责发表政府与权威人士的声明及谈话，联络驻东京外国使节，管理报道部门，制作发布英语、法语、西班牙语宣传手册；"满洲"机关负责报道当地实际情况，管理报道部门，尤其是指导"满洲国"的宣传业务，向世界表明"满洲国""不得

---

① 公安調査庁「戰前の情報機構要覧：情報委員会から情報局まで」（内部資料）、1964、第3～4頁；奥平康監修『言論統制文献資料集成』第20巻「戦前の情報機構要覧：情報委員会から情報局まで」日本図書センター、1991～1992。

不”从中国本土分离“独立”的情况；“在外”机关负责通过联络驻地当局及实权人物、管理报刊和利用当地日本侨民宣传立足于中央机关方针的宣传纲要等，从中央及“满洲”选拔适当职员派驻有需要的地方，指导驻外机关，协调内外宣传，使国际政局体现日本国内舆论。

由上可见，从“时局同志会”到情报委员会，其出发点均在于应对九一八事变之后批评日本的国际舆论。

外务省驻外使节迫于国际舆论的压力，也希望日本成立足以与欧美通讯社（尤其是路透社）抗衡的强力国家新闻代理机构（national news agency）或者说通讯社。1933 年 6 月 12 日，日本驻法大使长冈在致外相内田康哉的一封电文中谈道：“本邦两大通讯社日下因经营上之困难及通讯业务上颇有纰缪，且各方面多年以来希望两社合并，时局（当指九一八事变——引者注）以来，实现合并之希望更形强烈，目前两社正在秘密协商中。”[①] 所谓“纰缪”，当指两社因竞争关系而在报道上出现的矛盾（尤其是在九一八事变上出现的矛盾），这是事实，也是困扰日本驻外官员的地方。而所谓“经营困难”则未尽然，“联合”一直经营不善，“电通”却是蒸蒸日上，“各方面多年以来希望两社合并”只是包括驻外使节及“联合”职员在内的日本部分朝野势力（或者说“联合派”）的意志而非当事双方意志的体现。

情报委员会成立后不久，又提出建立集中统一的国家代表通讯社的设想。1935 年 6 月 14 日，情报委员会在陆军省提案的基础上，提出了设立“情报委员会特别委员会”以“指导”新通讯社的文件，[②] 并提出陆军、海军、外务三省应对新社给予一切必要之帮助。

1935 年 6 月 25 日，日本外务、陆军、海军三省在成立新通讯社问题上达成一致，签订了以下协议：第一，新通讯社作为新闻社，当以提供公正准确之情报为目的，由新闻通讯业者组成之公益法人组织，为该社将来

---

① 「聯合、電通合併の件」（昭和 8 年 6 月 9 日 ~ 昭和 12 年 2 月 23 日）、JACAR、Ref. B02031145400。

② 「新通信設立に関シ情報委員会特別委員会設立ノ件」（昭和 8 年 6 月 9 日 ~ 昭和 12 年 2 月 23 日）、JACAR、Ref. B02031145400。

之健康发展并于国内外维持信誉计，须尊重该社之成立方针。第二，然该社作为国策遂行机关之一，为达成与外国各通讯社抗衡之使命，亦须遵照政府之根本方针，以国家为本位进行活动。关于是否要和目前的情报委员会保持密切联系，考虑到该委员会在涉及各方面的问题，如对使联合者达到报社或通讯社中的大多数以及指导通讯社之类的微妙问题进行协商，则尚需从外务、陆军、海军三省情报人员当中选拔少数人员组成特别委员会协商三省通信问题，并通过外务省对通讯社进行必要的指导。第三，关于新通讯社之成立，外务、陆军、海军三省当迅即提供一切必要之援助。对于反对新社成立者，该三省相关职员应劝其加入新社。①

同盟社正式成立一个月后的1936年2月5日，外务、陆军、海军三省又达成下列协议："鉴于世界形势，设立独立自主之强力通讯社实为必要，而其实现之方法，在于解散联合及电通大通讯社，按计划之推进，遂至于本年一月一日设立同盟通讯社，前述联合社同时自行解散而并入同盟社。然电通社今尚未合并，于此，政府当从国策出发，积极援助新设之同盟通讯社，同时极力劝说电通社，直至其同意合并，为此，何等之殊典及援助亦在所不惜。"②

1936年2月12日，参与同盟社成立事宜的日本政府各省在上述协议基础上达成新的协议，声称应在同盟社及电通社之间斡旋，缓和两社之竞争关系，并提供合理条件，俾电通社并入同盟社。③

到1936年7月，情报委员会进入日本政府官制序列，其对同盟社的监管和控制正式得到官方认可。

2. "电通"与"联合"及日本政府之谈判

对于外务省及军部成立强力国家通讯社的呼吁，以"电通"和"联合"为代表的日本通讯社及报社有不同的反应。早在九一八事变发生后

① 「新通信設立に関シ外務、陸軍、海軍三省申合せ」（昭和8年6月9日～昭和12年2月23日）、JACAR、Ref. B02031145400。

② 「新通信設立に関シ外務、陸軍、海軍三省申合せ」（昭和8年6月9日～昭和12年2月23日）、JACAR、Ref. B02031145400。

③ 「新通信設立に関シ外務、陸軍、海軍三省申合せ（案）」（昭和8年6月9日～昭和12年2月23日）、JACAR、Ref. B02031145400。

不久，“联合”社长岩永裕吉及专务古野伊之助即在军部和外务省示意下，建议日本政府设立一元化的国家通讯社。而由于日本政局的变动以及“电通”的犹豫迁延，这一设想未能付诸实施。

1932 年 9 月，情报委员会中的陆军、海军、外务三省会员向陆军、外务当局提交了“电通”、“联合”两大通讯社合并，成立国家通讯社的提案。“联合”希望成为国家新闻代理公司，对合并没有异议，因而很快做出回应，提出其名下的一切产业均可无偿转让给新通讯社，但要求新通讯社保持报道上的独立和公正，要求其为全日本报社的联合组织，新通讯社的负责人由各报社协商产生。而“电通”的社长光永星郎则难以割舍苦心经营了三十多年的通讯社，对日本政府开出的转让价格也不能接受，合并之事陷于停顿。

“电通”和“联合”都有摆脱国外通讯社控制的要求，然而两派对合并事宜态度迥异，其根源在于：“电通”是营利性质的通讯社，其事业当时正蒸蒸日上，不愿因合并而丧失其经济利益，对政府提出的转让价格也不满意；而“联合”则是朝日新闻社、每日新闻社、报知新闻社、时事新报社等出资成立的非营利性报社同业公会，岩永裕吉和古野伊之助并有建立国家新闻代理公司的野心，故在合并的事情上和外务省及军部意见一致。

1932 年 12 月 1 日，在“联合”和“电通”及关东军的协助下，“满洲国通讯社”正式成立。日本外务省为此拨款 30 万日元作为启动资金，并每月拨给 2 万日元作为经常性费用，又与当地驻军协调，允许该社有使用无线电通信的特权。

1933 年 3 月 26 日，日本和伪满洲国签订了《关于设立满洲满日合办通信公司之协定》，声称“满洲国政府及日本国政府因希望将在关东州、南满洲铁道附属地及满洲国行政权下地域，两国政府所有之电气通信设施合并而经营之，为此认为有设立满日合办股份有限公司之必要”，并规定“满日两国政府关于本公司之业务得发监督上必要命令。满日两国政府如遇本公司之决议或职员之行为有违背本协议或两国法令、本公司章程，妨害公益或违背监督官署命令时，得取消其决议或解任职员”（第十一条）；

“满日两国军事官宪关于本公司均得发关于军事上必要命令及对于本公司设施行军事上必要措置”（第十三条）。实际上将该公司置于日本政府和军部的控制之下。①

在这种情况下，日本国内创建新通讯社的活动开始提速。在外务省及日本驻苏联大使田中都吉、商工相中岛久万吉的积极斡旋下，“电通”的态度发生变化。1933年10月、11月，“联合”和“电通”分别就日本政府要求两社合并的问题做出书面回答：“联合”同意合并，提出该社的财产、业务债权可以无偿转让给新社，而新社必须负责“联合”的债务，新社应是全日本主要报社的联合体，是公益性组织，其报道应是独立和公正的；“电通”也同意合并，同意将其业务转让给新社，但提出其债权债务及有形资产由“电通”自己处理，新社向“电通”支付200万日元作为清算费用。

1933年12月，作为“电通”并入新通讯社的补偿，“电通”社长光永星郎当选贵族院议员，两社合并似乎已经没有了悬念。而此时在资金问题上又出现了新的问题：从军队机密费中拨款的提案由于报社的反对而流产；外务省试图将其列入本省预算的提案，又受到大藏省的审查而被否决；财界拟议中的援助也因为担心金权势力的介入而被排除。日本政坛也动荡不已，1934年7月，冈田启介内阁取代斋藤实内阁。经外相广田与递（信）相床次斡旋，日本广播协会决定加入新社并融资。创立新通讯社计划的核心机构也相应由外务省转为递信省。

1934年12月，递相床次和外相广田联名召集日本全国的报社和日本广播协会的代表召开创办新通讯社的协议会。此前，光永星郎以“电通”内部不安定以及股东反对为由，要求协议会延期召开。同时，“电通”系的地方报社也诱导其他的地方报社反对合并，宣称倘若合并，中央报纸进入地方，必然导致中央报纸的集权和地方报纸实权被架空，地方报纸的广告业务也会受到中央报纸的打击，最终导致其陷于破产的境地。虽然主张合并的中央及地方各报社开会痛陈合并之必要并对反对者表示遗憾，反对

① 「満州における日満合弁通信会社の設立に関する協定」、JACAR、Ref. A08072200600。

的声浪却日益高涨，“电通”最终也向外务次官重光提出要取消之前同意合并的声明。

同年，日本开始通过无线电对国外广播。递相床次表示，此项业务应为“国内唯一的强大的”新通讯社所利用，暗示不加入新通讯社的报社将受到对外广播、通信方面的限制。

1935 年 2 月，外相广田在贵族院预算分会上正式表示支持“成立一个大的中央通讯机关”。4 月 19 日，床次和广田联名向全日本 27 家大报社以及日本广播协会发出参加设立新通讯社恳谈会的邀请函。5 月 19 日，恳谈会在外相官邸召开，除“电通”支持者之外的 18 家报社以及日本广播协会与会，日本政府方面有外相广田、递相床次、外务次官重光、情报局局长天羽、递信次官大桥、电务局局长进藤等出席。广田和床次发表讲话支持新社成立，床次再次强调加强对外广播力度，表示政府将在各方面对新通讯社予以特别便利。21 日，新社第一次成立筹备委员会在帝国饭店召开。此前的 5 月 10 日，日本广播协会理事会正式决定对新社融资，并于 25 日确定了融资方案。31 日，在新社成立筹备委员会上，新社正式定名为社团法人同盟通讯社。

然而“电通”及其支持者并不妥协，他们认为合并案是极其不公平的，其根源在于法西斯思想作祟。5 月 16 日，“电通”社长光永星郎出席有 51 家报社参加的反对合并大会，表明了反对合并的态度。

日本陆军方面也十分关注事态的发展，关东军还派员与外务省接洽，向其提出陆军方面关于设立新社的前提条件。对于上述情况，该员亦向关东军参谋长回电报告。①

此后，“电通”和“联合”两派继续激烈辩论。9 月 8 日，递相床次病逝。继任的递相望月圭介于 27 日召集两派代表协商。11 月 9 日，递相和外相发布了同意设立财团法人同盟通讯社的许可证及命令书。命令书规定：通讯社非经主管大臣（即外相和递相）之认可不得解散；通讯社社长、专务理事、常务理事、常务监事之任免须经主管大臣之认可；通讯社

① 「電通聯合会同の件」、JACAR、Ref. C01003062800。

须及时向主管大臣通报总会及临时总会之状况及决议；通讯社应于每年3月10日之前向主管大臣提交翌年度事业计划及收支预算；主管大臣得在其认为有公益上之必要时对本命令各项内容予以变动。

接到政府的许可证及命令书后，“联合”即于11日做出同意合并的承诺，而“电通”则坚持200万日元的转让费，与合并发起方相持不下，原定于12月12日举办的新通讯社成立总会延至17日。发起方于17日，在“电通”缺席的情况下，选举“联合”专务理事岩永裕吉为新社的专务理事，原递信省电务局局长畠山敏行和“联合”总经理古野伊之助为常务理事，定于次年元旦开始新社之运营。27日，递信省公布了新的国际广播电报规则，规定自1936年1月1日起，除同盟社外，其他部门不得从事日本对外新闻广播之电报发送及国外新闻广播之电报接收业务，实际上禁止了“电通”和美国合众社之间的广播电报往来，同时给予同盟社无线电与海外联系的独占权。

3. 同盟社之成立

1936年1月1日，同盟社以位于东京银座八段的前新闻联合社办公楼作为本部，开始正式办公。而历来“联合”与“电通”之间的竞争也就转化为“同盟”和“电通”之间的竞争了。不同的是，前者至少还是以军部和外务省为背景的相对公平的竞争，后者则完全是专制政府和私营业主之间的竞争，其结果可想而知。

1936年1月9日，中外商业新报社社长田中都吉、读卖新闻社社长正力松太郎、朝日新闻社专务方竹虎、日本广播协会会长小森七郎分别会见了同盟社专务岩永裕吉和“电通”董事上田硕三，推动两社合并事宜，提出了下列条件作为最终提案：第一，“电通”作价180万日元，将其通讯部转让给同盟社；第二，“电通”资本加倍，增资部分的100万新股票作为同盟社的持有股票，其中四分之一（25万日元）上交；第三，同盟社和“电通”交换同等数目的重要职务（常务）：第四，“联合”的广告部作价25万日元售予“电通”。[①]

---

① 公安調査庁「戦前の情報機構要覧：情報委員会から情報局まで」、第16頁。

然而“电通”方面依然没有做出确切答复，直到1月20日，“电通”社长光永星郎通知读卖新闻社社长正力松太郎停止交涉。此时正值日本的多事之秋。先是日本退出了在伦敦举行的海军裁军会议（1月15日），接着议会通过了对政府的不信任案，议会被解散（1月21日），“二二六兵变”[①] 继之而来，新成立的广田弘毅内阁几乎完全为军部法西斯分子所控制。广田在“庶政一新”、“广义国防”的名义下，采取了一系列加速法西斯化的措施。

在这样的历史背景下，在原帝国通讯社社长任内和“电通”激烈竞争的赖母木桂吉出任新内阁的递相，并于3月20日分别会见了同盟社的岩永裕吉专务和“电通”的光永星郎社长，亲手将政府关于两社合并的裁决书交予二人。裁决书内容如下：第一，为同盟社利益计，“电通”终止有关新闻通讯、经济通讯及新闻图片业务，今后并不再操持，“电通”上述业务之主顾及其他业务关系由同盟社继承，为此，同盟社向“电通”支付180万日元；第二，同盟社视情况许可，尽可能多地录用“电通从事上述业务之职员”；第三，对于第一项所揭示之“电通”相关业务所属资产，同盟社须予以公平股价并收买；第四，将“电通”之资本金100万日元增资至200万日元，因增资所得两万股新股票（每股50日元）由同盟社全额承担，上述新股的第一次缴纳金以每股12.5元的价格给付；第五，为“电通”之利益计，同盟社废止其广告代理业务，由“电通”继承其主顾及其他业务关系，为此，“电通”得向同盟社支付现金25万日元；第六，为维持及发展现今之业绩，同盟社将现从事广告代理业务之同盟社职员作为有用之才向“电通”推荐，“电通”须录用并给予与现在同等之地位、权限及待遇（广告部职员总数为40名）；第七，“电通”从本社推举之两名重要干部选任同盟社之要职，其中一人担任同盟社之专职

① 1936年2月26日，日本“皇道”法西斯军人在东京发动意在建立法西斯统治的武装政变，当场杀死内相大斋藤实、藏相高桥是清、教育总监渡边锭太郎，重伤侍从长铃木贯太郎，占领首相官邸及陆军省所在的永田町一带，并向陆军大臣提出了任命荒木贞夫为关东军司令、逮捕和罢免反对派军官、提高本派阀的政治地位等要求。政变在发生后的第四天被镇压。

理事，另一人仍以在“电通”之职务为本职，唯作为与同盟社之联络员，列席同盟社之职员大会，参与重要事项之协议；第八，同盟社推荐职员中人选任“电通”要职，其中一人作为专职常务董事，须赋予必要之权限，执行具体业务，另一人作为普通董事列席“电通”董事会并参与重要事项之协议。①

对于这一裁决，同盟社于25日做出了肯定答复，“电通”迫于压力，也不得不于28日承诺同意合并。以此为基础，4月30日，两社在政府裁决书基础上签订了关于合并的契约书。契约书规定，同盟社和“电通”属于姊妹机关，分别从事新闻通讯和广告代理业务。

6月1日，两社业务交接完毕，正式组成日本最早的强力国家通讯社。在重要职务的分配上，社长为原“联合”社长岩永裕吉，常务理事为畠山敏行（总务局局长）、上田硕三（编集局局长）、堀义贵（外报局局长）、古野伊之助（经济局局长，大阪分社社长）。可以看出，原“联合”势力占据了绝对优势。

同盟社的成立，是以日本军部、外务省、递信省为主导，日本部分通讯社积极参与，各种力量共同作用的结果。《社团法人同盟通讯社章程》规定：“本社之目的在于，以客观公正之报道增进国际之了解，搜集、编撰新闻并以电话、电报及无线电等方式迅速而准确地向社员及海外之通讯社通报之。”并规定，同盟社也从事下列“附带事业”：向非报社、非社员者提供该社搜集到的新闻，广告业务，“新闻”图片及其制版之供给，与该社事业相关之图书杂志之出版，理事会认为为达成该社目的所需进行之其他事业。②

如果不注意同盟社成立前后日本政府和军部势力的介入，仅从字面表述上看，同盟社不过是单纯的新闻收集和传播机构（兼营广告业务）。而在其成立早期的宣传手册中，同盟社也强调其作为新闻社和日本广播协会的“协同机构”的特质，强调其社长和常务理事属于无党派人士，并严

① 公安調査庁「戦前の情報機構要覧：情報委員会から情報局まで」、第17頁。

② 公安調査庁「戦前の情報機構要覧：情報委員会から情報局まで」、第20頁。

禁参与政治活动和社会活动，因而该社具有独立性和中立性。① 然而 1941 年 7 月，同盟社在其发行的宣传手册上公开声称："由同盟社向全世界发出日本的声音，由同盟社向全日本报告世界的动向。"② 在 1944 年发布的宣传手册中更是宣称同盟社作为"日本对外思想战的中枢机关"，负有对外宣传日本"皇国大义"及向全世界报道日本的"真义和实情"的责任。③ 足见同盟社从成立伊始就带有浓厚的"国家本位"意识，是日本对外、对内"思想战"的重要载体。

另外，尽管日本政府及同盟社坚决否认，然而根据与同盟社有密切关联人士所收藏资料，以及原同盟社社长古野伊之助在战后向占领军当局提供的有关同盟社活动的英文资料，同盟社从 1936 年至 1945 年每年均接受日本政府的大量秘密资金（外交通讯特别设施费），其数额由 1936 年的 344.7 万日元上升到 1945 年的 5671.2 万日元，增加了 15 倍多，其在同盟社的每年总经费中所占比例也高达 30% ~40% （1945 年比例最低，也有 25%），④ 足见同盟社的官方背景。其所谓"中立"、"客观"不过是蛊惑人心的谎言罢了。

日本战败后，1945 年 10 月同盟社被解散，其一般报道部门被改组为非营利机构共同通讯社，经济报道部门则变成了株式会社时事通讯社。

第二节　中共开展宣传战的组织系统

一　抗战全面爆发前中共宣传机构沿革

中共的宣传工作起步极早，在创立初期，即中共一大至二大前

① 「同盟通信社ノ機構」有山輝雄・西山武典編「同盟通信社関係し料」第 1 巻、第 87 ~ 103 頁。

② 「同盟の組織と活動」有山輝雄・西山武典編「同盟通信社関係し料」第 5 巻、第226 ~ 284 頁。

③ 「同盟の使命と活動」有山輝雄・西山武典編「同盟通信社関係し料」第 5 巻、第285 ~ 352 頁。

④ 里見脩「同盟杜の『戦時報道体制』——通信社と国家『マス・コミュニケーション研究』66 号、2005 年。

（1921年7月至1922年6月），当时的中央领导机构——临时“中央执行委员会”中，即设立了宣传部，李达为主任。在中国旅欧少年共产党（1922年6月成立于巴黎）中，周恩来（即伍豪）任宣传委员。[①]

中共二大后至三大前（1922年7月至1923年6月），中央领导机构（驻上海，1922年10月至1923年2月曾迁至北京）中也设立了中央宣传部，蔡和森为部长。

第一次国内革命时期（1923年6月至1927年7月），在中共三大后至四大前（1923年6月至1924年12月），中央领导机构中共中央局（驻广州，于9月迁回上海）于1924年5月正式决定分设宣传等部门，以罗章龙任中央宣传部部长，于1923年11月25日决定成立中央教育宣传委员会，其委员有蔡和森（《向导》周报主编）、瞿秋白（《新青年》季刊主编）、彭述之、恽代英（《中国青年》主编）、高君宇（《向导》编辑，后病故），以蔡和森为书记。又于1924年5月后成立中央机关报编辑委员会，以蔡和森为主任；同时设立中央出版部，以洪鸿（即张伯简）为书记。

1923年11月24～25日在上海召开的三届一次执行委员会会议上，讨论了教育宣传等问题，并决定由党、团中央派委员组成“教育宣传委员会”。1924年5月10～15日，中共第一次扩大执行委员会会议在上海召开，通过了有关党内组织及宣传教育等方面的决议，决定“中央及区亦应分设宣传、组织、工农等部分担责任”。设立中央机关报编辑委员会，成立中央出版部。

在当时中共的地方组织中，中共广东区执行委员会（1923年12月改组曾改称“地委”，后又称“区委”）、中共湖南区执行委员会（1924年5月统计，全区共有党员169人）、中共北京区执行委员会（1924年3月8日改组，全区共有党员75人）、中共上海区执行委员会（兼上海地委，1924年4月上海区委撤销）均设立了宣传部，分别以罗亦农和张太雷、李维汉（兼）、赵世炎（兼）、庄文恭为部长。当时中国社会主义青年团中也设立了宣传机构，团中央（1923年9月29日二届一次执委会正式成

① 王健英编《中国共产党组织史资料汇编》，红旗出版社，1983，以下均引自此书。

立）有编辑（即宣传部部长）一职，恽代英掌之。1924 年 4 月 23 日二届二次执委会改选后，又以恽代英为宣传部主任。

第一次国共合作中，也有一些中共党员在国民党宣传部门担任要职，如北京执行部（1924 年 4 月 20 日成立）宣传部指导朱务善、汉口执行部（1924 年成立）宣传部干事项英、旅欧支部执行部（1923 年 11 月成立）宣传科主任李富春。

中共四大后至五大前（1925 年 1 月至 1927 年 4 月），党的中央领导机构中设立中央宣传部，以彭述之、瞿秋白（1927 年 4 月）为主任（部长），蔡和森、瞿秋白为委员。在中共各地方组织，如中共广东区、湖北区、湖南区、江浙区、北方区、豫陕区、陕甘区执行委员会中，亦均设立宣传部。另外，在中共重庆地方委员会、江西地方委员会、南洋临时委员会也都有宣传部部长。

此外，当时中共的青年团及工会组织中也设立了宣传部门。1925 年 1 月 26 ~ 30 日，中国社会主义青年团第三次代表大会在上海召开，与会代表 18 人，代表全国 2400 名团员。大会决定改称“中国社会主义青年团”为“中国共产主义青年团”，选出了团中央执行委员会，以恽代英为常委及宣传部部长。

1925 年 5 月 1 ~ 7 日，中共领导下的工会第二次全国劳动大会在广州举行，与会代表 181 人，代表 166 个工会的 54 万余名会员。大会决定成立“中华全国总工会”，选出执行委员会，其中中华全国总工会执行委员会干事局（驻广州）以邓中夏为宣传部部长兼秘书长，上海办事处（1925 年 8 月 1 日成立）以孙良慧为宣传部部长。

1926 年 5 月 1 ~ 12 日，第三次全国劳动大会在广州召开，与会代表 502 人，代表全国 699 个工会的约 124 万名会员。大会选出新的执行委员会，以邓中夏为宣传部部长。

中共四大至五大期间，也是第一次国共合作的重要时期，不少中共党员出任国民党、国民革命军和国民军中的重要职务，如毛泽东担任国民党中央宣传部代部长（沈雁冰为秘书）。黄埔军校和国民革命军、国民军仿照苏联制度设立政治部，多以共产党人掌管，他们在动员和宣传民众参与革命、支持北伐方面发挥了重要作用。其执掌具体如下：周恩来担任黄埔军校政治部主任，卜士奇（1925 年 2 月）、熊雄（1926 年 12 月）为代理主任，包惠僧（1926 年 4 月）为后方主任，鲁易（1925 年 10 月）为副主任，聂荣臻（1925 年）为秘书。政治部下设宣传科，以安体诚为科长（1927 年，后牺牲）；设政治主任教官，先后由熊雄、高语罕、恽代英担任；设政治科大队长，胡公冕任之。

周恩来又曾担任东征军总政治部（1925 年 10 月成立）主任，熊雄任该部秘书长，金贯真任秘书（党团书记）。

1925 年冬，黄埔军校开设政治讲习班，李富春担任该班主任。

在国民革命军第一、二、三、四、六、七、八、九、十七、二十、二十六各军中，均有中共党员担任政治部主任、政治部秘书、党代表、副党代表等职务。

在国民革命军北伐军总政治部，李一氓任秘书主任（即秘书长），季刚任党务科科长，鹤龄任组织科科长，朱代杰任宣传科科长，胡公冕任宣传大队长。在北伐军后方留守处政治部，孙炳文任主任。在东路军总指挥部政治部，江董琴（1927 年春）任主任，胡公冕任前敌总指挥部政治部主任，王尔琢任先遣军政治部主任。在武汉中央军事政治分校，恽代英任常委、政治总教官，周佛海任政治部主任（后施存统）。

在国民军（冯玉祥部）中，刘伯坚任总政治部主任，张慕陶任政治处处长，刘志丹、方仲如、魏野畴、贾从周、宣侠父、李世乐、卢绍亭分别任第四路军、第五路军、杨虎城部、刘郁芬部、孙良诚部、韩复榘部、方振武部政治部主任。在中山军事政治学校，史可轩任校长，李林任副校长，邓小平任政治部主任，许权中任总队长。

中共五大及其后（1927 年 5 月至 7 月），张国焘任中央宣传部部长，陈乔年任副部长。郑超麟、薛世纶（后龚际飞）、贺昌、韩步先、宛希俨任中共湖北、湖南、广东、江苏、江西省委员会宣传部部长。李求实任共青团中央局宣传部部长。李立三任中华全国总工会执行委员会宣传部部长。

第一次国共合作之际中共的宣传（或者说民众运动）工作应该说是非常成功的，这和国民党对宣传工作的重视有直接关系。当时国民党中央党部先后设立农民部、工人部、青年部、妇女部和商人部，作为领导民众运动的机构，并出台了工运、农运计划，以及相关的政策法规。但民众运动的实际工作多由加入国民党的中共党员进行，北伐的胜利、国民党的发展，中共领导下的民运出力尤多。①

大革命失败后，在国民党统治区，中共的宣传工作由公开走向地下，在农村革命根据地，依托土地革命，依靠广大士兵和革命群众，中共的宣传工作依然进行得有声有色。而大革命时期在军队中设置政治委员和政治部主任的做法则继续在中国工农红军中发扬光大。在此之前，中国社会风气鄙弃从军者，蔑称为“丘八”，俗语云“好男不当兵，好铁不打钉”，此之谓也。而中共则在工农红军中设置政委，宣讲并推行官兵一致、上下平等，视士兵为革命火种；接受革命教育的红军士兵，战斗之余，时刻不忘宣传中共的革命主张，成为中共在逆境中仍然能够不断发展壮大的重要因素。换言之，除了中共各级宣传部门，政委制度下的中国工农红军士兵，也是中共宣传工作的重要载体。

中共八七会议后至六大前（1927 年 8 月至 1928 年 6 月），在中央领导机构（1927 年 9 月由汉口转移至上海）中，瞿秋白（兼）担任中央宣传部部长［后罗绮园（11 月）］，李求实担任共青团中央宣传部部长。在党的各省委中，贺昌（后恽代英）、李富春、罗章龙［后任卓宣（1927 年 10 月）］、余泽鸿、宛希俨（后王为宪）、赵济猛（后梅龚彬）、罗明、王元昌、陈潭秋、陈为人分别担任中共广东、江苏、湖南、湖北、江西、浙江、福建、山东、顺直、四川和满洲宣传部部长。

八一南昌起义的时候，部队中设立宣传委员，以恽代英为主席，廖乾五、方维夏、黄日奎和曹汉璋为委员。

中共六大至六届三中全会期间（1928 年 7 月至 1930 年 12 月），中央领导机构中设中央宣传鼓动部（六大党章称“宣传鼓动部”，但习惯仍称“宣传部”），以蔡和森为部长［后李立三（1928 年 11 月）］，罗绮园为副

① 王奇生：《党员、党权与党争：1924～1949 年中国国民党的组织形态》，华文出版社，2015，第 25 页。

部长，恽代英为秘书长，秘书先后有李求实、潘文玉（即问友）、王明。该部下设中央文化工作委员会，以潘汉年为书记（后朱镜我）。有党刊《布尔什维克》，李立三为编辑委员会主任。有党刊《红旗》（1928 年 11 月 20 日创刊），谢觉哉、李求实任编辑。

在当时的中国共产主义青年团中，华岗任宣传部部长［后陆定一（1930 年秋）］。

在中华全国总工会中，邓中夏任宣传部部长（1930 年 7 月）。

在当时国民党统治区的中共各省委员会中也设有宣传部门，包括中共江苏省委员会、顺直省委员会（设于天津）临时省委、广东省委（设于香港）、湖南省委员会、湖北省委员会、江西省委员会、福建省委员会、四川省委员会、山东省委员会、满洲委员会等。

1930 年 6 月 11 日，中共中央政治局扩大会议通过了由李立三提出的“左”倾冒险主义的决议。8 月 1 日决定，6 日正式成立了由党、团中央及全国总工会领导机构合并组成的“中央行动委员会”，简称“总行委”。在当时国民党统治区的中央派出机构中，林道文任中共中央南方局宣传部部长，余泽鸿任中共中央北方局（1930 年春重新组成）宣传部部长，夏采曦任中央江苏省行动委员会（1930 年 5 月成立）宣传部部长，王克全任中共江南省委员会（1930 年 9 月成立，管辖江苏、安徽、上海、浙江等地）。有些地方党政机构中也设立宣传部门，如 1930 年 11 月成立的中共赣东北省委员会即设宣传部，以肖韶为部长。

1930 年 9 月 24～28 日，中共六届三中全会在上海召开，纠正了李立三“左”倾冒险主义的错误，李立三被撤销中央宣传部部长、中央秘书长职务，由沈泽民接任中央宣传部部长。同时在团中央局，由陆定一担任宣传部部长［后秦邦宪（1930 年 12 月）］。

1931 年 1 月 7 日，中共六届四中全会在上海召开，改选了中央政治局，王明取得了中央领导地位。在新的中央领导机构中，沈泽民担任宣传部部长［后张闻天（1931 年 4 月）］，罗绮园、张闻天担任副部长，张雪峰担任文化工作委员会书记，张闻天兼任中央党报编辑委员会主任，肖保璜担任《红旗报》主编。在中国共产主义青年团中央局（又称“少共中央局”）中，秦邦宪担任宣传部部长。

1931 年 6 月，中共中央总书记向忠发被捕叛变，王明飞去苏联组织“中共驻共产国际代表团”，秦邦宪、张闻天、卢坦福、李竹声、康生、陈云等组成了中共中央临时政治局，张闻天和杨尚昆（1932 年）先后担任宣传部部长，张闻天并兼任中央党报编辑委员会主任。

在当时的中国共产主义青年团中央局中，何克全担任宣传部部长。

在中华全国总工会中，担任宣传部部长的先后有林育英、杨尚昆（1931 年 7 月）、黄平（兼职）、廖承志。

中共在国民党统治区的主要组织中，中共江苏省委员会（“江南省委”，后又改称“江苏省委”）宣传部部长先后为夏曦（1931 年 1 月）、杨尚昆（1932 年春）、汪盛荻（即王胜弟，1932 年秋），章汉夫（1932 年 10 月）、夏采曦（1932 年 11 月）；中共中央南方局（后与广东省委合并，改称“两广省委”）宣传部部长为林道文，中共“两广省委员会”（1931 年 6 月后改称“两广工作委员会”）宣传部部长先后为李富春（1931 年春）、章汉夫（1931 年 7 月）；中共顺直省委员会（“北方局”于四中全会后撤销，成立“顺直省委”，也称“河北省委”）宣传部部长先后为余泽鸿（1931 年春）、陈复（1931 年 5 月）、施滉（1932 年）；中共满洲委员会先后为尚钺（即聂树先）、李耀奎；中共陕西省委会宣传部部长为潘自力。

1931 年 1 月 15 日，中共苏维埃区域中央局成立，简称“苏区中央局”。5 月，苏区中央局改组，顾作霖担任宣传部部长。同一天，中央革命军事委员会宣布成立，归苏区中央局领导，以项英（兼）为主席，朱德、毛泽东为副主席。2 月 15 日，中央革命军事委员会总政治部成立，以毛泽东为主任，邓小平为副主任。6 月 20 日，经党中央批准，总政治部改选，毛泽东兼任主席，朱德、项英担任副主席。同时在红一方面军总前委（1931 年 8 月 30 日中央来信称之为“红军总前敌委员会”）中，也有负责宣传的人员，当时以古柏掌之。

在 1931 年 2 月成立的少共苏区中央局中，陆定一担任宣传部部长。

在 1931 年秋成立的中华全国总工会苏区中央执行局中，蔡树藩担任宣传部部长（1932年春）。

1931年11月7～20日，中华苏维埃第一次全国代表大会在江西瑞金召开，宣布中华苏维埃共和国临时中央政府成立，选出了以毛泽东为主席的中央执行委员会。同时任命周以粟为政府机关报《红色中华》主笔［后王观澜（1932年）、沙可夫（即陈微明，1933年）］。

1931年11月25日，由党中央苏区中央局直接领导的中央革命军事委员会成立（简称“中革军委”，属于临时中央政府军事部门），下设红军总政治部（1932年1月27日决定，改军委总政治部为红军总政治部），以王稼祥为主任，贺昌、聂荣臻为副主任。

临时中央政府还建立了红军中央军事政治学校（简称“红军学校”），其主要负责人如下：校长萧劲光（1931年10月），校长兼政治委员刘伯承（1931年底）、叶剑英（1932年10月），副政治委员何长工（1931年冬），教育长邓萍（1931年冬），政治部主任周以粟［后刘伯坚、欧阳钦、朱瑞（1932年）］，训练部部长林野，校务部部长杨至诚（后郭天民），总队长何长工（1931年秋）。

同时在部队中设立政治委员或政治部主任，具体包括红一方面军、红一军团、红三军团、红五军团、红三十五军、红二十二军、湘赣苏区红军总指挥部等。

在中央革命根据地，中共江西省委员会（1931年5月撤销行委，曾组织赣西南特区委，书记陈毅，后重新成立省委）宣传部部长为陈正人，中共福建省委员会（1932年3月由闽赣边临时省委改称）宣传部部长为李明光（后郭滴人），中共湘赣省委员会（1931年7月成立临时省委，10月8日正式成立省委）宣传部部长为甘泗淇，闽浙赣省（1932年底与中央根据地连接）宣传部部长为涂振农。

在湘鄂西革命根据地，中共湘鄂西中央分局（1931年3月成立）宣传部部长先后为潘家询、万涛。

在鄂豫皖革命根据地，中共鄂豫皖省委员会（1931年6月成立临时省委，1932年1月召开省委一大正式成立）宣传部部长先后为徐宝珊、成仿吾。

1933 年 1 月，上海临时中央政治局的主要领导成员转移至中央根据地瑞金，同苏区中央局会合。开始仍称“苏区中央局”，后改称“中共中央局”（有时仍称“苏区中央局”，并未另建领导机关），中央局宣传部部长先后为张闻天、潘汉年。少共中央局宣传部部长先后为陆定一、刘英（女）。

1934 年 1 月 15～18 日，中共六届五中全会在江西瑞金召开，改选了政治局，设立了中央书记处。在中共领导机构中，张闻天担任中央宣传部部长，潘汉年担任副部长。刘英仍担任少共中央局宣传部部长。

在同时期的中央革命军事委员会和红军总部中，周恩来担任中国工农红军总部总政治委员（1933 年 5 月任命）。军委并特设总政治部，任职如下：主任王稼祥，代理主任顾作霖（1934 年 4 月），副主任贺昌、杨尚昆（1934 年初）、袁国平，组织部部长李弼庭，宣传部部长张如心（后陆定一），动员部部长罗荣桓，代理部长胡家滨（1934 年 8 月），敌工部部长李翔梧，青年部部长高传遴［后萧华（1933 年 6 月）］，秘书长邓小平（后萧向荣），《红星报》主编邓小平。

在中央革命根据地和红一方面军（1933～1934）中，周恩来担任方面军总部总政治委员，杨尚昆担任方面军政治部主任，袁国平担任代理主任（1933 年 6 月），秦邦宪兼任野战司令部（1934 年 4 月“广昌战役”时设立）。在红一、三、七、八、九、十军团，各独立师及红军北上抗日先遣队，也设置了政治委员、政治部主任等职务。

在当时的各军事院校中，刘伯承担任红军中央军事政治学校政治委员，何长工担任红军大学政治委员（后徐梦秋、彭雪枫），刘希平、黄火青分别担任彭杨步兵学校政治委员和政治部主任，陈铁生、张际春、李芳远先后担任公略步兵学校政治委员，袁血卒担任特科学校政治委员，曾三担任通信学校校长兼政治委员。

中共在各省的主要组织，如江西军区、福建军区、闽浙赣军区、赣南军区、湘鄂赣军区、湘赣军区中，设政治委员和政治部主任。

1932 年 10 月，红四方面军主力离开鄂豫皖区，转移至川北，12 月底至 1933 年 1 月先后攻占通江、南城、巴中等地，建立起川陕革命根据地，刘瑞龙担任中共川陕委员会（1933 年 2 月成立）宣传部部长。

在红四方面军兼西北军区（1933 年 6 月扩编，将师改为军），在总部，陈昌浩担任政治委员兼军委会总政治部主任，傅钟、曾传六、张琴秋担任副主任，廖承志担任秘书长；在红四军，周纯全、徐立清分别担任政治委员和政治部主任，甘良发、叶成焕、徐长勋分别担任第十、十一、十二师政治委员；在红三十军，李先念、张成同（后李天焕）分别担任政治委员和政治部主任，王建安、杜义德、程世才分别担任第八十八、八十九、九十师政治委员；在红三十一军，张广才、张成同分别担任政治委员和政治部主任，林英发、杨朝礼、王德安分别担任第九十一、九十二、九十三师政治委员；在红九军团，詹才芳、王新亭分别担任政治委员和政治部主任，梅华樊担任第二十五师政治委员；在红三十三军团，杨克明、魏传统分别担任政治委员和政治部主任。

在湘鄂川黔革命根据地和红军第二军团、第六军团，任弼时、关向应、甘泗淇分别担任红二、六军团总指挥部兼湘鄂川黔军区政治委员、副政治委员和政治部主任；任弼时（兼）、关向应、张子意分别担任红二军团（红三军又恢复了红二军团番号）政治委员、副政治委员和政治部主任，方理明（后冼恒汉）、杨秀山、张平化（后肖林彬）分别担任第四师政治委员、副政治委员和政治部主任，谭友林担任第五师（1935 年 10 月新建）政治委员，袁任远（后廖汉生）、廖汉生分别担任第六师（原第九师）政治委员和副政治委员；在红六军团，政治委员为王震，政治部主任先后为甘泗淇、夏曦、张子意，副主任为罗志敏，第十六、十七、十八师、黔东独立师政治委员分别为晏福生、汤祥峰、张正坤、段苏权。

在鄂豫皖、陕甘革命根据地，吴焕先担任红二十五军政治委员，郑位三担任政治部主任；在陕甘革命根据地，高岗担任陕甘边红军临时总指挥部政治委员即红二十六军第四十二师（1933 年 11 月成立）政治委员［后谢子长（1934 年 8 月）、张秀山（1935 年）］，郭洪涛担任红军陕北游击队总指挥部（1934 年 7 月成立）政治委员，张达志担任红二十七军（1934 年 9 月组成第一团，后组成八十四师）政治委员，高岗担任红二十六军、红二十七军前敌总指挥部（1935 年 5 月成立）政治委员。

在东北人民革命军（1933 年 7 月至 1935 年 12 月）中，杨靖宇担任第一军军长兼政治委员，魏拯民担任第二军政治委员，李学忠担任第二军政治部主任，冯仲云担任第三军政治部主任，张文偕［后杨松（即吴平，1934 年 8 月）］、陈荣久（1934 年冬）、李发国（1934 年 8 月，1934 年冬后为何忠国）分别担任第四军政治委员、代理政治委员、政治部主任，胡仁担任第五军政治部主任，戴洪滨、张寿篯（即李兆麟）分别担任第六军政治委员和政治部主任。

中共在国民党统治区的主要组织（1933 ~ 1934）中，依然保持宣传部门。在上海的党、团、工会派出机构中，盛忠亮担任中共上海中央执行局（1933 年 1 月成立）宣传部部长，朱镜我担任中共上海临时中央局（1934 年 9 月组成）宣传部部长，黄药眠担任少共上海中央执行局（1933 年 1 月成立）宣传部部长；应修人（1933 年）、冯雪峰（1933 年秋）、李默农（1934 年夏）先后担任中共江苏省委员会（后成立江苏省临时委员会）宣传部部长，李铁夫担任中共河北省委员会宣传部部长，李耀奎、王德、谭国甫先后担任中共满洲委员会宣传部部长，龚钦冰担任中共山东委员会（被破坏）常委、宣传部部长。

1934 年 10 月 21 日，中央红军从中央革命根据地出发长征，此时红一方面军总政治委员为周恩来，总政治部主任王稼祥（1934 年秋由李富春代理主任）。其下各部队红一、三、五、八、九军团，教导师（黎平会议后撤销），军委第一、二野战纵队，军委纵队（1934 年 12 月 23 日中革军委命令将第一、二纵队合编）均设置政治工作负责人（政治委员或政治部主任）。

1935 年 1 月中旬，中共中央在贵州省遵义召开政治局扩大会议，集中提出和批评了第五次反“围剿”及长征以来中央在军事领导上的错误，改组了党和军队的主要领导。在改组后的中央领导机关中，毛泽东担任红军前敌指挥部政治委员。

1935 年 6 月，红一方面军到达四川省懋功，与红四方面军会师，召开两河口会议，任命张国焘为工农红军总政治委员，红军设军委总政治部，以秦邦宪为代理主任（1935 年 7 月），李富春为副主任（1935 年 7 月后为杨尚昆），陈昌浩担任红军前敌总指挥部政治委员，下属各军政治委员或政治部主任如下。第一军政治委员聂荣臻，第三军政治委员杨尚昆（1935 年 7 月后为李富春），第五军（原五军团改称）代理政治委员曾日三，第三十二军（原九军团改称）政治委员何长工，第四军政治委员王建安，第九军政治委员陈海松，第三十军政治委员李先念，第三十一军政治部主任朱良才，第三十三军政治委员张广才。会后决定分兵三路北上：左路军以林彪为司令员，聂荣臻为政治委员，杨尚昆为副政治委员；中路军以徐向前为司令员兼政治委员；右路军以彭德怀为司令员兼政治委员；岷江掩护队以王树声为司令员兼政治委员；夹金山掩护队以何畏为司令员兼政治委员；以周纯全为后方警备司令员兼政治委员。

1935 年 8 月 4 日，中共中央在松潘毛尔盖召开政治局扩大会议，决定仍用一、四方面军番号，分兵两路继续北上，以张国焘为中国工农红军总政治委员，陈昌浩为总政治部主任，杨尚昆、周纯全为副主任，周恩来为红一方面军司令员兼政治委员，以陈昌浩为右路军（由“前敌总指挥部”指挥）政治委员，左路军首长由中央首长兼任。

1935 年 10 月上旬，中央红军抵达陕北吴起镇，与陕北红军、红二十五军会师。在当时的北上先遣支队中，毛泽东兼任政治委员，王稼祥任政治部主任，杨尚昆任副主任，聂荣臻、朱瑞、罗荣桓分别担任第一纵队（由一军团组成）政治委员、政治部主任和副主任，李富春担任第二纵队（由三军团组成）政治委员，邓发、蔡树藩分别担任第三纵队（由军委纵队一部分组成）政治委员和政治部主任。

在陕甘、陕南革命根据地和红十五军团中，李隆贵担任红军第七十四师政治委员，程子华、高岗、郭述申分别担任红十五军团政治委员、政治部主任和副主任，崔田民、张达志（后张明先）、赵凌波分别担任该军团下辖第七十八、八十一、七十五师政治委员。

到达陕北的中央领导机构（开始曾用“西北中央局”名义，后用“中共中央局”）中，吴亮平担任中央宣传部部长，后由张闻天兼任。

1935 年 11 月 3 日，以毛泽东为主席的西北革命军事委员会成立，设总政治部，以王稼祥为主任，杨尚昆为代理主任、副主任，又设后方政治部，以钟赤兵为主任［后袁国平、罗荣桓（1937 年 1 月）］。

在当时的军事院校中，毛泽东兼任中国人民抗日红军大学（1936 年 6 月 1 日成立）政治委员，莫文骅担任政治部主任，宋任穷担任红军学校政治委员（后袁国平）。

1935 年 11 月，红一方面军恢复番号，以毛泽东为政治委员，杨尚昆为总部政治部主任。另，在红一军团，聂荣臻、朱瑞分别担任政治委员和政治部主任；在红十五军团，程子华、郭述申、冯文彬分别担任政治委员和政治部主任、副主任。

在地方红军中，宋任穷、朱理治（后甘渭汉）、蔡树藩（后杜平）、李宗贵、杨文模分别担任红二十八军、红二十九军、红三十军、关中独立师和神府独立师政治委员。

1936 年 2 月，中央工农民主政府和西北革命军事委员会将红一方面军主力部队组成中国人民红军抗日先锋军，进行了东征战役。在先锋军总部，毛泽东担任总政治委员，杨尚昆（1936 年 6 月后为刘晓）担任政治部主任，先锋军总部并设宣传部、敌军工作部和民运工作部，分别以陆定一、李涛和刘晓担任部长；在红一军团（兼中路总指挥部），聂荣臻和朱瑞（后邓小平）分别担任政治委员和政治部主任，杨成武和谭政分别担任第一师政治委员和政治部主任，萧华和邓华分别担任第二师政治委员和政治部主任，彭雪枫和舒同分别担任第四师政治委员和政治部主任；在红十五军团（兼南路总指挥部），程子华、郭述申（后王首道）、冯文彬分别担任政治委员和政治部主任、副主任，赵凌波、周碧泉分别担任第七十五师政治委员和政治部主任，崔田民、钟伟分别担任第七十八师政治委员和政治部主任，张明先、李隆贵分别担任第八十一师政治委员和政治部主任；在红二十八军（兼北路总指挥部），宋任穷担任政治委员。

东征之后，红军又进行了西征，称“西方野战军”，以彭德怀为司令员兼政治委员。

二　全面抗战时期中共宣传机构沿革

全面抗战期间，中共的发展历程可以分为三个阶段：第一阶段是 1937 年 7 月 7 日抗战全面爆发至 1940 年 12 月，第二阶段是 1941 年 1 月至1942年12月，第三阶段是1943年1月至1945年8月抗战胜利。

中共的宣传工作在全面抗战时期趋于成熟，中共的宣传组织机构亦成形于这一时期。全面抗战时期中共的宣传工作，在国统区由驻各地［上海、南京、武汉、长沙、桂林、重庆、河南林县、兰州、迪化（乌鲁木齐)］的八路军办事处以及《群众》周刊和《新华日报》负责。1937年底，中共又在延安成立专司对外联络宣传的交际处，接待来延安的中外友人，宣传中共的抗日主张，取得了很好的效果。而对日伪军以及国内民众(包括解放区和沦陷区民众）的宣传，基本上由八路军政治部（后改为野战政治部)、中央军委总政治部、八路军后方政治部（后改为留守兵团政治部)、陕甘宁晋绥联防军政治部及其下属机构负责。换言之，中共的宣传战工作，在很大程度上与其敌军工作是重合的。而中共的敌军工作，又从属于其政治工作。在现存的诸多历史文献中，中共各级领导及宣传部门在论及中共的对日宣传时，一般是与其部队政治工作和群众工作一并阐述的。

全面抗战一开始，中共中央就设立了敌军工作委员会。红军改编后，八路军及新四军中也设立了敌工部门。中共上层负责政治工作的机构有四个，即八路军政治部、中央军委总政治部、八路军后方政治部、陕甘宁晋绥联防军政治部，其中前面两个机构均设有敌军工作部门。

八路军政治部源自红军改编。1937年8月25日，中共中央军委发布命令，将红军主力部队改编为国民革命军第八路军（9月11日起改称第十八集团军，但习惯仍称八路军)。驻泾源县云阳镇的红军前敌总指挥部改编为第八路军总指挥部（不久改称总司令部)；中革军委总政治部兼前敌政治部（并兼红一方面军政治部）改编为第八路军政治部，由原红军前敌总政委任弼时任主任，原总政副主任邓小平为副主任。当时文电、政工条例，均称“第八路军政治部”，有时亦称“第十八集团军政治部”，其下设组织部、宣传教育部（部长陆定一)、敌军工作部（部长周桓，1938年春后为蔡乾)、保卫部（1938年后改称锄奸部)。敌军工作部专门负责破坏日伪军、处置俘虏等工作。1938年2月28日，为统一对外名义，驻延安的中共中央军委总政治部以八路军政治部名义出现。为区别起见，此后称在晋东南的原八路军政治部为野战政治部、前敌政治部。其部门设置未变，由傅钟任主任（1940 年 5 月后为罗瑞卿）。1943 年 10 月 6 日，中共中央和中央军委决定太行分局与一二九师机关合并入中央北方局和八路军前方总部，对外仍保留一二九师名义。一二九师政治部部分人员组成太行军区政治部，部分人员合并入八路军野战政治部。相关领导为：主任罗瑞卿、副主任张际春，宣传教育部副部长彭嘉伦，敌军工作部部长蔡乾（兼）、副部长张香山。

八路军政治部开赴山西抗日前线后随军行动，难以对全国各地党领导的抗日武装的政治工作和后方政治部实施统一领导。1937 年 10 月 16 日，中央军委决定在延安成立军委总政治部。决定称："为统一并加强前后方部队政治工作的领导，贯通前后方的联系，决定成立军委总政治部，以任弼时为主任。总政治部副主任在邓未回军委以前由毛泽东兼代其职，所有第八路军和各留守部队医院、学校及边区各地区部队、全国各游击区部队的政治工作，均由军委总政治部负统一领导之责。"①

军委总政治部既是中央军委的政治工作部门、全军的政治工作最高领导机构，又是中共中央负责军队党的工作的机关。军委总政治部组建之初人员很少，所属各部门多是 1938 年春起陆续组建起来的。相关领导及各部门负责人有：主任任弼时（1937 年 10 月 16 日，未任，1938 年 8 月 4 日后为王稼祥）；副主任邓小平（1937 年 10 月 16 日至 1938 年 1 月，未任，在前方），毛泽东代理副主任并主持工作（1937 年 10 月 16 日至 1938 年 8 月），副主任傅钟（在前方，1938 年 2 月 25 日任）、谭政（1938 年 2 月 28 日起）；顾问野坂参三（日本共产党主席，1940 年 5 月就任）；宣传部部长徐梦秋（1937 年 10 月年初，1938 年 1 ~ 3 月为陈正人，1938 年 3 ~ 12 月为李卓然，1938 年 12 月至 1942 年 12 月为萧向荣），副部长彭嘉伦（1939 年至 1942 年秋兼），宣传科科长先后为刘型、李兆炳、魏传统，敌军工作科（归总政直属，1935 年至 1940 年 6 月）科长刘型。1940 年 6

① 《军委关于成立总政治部的决定》（1937 年 10 月 16 日），中央档案馆编《中共中央文件选集》第 10 册，中共中央党校出版社，1985，第 359 页。

月，中共中央将敌工科扩大为敌工部，部长王学文，副部长李初黎。另有组织部、锄奸部、电影放映队、总政直属工作部等。[①] 其中谭政承担了大量的具体工作。据萧向荣回忆，延安时期，“军队政治工作实际上是谭政主持的”。[②] 此外，毛泽东、朱德、彭德怀、王稼祥等中央及部队的领导人也极为关心敌军工作，做出了很多指示。

从 1937 年 10 月开始，八路军从野战政治部到各级政治机关，均设立敌军工作部门：集团军政治部和各师政治部设敌军工作部，部内分敌军工作科和伪军工作科；旅政治部设敌军工作科，下面分敌军工作股和伪军工作股；团政治处设敌军工作股，置股长一人，干事二三名；连队设敌军工作组，组长一人，组员四名，组员均由不脱离军职的战士组成。[③] 据时任一二九师政治部敌工部干事的刘国霖回忆，该部分为敌工科和伪军科两个部门，分别负责对侵华日军和伪军工作。其负责人称“干事”，重在任事，并没有所谓“科长”。其中敌工科的工作内容包括：管理日军俘虏、处理缴获的日军文件、审查被俘的日本人写的抗日传单和宣传品、带领经过改造的日俘对日军进行喊话宣传等。[④] 对伪军工作部门则是要进行争取伪军同情及帮助中共，必要时甚至反正的工作。新四军成立后，也在各级建立了相应的敌军工作部门。在中共领导下的各抗日根据地、各军区中，也建立了相应的敌工部门。

1940 年初，中共颁布《中国国民革命军第十八集团军（第八路军）政治工作条例（草案）》（以下简称《条例》），对中共武装的政治工作进行了规定和规范。其总则指出，“在抗日战争中，第十八集团军政治工作的基本内容是提高军队的战斗力，求得官兵一致，军民一致，团结友军，瓦解敌军”。所谓“官兵一致”，乃是指经过政治工作、宣传教育工作、反奸细工作等，巩固团结、提高军力；而“军民一致”指的是“进行战

① 刘健英：《八路军和中共中央军委政治工作机构的演变》，《抗日战争研究》1994 年第2 期。

② 萧向荣谈话记录稿，1961 年 2 月 28 日，乔希章：《大将谭政》，解放军文艺出版社，1999，第 217 页。

③ 蔡前：《敌军工作讲话》，《八路军军政杂志》第 1 卷第 10 期，1939 年 10 月，第 80 页。

④ 刘国霖：《忆一二九师的对敌工作》，张军锋主编《八路军老战士口述实录》，中央文献出版社，2005，第 467～474 页。

地军民中的政治工作，发动战地民主积极参加抗战”，亦即宣传鼓动民众参加抗战，组织“抗日自卫队与抗日游击队”，摧毁敌伪政权；“团结友军”包含了抵御敌人和汉奸的挑拨离间、反对投降妥协的阴谋活动等内容。这几项工作，无不与中共的瓦解敌军工作息息相关。至于“瓦解敌军”，即经过对敌军的政治工作，散发传单小册子，在俘虏中进行工作，以削弱敌军战斗力，瓦解敌人的军队，达到中日人民团结起来，打倒共同的敌人——日本帝国主义——的最终目的；同时在伪军中进行瓦解和争取工作。《条例》强调“政治工作必须依靠党的工作，同时也就是党的工作。政治人员的主要成份中国共产党的党员，政治委员就是共产党的代表，政治部就是共产党的机关”。《条例》规定：“十八集团军政治工作领导方法的基本原则是：1. 以集中指挥为最高原则，同时估计到分散作战的环境，发扬各级政治机关的积极性自动性与创造性。2. 以连队工作为一切政治工作的基点。3. 以共产党的党的工作，特别是支部工作为一切政治工作的基础。4. 以灵活的具体的领导为政治工作的主要的领导方式，力求工作中的进步与创造切忌呆板与公式化。”

《条例》还规定“在连和队中设立政治指导员”，负责连队的政治工作。具体的工作范围包括指导战士的政治教育和文化教育，“领导全连军人积极参加地方居民中的群众工作，向群众宣传鼓动，协助民众建立他们自己的团体，武装，打击敌伪政权”，“注意防止奸细的混入……进行反奸细斗争”，在战时还要负责开展俘虏工作。

在营、团、旅、师、军、军区、军分区独立的游击队、独立支队、独立作战的部队以及各直属机关学校内，则设置政治委员，负责教育部队及防奸、锄奸等工作。

在“步兵团及独立营、独立作战的营或支队”设有政治处，负责在其所属团、营或支队中“直接进行党的工作和政治工作，帮助地方群众工作，瓦解敌军工作，以及军队范围内的统一战线工作”，各政治处下设组织股、宣传教育股、民运股、敌军工作股、锄奸股、总支部及技术书记。其工作内容包括协助部队指挥人员巩固本部队的政治情绪、组织并进行本部队的政治教育和文化教育、指挥本部队进行群众工作，并要“依照上级之指示，对于驻地周围的敌伪军进行争取与瓦解的工作”。

在各野战军、军区及师政治部下设组织部、宣传教育部、民运工作部、敌军工作部、联络部、锄奸部、总务部（军区多了动员部），军分区及旅政治部下设组织科、宣传教育科、民运科、敌军工作科、联络科、锄奸科和总务科。各政治部均负有宣传教育民众、开展民运工作和敌军工作等职责。

另外，在负责输送粮食、弹药、军用品、宣传品、战利品的各地兵站亦设有政治机关，称为政治委员、政治部，除正常的运输任务外，亦负责俘虏工作。①

1940年5月6日，党中央在《关于瓦解敌军工作的指示》中，强调“必须健全军队中的敌军工作部和地方党的敌伪工作委员会”，并“抽出得力的同志担负此种工作”。1941年5月，总政治部在《关于点线工作及伪军工作指示》中又规定：“为了统一敌工，县以上由地方与部队共同成立敌伪工作委员会，地方由社会部，部队由敌工部、锄奸部共同组织之。”② 此时的敌伪工作委员会，成为协调党、政、军、民开展敌军工作的一元化领导机关，委员会下各部门互相交换情报，研究决定敌军工作的方针政策，布置一定时期的主要工作，实行统一领导。

除了建立组织外，干部培养和部队战士的解释说服工作也是中共敌军工作的重要组成部分。敌军工作需要日语人才，而这正是中共的弱项。为此，中共特地举办训练班来培养日语人才。1938年11月，八路军总政治部在延安创办了敌军工作训练队，当时又称日文训练队，学员从抗大学员中选调。抗大把原来留学过日本的学员集中起来，再选调一批学员，共计150名左右，很快组建起敌军工作训练队，于1938年12月底正式开学。学员分入高级班和普通班，日语基础好的入高级班，其余入普通班。学习内容分为专业训练（70%）和政治训练（30%）。在全面抗战开始后的两

---

① 《中国国民革命军第十八集团军（第八路军）政治工作条例（草案）》，《八路军军政杂志》第2卷第4期，1940年4月，第125～142页。

② 姜思毅主编《中国共产党军队政治工作七十年史》第2卷，解放军出版社，1991，第239页。

年间，敌军工作训练队开办了训练班20次，受训练的有600人以上。到1940年5月，总政治部敌军工作训练队约150名学员，经过一年多时间的学习和训练，顺利毕业。学员经过强化日语训练，掌握了日语的口语和文字表达能力，具有政治素养和政策水平。其中63%可进行日语会话，78%可做文字翻译。毕业学员除了50多人留在延安有关部门（军委二局、军政学院、总政敌工部）工作外，其余100多人先后被分配到华北、华中各前方部队。晋西北、晋察冀、晋东南、冀鲁豫、晋绥等抗日根据地都分配了毕业学员，少则几人，多则几十人；分配到华中的有由敌训队谢振华队长带领的20余人。这批毕业学员，对于加强八路军、新四军的各级敌军工作发挥了重要作用。1940年秋，中共又在延安创办了以培养八路军、新四军敌军工作干部为目标的敌军工作干部学校和以教育改造日本战俘为目标的日本工农学校。[①]

不仅如此，中共还通过上课、开讨论会、开问答晚会、唱瓦解敌军歌曲等形式，在部队中普遍地开展关于敌军政治工作意义的教育，指出“为什么要争取敌军，优待敌军俘虏呢？因为日本军队的士兵，以及伪军中的大部分官兵，都是被逼来侵掠中国的；他们与日本军阀的利益是处于对立的地位。因此，我们要争取敌伪军中的下级官兵，使他们觉悟过来，站在打倒日本军阀的地位，与中国人民携手合作。争取敌伪军的工作，除一般的政治宣传外，优待敌伪军俘虏，是一种很好的办法”。[②] 对违反优待俘虏政策的部队指战员则予以纪律制裁，并在部队中推广反战的日文歌曲或口号。在很短的时间内，八路军部队中除了新战士外，基本上都能够喊出几句日语口号或唱几首日文歌了。另外，为了使对敌工作“成为更普遍更广大的群众运动，以收瓦解敌军的实效”，中共还动员和组织地方机关、团体和民众来做敌军工作，在战区和敌人后方“到处组织敌军工作委员会、敌军工作组。而某些地方机关，则在八路军帮助下，设立了敌

① 徐则浩：《从俘虏到战友——八路军、新四军的敌军工作》，安徽人民出版社，2005，第36～43页。

② 萧向荣：《一一五师的政治教育工作》，《八路军军政杂志》第1卷第1期，1939年1月，第26页。

军工作科或股，民众团体选出敌军工作委员会等，这就使这一工作成为广泛的群众运动”。①

另外，培养普通干部也是中共从中央到地方宣传工作的重要组成部分。从中央而言，在延安有抗日军政大学、陕北公学、中央马列研究院、医科大学、泽东青年干部学校、延安工人学校、民族学院、军事学院、行政学院等，各抗日根据地也因地制宜开展宣传教育工作。这一时期，各类干部学校根据党的抗战教育的总政策，采取训练班的形式，以短期速效为特点，在不长的时间里为抗日根据地培养输送了大批优秀干部。截至1940年1月，抗日军政大学培养了12000多人，陕北公学培养了6000多人，鲁迅艺术学院培养了200多人，青训班（泽东青年干部学校前身）培养了1000多人。②

中共将延安的办学经验向各根据地推广，为其宣传战线输送了众多人才，从1939年底中共山东分局向中共中央北方局提交的一份报告中可见一斑。

山东分局关于宣传教育工作报告

北局并报中央：

（一）关于学校及训练班

甲、属于分局者：

1. 山东抗日军政干部学校去年七月开办，一年间共办五期，毕业学生约三千人。成份：百分之三十是知识分子，百分之二十是工农，其他百分之十。每期均分设军事、政治、民运等，由三至五期尚有青年队、地方武装队。课程基本的有统一战线、基本战术、游击战争、政治工作、民众运动、政治常识，此外，还有论持久战、抗日政策及各种工作方针的报告。训练成绩一般的还好，但因学习期间太短，学生程度太差，教育干部及教材缺乏，未完全达到培养连级及县

---

① 刘型：《八路军两年来敌军政治工作的总结》，《八路军军政杂志》第1卷第10期，1939年10月，第54～55页。

② 王云风主编《延安大学校史》，陕西人民教育出版社，1994，第19页。

区级干部的目的，得出工作结果，对建立山东党、开展山东游击战争及各方面工作均有不少的关系。

2. 分局党校自去年十一月开办，到现在已办四期（四期明年一月底毕业）。学习期限：第一期一个半月，二、三期二个月，四期原定三个月。前三期毕业生学生六百八十名，党龄一年以上者五分之二，半年以上者二分之一。成份：贫农百分之四十，中农百分之十五，工人百分之二，学生百分之二十，佃农百分之二。修学时，百分之二十四为支委，百分之三十二为区委；毕业后分配工作，百分之三十为分区委，百分之十八为支委。因过去山东党的工作基础太差，党校对开展与建立山东党的工作有极大意义。分校课程内容，基本的教材（有）党的建设、统一战线、游击战争、群众工作、政治常识及其他各种工作的报告。

乙、属于各区委者：

因过去〈无〉调查统计工作，不能具体答复。

1. 第一区委：各地委、县委均开有党的训练班，但不经常。一般教材为党的建设的基本教育、关于山东工作的实际教育、统战教育及游击战争。在支部以上的训练班内，尚有支部工作训练练班，成份太半为农民，其次是知识分子。训练的组织、教材、教员现皆不明。但凡经过训练之干部、党员，工作大体上较前积极，工作能力较前提高。群众的（主要是自卫团的，还有个别的是青年）训练班开过，次数甚多。

2. 第二区委：办过一次党校，实际情形不明。

3. 第三区委：主要的有胶东军政干校，自去年三月开办，到现在共办六期，毕业学生一千人。成份：工人百分之五，农民百分之二十五，学生百分之五十，商人百分之十六，其他百分之四。文化程度：文盲百分之一，小学百分之七十，中学百分之二十五。课程内容大体同山东干校。毕业后，大部派五支队工作。因学生从地方出来，无工作经验，然对五支加强颇大。胶东党校共办七期，毕业六期，以前均已毕业。目前六期无统计材料，七期学生成份：工人百分之九，农民百分之四十一，学生百分之三十八，其他百分之十二。

4. 第五区委：办过数次军政干校，办党校五，清河地委办过一次训练班，无统计。

（二）一般党党员教育情形

1. 教育方法有小组会、支部课及其他识字文化等教育。

2. 小组会一半能经常开，无内容。

3. 支部教育制度个别地方能进行，大部未建立。

4. 下级党组织不健全，制度未建立，分工不明显，教育工作是党的工作最薄弱的一环。

5. 山东党是新党，党员也都是新党员，党员教育很少成绩，目前山东党员要得从头做起。

分局

12月8日[①]

另外，1942年以后，面对日军的疯狂“扫荡”，中共广泛推广“敌后武工队”，这是一种同时承担作战和宣传任务的小型武装，实际上也是中共对敌伪军工作的一种组织模式。[②]

在抗战时期（尤其是抗战后期），中共也曾利用民兵进行对伪军的宣传工作。如在山东，中共领导下的民兵武装，一方面利用伪军惧怕中共主力部队的心理，利用主力部队的番号行动，模仿部队的服装和装备、战斗动作和生活习惯，以“神经战”恐吓伪军；另一方面，则“通过亲戚朋友的关系，先从政治上说明民兵对待俘虏的态度及优待的具体条件，然后以战斗的方式把他们接出来（因有些伪军家属在敌占区，借以避免敌人追究）”，即所谓“利用敌人内部的空隙进行争取”。这种做法取得了一些成果，如南岩民兵攻克牛牌山，唐庄攻克房家寨和三瞪眼，均是利用敌人官兵间的矛盾取得的。又或者利用主力胜利的余威直

① 《山东分局关于宣传教育工作的报告》，山东省档案馆、山东社会科学院历史研究所合编《山东革命历史档案资料选编》第4辑，山东人民出版社，1982，第104~106页。

② 柳茂坤：《抗日战争时期的敌后武工队》，《抗日战争研究》1993年第2期。

接包围伪军据点，一面威胁，一面争取。如滨海主力攻克赣榆后，莒南民兵即乘机包围黑家岭和漾沟，莒临边的民兵又利用黑家岭的胜利包围浑家屯据点喊话；主力围攻石沟崖时，莒中民兵即直接包围鲍子涧据点喊话，结果都取得了完全胜利。①

在地方上，中共也有系统的宣传鼓动工作运作体系。1941 年 6 月，中共中央山东分区宣传部部长兼大众日报社管委会主任（社长）李竹如②在总结抗战全面爆发四年来山东党的宣教工作时，对宣传部门的建设做出指示：

甲 宣传部门的建设问题

一、组织系统

A、地委以上的宣传部可设宣传科、教育科、干部教育科、编审委员会；县宣传部设宣传干事、教育干事（工作繁忙者要酌增一二助理干事）；分区委宣传委员下设宣传干事一人、教育干事一人或数人（以前区的党教员均应改称教育干事）；乡支宣传委员下设教育干事一人或数人，及不脱离生产的宣传小组。

B、如各科不能同时建立，可先建立宣传科与教育科。宣传科兼作国民教育、敌伪宣传，教育科可兼干部教育工作。县级没有编审委员会，需要审查的东西可交地委审查，编辑工作由各科分别负责。干部教育科长一般应担任讲课。

二、各科分工：

A、宣传科：负责计划对外宣传工作，管理报纸，编辑宣传材

① 朱则民：《一年来山东人民武装之战斗与爆炸经验——一九四五年山东人民武装工作汇报之一部》，《山东革命历史档案资料选编》第 4 辑，第 355、358 页。

② 李竹如（1905～1942），山东利津县人，1927 年加入中国共产党，曾任中共在中央大学地下党支部的书记，1936 年在上海创办《文化报》，1938 年任中共晋冀豫区党委机关报《中国人报》的社长，1940 年春，任中共中央山东分区宣传部部长兼大众日报社管委会主任（社长），1942 年冬，日军对山东进行大“扫荡”，李竹如在突围时牺牲。参见《呐喊与战斗的一生——记大众日报社管委会主任李竹如同志》，《青年记者》2005 年第 7 期。

料，与政府部队群众团体协同主持群众大会及各种对外宣传的会议，进行敌伪宣传工作，审查各种宣传材料；管理国民教育、社会教育及文化运动，这方面应偏重于计划与原则的研究讨论、经验教训的总结、问题的提出与对于公开教育机关文化团体的协助，应通过文教会、文教科、文协来进行帮助，不应包办或代替工作；一切不属于其他各科的工作都属宣传科。

B、教育科：负责党员教育工作，编辑审查党员教材，计划督促党员教育，研究教育党员的方法方式，掌握党员的社会意识形态和政治认识的发展及政治上思想上的进步程度；帮助所在地党员训练班的工作。

C、干部教育科：负责在职干部的学习与党学、党训班的教学工作，编选供给干部学习的研究提纲、参考材料，主持干部课、讨论会，进行学习测验，计划研究学习的方法，了解干部进步的情形，督促、检查、测验下级党的干部学习。

D、编审委员会：一般由部长兼书记，在宣传部指导下，在党委会领导下工作，各科长或主要干事可参加，党委与其他部门人员亦可斟酌参加，审查编辑各种教材、宣传品、报纸，讨论计划编审工作，研究敌伪顽的宣传品并设计粉碎打击其欺骗宣传的办法。

三、工作关系：

A、党委对宣传部是领导关系，上级宣传部对下级宣传部是指导关系，部长对科长、科长对干事、宣传委员对教育干事是领导关系，宣传部应按时对党委会报告工作。

B、宣传部对下级宣传部有重要指示，必须经党委同意后方能发出，对下级宣传部督促检查询问等日常工作宣传部可直接指示。各科不能直接指示下级各科的工作，工作上的一切指示必须用宣传部的名义，并由部长署名。

C、教育干事（即支部教员，以后一律改称教育干事）受宣传委员的领导，不应成为独立系统。乡支宣委应以帮助指导教育干事为他的主要工作，必须帮助教育干事准备教课，或分担一部分课程——时事课，或其他重要课程。[①]

从上面的材料来看，中共山东地委在1941年6月开始形成关于宣传工作的完整构想，从地委到县、分区、乡均拟设立相关宣传部门，对各部门的工作分工和上下关系均有明确规定。当然，这并不是说全面抗战开始阶段在中共山东抗日根据地没有相关宣传机构，而是因为在根据地初创阶段，宣传机关并没有后来那么完善。

中共的敌军工作的目的，概而言之即是“瓦解敌军”。中共把“瓦解敌军”工作上升到军队政治工作三大原则之一的高度。1937年10月25日，毛泽东在接受英国记者贝特兰的访谈时指出，“瓦解敌军和宽待俘虏”是八路军的政治工作的三大基本原则之一，强调“我们的胜利不但依靠我军的作战而且依靠敌军的瓦解”。此后，中共历次颁布的政治工作条例，都针对各个不同时期的情况，把实现官兵一致、军民一致、瓦解敌军列入政治工作的主要任务和主要内容之中。[②] 中共敌军工作的目的，随着其对工作认识的逐渐深化而在抗战的各个阶段有所不同。事实证明，中共之瓦解敌军，并非单纯的文宣工作，更具有关乎中共生死存亡的重大意义。

中共的政治工作，一般而言包括思想工作和组织工作两个层面。作为政治工作一部分的敌军工作，相应地也包含这两个层面。具体而言，思想工作包括对根据地军民及敌占区民众的思想教育、对敌伪军的宣传，组织工作包括建立敌军工作机构以及在伪军中进行秘密的或半公开的渗透、瓦解工作等。此外，如对俘虏工作、搜集与整理敌军文件，也是由敌军工作部门具体负责。[③] 其具体的工作对象，则有日军、伪军以及根据地和敌占区的广大民众。对象不同，目标各异，开展工作的方式方法也不尽相同。总而言之，中共对敌军工作内容包括四个方面：对敌军的宣传工作，处理

---

① 李竹如：《战斗四年中山东党的宣教工作——李竹如在宣传联席会议上的总结报告》，山东省档案馆、山东社会科学院历史研究所合编《山东革命历史档案资料选编》第7辑，山东人民出版社，1983，第12～45页。

② 侯敬智、蒋一斌主编《中国人民解放军政治工作发展史》，第153页。

③ 参见蔡前《八路军抗战以来敌军工作经验》，《八路军军政杂志》第1卷第5期，1939年5月，第59～66页。

俘虏工作，调查敌军工作，争取伪军工作。[①]

对于伪军，出于同为中国人以及伪军战力远较日军弱小、沟通较易等原因，多以争取其反正或暗中支持抗日为目的，对其开展工作可以是半公开性质的（包括直接与之谈判等）。中共强调："我们对伪军工作的目的，基本上是争取其参加抗日；至于工作的方针，是要在其内部建立我们秘密的抗日的堡垒，团结他们，教育他们，启发他们民族的觉悟心、自尊心和抗战必胜的信念。"[②] 而所谓"伪军"，又是一个极为复杂的群体。以地域言，有伪满洲国伪军、伪蒙疆联合自治政府伪军、伪华北政务委员会伪军、汪伪政权伪军。以实力言，则有中共难以撼动的"集团型伪军"及实力较弱的"地方型伪军"。其来源复杂，有投敌的国民党军（包括国民党军溃兵）、土匪、地方武装、帮派势力等。此等武装之投伪，容有奉南京国民政府或阎锡山等地方大员的命令而投降的，但基本上是出于自保自利，所谓"曲线救国"多半是托词，试图以单纯的民族主义文宣手段激发其抗日意识，往往很难达到目的。但另一方面，伪军尤其是地方伪军一则战力不佳，因其原本实力有限，以及日军对伪军不信任而限制其发展；二则多为私人或地方性质的武装，难以与组织严密、统一领导又日益壮大的中共武装对抗，从而为中共的争取和瓦解提供了现实基础。在整个抗战期间，中共主要在华北和华中地区发展，因而伪华北政务委员会伪军和汪伪政权伪军，尤其前者是中共敌军工作的主要对象。中共敌军工作的特点在于将对敌斗争发展为广泛的群众运动，使其领导下的党政军民各界广泛参与到争取和瓦解敌军的斗争中，积小胜为大胜，聚沙成塔，在对敌斗争中取得较大的成果。

对于日军，中共以瓦解其斗志、削弱其战斗力为主。1939 年 9 月，中共中央军委总政治部副主任谭政在《八路军军政杂志》上撰文指出，"敌军（指日军——引者注）工作的目的和方针"在于"削弱和摧毁日本法西斯军队的战斗力，涣散他的组织，消失他的顽强性，用以配合我们军

① 蔡前：《敌军工作讲话》，《八路军军政杂志》第 1 卷第 10 期，1939 年 10 月，第 81 页。

② 陈钟：《对当前敌军工作的意见》，《八路军军政杂志》第 2 卷第 10 期，1940 年 10 月，第 96 页。

事上的抗击，取得战争的最后胜利。要达到这个目的，必须用积极的宣传方针与宣传力量，启发日本军队内部广大士兵群众的阶级觉悟与反战情绪，使其明了侵略战争的本质，了解战争对于他们本身对于日本人民大众的危害，以改变他们对战争的态度，由拥护这个战争到厌恶这个战，由消极的厌战转到积极的反战，由侥幸战时以期从速结束战争的心理，转到希望这个战争失败”。[①] 中共对日军工作的方针，主要在于通过宣传达到瓦解其斗志的目的，只不过在抗战各个阶段对日军宣传方面提出的口号有政治要求上的高低之别而已。一般说来，前期提出的口号要求较高，如要求日军反对日本法西斯、反对天皇，要求其哗变、进行政治革命，等等。此后则重在以各种方式瓦解其斗志。在日军方面，其驻华士兵的素质在抗战的不同时期也有所变化，大体上是后期不如前期，而国内外形势对日本也是越来越不利。这些都是中共瓦解日军的有利条件。

另外，在这个抗日战争期间，中国共产党从中央到地方也有专门负责宣传的机构。[②]

1937 年 11 月，王明、康生等由苏联回到延安，中共中央于 12 月下旬召开了政治局会议。王明提出了右倾投降主义的方针，会议改组了中央书记处，决定不设总书记，由书记处实行集体领导，并成立了召开党的七大准备委员会，决定成立长江局。当时的中央宣传部由张闻天任部长，杨松、陈昌浩、吴亮平任副部长，周恩来任敌区工作委员会主任，张浩任副主任。

另外，在中共的主要地方组织中也建立了宣传机构。在中共中央的派出机关中，中共中央北方局、中共中央长江局（1937 年“十二月政治局会议”决定成立，设于汉口）、中共中央东南分局（1938 年 1 月成立于新四军军部）均设立宣传部，分别以李大章、周恩来、黄道为部长。在各省委、特委和区党委中也多设立宣传部，如中共广东省委（1938 年春成

① 谭政：《论敌军工作的目的与方针》，《八路军军政杂志》第 1 卷第 9 期，1939 年 9 月，第 39～40 页。

② 以下关于中国共产党在抗战时期的宣传部门的资料，如无特别说明，均来自王健英编《中国共产党组织史资料汇编》，295～486 页。

立）宣传部，部长饶彰风；中共闽粤边特区委（1937年10月成立至1938年）宣传部，部长邓子恢；中共江苏省委宣传部，部长沙文汉；中共安徽省委工作委员会（1938年春成立，1940年4月撤销）宣传部，部长张劲夫；中共湖北省委（1938年1月正式成立）宣传部，部长（后）何伟；中共山东省委宣传部，部长林浩；中共晋冀豫省委（1937年11月成立，1938年8月改称晋冀豫区党委）宣传部，部长徐子荣。

在抗战全面爆发后的敌后抗日根据地，均设有负责政治工作的政治部主任或政治委员。陕甘宁边区设宣传部，以刘澜涛为部长［后王若飞（兼统战部部长）］。西北青年救国联合会亦设宣传部，以胡乔木、刘光为部长。

1938年9月29日至11月6日，在延安召开了中共扩大的六届六中全会，纠正了王明右倾投降主义错误，批准了以毛泽东为代表的党在抗日战争中的正确路线。会议补选了中央委员，决定成立南方局、中原局，撤销了长江局。

六中全会后（1939～1940）的中央领导机构中，张闻天任中央宣传部部长，凯丰、杨松、陈昌浩任副部长。1940年初，中央宣传部同中央干部教育部合并，以张闻天为部长，凯丰、李维汉为副部长。

在当时的八路军中，萧华担任一一五师政治部主任兼政治委员，黄克诚担任三四四旅政治委员，崔田民（后吴法宪）担任三四四旅政治部主任，林枫兼任晋西独立支队（1940年秋去鲁南）政治委员，王麓水担任该支队副政治委员兼政治部主任，符竹庭担任八路军东进抗日挺进纵队（1938年9月，以六八五团二营为主组成）政治部主任，吴法宪担任八路军苏鲁豫支队（1938年，六八五团一、三营由山西进入山东后组成）政治委员。

在一二〇师、一二九师及其下属部队，均设置相应政治工作人员。与此相应，在晋察冀军区、冀中区总指挥部（1939年2月成立，由一二〇师师部兼）、山东纵队及其下属各部队，以及陕甘宁留守军团，也有政治委员和政治部主任等政治工作人员。

在新四军和华中抗日根据地，根据1939年冬的材料，在新四军军部，袁国平、邓子恢分别担任政治部主任和副主任；在 1939 年 11 月 7 日成立的江南指挥部，刘炎和钟期光分别担任政治部主任和副主任；在 1939 年 7 月成立的江北指挥部，邓子恢和张劲夫分别担任政治部主任和副主任，戴季英担任第四支队代理政治委员，郭述申和方毅分别担任第五支队政治委员和政治部主任，黄岩担任 1939 年 5 月成立的江北游击纵队政治委员，彭雪枫担任 1939 年 12 月成立的第六支队司令员兼政治委员，陈少敏（后由陶铸代理）和任志斌分别担任豫鄂独立游击支队（1939 年 6 月成立，11 月改称挺进支队）政治委员和政治部主任，方正平和郑绍文分别担任其下辖第一、四支队政治委员。

1940 年 11 月中旬，华中新四军、八路军总指挥部成立，刘少奇和邓子恢分别担任政治委员和政治部主任，在新四军军部，傅秋涛担任第一支队司令员兼政治委员，黄火星、胡荣、廖海涛分别担任第二支队、第三支队、江南指挥部（1940 年 7 月于茅山成立）政治委员，谭震林担任江南人民抗日救国军东路指挥部（1940 年 5 月由地方武装组成）司令员兼政治委员。

在新四军江北指挥部，邓子恢兼任政治部主任，戴季英担任第四支队代理政治委员，郭述申、孙仲德、刘顺元、黄岩分别担任第四支队、第五支队、江北游击纵队、津浦路东联防司令部政治委员。

在新四军苏北指挥部（1940 年 7 月由江南指挥部改称），刘炎和钟期光分别担任政治部主任和副主任，叶飞担任第一纵队司令员兼政治委员，刘培善、刘先胜分别担任第二纵队、第三纵队政治委员。

在新四军豫鄂挺进纵队（1940 年 1 月由支队改称纵队），陈少敏（后朱理治）、任志斌分别担任政治委员和政治部主任，方正平、郑绍文、陶铸分别担任第一支队、第四支队和鄂中挺进支队政治委员。

在八路军第四纵队（1940 年 8 月成立，挺进淮上地区），刘子久、肖望东分别担任政治委员和政治部主任，康志强、孔石泉、赖毅分别担任第四旅（原一一五师三四四旅，欠六八七团）、第五旅、第六旅政治委员。

在八路军第五纵队（1940 年 8 月成立，挺进淮海地区），黄克诚担任司令员兼政治委员，吴法宪和邓逸凡分别担任政治部主任和副主任，朱涤新、吴信泉、韦国清分别担任第一支队（原苏鲁豫支队）、第二支队（原新二旅）、第三支队（由原新四军第六支队之第四总队、三四四旅之六八七团、陇海路南进支队等组成）政治委员。

此时各中央局分局和主要省、区党委宣传部门的负责人如下：中共中央北方局（驻晋东南太行区）宣传部部长李大章，中共中央南方局（1938 年 11 月成立，驻重庆）宣传部部长凯丰，中共中央东南局（1938 年 11 月由分局改称）宣传部部长兼统战部部长黄道，中共中央中原局（1939 年 1 月正式成立）宣传部部长彭康，中共陕甘宁边区党委宣传部部长李卓然，中共中央山东分局（1938 年 12 月成立，由苏鲁豫皖省委改称，归北方局领导）宣传部部长李竹如，中共中央晋察冀分局（又称中央北方分局，归北方局领导。1940 年 8 月仍见称“晋察冀边区党委”）宣传部部长胡锡奎。各省、区党委中，中共广东省委（1939 年初改选，1940 年秋被破坏。后分别成立粤南、粤北两个省委）宣传部部长为涂振农，中共粤南省委（1940 年秋成立）宣传部部长为石辟澜。

在抗战时期中共的第二个发展阶段（1941 年 1 月至 1942 年 12 月），中央领导机构中张闻天兼任宣传部部长，凯丰任代理部长，李维汉任副部长（1942 年初为徐特立），康生兼任敌区工作委员会主任。

在军委总政治部，王稼祥担任主任，谭政、傅钟担任副主任，陶铸、胡耀邦、萧向荣、吴溉之、王学文（1940 年 6 月）、李初黎（1940 年 6 月）、王若飞（1938 年冬）分别担任总政秘书长、组织部部长、宣传部部长、锄奸部部长、敌军工作部部长、敌军工作部副部长、联络部部长。

在八路军总部，王稼祥担任总政治部主任，傅钟、谭政担任副主任。

在八路军前方总部（简称“集总”），罗瑞卿担任野战政治部主任，陆定一为副主任（1942 年秋后为张际春），杨立三担任后勤部部长兼政治委员。

在中国人民抗日军事政治大学总校（1939 年 7 月从延安出发，10 月驻晋察冀边区，1940 年 2 月到达晋东南，归“集总”领导），林彪担任校长兼政治委员，张际春担任政治部主任（1942 年底为袁子钦）。

在各中央局、分局以及省、区党委中，李大章、彭康、凯丰（后由董必武兼任）、李卓然、李竹如、胡锡奎、张稼夫、黄康分别担任中共中央北方局（1942 年 8 月改组）、中共中央华中局（1941 年 5 月 20 日由东南局与中原局合并组成）、中共中央南方局、中共陕甘宁边区中央局（1941 年 9 月改称西北局）、中共中央山东分局、中共中央晋察冀分局、中共中央晋绥分局（1942 年 9 月成立）、中共粤北省委（1941 年初成立）宣传部部长。

在中共领导下的各边区，在各抗日根据地政府和部队中，亦无不设立相应的政治工作人员，在此不赘。

1943 年 3 月 20 日，中共在延安召开了党中央政治局会议，着重讨论了从组织上加强党的集中统一领导问题，通过了《中央关于中央机构调整及精简的决定》。会议推定毛泽东为党中央政治局主席，决定在中央政治局和书记处之下设立中央宣传委员会，委员会统管中央宣传部、解放日报社、新华社、中央党校、文委、出版局等，委员有毛泽东、王稼祥、秦邦宪和凯丰，毛泽东担任书记，王稼祥担任副书记，胡乔木担任秘书。在中央宣传教育部，凯丰代理部长，后由陆定一任部长，李维汉、徐特立、赵毅敏担任副部长。

一言以蔽之，抗战时期中共的宣传工作是党、政、军三位一体联合进行的，三个机构之间相互协作、紧密合作，在中共统治区乃至敌后抗日根据地创造了有利于中共发展壮大的良好环境，为中共的发展壮大、中国抗日事业的发展做出了伟大贡献。

1940 年下半年，日本大本营陆军研究班对中国的对日宣传情况进行了深入调查，其中对中共的宣传组织系统做出了总结，详见表 1－12。

从表 1－12 可见，中共的对日宣传中，党、政、军相结合的特点是非常鲜明的。

三　中共对日军宣传的主要组织

对日军的宣传，需要一定的日语知识。抗战时期中共部队缺乏日语人才，

表 1-12　抗战时期中国共产党（军）对日宣传机构组织系统

海外	
在外华侨	国际宣传资料编辑处

外围团体								
自学社	各种抗日救国会	天津市纺织业联合抗日同盟会	朝鲜民族战线联盟	中华民族解放先锋队	中华民国农民协会	中华民国总工会	中华民国总商会	冀东反帝同盟会
太原		西安	汉口	南京	济南	天津	北京	

北方局		
宣传部	省委员会	
市委员会/宣传部	县委员会/宣传部	特别区委员会/宣传部
区委员会/宣传部		
支部/宣传部		
小组		

晋察冀边区政府								
察北	察南	晋北	晋东	冀中	冀北	冀南	冀西	冀东
县政府								
战地动员委员会								
人民自卫委员会								
抗日各界救国会								
文化救国会	儿童救国会	妇女救国会	青年救国会	学生救国会	工人救国会	农民救国会		

新编第四军各师							
第七支队政治部	第六支队政治部	第五支队政治部	第四支队政治部	第三支队政治部	第二支队政治部	第一支队政治部	各地游击队
团政治部							各部队政治部
营政治指导员							
连指导员			人民抗日自卫军（各地人民自卫军政治处及宣传科）				

八路军各师			
各支队政治部	一一五师政治部	一二〇师政治部	一二九师政治部
	旅政治部		
	团政治部		
	营政治指导员		
	连政治指导员		
	小组		

资料来源：「支那事変ニ於ケル支那側思想工作ノ状況（無形戦力思想関係資料第二号　大本営陸軍部研究班一九四〇年九月）」吉田裕監修、松野誠也編集『日本軍思想・検閲関係資料』現代史料出版社、2003、第 50 頁。

在开展对日宣传方面面临不小的困难，此后通过对被俘的日军官兵开展工作，逐渐将其改造成中共对日宣传的有力武器，在各个抗日根据地都建立了由被俘日军官兵组成的各级反战组织，积极开展对日军宣传，取得了很好的效果。与中共在抗战中的发展相适应，中共部队中的日军反战组织主要集中在华北地区，华中亦有一部分，主要在新四军部队驻地。当时中共部队中最早的日俘反战组织为 1939 年 11 月 7 日由被俘日军士兵杉本一夫、小林武夫、冈田义雄、高木敏雄、松井英男、石塚修等人组建的觉醒联盟晋东南支部，此后又相继成立了觉醒联盟太行支部、冀南支部、冀鲁豫支部、山东支部、太岳支部。

1942 年 8 月 30 日，觉醒联盟改名为反战同盟华北联合会，选举杉本一夫为在华日人反战同盟华北联合会会长，森健、松井敏夫为副会长，高山进、茂田江纯、泷泽三郎、梅田照文为执行委员，会后觉醒联盟各支部均改名为反战同盟。

中共部队中的日俘反战组织是跟随部队行动的，其主要活动为编辑和制作日文的对敌宣传品，包括传单、小册子乃至日文的反战刊物等；作战时进行对敌喊话；帮助教育和改造日军战俘；教授日语；等等。表 1－13 至表1－15 为 1939～1944 年中共领导下的华北、华中抗日根据地日人反战组织的发展演变及其活动情况。

表 1－13　觉醒联盟各支部

支部名称	成立时间	成立地点	成立者及人数	活动
晋东南支部	1939 年 11 月 7 日	山西省辽县（现左权县）麻田镇八路军野战总部	杉本一夫、小林武夫、冈田义雄、高木敏雄、松井英男、石塚修等 8 人	①1940 年 10 月，关家垴战役对日军第三十六师团冈崎大队（约 1200 人）喊话； ②编写、印刷宣传品百余种； ③发行日文反战刊物《觉醒》； ④盟员山田一郎任山西辽县羊角村野战总医院副院长，积极医治伤员，业绩斐然

续表

支部名称	成立时间	成立地点	成立者及人数	活动
太行支部	1940 年 6 月 23 日	八路军一二九师驻地	支部书记松井英男（后吉田太郎），成员小林武夫、高木敏雄、石塚修等	①在 1940 年百团大战中负责对日军士兵宣传喊话；②组织“国际剧团”，在距日军据点附近村庄演出话剧 46 次，向碉堡内日军喊话 3 次，通信 4 次
冀南支部	1941 年 8 月 7 日	八路军冀南军区	支部书记秋山良照，成员水原健次、成泽鬼彦。至同年 10 月，增加筱原正义、吉田清治、小林春夫、原广见、大谷、山下、桥本等 20 余人	①根据当地日军内部具体情况及时编写印刷品向日军宣传，效果良好；②编写并排演话剧《活路》，描写日本人民被军阀政府残酷压迫及剥削，以及日军士兵战地生活之痛苦，反响良好
冀鲁豫支部	1941 年 8 月 15 日	八路军冀鲁豫军区	支部长水野靖夫，成员黑田嗣彦、木下、前岛、木村、森下	①1942 年春，配合八路军向日军进行春季政治攻势，俾日军独立混成旅团第四旅团 5 名日军士兵携带一挺机关枪和两支步枪来降并加入觉醒联盟；②在 1942 年夏季政治攻势中，支部第三前线工作队对日军第三十二师团惠藤部队开展工作，后三月，该部队有 3 人主动参加八路军和觉醒联盟，12 人厌战自杀，12 人逃亡后被捕处死；③发行宣传品 200 余种 20 多万份
山东支部	1940 年 6 月 2 日	八路军一一五师驻地	支部长本桥朝治，成员国保等	1942 年 8 月与反战同盟山东支部合并
太岳支部	1942 年	八路军太岳军区	支部长渡边三郎，成员森冈正明、加藤、北野千岁等	

表 1-14　在华日人反战同盟华北各支部

组织名称	成立时间	成立地点	成立者及人数	活动
延安支部	1940 年 5 月 1 日	延安	森健、高山进、市川春夫。1940 年 10 月，延安日本工农学校成立，其成员均为支部成员，最初有学员 11 人，至 1945 年 8 月增至 300 人	①发布成立宣言； ②编写、印刷了百余种宣传品，编辑、出版机关刊物《士兵之友》； ③开展以日军士兵为对象的日语无线电波广播（1940 年 11 月起），每周两次； ④出席 1941 年 10 月 26 日在延安召开的“东方各民族反法西斯大会”，加入八路军； ⑤1942 年 8 月 15 日，与日本工农学校的同志组织编制日本人民边区自卫军，参加保卫边区的战斗
冀中支部	1941 年 2 月 23 日	河北省唐县南洪村	支部长田中实，副支部长兼宣传部部长东忠，成员吉田、多多良四郎、小松、中山太郎、和田真一、松山一郎、林义雄、西村、津田、吉村、浅见、三木、渡边、水户、三浦等	①教冀中军区日语训练班学员日语及反战歌曲； ②教育日俘； ③1942 年 5 月下旬，随任（丘）河（间）大（城）支队包围任丘公路上的吕公堡据点，对碉堡内日军进行电话宣传； ④1943 年 7 月，与反战同盟晋察冀支部合并； ⑤1945 年 2 月 12 日，于八路军冀中军区驻地重新成立“在华日本人民解放联盟冀中支部”
晋察冀支部	1941 年 5 月 4 日	八路军晋察冀军区驻地平山县小北头村	支部长宫本哲治，宣传部部长中原，成员藤中岸、古泽、夏川、中西、安藤、小岛、浅野、渡边、上野、山川、中村镰田、西川、小林、有川、大城、冈岛等	①定期出版《前进月刊》； ②制作印发近 20 种小型对日宣传品

续表

组织名称		成立时间	成立地点	成立者及人数	活动
晋西北支部		1942 年 9 月	八路军第一二〇师	支部长小林武夫、森健加(1944 年 4 月)	1944 年 7 月 1 日，八路军晋绥军区成立日本人民解放联盟晋西北支部，森健担任支部长，成员有茂田江、永井、大谷等
山东各支部	山东支部(1943 年 7 月改名为鲁中支部)	1941 年 6 月 2 日	八路军山东纵队驻地	支部长大西正，副支部长上中庄太郎，宣传部部长今野博，成员坂谷政三、上田正雄	①1942 年 8 月中旬，与觉醒联盟山东支部合并为在华日人反战同盟山东支部，以本桥朝治为支部长，大西正为副支部长，上中庄太郎为组织部部长，成员有上田正雄、小岛、渡边、国保、山口、桐山；②1943 年 1 月前后，支部同志在海头战役中对日喊话，收效极大
	胶东支部	1941 年 9 月 18 日	八路军胶东军区	支部长渡边进(渡边三郎)，副支部长小林清，宣传部部长石田雄，成员布谷、成山一郎、山中、松下、木村、山口等。至 1945 年 8 月，支部在烟台发展至 100 多人	①1944 年 7 月 23 日，小林清在《大众报》发表《我的思想反省》；②1945 年 4 月 15 日，小林清跟随八路军东海军分区独立团一营进攻荣成县龙须岛日本海军陆战队据点，激战之际向日军喊话，收效极大；③1944 年 8 月 24 日，八路军胶东部队攻打水道据点，日本人民解放联盟胶东支部的同志在进攻前前往喊话，使十名日军士兵投降
	清河支部	1942 年 9 月 18 日	八路军清河军区	田村、铃木等	1943 年改名为反战同盟渤海支部，支部长为田村，组织部部长铃木，宣传部部长木村，成员有松木、伊藤高桥等

续表

组织名称		成立时间	成立地点	成立者及人数	活动
山东各支部	滨海支部	1942 年 11 月	八路军滨海支部	支部长国保，成员小林等	
	鲁南支部	1943 年 5 月 18 日	八路军鲁南军区	支部长小岛金之助，组织部部长田中，成员北后、山口等	
	华北联合会山东分会	1943 年 7 月 18 日	八路军山东军区驻地	会长小林宽澄，副会长大西正，分会委员山田、权津、小岛金之助、国保、渡边、小林宽澄	

表 1-15　在华日人反战同盟华中各支部

组织名称	成立时间	成立地点	成立者及人数	活动
苏中支部	1942 年 3 月 15 日	新四军第一师（苏中军区）	支部长香河正南，成员滨中政志、横山岩吉、田畑作造、后藤勇、松野觉等	①1944 年 2 月 12 日夜间，支部宣传委员松野觉在新四军某部攻打赵家舍时对日本炮楼进行喊话宣传，效果明显，促成河东伏击战中 30 多名日军士兵被俘；②1944 年 3 月 4 日，反战同盟华中地方协议会会长香河正南亲临车桥大歼灭战第一线，带领苏中支部成员配合新四军军事行动，向日军宣传喊话。此战松野觉牺牲，新四军俘日军山本一三炮兵中尉以下 48 人，为当时俘虏日军最多之战斗

续表

组织名称	成立时间	成立地点	成立者及人数	活动
苏北支部	1942年7月15日	新四军第三师（苏北军区）	支部长古贺初美，成员堀本、板桥、古桥、竹田、林田等	①出版日文报纸《日本士兵之声》；②制作日文宣传品十余种，印发5万份；③制作日文慰问袋；④1942年12月后，配合苏北反"扫荡"战斗，分散于部队中从事火线喊话及教育战俘工作；⑤参与整风运动
淮北支部	1942年10月	新四军第四师（淮北军区）	支部长后藤勇，成员矢口、小仓、松田等	
淮南支部	1942年11月	新四军第二师（淮南军区）	支部长高峰红志，成员加藤肇、藤井、吉春、清水	
第五支部	1943年	新四军第五师（豫鄂军区）	支部长板谷义次郎，成员200多人	①搜集情报等；②1944年4月17日，在长轩岭伏击战中取得良好效果，李先念师长致信祝贺；③帮助第五师向国民党军队提供情报

1944年1月15日至2月16日，日人反战同盟华北联合会扩大执行委员会在延安召开，大会正式宣布成立"日本人民解放联盟创立准备委员会"以及"华北地方协议会"，反战同盟自行解散。大会选举冈野进、森健、杉本一夫为日本人民解放联盟创立准备委员会华北委员，选举吉田太郎、冈岛彦邦为华北地方协议会正副委员长，小林武夫、塄清、和田真一、水野靖夫、西忠等为委员。

1944年4月9日，在华日人反战同盟华北联合会宣布解散，正式改名为"日本人民解放联盟"，并电告华北、华中各地支部。截至1944年4月，日本人民解放联盟华北地方协议会各支部人员数为：延安支部75人，晋西北支部7人，冀中支部7人，晋察冀支部16人，冀南支部15人，冀鲁豫支部13人，太行支部29人，太岳支部11人，滨海支部15人，鲁中支部9人，鲁南支部7人，清河支部6人，胶东支部13人，合计日本人民解放联盟华北协议会成员223人。

第三节　抗战期间国民党的对日宣传机构

抗战期间南京国民政府在对日宣传战方面做了很多努力，当时负责全国范围宣传事宜的机构有外交部情报司、军事委员会政治部第三厅、军事委员会第五部以及国际宣传处。具体负责对日宣传的则是军事委员会政治部第三厅、中央宣传部以及大本营第五部。

1927年7月12日、8月2日，南京国民政府分别公布了《外交部官制》和《外交部厅司局分掌职务规划》，规定外交部直隶于大元帅，并新增情报局。情报局下设四科，分掌调查、研究外交机密，编译、摘要中外报纸所载社论及有关文件，宣布电报、文件及该部总长特交事项。该局设局长1人、副局长2人、科长4人，佥事、主事若干，分掌各科事务。

1927年11月，原外交部下属政务司、总务司分别改称第一司、第二司，并增设第三司，掌理情报事宜。1928年2月，部内改设秘书处、总务处和三司，其中第一司分设四科，掌理东西诸国关联事项；第二司分设三科，掌理亚洲各国及苏联事项；第三司分设三科，掌理欧美各国事项。有关情报事宜，则分属于第二、三两司掌理。

1928年10月，国民政府实行五院制，外交部改隶于行政院。同年12月，外交部修正组织法，规定设部长1人，下设总务、国际、亚洲、欧美、情报五司。情报司下设五科，掌理搜集国内外情报，宣传外交策略，撰译中外新闻稿件，招待、接洽新闻记者等事项。此时对外宣传属于外交的一部分，还未设置专门机构掌管对日宣传事务。

1936年2月，外交部进行机构调整。设参事厅、秘书处、总务司、国际司、亚洲司、欧美司、情报司及会计室、统计室。其中亚洲司改设亚一、亚二两科及研究室。欧美司改设欧一、欧二、美洲、法律四科。情报司分为国内、日苏、欧美及新闻四科，其职能没有变化。

1939年9月，外交部再次修正组织法，内设参事厅、秘书处，总务、亚东、亚西、欧洲、美洲、条约、情报7司，会计、统计两室。[①]

为了适应战争的需要，加强国民党党政军各方面的相互协调与合作，国民党的战时体制逐渐形成，其标志就是1939年1月国防最高委员会的设置。抗日战争全面爆发后，国民党中常会于1937年8月第51次会议上授权军事委员会委员长对党政军进行统一指导：凡属中央党政各机关适应战时之各种特别设施，令行各省市地方党政机关办理者，概行先送军事委员会委员长核定施行。这一规定虽在1939年2月国防最高委员会成立以后取销，但借口军事需要，军事机关仍长期控制民众组训与宣传（军事委员会政治部）、新闻检查（战时新闻检查局）、交通运输（战时运输统制局、战时运输管理局和交通巡察处）。9月8日，国民政府军事委员会第五部成立，专门负责对外宣传。此时该部的宣传重点是："一方面呼吁国际间主持正义，制裁侵略；另一方面大量搜集中国军民英勇抗战的事迹进行宣传，以证明中国上下全体一致抗战的决心及其持久性。"

1939年11月6日，增设国际宣传处。次年2月，国际宣传处又改隶国民党中央宣传部，由副部长董显光负责该处工作。董显光在抗日战争期间，历任国民政府军事委员会第五部副部长、国民党中央宣传部副部长，专门负责国际宣传，一直到抗战结束。

虽然外交部划分出负责对日宣传的区域，但这在抗战期间显然是不够的。国民党中央宣传部国际宣传处曾虚白就曾在报告中说，"宣传与外交为厘然两个系统，苟不予划清工作上之重复，必引起不必要的摩擦"，"妥善办法莫若按照军令部设置陆军参赞例，在驻外大使公馆设置新闻参赞，对外为大使。公使馆之人员，对内则一切人事支配、业务指导以及经

① 韩文昌、邵玲：《民国时期中央国家机关组织概述》，第89、299～301页。

费支给统由宣传部主持之”。[①]

抗战期间国民政府负责对日宣传的机构主要是军事委员会政治部第三厅，国民党内的主要部门是中央宣传部。但因为抗战时期的战时体制，国民政府与国民党的机构统一受国防最高委员会领导，委员长为蒋介石。所以这两个部门虽分属党政，却是抗战时期对日宣传的主要部门。1938 年 1 月 17 日，国民政府军事委员会改组，下设军令、军政、军训、政治四部。其中，政治部部长为陈诚，副部长为周恩来。政治部下设主管抗日文化宣传工作的第三厅，厅长是郭沫若，副厅长是范寿康、范扬，主任秘书是阳翰笙。第三厅即“职司宣传，其主要工作计分下列三部，即一般宣传工作，艺术宣传工作，及对敌宣传工作”。[②]

国民政府军事委员会政治部第三厅成立后，迅速开展各种宣传工作，宣传工作的任务就是“唤醒和激发民众，动员全国民众实行参战，鼓励前方将士和激发全体士气巩固国民党与共产党及其他抗日党派的团结以保证和争取更大的胜利”。1940 年，蒋介石授意改组军事委员会政治部，撤销第三厅，另设文化工作委员会。郭沫若任主任委员，阳翰笙、谢仁钊、李侠公为副主任委员，沈雁冰、沈志远、杜国庠等十人为专任委员，舒舍予、陶行知、张志让、邓初民、王昆仑、侯外庐、卢于道、马宗融、黎东方、吕振羽十人为兼任委员。文化工作委员会下设三个组，其中第三组负责敌情研究，主要研究日本政治、军事、经济、社会等方面的情况，并帮助在华日人反战同盟开展工作，编印对敌宣传品散发各地。

国民党中央宣传部指挥当地宣传工作人员之活动，并与外交人员之活动配合。“国内任何团体，以国际宣传为其任务者，应先在中央宣传部立案，中央宣传部应促令中央通讯社，先在英美两国设置特派员，以早日树立国外通讯网之基础。”1939 年 1 月 27 日，国民党五

---

① 《国民党中央宣传部国际宣传处曾虚白关于国际宣传工作检讨报告书》，《中华民国史档案资料汇编》第 5 辑第 2 编《文化》（1），第 500 页。

② 《军事委员会政治部第三厅报告》，中国第二历史档案馆藏，全宗号 2，卷宗号 16。

届中央五次会议通过《改进国际宣传实施方案》与《切实推进沦陷区域宣传工作》，规定：第一，国际宣传应由中央宣传部领导，以专权责。第二，中央宣传部、中央海外部、外交部、军事委员会政治部、军令部应合组国际宣传委员会，通盘筹划国际宣传事宜。第三，派往海外担任宣传工作人员，应由国际宣传委员会选派并指挥，每月呈送工作及经费报告，以凭考核。其他机关如由某种需要有派员出国宣传之必要的，应先通知中央宣传部及国际宣传委员合并切实联络。第四，中央宣传部应参酌需要，在驻外各使馆选荐专员，从事文化宣传事宜。

在国际宣传方面，国民政府还制定了对英美等大国的宣传策略。对于英法方面，“应不断地表现好感，并不断地促其执行国联援助中国之决议案”。对于苏联方面，“应一致表示友好的态度，但不必公开表示特殊期望”。对于美国，“应竭力表示好感，并对于美政治家同情于我之言论，随时予以赞扬；对于美国朝野同情于我之行为（如救济难民、继续白银协定及相助中国红十字会医药等）随时予以广泛之宣传”。

抗战时期还有一个机构短暂出现过，1937 年 8 月 20 日，为了适应当时的军事形势，国民政府建立国防最高会议和大本营，大本营第五部主管宣传，部长陈公博。但是 8 月 30 日，蒋介石决定，仍以军事委员会为抗战最高统帅部，不另设大本营，大本营遂于 1938 年 1 月正式撤销。

1939 年 12 月至 1940 年 2 月，国民政府发动对日“冬季攻势”，给深陷中国战场的日军造成极大打击。加之 1940 年 2 月日本议员斋藤隆夫在国会发表“反军演说”，批判日本政府和军部的对华政策，日本政府及军部上层意识到，单纯依靠武力来解决“中国事变”是不切实际的，应考虑强化武力之外的手段来达到侵华的目的。在此背景下，1940 年下半年，日本大本营陆军部研究班对中国的对日宣传战情况进行了深入调查，其中国民党系统的对日宣传组织大致如表 1－16 所示：

表 1－16　中国国民党（军）对日宣传组织系统

<table>
<tr><td colspan="13">国民党中央党部</td></tr>
<tr><td>军事委员会政治部</td><td>大本营宣传部</td><td colspan="4" rowspan="2">省党部</td><td colspan="3">海外总支部</td><td colspan="4">国民政府</td></tr>
<tr><td>战区司令长官/司令部政治部</td><td>集团军及八路军政治部</td><td colspan="3">海外支部</td><td colspan="4">行政院</td></tr>
<tr><td colspan="2">军司令部政治部</td><td>军党部</td><td rowspan="5">特别党部</td><td rowspan="3">县党部</td><td rowspan="5">市党部</td><td colspan="3">海外分部</td><td colspan="4">省政府宣传部</td></tr>
<tr><td colspan="2">师司令部政治部</td><td>师党部</td><td colspan="3" rowspan="2"></td><td colspan="4">督察专员公省宣传科</td></tr>
<tr><td colspan="2">旅司令部政治部</td><td>旅党部</td><td colspan="4">县政府宣传股</td></tr>
<tr><td colspan="2">团司令部政治部</td><td>团党部</td><td rowspan="2">区党部</td><td colspan="7">外围机关</td></tr>
<tr><td colspan="2">营本部指导员</td><td>营党部</td><td>抗敌工作协进会</td><td>民众总动员委员会</td><td>抗敌后援会</td><td>抗日救国会</td><td>抗日自卫委员会</td><td>国难教育委员会</td><td>抗日总联合会</td></tr>
</table>

资料来源：「支那事変ニ於ケル支那側思想工作ノ状況（無形戦力思想関係資料第二号　大本営陸軍部研究班一九四〇年九月）」吉田裕監修、松野誠也編集『日本軍思想・検閲関係資料』、第51頁。

全面抗战初期，国民党也曾推动当时流亡中国的日本反战人士鹿地亘等组建在华日人反战同盟西南支部及在华日人反战同盟重庆本部等对日宣传团体，积极进行对日宣传，并开展演出抗日话剧以教育民众等活动，获得了极大成功（详见表 1－17）。

表 1－17　抗战时期国统区在华日人反战组织

组织名称	成立时间	成立地点	成立者及人数	活动
在华日人反战同盟西南支部	1939 年 12 月 23 日	桂林	支部代表坂本秀夫、鹿地亘，成员鲇川诚二、大山邦雄、松山速夫等 11 人	①组成前线工作队，于 1939 年 12 月 29 日起在桂南前线昆仑关及四四一高地、中日两军阵前一百码地方开展对日军宣传多次，为期一个多月，收效极大； ②在第四、第七战区开展近四个月的对敌宣传； ③1940 年 1 月下旬，桂南宾阳战役，鲇川诚二、大山邦雄、松山速夫阵亡； ④1940 年 5 月，组成巡回工作团（17 人）到重庆公演鹿地亘所编日语话剧《三兄弟》，反映日本人民受军阀政府压迫及生活之痛苦，觉悟到只有起而反对侵略战争、反对军阀政府才是日本人民解放的唯一道路，盛况空前，受到各界人士好评； ⑤发行《人民之友》等定期杂志； ⑥编译多种教育资料集，内收冈野进《给日本共产主义者的信》、斯大林《联共（布）党第十八次代表大会的报告》、列宁《帝国主义论》等文件，供成员阅读
在华日人反战革命同盟会（重庆本部）	1940 年 7 月 20 日	重庆	本部会长鹿地亘，成员池田幸子、青山和夫、绿川英子、成仓进、前野慕子、广濑雅美等	①发布反战同盟宣言、纲领，提出基本方针； ②发行《真理之斗争》； ③举办为期一个月的“夏季特别培训班”，对成员进行对敌工作的训练和无产阶级思想、马列主义基本理论的教育； ④利用国际广播电台向日本人民进行日语广播，宣传面遍及日军士兵及日本国内民众，收效极大； ⑤1940 年 9 月，鹿地亘率本部成员组成前线工作队，在宜昌前线开展为期四个月的对敌宣传，收效极大
在华日人反战同盟第五战区支部	1940 年	鄂北国民党统治区	伊藤进、北村芳子等	
在华日人反战同盟洛阳支部	1940 年	鄂北国民党统治区	伊藤进、北村芳子等	

国统区的日人反战运动以在华的日军士兵作为活动对象，本身具有鼓动社会底层反对统治上层的意味，因而尽管其一度进行得如火如荼，却最终不见容于国民党。1941 年 8 月，国民政府以其“过左”为由下令解散反战同盟，王安娜在《中国——我的第二故乡》一书中回忆道：“中国政府方面对鹿地亘也横加阻挠，他提出有关在前线进行效果良好的宣传活动的建议，中国政府不予重视或以‘过左’的理由而加以拒绝。……他们还组织了一个满不错的剧团，上演反战剧目。由于他们的演出场场客满，被国民党以‘有左翼倾向’为理由禁演了。”①

① 王安娜：《中国——我的第二故乡》，三联书店，1980，第 398 ~ 399 页。

第二章 抗日战争期间日本对华宣传战

说到抗战时期日本的对华宣传，不能不提及近代以来日本人对华观的变迁。众所周知，近代之前，日本人以华为师，对中原历史人文抱以尊崇敬仰的态度。而在甲午战争之后，战败的中国就成为日本人贬抑嘲讽的对象，日本人则俨然成为中国乃至亚洲的“救世主”。这一点，是日本人在对华宣传中既想拉拢又极度蔑视的矛盾心态的思想基础。

第一节 甲午战争前后日本知识阶层对华观的变迁

甲午战争是东亚近代史的分水岭。此战之前，虽然世界格局早已是沧海桑田，但中国也在进行改革，推行洋务运动，仍不失为亚洲的大国。所以在1885年的时候，法国人仍然认为：“亚洲现在是在三大强国的手中——俄国，英国和中国。”[①] 日本在历史上长期师事中国，直到1868年开展维新运动，才全面转向西方，但在心理上对中国一直抱有敬畏，而甲午战争则完全颠覆了日本的对华观。其中日本知识阶层的对华观在此前后的变化中非常有代表性。据不完全统计，德川时代（1603～1867）末期，日本男子中有40%～50%识字，女子中有15%识字。[②] 可以说在世界范围内这也是少见的。如此高的识字率，自然便于以文本为载体的知识阶层的思想的传播，也便于知识阶层在其中发挥作用。

---

① 丁名楠：《帝国主义侵华史》第1卷，人民出版社，1973，第319页。

② 吴廷璆主编《日本史》，南开大学出版社，2004，第305页。

一 甲午战争前日本知识阶层对华观的演变

步入近代之前，日本社会对世界的认知基本上是以所谓“佛教三国观”为基础的，即把中国、日本和印度视为世界上的主要大国，其中又以中国为重点，与身为佛教发源地的古印度则较少直接交往。佛教由中国传入日本，中国化的佛教对日本历史产生了深刻的影响。而中国的儒家文化对日本的影响更为广泛而深远。进入江户时代（1603～1867）后，随着众多西方人的东来以及东亚内部交流的进一步密切，日本人的视野比以往大为拓宽，其世界观也相应发生了变化。尤其在近世后期，中国在鸦片战争中的失利在日本引发了强烈的震动，导致了日本对崇尚中华文化的传统的强烈质疑、批判乃至蔑视。另外，江户时代也是日本的国文学昌盛、日本的学问从中国独立出来的时代，这也影响着日本人的对华观。

日本室町幕府和江户幕府都重视对外贸易，欧洲人则借机输出西方文化，他们关于世界的认识也随之传播到了日本。

从 1587 年丰臣秀吉驱逐传教士，至 1613 年德川幕府在全国范围内颁布传教禁止令，几十年里欧洲传教士已经向日本输出了一些图书。根据利马窦和耶稣会日本副管长巴范济的通信记录，1605 年，利马窦的《坤舆万国全图》已经传到了日本。据说当年 5 月，利马窦的《坤舆万国全图》和《格里高历》就开始作为天文学和地理学的教材，在京都传教士开办的学校里使用。[①] 即使德川幕府在全国范围内禁教之后，仍然有一些关于西方地理知识的西文或汉译西文书通过长崎传到日本，对日本人的对华观产生不同程度的影响。其中，成书于正德三年（1713）的《采览异言》和成书于正德五年（1715）的《西洋纪闻》是日本著名的学者和政治家新井白石（1657～1725）根据对被关押的西方传教士西多蒂的审讯记录编写而成的。其中有关于五大洲的记录，详细记载了欧洲、非洲、亚洲各国的政治、地理、风俗情况。

西川如见（1648～1724）的《华夷通商考》（1695）、《增补华夷通

① 小野重忠『利馬窦と支那科学』双林社、1944、第 67 頁。

商考》（1708）也对西方的地理学成果进行了介绍，内容涉及东亚、东南亚、南亚、非洲、美洲、大洋洲，以及西方各国的有关情况。

此外，江户时代日本学者关于世界地理的著作尚有寺岛良安的《和汉三才图会》（1713）、山村昌永的《订正增译采览异言》（1803）、箕作省吾的《坤舆图识》（1845）以及杉田玄端翻译的《地学正宗》（1851～1856）等。[①]

江户时代的著名兰学家渡边华山（1793～1841）对西方的学术做过这样的评价："其艺术精博而为政教之羽翼鼓舞，似有唐山（即中国——引者注）不及之处。"又称："一地球之内，如唐土之视一国为天下，如印度之以地球之外有三千世界，毕竟皆为空疏无稽之识，其惟炫耀于上古圣人之德，不作古今变化之想。其可怪者，古圣降诞、文物繁盛之地，竟至于不能存一国而为夷狄之地。"[②] 一方面指出中国、印度文明之外尚有别的优秀文明，另一方面也讽刺了以文明古国自傲的印度佛教文化的沦落。

通过这些西学知识，日本人认识到世界上还存在很多国家和地区，而中国、日本只是其中的两个国家，并都被西方人划入所谓的"亚细亚洲"里面，这也是日本人对"亚洲"观念的最初接触。最为根本的是，它颠覆了儒家的天圆地方、中华居于世界中心、中华为文明之邦而周边为蛮夷之国的先验之见，从而对东亚传统的华夷秩序观造成了强烈的理论冲击。而在日本影响颇深的佛教三国观，也同样遭受了强烈的冲击。

不过，西方关于世界地理的知识仅在少数开明的日本知识分子当中引起一定共鸣，更多日本知识分子站在捍卫儒家文化、佛教文化或日本本土文化的立场上对其进行批判。如森尚谦在《护法资治论》（1707）中就指斥利玛窦的地球说为"妄论"。幕末水户学者会泽安则在《迪彝篇》（1833）中指出："西夷分其地，名之曰亚细亚洲、曰欧罗巴洲、曰亚夫利加州，而其指称夷辈之吾国，则不用天朝给定之称呼，亦非上古所定之

① 山室信一「思想課題としてのアジア」岩波書店、2001、第35頁。

② 『日本思想大系55　渡辺華山・横井小楠等』岩波書店、1971、第69、51頁。

公名。今据其称呼吾等之亚细亚洲，则神州亦在总称之中，实悖慢之甚也。”①

日本学者对西方学术的漠视，除了传统的以中华为文明楷模的对华观一时难以转变之外，此时日本国民文化的昌盛和学问（从中国）的独立也是一个重要原因。

这一时期，日本涌现了藤原惺窝、林罗山、林鹅峰、林凤冈、目下顺庵、新井白石、室鸠巢、谷时中、小仓三省、野中兼山、山崎闇斋、贝原益轩等朱子学者和中江藤树、熊泽蕃山等阳明学者，以及山鹿素行、伊藤仁斋、伊藤东涯、荻生徂徕、太宰春台、服部南郭等古学家。可以说，近世的日本儒学已经基本上本土化，成为日本人血肉中的一部分了。这既是日本锁国的结果，也对日本的锁国起到了加固作用。

创立垂加神道的著名儒者山崎闇斋（1618～1682）曾这样提问学生：如果中国以孔子为大将、孟子为副将率领大军来进攻日本，我们这些学孔孟之道的人该如何应对？其弟子无人能答。他便声色俱厉地说道：“不幸若逢此厄，则吾党身披坚手执锐，与之一战，擒孔孟以报国恩，此即孔孟之道也。”弟子们叹服其“通圣人之旨”。古义学派儒者伊藤东涯（1670～1736）闻此言而微笑说：“子幸不以孔孟之攻我邦为念，予保其无之。”② 这则逸闻在近代广为流传，它形象地描述了近世日本学者对中国的看法，即部分学者基于强烈的民族自豪和自负，对中国要求自立自主，乃至不惜于与之对抗。而多数学者并没有这种和中国对抗的意识，依然尊崇中华文化，并对其抱有亲近感（即便山崎闇斋本人，其学术根底也还是儒学）。

不过到了近世末期，日本人的对华观发生了微妙变化。引起这个变化的是第一次鸦片战争中清朝的失利。堂堂中华大国居然败在一个远道而来的“蛮夷”手下！尽管当时通信技术还非常落后，这场战争并不广为人知，但是对于了解或风闻此事的日本知识分子来说，这无疑是一个巨大的

---

① 山室信一「思想課題としてのアジア」、第35、203、2頁。

② 朱谦之：《先哲丛谈》第3卷，《日本的朱子学》，三联书店，1958，第264页。

心理冲击，他们长期信奉的华夷秩序观遭到了历史性的挑战。部分有忧患意识的中国知识分子呼吁开眼看世界，编撰了不少介绍西方的书。这些书流传到日本，引起巨大反响。比如从1854年到明治维新开始之前，魏源的《海国图志》就在日本翻印或翻译出版了二十多次，[①] 产生了巨大的社会影响，盐谷宕阴在其《翻开海国图志序》中说："呜呼，忠智之士忧国著书，而不为其君所用，反见重于异邦，吾不独为默深（魏源，字默深——引者注）悲甚，亦为清之君主悲之。"[②] 表现了当时中日人士对西学的不同态度，也预示了日本人对华观即将发生巨变，原来一向受尊崇的中华文明在日本开始受到质疑。

更有学者指出，19世纪中叶，日本已经产生了所谓"制霸思想"。如堀田正睦（1810～1864）说，世界正等待着伟大的"圣之君"，以便"抚育教化万国，戡暴平乱……臻地球于统一之世"。佐藤信渊（1769～1850）声称，日本"一伺能经纬其根本之时，则全世界悉为其郡县，万国之君长皆为其臣仆"。以至于中国第一任驻日参赞黄遵宪感叹日本"其志过狂"，认为发展下去必有"举鼎断足"之虞。[③]

二　甲午战争与日本知识阶层对华观的颠覆性变化

在甲午战争爆发之前，虽然日本的对华观已然发生了一定的变化，但是日本人对中国依然抱有敬畏之心。特别是中国开展洋务运动后，以北洋水师为代表的中国军事实力的增长，让日本人感觉中国仍不失为东亚一大强国，不可轻侮。而一般日本民众对中国也并无恶感，日人生方敏郎回忆："甲午战争开始之前，我们对于支那人并无恶感，更遑论是憎恶了"，那时，在小学学习的是汉字，每晚回家由父亲教习《大学》、《中庸》、《论语》等中国典籍，在学校、家里都听过孟母三迁的故事；家中所用高

① 山室信一「思想課題としてのアジア」、第214頁。

② 盐谷宕阴：《翻开海国图志序》，转引自山室信一「思想課題としてのアジア」，第212页。

③ 盛邦和：《东亚走向近代的精神历程——近三百年中日史学与儒学传统》，浙江人民出版社，1995，第274～275页。

档屏风画的是“唐人”、“唐童”游戏图，数枚漂亮餐碟是南京制造；在庆祝夏天到来的节日里，各町抬出的车辇舆轿上摆设的大多是诸如刘邦、项羽、关羽、张飞、史进、鲁智深等中国英雄人物。总之，在甲午战争前，中国对于日本老百姓而言是一种“伟大、浪漫与英雄”的存在。[①]

而随着日本军事实力的增长，以及甲午战争爆发后中国军队的节节败退，日本舆论界开足火力夸大战果，抨击、嘲笑中国军队的腐败堕落和不堪一击，从而彻底颠覆了日本人对中国的观感。[②] 最为关键的是，日本由此从根本上确定了侵略亚洲乃至整个世界的“大亚洲主义”战略。

关于近代日本的亚洲主义思想，中日学界都有深入的研究，十多年前，中国学界还就此发生了一场学术论争。[③] 可以明确的是，近代日本的亚洲主义思想，并非一开始就是以侵略中国为目的的，而是一种立足于日本的国家利益，试图在亚洲乃至世界范围内扩张日本的权益的思想。至于扩张的具体途径，当时日本知识阶层中就有联合中国抗击西方入侵以及与西方一起侵略中国和亚洲等不同版本。换言之，近代日本的亚洲主义思想，并非明治维新伊始就确定了发展的具体路径，而是随着国际形势的发展而逐渐形成的。这其中甲午战争的爆发及结果就是日本亚洲主义思想定型的一个关键节点。

1825 年，会泽安（正志斋）著《新论》，声称“与神州（日本）唇齿相依者，清也”。主张通过清朝的武力阻止西力东渐。会泽安认为，当时，除了日本之外，只有清朝“尚未沾染罗马、回回之法”，因而中日两

① 生方敏郎『明治大正見聞史』中央公論社、1978、第 33 ~ 34 頁。

② 参见王美平《甲午战争前后日本对华观的变迁——以报刊舆论为中心》，《历史研究》2012 年第 1 期。

③ 参见盛邦和《19 世纪与 20 世纪之交的日本亚洲主义》，《历史研究》2000 年第 3 期；戚其章:《日本大亚细亚主义探析——兼与盛邦和先生商榷》，《历史研究》2004 年第 3 期；盛邦和:《日本亚洲主义与右翼思潮源流——兼对戚其章先生的回应》，《历史研究》2005 年第 3 期；杨栋梁、王美平:《日本“早期亚洲主义”思潮辨析——兼与盛邦和、戚其章先生商榷》，《日本学刊》2009 年第 3 期。日本方面关于“早期亚洲主义”的研究，参见狭間直樹「初期アジア主義についての史的考察」，『東亜』2001 年，第 410 卷；关于亚洲主义的研究，参见竹内好編『現代日本思想大系　9　アジア主義』筑摩書房，1963。

国有联合抵御西方的宗教基础。[①] 1848 年，佐藤信渊著《存华挫夷论》，呼吁日本与同洲、同文、同教、同俗的中国联合抵御英国。19 世纪 80 年代的“兴亚论”与佐藤的这种观点有着明显的继承关系。[②] 1860 年，横井小楠称：“支那与日本乃唇齿之国也，覆辙当前，齿已寒矣。此诚非坐视旁观之秋也。”[③] 同年，胜海舟提出了日、中、朝三国联合抗击西方的主张。[④] 1863 年，平野国臣著《制夷础策》，认为日本与中国“地势相连，风气粗类，是以气禀颇同，发眼无异，古来即有通问之好。道同之国，相与某事可也”，宜“遣使于清，说之礼，示之策，两国相与合力，一其志，断然攘夷，不予尺寸之地，逐诸洋外彼则失其便利。此即为谋伐谋交之策也”。[⑤] 明治维新肇始，日本天皇发布《宸翰》（御笔信），声称：“朕安抚尔等亿兆，终欲开拓万里波涛，布国威于四方，置天下于富岳（指富士山——引者注）之安。”[⑥] 1893 年 8 月，樽井藤吉提出了“大东联邦国”的构想。当时，正值陆羯南发表《原政及国际论》，陆氏认为，“国际法”不过是“欧洲国家的家法”，身为东方国家，只有三种选择，或成为西方列强的殖民地，或欧化，或打破欧洲各国的特权，“首倡国际革命”，而陆氏本人无疑是做第三种选择的。樽井于同年同月发表《大东合邦论》，实际上是呼应了陆羯南的第三种选择。不过，根据该书的凡例，初稿实际上作于明治 18 年（1885），是年，福泽谕吉提出了主要针对中国的“脱亚”主张，樽井对此持不同意见。他认为，虽然一般而言应该近益友而避损友，但作为朋友，从“情谊”上说，还是应该“劝诱之，救正之”，“汉土”原为东亚的先进国家，是日本的益友，况且日中在地理上唇齿相依，人种上同种，理应和睦相亲、共图富强，“数十百年后，其国必渐开而为东国之益友”；对于朝鲜，樽井也提倡要

---

① 转引自山室信一「思想課題としてのアジア」，第 584 页。

② 转引自山室信一「思想課題としてのアジア」，第 586 页。

③ 横井小楠「国是三論」『日本思想大系 55　渡辺華山・横井小楠等』、第 450 頁。

④ 「海舟日記」文久三年四月二七日、勝部真長等編『勝海舟全集』第 18 巻、勁草書房、1972、第 50 頁。

⑤ 『平野国臣伝記と遺稿』遺稿篇、博文社、1916、第 29 頁。

⑥ 吴廷璆主编《日本史》，第 371 页。

平等合作。也就是说，樽井是要提倡中、日、朝三国的"连带"，强调黄种人的联合，建立"大东联邦国"。至于联合的原则，樽井主张参照近代西方的联邦制度。①

然而，随着甲午战争的爆发以及中国军队的节节败退，日本知识阶层的对华观迅速发生变化。历来主张对外侵略扩张的山县有朋从战地向日本天皇进呈意见书，主张在釜山、京城、义州之间修筑铁路，以便纵贯中国直达印度，称霸于东洋。日本各大报刊也主张"日本耸立于东亚之一隅，雄飞于世界万国"，或是征服中国，将其置于日本天皇的统治之下。

甚至原本带有一定进步意义的日本资产阶级自由主义思想也受当时举国若狂的侵略思想的影响而倒退，如 1894 年，田口卯吉在论及日本割取中国领土的标准时，便主张以中国将来不能凌驾日本为准。而德富苏峰则认为，若将北部旅顺、南部台湾割为日本所有，则不仅可独当中国，且可南拒英国、北抗俄国，确保日本在东亚的霸权。福泽谕吉更是一贯支持日本政府的对外侵略政策。②

中日关系的历史源远流长，在甲午战争之前，虽然有蒙古侵日和丰臣秀吉侵朝，但友好往来一直是两国关系的主轴，即便在上述两次战争之后，中日两国之间的贸易往来和文化交流也没有长时间中断，而是很快就恢复正常。日本学者川胜平太甚至认为元代是东亚经济圈形成的重要节点，其中中日两国之间的经贸往来对该经济圈的形成至关重要。③ 即便在中日两国都奉行闭关锁国政策的 17 世纪初期至 19 世纪中期，两国民众之间的友好往来亦未中断，日本知识阶层也一直尊崇中国文化。而以甲午战争为转捩点，两国间的友好情愫戛然而止。此后半个多世纪（甚至更久），蔑视中国的思想观念在日本落地生根，直至根深蒂固，而甲午战争

① 平石直昭「近代日本の『アジア主義』」溝口雄三・浜下武志・平石直昭・宮島博史編『アジアから思考』第 6 巻、東京大学出版会、1994。

② 吴廷璆主编《日本史》，第 507 ~ 508 页。

③ 川勝平太・浜下武志編『アジア交易圏と日本工業化——1500 ~ 1900』リブロポート、1991。

以及以此为开端的日本一系列侵华行径对中华民族所造成的深重苦难，也在中国人心中埋下了仇恨的种子。这两种对立的情绪，是了解抗战期间中日间宣传战的重要思想背景。

第二节　面向日本国内民众的“思想战”

日本政府为获得本国民众对其对外扩张活动的支持，十分重视对民众的动员。除了早期的陆军省情报班、外务省情报部等宣传部门对民众进行战争宣传，1936 年 10 月 14 日，内阁情报委员会在成立后不久就创办了《周报》，向日本民众宣传政府政策，以便形成支持政府内外政策的国内舆论，如《周报》发刊词中所言：

> 国政推行之要谛在于将政府所行政策之内容及意图传达于一般民众，求得正确之了解，形成公正之舆论。又新定法令之实效何如，一般民众于其旨趣及内容之谅解亦至关重要。他如政府各机关所获得关于国内外概况、产业、经济、学术、技艺等方面之资料，倘能公之于众，亦能造福社会。《周报》本此旨趣，一改历来官报杂报之体裁、内容，扩大其规模，揭载关于各种法令法规及政府政策之解说、国内外概况、产业、经济、学术、技艺等方面之资料。俾政府与一般国民之联系更为紧密，遂行公明之政治。[①]

《周报》发行之初，如其发刊词所言，主要关注日本国内，偶尔涉及中国问题。[②] 稿件主要来自内阁及政府各省，少数来自宫内省、朝鲜总督府、台湾总督府。《周报》第 19 号发表了陆军省新闻班《从思想战的角度看防共》的文章，对一战中“思想战”对德法两国的影响，以及所谓

① 「発刊に際して」『週報』第 1 号、JACAR、Ref. A06031016300。

② 如第 6 号《满洲移民之现状及其未来》、第 7 号《思想犯保护观察制度之实施》（司法省）、第 10 号《对支文化事业动向》、第 30 号《支那金融财政状况》、第 32 号《国家总动员准备概要》、第 36 号《赤军清扫事件》、第 39 号《满苏国境问题》。

的共产国际的（思想）“侵略战”之危害、日德防共协定之“正当性”、“防共之必要性”等问题进行了阐述。[①]

七七事变后，《周报》将主要精力用于对华报道，并且军部的稿件明显增多，如1938年上半年，陆军、海军、外务三省和内阁在《周刊》上的发稿数分别为37、26、25、12篇，[②] 在1938年下半年，相应的数字为34、34、27、11篇。[③] 关于对华作战胜利的报道占了绝大部分的版面。

《周报》一方面鼓吹“皇军”的“辉煌战绩”，另一方面又鼓吹“思想统制”的必要性。如1941年8月，在日本外交协会第489次例会上，建国大学教授、前中国派遣军总司令部嘱托中山优就呼吁，相对于明治维新时期，现在日本面临的国际形势更为严峻，“婴儿的力量也是需要的”，已经没有闲暇进行明治时期的内讧了，使国民“统一于日本精神是绝对必要的”。[④] 尤其发动对美国的战争之后，日本号称要进行“大东亚战争”，其面临的国际形势越来越严峻。对民众的“思想战”之弦也绷得越来越紧，《周报》继1942年4月1日发表关于“大东亚战争”的《战争生活读本》[⑤] 之后，1942年9月12日至11月11日接连发表关于“思想战”的系列读本《大东亚战争与思想战》（上、下）、《思想战与经济》、《思想战与政治》、《思想战与科学》、《思想战与教育》、《思想战与文化》、《思想战的基础》，[⑥] 从各个角度论述“思想战”与民众的关系。

从1936年创刊到1945年7月11日停刊，《周报》发行了451期，发挥着“国策宣传册、国民常识源泉”、“（日本）政府唯一的综合性启发宣

---

① 「思想戦観たる防共」『週報』第19号、JACAR、Ref. A06031018100。

② 「昭和十三年前半期総目録」『週報』第64号、JACAR、Ref. A06031022600。

③ 「昭和十三年後半期総目録」『週報』第90号、JACAR、Ref. A06031025200。

④ 「対支思想戦に就て」、JACAR、Ref. B02030931700。

⑤ 「戦争生活読本」『週報』第286号、JACAR、Ref. A06031044800。

⑥ 『週報』第310、311、312、313、314、315、316、318号、JACAR、Ref. A06031047200、A06031047300、A06031047400、A06031047500、A06031047600、A06031047700、A06031047800、A06031048000。

传杂志”的作用。[①]

内阁情报部也创立了一个刊物《写真周报》，号称“《周报》的大众版”、“国策宣传册”，以图片报道（“写真报国”）的形式向日本国民进行思想宣传。如其发刊词所言，《写真周报》定位为《周报》的姊妹刊，一以图片、一以文字向国民介绍国家政策及施为，俾形成“公正之舆论”，“遂行公明之政治”。与《周报》稿件来自政府部门不同的是，《写真周报》鼓励包括官、民、作家团体等在内的日本全国民众以“写真报国”，积极投稿。[②] 从1938年2月16日到1945年7月11日，《写真周报》共发行370册，读者达200万至300万人。以1941年3月为例，该月的发行量是20万册，而当时销量最大的画报《朝日画报》总共也不过发行了几万份，[③] 足见《写真周报》的销售量及影响。

日本各府县知事也经常发通告来普及《周报》和《写真周报》，有些地方（比如京都）还组织读者会交流读报心得。

内阁情报委员会还编纂过一种名为《时局宣传资料》的参考资料，不公开发行，而是下发给相关各厅，以作为各种演讲、座谈会、新闻报道、期刊文章乃至电影发行的指导原则，内容广泛，并随时局变化而随时更新。内阁情报部继承了这一传统。至内阁情报局时将资料名称改为《时局情报宣传资料》。[④]

1937年8月25日，《时局宣传资料》中有一篇名为《国防与思想战》的文章，提醒日本各级官员重视对国民的“思想战”教育。其中说道：“在近代，随着科技的飞速发展，战争的形态发生了显著的变化，由平面而立体化，战争的形式亦呈大规模化及复杂化。与此相应，战争资源亦变得多种多样且数量庞大。而一国之经济实力、工业实力、资源（储备）等因素在达成武装斗争目标之际发挥着极其重要的作用。……尤其思想

---

① 萩野富士夫「解題」萩野富士夫編『情報局関係極秘資料』第2巻、不二出版社、2003。

② 『写真週報』創刊号、JACAR、Ref. A06031059600。

③ 「情報局ノ組織ト機能　昭和16年5月」、JACAR、Ref. A06031104700。

④ 萩野富士夫「解題」萩野富士夫編『情報局関係極秘資料』第2巻。

战，其所以挫伤敌军之士气，摧毁敌国民众之斗志者，自古沿用，至于近代，其以国家总动员之形式，在战争中顿挫敌国民众遂行战争之意志，进而破坏敌国之团结，从思想上摧毁敌国，日益受到各国之重视。”文章提到第一次世界大战之时，英国于 1914 年 8 月设立新闻局，又于 1917 年 1 月增设情报局，开展对德宣传战，最终从内部瓦解了德国，认为德国在一战的失利，对宣传战不够重视是一个很重要的原因。该文并认为，“思想战”的开展并不仅限于战时，和平时期也会有敌对国家对本国进行“思想战”，比如苏联就在对日本进行“赤化”工作。对于日本应如何应对此种局面，文章提出五点办法：

> 第一，我国未经受过思想战的充分考验，民众对此完全没有准备，在国家层面，对于如何应对思想战也没有必要的、完善的组织和系统。所以，必须即刻让民众充分了解何为思想战，同时，应通过政府和民间合作，确立举国（一致）的宣传教化组织，使政府的意图完全地贯彻至普通国民心中，以期思想战工作不致有任何疏漏和不一致之处。另外，（在日本）缺乏关于宣传，有必要立刻着手进行相关研究。
>
> 第二，如前所述，我国拥有举世无俦之国体及日本精神，此乃思想战不可动摇之根基。我们必须将日本主义之学术体系及宣传理论加以整理，以便将其宣扬于世界，在理论上立于不败之地。日本精神之精髓难以从科学上或理论上予以充分展示，必须使之成为自由主义、民主主义、共产主义之信奉者及外国人亦心悦诚服之理论体系并付诸实施。
>
> 第三，我国民众之中，以国民性而言，其缺乏常识而易于随声附和、为他人宣传所乘，抑或为流言蜚语所迷惑者，颇不乏其人。以思想战的角度观察，此实为不容忽视之重大缺陷，必须通过提高国民素养，尽快予以改正。
>
> 第四，国民生活之安定乃思想战最为重要之前提条件。相应的，必须通过适当的政治经济措施，尽快安定国民生活，并除去社会之不

安定因素。

第五，对于外国之宣传阴谋，当尽快知会民众，并寻求对策。为此，必须向民众传授有关宣传阴谋之知识，同时亦应完善针对这些阴谋的警备防卫机构。

同时，由于时值1937年8月中旬，七七事变已爆发月余，日本人试图“快速解决中国问题”的愿望已然落空，内阁情报委员会的这篇文章也不忘提醒日本的相关官员，当代的战争乃是举国之战，一旦激化，则难以缓和，如果陷入长期战争状态，必然增加民众的痛苦，所以各级官员不论战时平时，均应讲求各种相应对策，而最为关键的，则在于使民众克服战争带来的痛苦和不安，消除敌人的宣传带来的影响，维持国民精神的团结。[①]

从内阁情报委员会到内阁情报局，日本政府众多重要机构和部门加入其中，为日本的宣传战助力，足见其对宣传战的重视。另外，除了发行报刊，日本政府还开展法西斯总动员运动，以加强对民众的思想控制。1937年8月21日，日本内阁正式通过了《国民精神总动员计划实施纲要》，10月12日，又成立了以海军大将有马良桔为会长的“国民精神总动员中央联盟”，作为推动“全国精神总动员运动”的指导机关。同时大力压制民主进步思想，逮捕民主人士，在全国造成精神恐怖。1938年3月24日，日本国会通过了《国家总动员法》，7月，通过了《国民征用法》，建立全国性义务劳动体制，奠定了法西斯独裁体制的基础。

日本政府对民众的战争宣传应该说是成功的，一名参与了当年侵华战争的日本士兵在出征时，母亲对他说：“这是一种千金难买的出征，你高高兴兴地去吧！如果不幸被支那兵抓住的话，你就剖腹自杀！因为我有三个儿子，死你一个没关系……”[②] 这种思想在当时的日本具有普遍性。当然，日本自明治维新以来，对外扩张和侵略一直是朝野上下热议的话题，

---

① 「国防と思想戦」萩野富士夫編『情報局関係極秘資料』第2巻、第131～137頁。

② 《东史郎日记》，江苏教育出版社，1999，第3页。

很难说普罗大众的战争狂热是来自政府还是民间的宣传鼓动。然而有一点是明确的：反战宣传在当时的日本根本没有立足之地（特别是法西斯独裁体制完全形成之后）。正是有日本政府作为幕后推手，官方和民间媒体共同造就了“举国一致”从事“圣战”的狂热。

日本统治阶级上层也很注意对政府职员“思想战”意识的灌输。从1939年到1940年，日本政府先后在首相官邸进行了三次秘密的“思想战讲习会”，邀请各省情报宣传部门官员等召开专题讲座，三次讲习会的主题讲座分别涉及外交、文艺、日本精神、宣传、美国对日动向、中国伪政权，以及一个关于“思想战”的总结性概论。①

外务省情报部部长须磨弥吉郎在《与外交战相伴随的思想战》的演讲中论述了世界各国进行“思想战”的实例以及日本发动“思想战”的必要性。他认为，现代战争中，虽然以武器进行的“实战”是主要部分，但与之并列的“思想战”或者说以宣传手段进行的战争也占了相当大的比重。“思想战”古已有之，且有战时和平时（非战争状态下）的分别，蒋介石率领国民革命军在北伐军兴起之时倡言“北伐尚未成功”，驱动四亿五千万民众走上革命道路，这就是国民政府的“思想战”。“北伐尚未成功”一语出自南宋岳飞之口，类似的例子在中国俯拾皆是。而俾斯麦在普法战争之际撰文激励普鲁士民众，促成其团结；　战后德国举步维艰，然而经过希特勒、鲁登道夫等人的宣传鼓动，民气复振，今已成为大国，也体现了“思想战”的功绩。至于英国在第一次世界大战中的胜利，须磨弥吉郎也认为和宣传有极大的关系。且由于《泰晤士报》、《每日电讯》等在世界范围的影响，国际舆论实际上控制在英法等国手中。而美国也是一个非常重视“思想战”的国家。罗斯福总统处于“思想战”的最前线，他每周两次在白宫接待媒体记者。其中记者的资质需要接受专门

① 『思想戦講座第 1 輯　外交戦に伴ふ思想戦』『思想戦講座第 2 輯　思想戦と文芸』『思想戦講座第 3 輯　日本精神と思想戦』『思想戦講座第 4 輯　思想戦と宣伝』『思想戦講座第 5 輯　米国の対日動向とその海軍』『思想戦講座第 6 輯　更生新支那政権の現在及将来』『思想戦講座第 7 輯　思想戦概論』、JACAR、Ref. A06031112600、A06031112700、A06031112800、A06031112900、A06031113000、A06031113100、A06031113200。

的审核，对相关报道的发表也有规定。华盛顿有五百名记者，他们相当于美国的“第三院”。美国人关注中国问题，在七七事变后，罗斯福发表了“隔离演说”，倡言美国作为一个民主国家，必须反对独裁主义者的侵略主义，因此必须坚决反对日本人在中国的举动，这实际上是对日本的“思想战”。须磨弥吉郎在北卡罗来纳大学演讲时，就有人质问，美国和中国同为民主国家，同为共和国，中国是美国的姊妹共和国，而日本是独裁政治，现在日本凌虐中国，这太过分了。须磨弥吉郎认为，这种批评日本的国际舆论的形成，和日本宣传工作的不到位有密切关系。其实，如果除去“民主”、“共和”等华丽的辞藻，美国关注中国问题的背后其实是它试图使中国“美国化”的野心。日中关系问题不仅仅是对付蒋介石的问题，还包括对苏、对美关系问题，也许要经历十年甚至二十年时间，“思想战”问题绝不能忽视。①

国际舆论之批评日本，根本原因在于其对中国的野蛮侵略，正如须磨弥吉郎在他的演讲中所提到的那样，在国外的一次演讲中，一个听众当场质问他：“进入别人的国家而奢言自卫，这是什么行为？所谓自卫，乃是保卫自己的国家，而中国又不是你们的国家。再说防共，为什么你们不出兵莫斯科而要入侵弱小的中国呢?”② 须磨弥吉郎没有提及他的回复，也许在当时日本国内的意识形态背景下，这是一个不需要回答的常识。然而世界毕竟不是日本人的世界，公道自在人心，是与非的标准也不是日本人说了算。日本侵华，事实俱在，纵使日本宣传部门衮衮诸公巧舌如簧，又何能说服世界一切怀有正义感的民众呢？须磨弥吉郎于此视而不见，反而罗列国外“思想战”“成功”的例子，痛惜日本在“思想战”上“进行不利”，是一种典型的“自欺”而不能“欺人”的梦呓。

其实，须磨弥吉郎并非这种梦呓的始作俑者，早在七七事变后不久，曾任陆军省情报部部长的清水盛明就慨叹：

① 『思想戦講座第1輯　外交戦に伴ふ思想戦』、JACAR、Ref. A06031112600。

② 『思想戦講座第1輯　外交戦に伴ふ思想戦』、JACAR、Ref. A06031112600。

> 此次事变中我国的对外宣传不及支那，不仅没有将帝国的真义让列国理解，甚至皇军连战连胜的成果，也常常被支那的谣言宣传所打消。尽管在武力战方面取得了赫赫战果，在思想宣传战方面却连连败北，这不仅是帝国上下的痛事，也让对我国抱有好意的外国人连声慨叹。①

曾任新加坡驻日大使的李炯才对日本人有这样的体认："日本人一步一步地行动着。他们有时候不知道下一步怎么走，而走下去也许就是黑暗。日本人的症结就在于他们只知进而不知退。"② 看来，在日军侵华战争当中，对于一个在无限膨胀的野心中失去理性而限于狂热的民族来说，一个"自欺"的梦不仅是客观上的，而且是主观上的需要。在这个意义说，从内阁情报委员会到内阁情报局，日本政府所做的宣传努力，从国内来说是成功的，它使日本的对华"思想战"得到了日本普通民众全身心的支持；而从第三国来说，日本的如意算盘显然没有实现。

第三节　抗战时期日本对华政策的变迁

一　对华"思想战"政策的变化

日本对华"思想战"，从根本上说，是由内阁情报部发起并主导的。日本对华宣传战的思想根源，一方面来自其对第一次世界大战中的宣传战的体认，另一方面源自其近代以来逐渐形成的亚太政策（"南进"或"北进"）。

中国是日本对外"思想战"的重要对象，早在20世纪20年代，日本人就开始在中国办报纸宣传日本。而随着日本对中国的武装入侵，由日

① 〔日〕清水盛明：《参考・对外宣传和日本的国民性》，转引自王向远《日本对中国的文化侵略——学者、文化人的侵华战争》，第183～184页。

② 〔新加坡〕李炯才：《日本：神话与现实》，张卫、傅光明译，海南出版社，1999，第329页。

本人或其扶植的汉奸所创办的宣传、美化日本侵华战争的报刊更是大量出现。其他“思想战”手段可谓层出不穷，如毁坏中国原有教育设施，开设由日本人支配的学校，对中国人实行奴化教育；建立“新民会”等汉奸组织，“以华制华”；散发宣传“东亚共荣”、诱降中国军民的小册子、海报；开展对华广播；等等。而内阁情报委员会、内阁情报部以及内阁情报局也都发布了相关的对华宣传方针。

1936年9月，内阁情报委员会刚成立两个月，就发布了《关于日支时局的对内对支宣传方针》，其中的“对支宣传方针”指出：

> 1. 鉴于过去日支之间的历史，南京政府的政策以及支那国民排日抗日意识的深刻，对支那宣传日支亲善，难有实效。另一方面，对于支那一味恐吓宣传，恐怕会刺激其感情并引发更多纠纷，招致他们的轻侮，结果促使我们不得不行使武力；不如我们在不声不响中随着时局的推移而做好各种准备，施以可怕的沉默之压力，适当的时候再施行威吓宣传。
>
> 所以，此时对于日支时局，要避免对我方具体处置的事先报道，对日支兵力的集中调动不必说，有关我方作战准备的或行动的预想或推测之类的报道，除由当局发布以外，其余都在禁止之列。
>
> 2. 要宣传：国民政府对于今次各种事件，要认识到所负重大责任，纠正以往的政策。具体地说，要迅速解决北支问题及其他问题，以示诚意，同时，必须根除一切排日行为。要强调帝国政府的上述要求没有任何的无理不当；如果继续依附英美、排日抗日，其结果只能对支那有害，且妨碍东亚和平的确立。①

关于对华宣传，在第二次“思想战”讲习会上，清水盛明在其《支那事变与宣传战》中，将“支那事变”中的中日双方对立和第一次世界大战相提并论，认为近代战争的特质在于它是国家之间的“总

---

① 「日支問題に関する宣伝実施に関する件」、JACAR、Ref C01004230700。

体战”，规模庞大，持续时间长，而“思想战”在其中的作用尤为突出：“如果说武力战是总体战的骨骼的话，那么思想战就是其神经。”比如第一次世界大战，表现在政治上是以德国、奥匈帝国、意大利为首的同盟国集团与以英国、法国、俄国为首的协约国集团之间的斗争；在经济上则是后起之秀德国与传统强国英国的较量；在思想上是德国、奥匈帝国的帝国主义与英国、法国的民主主义和自由主义的对立。

清水盛明认为，当时的世界形势与第一次世界大战时极为相似。以言政治，当时的英国、美国和法国等国以国联为中心，主张维护过去的各项条约，维持现状；而日本、德国、意大利则主张否定国际联盟，打破现状。以言经济，英国、法国、俄国等国“到处压榨弱小国家”，而日本、德国、意大利等国则反是。以言思想，日本、德国、意大利等国主张“排除共产国际对世界的赤化，舍弃自由主义”，强调“道义基础上的集体主义”和“国家主义”；而英国、法国、美国、苏联等国则与坚持“彻底的自由主义世界观”的共产国际合作，或即便没有合作也不否定它，因而带有“人民阵线”色彩。

另外，清水盛明认为，堪比一战时期三国同盟的德、意、日三国防共协定①已经结成，虽然作为其对立面的“反防共协定”集团尚未出现，但其出现的趋势已经昭然若揭，两大国家集团在政治、经济、思想等负面的对立，恐将在今后数年间导致第二次世界大战，而“支那事变”就是第二次世界大战的先驱，是国家总体战的前卫战。何以言之？清水盛明从所谓“支那事变”的原因、本质、经过进行了分析，试图加以论证。他认为，“支那事变”之所以爆发，首先在于中国“依赖于欧美的排日、抗日（思想）”，以及苏联对中国的“赤化政策”及其所怂恿的中国的“排日、

① 指德国、意大利、日本签订的反共产国际协定。1936年，德、意秘密签订了《德意议定书》，商定加强在对外侵略过程中的合作，形成了“柏林－罗马轴心”。1936年11月，德、日签署了《反共产国际协定》。1937年11月，意大利加入《反共产国际协定》，德、意、日三国轴心正式形成。此后加入该协定的还有匈牙利、西班牙、保加利亚、芬兰、罗马尼亚、丹麦，斯洛伐克、克罗地亚傀儡政权，以及中国的伪满、汪伪政权。

抗日（思想）”，两种思想合二为一，使中国政府带有“人民阵线”的倾向，而这种倾向显然是和日本的集体主义思想相冲突的。由此，清水盛明又“推论”出“支那事变”的本质，是日本及其支持者德国、意大利，与中国的“幕后操控者”英国、法国、美国和苏联之间的“间接的战争”，日本的敌人不是中国普通老百姓，而是持有抗日思想的中国国民党和共产党。而中国幅员广阔、人口众多、物产丰富，加上列强的援助等，虽然日本已经在军事上重创中国，但中国仍有再战之力。而且中国人的民族意识和国家意识非常强烈，因此今后除了武力战之外，“思想战”的地位将日益重要。

清水盛明同时认为，第一，日本的对华宣传已经取得了一定效果，导致了国民党内部的分裂，此时正应继续努力，扩大战果；第二，为了使华北被占领区域的中国民众转而“亲近日本”，必须发动对华“思想战”；第三，从日本本身来看，战争的长期化，难免造成日本国民的紧张情绪，所以为了安抚民众，需要以“思想战”给日本人民众鼓劲；第四，从对外工作的角度来看，“思想战”工作也至关重要，因为随着战争时间的延长，外国干涉将不可避免，为了消除或避免其对民众的消极影响，“思想战”工作也很重要。①

清水盛明是日本内阁情报部情报官、陆军炮兵中佐，他在“思想战”讲习会上的报告一方面代表了日本陆军的对华态度，另一方面也代表了日本政府的态度。从他的报告可以窥见以下信息：①日本政府对对华宣传战的重视。清水盛明将“支那事变”视为“第二次世界大战的先驱，是国家总体战的前卫战”，其中尤为重视“思想战”，表明了日本对于对华宣传的重视，视之为其全球战略的预演。②日本政府的对华宣传政策与其对外政策紧密关联。“南进”或“北进”是日本政府的基本国策，一旦确立，日本将举全国之力以推进之。而从日本发动对华侵略的借口来看，反对苏联式的“赤化”也罢，反对中国“依赖欧美”

① 清水盛明「支那事変と思想戦」萩野富士夫編『情報局関係極秘資料』第7巻、第32～42頁。

而陷于以“自由主义”、“个人主义”为代表的所谓“堕落的欧美思想”也罢，最终均落足于日本侵华的“正当性”和“合理性”上，而与真相无关。日军将攻击苏联和英国、美国、法国的借口转用到中国头上，将苏、英、美、法四国视为中国的幕后操纵者，显示其对华战略是整个亚太政策的一部分。这是审视日本的对华宣传战时必须注意的一点。

抗战期间日军对华宣传的内容和侧重点随着抗战各个阶段局势的变化而有所不同。从宣传的对象来说，全面抗战初期，侧重于对国民党系统的宣传，1940 年百团大战后则强化了对中共的宣传（尤其在华北，将中共视为主要的宣传对象）。就宣传内容而言，全面抗战初期，日方主要强调战争责任在于中国（中国军民的反日、“赤化”等），日军侵华的“合法性”及日军的强大，鼓吹中国放弃所谓“依赖”欧美而与日本“提携”、共同发展。日方还利用中国文化传统，宣称要在东亚实现所谓“王道主义”，建立日本掌控的“王道乐土”。南京沦陷后，日本政府一度宣称“不以国民政府为对手”，试图扶植一个完全听命于日本的傀儡政权。至 1938 年底，抗战进入相持阶段，日本不得不改变初衷，宣称日本发动战争的最终目的是“建设确保东亚永久和平的新秩序”，“以中日满三国相提携，在政治、经济、文化等各方面，树立互相连环关系，为其根干，并期东亚……共同防共之达成，新文化之创造，与经济结合之实现”。声明要求中国政府“分担此项建设东亚新秩序的责任”，“希望中国国民理解我国的真义，愿与帝国协作”。[①] 太平洋战争爆发后，日本又加强了对所谓“大东亚共荣圈”理论的宣传。

抗战期间日本的对华宣传，是其整个对外战略的有机组成部分，日本不仅试图吞并中国，而且试图占领整个东亚，建立所谓“大东亚共荣圈”，因而必然会与美、英等资本主义强国发生冲突。而泥足深陷于中国战场严重限制了其对美、英作战，因此日本的对华宣传政策，时而出以高压威逼，时而出以利诱，时而出以离间，其目的均在于迅速解决“中国

① 复旦大学历史系日本史组编译《日本帝国主义对外侵略史料选编》，上海人民出版社，1975，第 276 页。

事变”。

1938年1月，日本内阁情报部发布《极密·对于支那事变的宣传方策大纲》，其第四章中写道：

> 要根据如下方针进行宣传：
>
> 1. 要充分反映我国举国一致坚强的决心和我国的财政能够支持长期战争。
>
> 2. 在充分地理解帝国的真义的同时，要阐明没有日本的提携，支那就永远没有安宁与繁荣。
>
> 3. 要暴露支那军阀的暴政，只要支那国民政府将排日抗日作为一种统一的政策而继续实施，不管是哪个政权，都将予以彻底地膺惩。
>
> 4. 要使支那人知道，对于真正与帝国提携的新兴政权，帝国将举全国之力加以协助；对于与帝国提携者，无论何人都愿意提携。
>
> 5. 要使支那人明白，支那对其国力过分自信，而轻视日本的实力，结果导致此次事变化为全面战争，必遭到惨败。
>
> 6. 要告知支那民众，此次事变是蒋介石及国民政府的错误的政策而导致全面战争，其结果使支那的复兴中途夭折，并蒙受失败的惨祸，寄希望于第三国的援助并长期抗战，其结果只能使支那陷于毁灭⋯⋯
>
> 7. 欧美的以夷制夷的政策，就是在他国寻找可乘之机，开分割支那之端绪，而永远破坏东亚和平。对此，要举出历史事实，使（支那人）有充分认识。①

此后，在抗战的各个重要节点，日本内阁情报部（内阁情报局）、侵华日军华北方面军等均发布了对华宣传方针。

① 王向远：《日本对中国的文化侵略——学者、文化人的侵华战争》，第201页。

二 “南进”还是“北进”：抗战期间日本对外政策的变化

探讨日本的对华宣传，不能偏离日本的对华政策，而探讨日本的对华政策，不能偏离日本的整个亚太政策。近代日本的亚太政策，有所谓“南进”（“海洋进取政策”）和“北进”（“大陆进取政策”）两大主张，前者针对美国、英国、法国等国，后者针对苏联。[①] 回看日本人发动侵华战争的借口，可以发现，其中运用了其反对上述国家的理论阐述，即所谓反对“赤化”和反对以“自由主义”、“个人主义”相标榜的“堕落的”欧美思想。

如前所述，日本是世界上较早关注宣传战在第一次世界大战中的应用的国家，日本从事宣传战研究的不少人甚至认为，德国在第一次世界大战中的失败，是因为它在宣传战中输给了英国，而不是因为其军事上的失利。从 1938 年到 1940 年，日本政府招集军界、政界骨干分子，在首相官邸举行了三次“思想战”讲习会，以期“深化（其）对思想战的理解和认识，培养思想战工作者，确立思想战战备”。综观三次讲习会的报告内容，上述观点是极为明确的。

表 2－1 第一次“思想战”讲习会题目及报告人情况

题目	报告人	职务
国家与信息宣传	横沟光晖	内阁情报部部长
日本精神与思想战	藤泽亲雄	内阁情报部嘱托、大东文化学院教授
国际思想战的现状	安藤义良	外务省调查部第三课课长
支那事变与国际形势	矢野征记	内阁情报部委员、外务省情报部第三课课长
战争指导和思想战	高岛辰彦	内阁情报部情报官、陆军步兵中佐
战争与宣传	清水盛明	内阁情报部情报官、陆军炮兵中佐
日本战争论概要	多田督知	内阁情报部情报官、参谋本部部员、陆军步兵大尉
支那事变与英美	小川贯玺	军令部第五课课长、海军大佐

① 参见戴季陶《日本论》，民智书局，1928，第十七章。

续表

题目	报告人	职务
支那的抗日思想战	雨宫巽	内阁情报部情报官、陆军步兵大佐
间谍战的现状与防谍	白滨宏	陆军宪兵大尉
论共济会*	犬塚惟重	军令部海军大佐
思想战和警察	富田键治	内阁情报部委员、内务省警保局局长
论人民阵线	清水重夫	内阁情报部委员、内务省保安部课课长
思想犯罪现状	平野利	司法省刑事局第五课课长
克服马克思主义	平野勋	东京保卫观察所所长
学生思想问题	阿元谦藏	内阁情报部委员、教学局企划部部长
思想战与新闻学	小野秀雄	内阁情报部嘱托、东京帝国大学新闻研究主任
思想战与报纸	绪方竹虎	内阁情报部参与
思想战与电影、戏剧	小林一三	内阁情报部参与
思想战与出版业	增田义一	内阁情报部参与
思想战与通讯机构	岩永裕吉	同盟通讯社社长
收音机在思想战中的作用	田村谦次郎	内阁情报部委员、递信省电报局局长

*共济会（Freemasonry），亦称美生会，字面之意为“自由石匠”，全称为 Free and Accepted Masons，18 世纪成立于英国，是一种带宗教色彩的兄弟会组织。欧洲与亚洲共济会在二战时期备受打击。在欧洲，法西斯政权的国家对共济会进行了取缔，所有会所都被迫关闭，法国共济会也在战争中遭受挫折。纳粹德国甚至对境内的共济会成员进行了有组织的屠杀。在亚洲，萌芽中的共济会遭到了日本法西斯的严重破坏。除了菲律宾共济会在战争时期受影响较小之外，其他地区都遭到日军严重破坏。

资料来源：公安調查庁「戰前の情報機構要覧：情報委員会から情報局まで」、第 153 頁；「思想戦講習会講義速記　第 1～4 輯　昭和 13 年 2 月」、JACAR、Ref. C14010448500。

1939 年 2 月 20～25 日，第二次“思想战”讲习会举行，听讲者约一百人，包括政府和军部的文武官员，文官包括“负责信息宣传的地方官员中适当之高等文官或同待遇者［如地方课课长、学务（教育）课课长、社会教育课课长外事课课长等］，负责信息宣传的中央官厅（官员）之适当高等文官或同待遇者”；武官包括“由军司令官、防卫司令官、师团长等指定的主管信息宣传之陆军将校，镇守府长官或要港部①司令官认为适当之海军将校”。讲课内容和主讲人情况见表2－2。

表2－2　第二次“思想战”讲习会题目及报告人情况

题目	报告人	职务
思想战的理论与实际	横沟光晖	内阁情报部部长
国际思想战的现状	井上庚二郎	外务省欧亚局局长
国体之本义与神的精神	笕克彦	东京帝国大学名誉教授
国家总动员的现状与未来	植村甲午郎	企划院产业部部长
支那事变与宣传	清水盛明	内阁情报部委员、陆军省情报部部长、陆军炮兵大佐
苏联情况与防共	川俣雄人	参谋本部课长、陆军步兵大佐
新支那建设基本方针	日高信六郎	内阁情报委员、兴亚院经济部部长
论海防思想问题	关根郡平	海军少将

资料来源：「第二回思想戦講習講義速記」萩野富士夫編『情報局関係極秘資料』第7卷、第1～2頁。

1940年2月19～24日，第三次“思想战”讲习会举行，与会者约150人（与会者资格要求同第二次），讲题及报告人情况见表2－3。

表2－3　第三次“思想战”讲习会题目及报告人情况

题目	报告人	职务
思想战概论	横沟光晖	内阁情报部部长
日本精神与思想战	安冈正笃	

① 要港部，旧日本海军机构，统辖舰队后方的海军根据地。1889年5月29日，日本海军颁布了《镇守府条例》，规定在镇守府以下设立所谓“要港”，以统筹港务、航运等事宜，并配置鱼雷艇队进行警备。1893年5月20日施行的《镇守府条例》修订案中，在镇守府的职能下增加“军港要港的防御”。1896年4月1日，日本海军颁布《要港部条例》，规定各要港部以要港所在地命名，在各镇守府所属的要港内负责港口戒备，同时负责军需品补给、舰艇器材的小修理等事务；此外还在每个要港组建水雷敷设队。此后日本海军以这份议案为蓝本，陆续设立一系列要港部。

续表

题目	报告人	职务
与武装战争相伴随的思想战	松村秀逸	内阁情报部委员、陆军炮兵中佐
与外交战争相伴随的思想战	须磨弥吉郎	内阁情报部委员、外务省情报部部长
海洋思想与思想战	金泽正夫	内阁情报部委员、海军军事普及委员会委员长、海军少将
思想战与宣传	小山荣三	人口问题研究官
思想战与新闻通讯	古野伊之助	内阁情报部参与、同盟通讯社社长
特别演讲	报告人	职务
新生的支那政权之现状及其前途	铃木贞一	内阁情报部委员、兴亚院政务部部长
满洲国之思想战	大越谦二	关东军参谋、陆军步兵少佐
英美对日动向及其海军	松田千秋	军令部课长、海军大佐
国内思想动向与防谍	本间精	内阁情报部委员、内务省警保局局长
思想战与财政经济	贺屋兴宣	
思想战与文艺	菊池宽	内阁情报部参与

资料来源：公安調査庁「戰前の情報機構要覧：情報委員会から情報局まで」、第153頁。

从三次“思想战”讲习会的讲题和报告内容中可以发现，日本政府的对华宣传政策，与其“南进”和“北进”政策有着密切的关联，历次“思想战”讲习会均有海军和陆军的军官参与，只不过在1938年2月第一次“思想战”讲习会的时候，陆军的人员明显比海军活跃。这一年7～8月，日本进行了“北进”的第一次尝试——张鼓峰战役，结果以失败告终。2月陆军军官在“思想战”讲习会上的活跃从侧面说明“北进”派的意见在日本军部占了上风，而随着日军在张鼓峰的失利，“北进”派一时有所收敛。1939年5～8月，日军进行了“北进”的第二次尝试——诺门坎战役，也没有达到预期目的。大概是有第一次失利做铺垫，这一年2月举行的第二次“思想战”讲习会上，陆军发言的人不多，只有两个人，比海军多一人。但讲到了苏联的情况，算是为三个月后的诺门坎战役埋下了伏笔。

至于1940年第三次“思想战”讲习会举行时，日本军部已经断了“北进”的念头，海军和陆军方面在这次讲习会上的发言人数是一样的，而且海军方面的讲题为《海洋思想与思想战》、《英美对日动向及其海军》，“南进”的意图已经很明显了。

“南进”、“北进”战略与日本的对华宣传战有什么关系？这一点从抗战期间日本的对华宣传政策中可以一窥究竟。

抗战中的重要节点，也是宣传战上的重要节点，如1937年七七事变后中日战争全面爆发，日本试图速战速决，宣传上就强调战争责任在中国，强调日本的强大；1938年，日本首相近卫文麿三次发表对华声明，对华姿态由傲慢转而讨好。1938年1月16日，近卫发表声明，称蒋介石如不接受议和条件，日本将“不以国民政府为对手”，而另建“与日本提携之新政府”。11月3日，近卫发表第二次声明称，如国民政府“坚持抗日容共政策，则帝国决不收兵，一直打到它崩溃为止”。12月22日，近卫又发表第三次声明，提出所谓“中日睦邻友好、共同防共、经济合作”三原则，诱胁蒋接受条件。1939年9月1日，德国闪击波兰，第二次世界大战爆发，日本帝国主义者叫嚣“不要误了班车”。1940年8月百团大战后，华北日军遭受重大打击，开始正视八路军在华北问题，此后其宣传重点慢慢向中共倾斜。1940年9月，《德意日三国同盟条约》签订，1941年4月13日，日本和苏联签订《日苏中立条约》，日本在对外宣传中不再强调苏联和中国的关系。1941年12月7日珍珠港事变爆发，日美开战，日本大肆宣扬所谓“大东亚共荣圈”。

1937年9月，日本内阁情报委员会制定了《对于支那事变的宣传方策大纲》，该大纲分为四个部分。“总体方针”部分声称“此次事变，盖因支那方面置帝国之忍让于不顾，暴戾不法。帝国今决意痛下决心，扩大事变，果断惩处暴戾之支那，以此坚定国民之信念，同时引导世界舆论，俾利于我方”，将战争爆发的原因归咎于中国，同时试图引导世界舆论支持其侵华行动，因而“宣传之重点在于国内各领导阶层及英、美、德、意、支各国，应考量事变发生后对此事原委之说明，俾各国普遍地了解此次事变之真相”。①

大纲之后细分为“对内宣传”、“对外宣传”和“对华宣传”三个部分。在“对内宣传”上，提出了三个方针：

1. 为今之计，唯有对外强调（尤其是对支那），统一国论，举国一致，不畏牺牲，彻底膺惩支那，俾其觉醒，芟除日支冲突之根本原因，确保东亚永久和平，此乃帝国坚定不移之决心；

2. 向国民充分说明此次事变的由来，同时借此机会，俾国民知晓支那问题之重要性，形成正确之认识；

3. 此次事变随形势之发展，恐有第三国介入，且事变恐将持续相当长时间，因此，当使国民发扬日本精神，进一步巩固其精神团结，进一步发扬尽忠报国、必成必胜之信念，俾敌国之思想宣传阴谋无隙可乘，今后即便财政、经济乃至资源各方面遭遇种种困难，仍可唤起社会舆论，坚韧持久，毅然不动，不为一时之奋起，而可持续而不变。

在具体操作上，大纲提出了八点要求：

1. 说明帝国外交方针之基调在于以日满支三国共存共荣，确保东亚之和平。

2. 说明支那方面之排日、抗日、侮日及共产党之活动实为东亚共存共荣之阻碍，而此次事变之根本实亦本此，帝国因此决意彻底铲除之。为此，当向民众说明以往国民政府及国民党非法无信、排日抗日侮日之事实，及其贯彻排日抗日教育之真实情况，并及共产党与人民战线运动现状。

3. 说明日支关系及其相互依存性。

---

① 内閣情報部「情報宣伝と内閣情報部」（昭和 12 年 12 月 20 日発行）、萩野富士夫編『情報局関係極秘資料』第 8 巻、第 203～205 頁。

(1) 俾民众体认日满支三国之相互依存关系。

(2) 北支乃日满支三国提携互助之基地，其安宁不仅关乎帝国及满洲之存亡，亦为东亚安定之羽翼，帝国于此抱持长久而重大之关注。

4. 说明出兵之明确目的在于惩戒支那中央政府及暴虐的支那军队，根除反日分子的策划活动，清算支那历来对日的错误态度，以此构筑真正的日支合作的基础（关于此点的宣传，可依据八月十五日政府声明的趣旨进行）。

5. 帝国北支工作的目的和范围。

应使当地民众认识到，帝国北支工作的目的在于确保北支安定以及防止赤化，帝国非但对支那没有领土野心，亦绝无将北支变为第二个满洲国，或于占领北支之后进而领有中南支之企图，此皆诬蔑之词。

6. 帝国之中南支之权益，乃数十年来辛苦努力之结晶，于帝国经济发展上具有重要之地位，而今日支那方面之非法活动，正严重威胁其存续，帝国为保全之，不得不采取最为严重而公正之措施。

7. 令民众充分了解支那之民族性、军队之素质、中央及政府之特性等与此次事变发展趋势之关系。

8. 为应对思想战、宣传战及经济战等，推动开展全国性的实践活动（其实施依据国民精神总动员活动）。

清末以来，日本人在中国东北经营数十年，建铁路、开公司、办学校、办报社、移民开荒，在政治、经济、军事、文化各个方面对东北地区进行无孔不入的渗透，九一八事变后更是在东北扶植了傀儡政权“满洲国”，将东北的资源源源不断运往日本，以支持其对外扩张活动。大纲将侵华战争的出发点落在所谓“日满支三国共存共荣”之上，无疑是符合当时日本民众的心理预期的，而所谓“令民众充分了解支那之民族性、军队之素质、中央及政府之特性等与此次事变发展趋势之关系”实际上即是妖魔化中国人的托词，借以突出日本人行动的合理性。

1937年11月，美国记者史沫特莱跟随八路军林彪所部行动，前线送来一名日军俘虏，原是大阪商人，史沫特莱问他为什么要打中国，这名俘虏问答说："多年以来中国人一直在杀日本人。"他读的报纸就是这样告诉他的。而且，"他说，中国局势混乱，日本人的生命没有保障。而他却没有，从来没有，听说过日本人和其他外国人杀了中国人"。史沫特莱告诉他，"他之所以会在中国，并不是因为中国人杀了日本人，而是因为日本军阀和财阀要得到中国的巨大财富；而这种财富，无论是他或是任何日本普通人民都是到不了手的。他们将仅仅是统治阶级夺取这种财富的愚蠢的工具"。日本俘虏同意史沫特莱的观点，也认为"日本人民是不会从中国得到什么的，能够得到一点什么的只能是大人物"，但是他又说，"日本是为伸张正义而战，南京很快就会议和"，"他确信不疑，日本军队一定会胜，而在南京和东京按照东京的条件议和后，中国就会和平"。史沫特莱等人对他说，"只要日本军队还在中国土地上，中国就不会有和平；八路军，就是使他成为俘虏的八路军，其他军队，和全中国人民将战斗到最后一个日本侵略者被赶出中国土地才会罢休"。"他这时撇嘴一笑，仿佛我们是一群无知的孩子。他对日本的战争机器怀有至高无上的信仰，而且敢于说出这种信念。"① 这样的日本士兵，在全面抗战初期的侵华日军中很普遍，这与日本人一直以来受到的日本政府和新闻媒体军国主义的、妖魔化中国的思想灌输紧密相关。

八路军总司令朱德在和史沫特莱谈到这种情况时说，"这并不是由于勇敢无畏"，"倒是由于胆小畏怯。他们杀了我们那么多无辜的人民，因而以为，我们抓住他们之后便会把他们杀掉。他们屠杀所有的俘虏，他们屠杀农民，他们强奸、然后又杀掉我们的妇女，他们甚至屠杀我们的婴儿。当我们终于包围他们，他们就会挣扎，因为他们确信反正会被杀掉"。②

关于对外宣传，大纲提出十项方针：

---

① 〔美〕艾·史沫特莱：《中国在反击——一个美国女人和八路军在一起》，江枫译，湖南人民出版社，1987，第109～110页。

② 〔美〕艾·史沫特莱：《中国在反击——一个美国女人和八路军在一起》，第70页。

1. 说明帝国为实现东亚之永久和平而采取必要和迅速的措施，以平息事态，各国之干预，反将使事态扩大化、复杂化，且将威胁各国之权利。对于任何危害我方行动之企图，帝国将举国一致，努力粉碎之，应令各国充分认识帝国此种态度，争取各国的大力支持。

2. 揭开不得不将事态扩大化的真相。

3. 说明帝国获得今日在东亚之地位的历史及相关政策，消除视帝国为侵略国家、好战国家之误解。

4. 使其认识到，帝国非但无任何之领土野心，对于各国之权利亦将予以尊重及保护，且绝不敌视无辜的支那民众。

5. 说明阻止支那的排外政策，防止及遏制其容共政策，乃是确保东亚和平、保护各国权利不可或缺之重要条件。

6. 说明支那之本质及其与日本关系之特殊性，俾其知晓为确保东亚之和平及各国权利，应当与日本合作。

7. 说明各国对支的武器出口，非所以快速平息事态、恢复秩序者。

8. 进行具体的、令人印象深刻的宣传，说明支那无信、非法的行为及支那人的残忍性格。

9. 向国外宣传帝国举国一致的国内舆论。

10. 宣传即便事变持续长久，我国财政亦足以支撑的观念。

摆出一副和平主义者的姿态，强调日本对中国没有领土野心，并将保护帝国主义列强在中国的“权利”，以争取其对日本的侵华战争采取不干涉态度，而对于向中国出口武器者，则一面宣传“非所以快速平息事态、恢复秩序者”，一面宣传日本财政足以应对中日战争长期化的局面，可谓软硬兼施。具体到每个西方强国，日本的宣传策略又有所不同。对于英国，大纲强调应：

（1）明确表明我方对此次事变举国一致的决心，具体地说明英国的干预反而对其不利，同时委婉地表示我方将坚决排除此种干预。

（2）在宣传时强调，英国本身亦极其重视印度及各自治领，在支那亦有其权益需要保护，却草率地将帮助南京政府之事付诸行动，实不利于英帝国。

（3）适当地提醒英国注意其对印度及对近东地区政策的历史（尤其是对埃及的历史），由此光明正大地阐明我国的对支政策。

（4）必须反复强调，此次事变乃是由于南京政府的容共政策造成的。

日本对英国的宣传基调，是强调日本对华所为，与英国对印度和近东地区的殖民政策有异曲同工之处，因而英国在法理上没有谴责日本的资格，又声称如果英国干预日本的侵华战争，日本将“坚决排除这种干预”，最后假惺惺地宣称，日本之所以发动战争，乃是因为南京政府的“容共政策”。

对于美国，大纲提出要注意五点：

（1）说明我国对支政策的基本方针乃是在日满支三国合作互助的基础上，确保东亚的和平。

（2）反复强调此次事变乃是由南京政府的容共政策所造成的，并说明清除支那的排外及容共政策对于关心东亚和平的各国，尤其美国来说，是有利的。

（3）说明要充分尊重美国在支那之权益，并应充分认识美国被英、苏（即英国和苏联——引者注）策动之危险性。

（4）宣传（将中国事变）适用于中立法案将导致事态之复杂化的观点。

（5）强调帝国军队依据国际法行事，军纪严明，而南京政府则毫无信义，支那军队残暴非法，尤其是支那空军毁伤美国军舰及人民，对此应煽动其人道主义的关怀情绪。

抗战全面爆发时，美国国内正盛行孤立主义思潮，美国民众不愿卷入世界大战中。1937 年 4 月 29 日，美国通过了新的中立法案，表明：美国对交战国或内战国家实行军火禁运；授权总统判定战争状态之是否存在，美国总统可以对交战国或内战国家的原料供应进行控制；交战国向美国购买非军事物资时，必须“现金购货，运输自理”。对于海军实力远超中国的日本来说，这个法案是有利的，但美国总统可以对交战国或内战国家的原料供应进行控制一项则增添了事情的变数。所以日本希望美国不要以此挟制日本，声称其之所以发动侵华战争是因为南京政府的“容共政策”以及为了所谓的“确保东亚的和平”。淞沪会战期间美国邮轮“胡佛总统”号在吴淞口被中国空军误炸事件，[①] 也被日本人用来作为攻击中国军队“残暴非法”的“罪证”。

对于法国，大纲提出：“为通过此次事变来纠正法国人对苏联的认识，应说明支那排外运动的历史及其本质，强调日法两国之东亚的合作乃是大势所趋”；“特别是对于法国的资产阶级，要利用一切机会使其认识到支那共产党的危害”。

对于盟友德国和意大利，大纲主要强调其发动对华战争的目的是所谓“防共”，以及将保护德、意在华利益：“宣传时以对美英宣传为标准，特别强调支那人民战线活动之状况及共产党之暗中活动，引用说明中苏互不侵犯条约的签署，彻底激发其防共意识。”“强调为保护德、意两国在支那之既有权益，（帝国）不惜予以积极援助。”

另外，大纲强调在进行对外宣传时，也要根据宣传对象的不同而采取不同的方法，同时注意证据，重视利用民间团体的力量等，具体如：

> 1. 应根据政府、有识之士及普通大众等宣传对象的不同而采取相应的宣传措施。
>
> 2. 注意不要将对内宣传中反映自身（问题）的内容直接转化为对外宣传。
>
> 3. 对于在此次事变中对我国持友好态度的国家，固然要增进友

① 参见董显光《董显光自传：一个中国农夫的自述》，第 120 ~ 121 页。

好关系，而对于非是者，亦应当秉持公正坚定的态度，启发其蒙蔽。

4. 对于支那共产党的活跃、危害等明显的事实，要提供确切的证据，对于苏联，要避免直接刺激它，同时警惕其亲支反日的态度和促使远东军备增加等举动。

5. 注意在现场广泛传播准确而客观的消息。

6. 对于外国政府及有识之士的宣传，主要应由帝国驻外机构伺机进行。

7. 对于国外普通民众，要注意利用民间团体的力量，宣传标题尽量简明、扼要、有力。

8. 对于历来对我国抱有同情心者，应在此时进一步深化其对我之理解，引导其作有利于我们的宣传。

9. 对于历来对我国事务不关心者，应利用此次事变，将其吸引至我方阵营。

在对中国的宣传方面，大纲的态度很强硬，强调日本有决心、有实力解决中日间战争问题：

1. 充分反映我国举国一致的国论以及政府坚定的决心。

2. 使其充分认识帝国的真正意图的同时，说明除日本以外，没有哪个国家可以保障支那的安宁与繁荣。

3. 阐明南京政府以排日抗日作为统一支那的工具的想法是错误的，将给日本和支那的未来埋下重大祸根。

4. 让支那人从过于相信自身国力的充实而轻视日本实力的错觉中醒悟过来。

5. 对于支那民众要使他们充分认识，此次纷争（指中日战争）的深化，将使支那的复兴中途受挫，而排日抗日运动不过是蒋介石统一支那的工具，这些不过是便利了共产党对支那的赤化，将招致不幸的后果，而绝不会敌视无辜的支那民众。

6. 使其认识到，以夷制夷的政策将招致支那为国际共管的危险。

抗战期间日本的内外宣传政策，到 1941 年 12 月 7 日珍珠港事变爆发前后，基本没有太大变化，即对华强硬而对欧美妥协，对于本国民众，则强调所谓日本民族的优越性，以所谓“日本精神”改造世界。日本内外宣传政策中，不变的还包括其反共思想。

1937 年 11 月 29 日，日本内阁情报部发表《防共宣传方针》：

一、目的

（一）对共产主义的由来及其行为进行严正的批评。

阐明：

1. 与我国国体绝不相容。

2. 危及人类福祉。

3. 特定国家之侵略手段（赤色帝国主义）。

立足于我国国体之本义，对民主主义思想、自由主义思想严加检讨，纠正国民对于彼我思想之认识，俾我传统思想日益立于确乎不动之地位，而共产主义无隙可乘。

（一）揭发国际共产主义的破坏工作以及最近以来其假装“转向”（即改变政治立场——引者注）之真相，阐明防共协定《日德防共协定、日德意三国议定书及将来防共协定参加国增加缔结议定书》之真义，促进防共思想阵线于世界范围之扩充及强化。

（二）进而向世界宣扬日本精神，向实现我肇国之理想迈进。

二、对内宣传要领

（一）日本精神之发扬。

（二）作为共产主义产生母体之个人主义之功利性、唯物主义之邪恶。

（三）立足于日本精神，批判共产主义。

（四）国际共产主义之破坏工作及其近来假装转向方略之真相。

（五）赤化帝国主义。

（六）（说明）国内共产主义运动，并就此向国民发出警告。

（七）支那事变之思想意义。

（八）国际防共思想阵线之扩充及强化之必要。

（九）日德防共协定之目的。

德意两国政府认定，所谓共产国际之目的，在于以其所拥有之手段，破坏现存之国家，而审视共产国际对国内事务之干涉，确信其不仅危及国内之安宁及社会之福祉，且威胁全世界之和平，为协力防止共产主义之破坏，乃签订上述协定。

（十）日德意三国防共议定书之真义。

大日本帝国政府、意大利国政府、德意志国政府确信，鉴于共产国际不灭，则东西两洋世界文明陷于险境，和平及秩序并遭搅乱及破坏，为维护和平及秩序，唯有一切国家密切合作，方能灭杀上述危险并除去之。

法西斯政治创始以来，以不挠之意志，与上述危险势力斗争，驱逐共产国际势力于其领土之外。

意大利国鉴于本国与对共产国际秉持同样防卫意识之日本国及德意志国共同面对上述共同敌人，乃于一千九百三十六年十一月二十五日，根据日本国及德意志国缔结之对共产国际协定第二条之规定，签订下列协定。

（十一）防共协定之意义。

防共协定之必要性；

反共产主义国家同盟缔结之基础；

防共协定所以贡献与世界和平者；

以思想之结合，增进普遍的友好关系；

防共协定之缔结，并非使帝国纳粹化或法西斯化，帝国之政治组织及其运作始终立足于国体之根本。

三、对外宣传要领

除期望将对内宣传之内容反映于国外以外，将下列各项向国外宣传：

（一）日本精神。

我国建国之真正意义；

摒弃唯物的功利主义、侵略主义、帝国主义；

民主主义等之异同（主要针对被压迫民族）。

（二）主要是国际共产党在东亚之破坏活动及人民阵线成立之真相。

（三）日德防共协定之目的。

（四）日德意三国防共议定书之真义。

（五）国际防共思想阵线扩充、强化之必要性。

（六）防共协定乃是以国际共产党为目标者，并非以其他特定思想为背景而形成之集团。

（七）欢迎当事国以外国家以公正之立场加入防共协定。

（八）支那事变之思想意义。

四、实施

（一）本宣传之具体计划由内阁情报部常务部会负责联络调整，各厅（含内阁情报部）负责实施，上述部会在必要情况下可增加所需委员、情报官。

（二）内阁情报部内设置防共宣主任情报官，该主任情报官受部长之命负责有关日常防共宣传实施事务，宣传资料之搜集、整理、发布，检阅警察机构，与民间团体联系等其他防共宣传上必要之事务。

（三）进行对内宣传时，其内容应随对象之不同而变化，慎加考虑，尤其是批判共产主义之时。

（四）本宣传实施之时，应充分考虑帝国之国际关系。①

另外，具体而言，抗战时期日本的对华宣传，依对象的不同而有对“敌”、对“我”以及对中立者和盟友的不同。在太平洋战争爆发之前，日本的主要对手（“敌”）是中国，其中又有国、共之分，但日本人基本上是无差别地对待国、共，以为可以一举击溃中国，并未

① 「防共ニ関スル宣傳方策」（計甲第一七號　昭和十二年十一月二十九日　内閣情報部）、萩野富士夫編「情報局関係極秘資料」第8卷、第206～207頁。

深究其中有何差别，此后方发现国、共的不同，因而做出“（百团大战后）华北的主要敌人是中共”的判断，但并未放松对国民党政权的宣传工作。

日本在张鼓峰、诺门坎两次“北进”尝试失败后，终于在1941年4月13日和苏联签订《日苏中立条约》，放弃了“北进”企图，而专心致志于“南进”。相应的，日本在对外宣传上做出改变。4月18日，日本内阁发表关于《日苏中立条约》签订后的舆论指导方针：

> 提高国民觉悟，将缔结条约之目的，广泛浸润至国民思想中，使其效果得以充分发挥，同时尽量以自主之精神，在日益陷于持久之态势下，促进国策之贯彻。引导社会舆论，排除一切有可能影响条约效果之言行。
>
> 尽管缔结了本条约，取缔共产主义的活动仍应进一步加强，而对外则应避免明目张胆地进行防共运动。
>
> 要领
>
> 一、根据上述方针，应注意下列几点：
>
> 1. 扩充和强化三国同盟的精神。
>
> 尽管德、意两国各自和苏联缔结了不侵犯条约和中立及不侵犯条约①，而历来问题最多的日苏两国之间却未签订这样的条约，但由于本条约的签署，日德意三国和苏联之间的命运之环最终形成，同盟

① 《苏德互不侵犯条约》，又称《苏德条约》、《莫洛托夫－里宾特洛甫条约》或《希特勒－斯大林条约》，是1939年8月23日苏联与纳粹德国在莫斯科签订的一份秘密协议。苏方代表为莫洛托夫，德方代表为里宾特洛甫。该条约划分了苏德双方在东欧地区的势力范围。这个条约造成日后苏德对波兰的侵略。苏联为了应对来自西线的可能的战争威胁、争取备战的时间，于1939年9月至1940年8月，以保卫“西部边界安全”为目的，在东欧建立了战争防备缓冲带。《苏意互不侵犯条约》，全称为《苏维埃社会主义共和国联盟和意大利友好互不侵犯和中立条约》，1933年9月由苏联驻意大利大使弗·波将金和意大利内阁总理兼外交部长本·鲁索里尼在罗马签署，同年12月15日生效。主要内容包括：缔约双方互相尊重对方领土和主权，保证不单独或联合其他国家对缔约另一方发动战争或军事进攻；缔约一方如遭到第三国攻击，另一方则保证维持中立；每一方均不参加针对另一方的任何政治性或经济性协定，双方不以任何措施阻碍对方的贸易发展；缔约双方保证遵守两国在此之前达成的各项协议。

条约亦由此得以强化和扩大。

2. 日苏关系的正常化和友好化。

日苏两国之关系，无论经济或地理上均应密切，而由于缺乏透明度，往往为第三国所乘。以本条约为开端，两国关系将开启永久和平友好之门。

3. 推进支那事变的处理。

本条约之签订，予重庆方面抗战前途以重大的精神打击，自不待言，对于皇国之处理支那事变乃至确保大东亚之和平前途亦大有裨益。

二、鉴于本条约对日苏两国关系之未来意义重大，下列言行应严加排斥：

1. 令人感觉过度强调本条约之签订为皇国外交之成功或普通民众高兴得忘乎所以的言行。

2. 国内与本条约意见相左，阻碍其落实之言行。

3. 主张缩减对苏军备之言行。

4. 国内左翼分子利用调整对苏国交之机试图恢复或扶持自身势力的阴谋活动。

5. 国内不欢迎调整对苏国交的思想团体的阴谋活动。

6. 第三国不欢迎三国同盟强化的阴谋活动。

三、随着本条约之签订，或有对皇国之内外政治方针妄加揣测，以致产生不利影响者，应慎重对待，例如：

1. 暗示对英美开战，或煽动皇国武力南进之言行。

2. （推测）苏联之援蒋行为是否即将终止之言行。

3. 急于解决渔业问题、通商问题的言行。

4. 鉴于本条约之签署而立足于“巴尔干”方面立场而对苏联不利的言行。①

---

① 「日蘇中立条約成立ニ関連スルと論指導暫定方針」萩野富士夫編「情報局関係極秘資料」第8卷、第398頁。

美国的介入是第二次世界大战中具有决定性意义的事件，中国和日本的宣传战政策均因此而发生改变。日本是珍珠港事变的发起者，对于和美国决裂，日本政府是有心理准备的。1941 年 11 月 4 日，日本内阁会议达成《关于英美问题的舆论指导方针》谅解备忘录：

一、缓解有关（日本）与英美两国关系紧张之事实的客观报道的限制。

二、注意舆论的整齐划一，应使其保持淳朴自然、积极向上的状态。

三、禁止下列言论：

（一）将泄露我国现阶段战备和战略行动的报道；

（二）忘却大国民众尊严，唆使当事国以外国家民众直接行动的言论和行为。①

珍珠港事变爆发后，侵华日军华北方面军于 1941 年 12 月 8 日制定《对美英战争的思想战指导纲要》，并于 10 日下达：

对美英战争的思想战指导纲要

第一　方针

一、此次对美英的战争，是新秩序对旧秩序的对抗斗争，阐明东亚解放圣战的意义，指出挑起战争的责任在于美英。强调日华满三国为了确立东亚共荣圈，应当互相协力，分担战争义务，直到最后胜利。因此，华北应自觉地作为日华满三国合作的模范地带，努力完成任务，以期安定和振奋民心，而使敌人动摇分裂。

二、在华日侨，尤应深刻体会“宣战大诏”，以冷静刚毅的态度，完成作为战争核心的天职。

三、为了完成思想战，应使中国各机关积极地进行工作。

---

① 公安調査庁「戰前の情報機構要覧：情報委員会から情報局まで」、第 283 頁。

第二　指导要领

一、关于开战的意义和目的，应照下面所述进行指导：

此次战争是对美英东亚政策的清算。美英等旧秩序国家长期以来，为维持其势力和妄想达到称霸东亚的野心，打着和平的幌子，助长东亚祸乱。这次战争是解放东亚的大好时机，是日华满三国为了民族自卫和建立东亚共荣而进行的圣战。应使之牢记这是一场正义战争，三国共同协力，必能突破任何困难而达到最后胜利，这是深信无疑的。

二、关于敌方的不义和弱点的宣传，应做如下的指导：

此次战争完全是美英方面阴谋挑起的，其渊源甚远，自过去数世纪以来，美英就对东亚进行侵略和榨取。敌人无论使用如何美妙的名义，其真正意图，从此次欧洲战争中依靠美英的国家的悲惨命运已可清楚看出。应以其极端利己的行为，与我方坚定不移的理想加以对比，着重进行宣传。

当前华北面对的敌人是中国共产党及共军，它与美英的阴谋串通一气，助长华北的祸患，必须将此事实更加明确地揭露出来。蒋共合作的重庆政权，不过是在彼等利己势力勾结中存在而已，其结局必将走上欧洲依靠美英的国家的悲惨道路。对此应借开战的机会使之重新加以认识。

三、关于开战所引起的社会变动，应按下述要求进行指导：

战争将引起物资不足、物价上升，在生活上多少要造成困难。必须使民众认识，为了建立东亚共荣圈内“自给自足经济”，这是难免要出现的暂时困难，应该甘心忍受。要强调节约和增产，并积极协助政府推行经济统制，决不可引起不安和动摇。

四、开战后华北的前进方向依然不变，对此应做如下指导：

此次开战，对于以治安为主的华北施策，不应有任何变更，必须更加促进日华合作的发展。为了完成兵站基地的任务，更应强调现行的施策，使所有华北的人员各安其位，努力工作。

五、利用作战报道进行思想指导：

在对美英作战的过程中，适时利用作战情况的报道，使之相信我方必胜，同时严加取缔流言蜚语，努力防止由于敌方的虚假宣传使民心发生动摇。①

第四节 日本对华宣传战的阶段性发展

甲午战争以后直至七七事变，中日间冲突多以中国委曲求全、忍辱退让了局。长期的经验叠加造成了日本对中国的极度蔑视，因而在抗战期间，日本的对华政策，类多强硬不知变通。即便陷于困境而与蒋介石政权进行秘密和谈时，日方亦咄咄逼人，不肯稍加退步。② 表现在对华宣传上，日本的姿态也是极度傲慢的。

七七事变后，日军除了在战场上不断推进外，在对华宣传方面也用广播、战场喊话、用飞机散布传单等形式打击中国军民的抗日积极性。而中国方面则缺乏积极的应对措施。如在正面战场，日军在战斗间隙指使汉奸向中国军队喊话，打击了中国军队的士气。此后中国军队组织日本反战人士鹿地亘等人，以日语喊话进行回击，才击退了日军在宣传战上的嚣张气焰。此事可谓宣传战在现代战争中作用的典型体现，倘若能善加利用，对提高中国军队士气、打压日军斗志都是大有裨益的，可惜国民党未能充分信任鹿地亘等人，而是将之长期闲置，未能充分发挥其对宣传战的贡献。③ 不过，应当看到，国民党在对日宣传方面是投入了精力的。如抗战全面爆发后国民党成立了国际宣传处，1937 年 12 月下设以留日学生为主干的对敌科，其主要工作是向日方广播和收录日方的广播，兼以文字、图片等形式对在华日军、日本国内人民以及世界各地的日侨进行反战宣传。1938 年 3 月成立了对敌宣传研究委员会，专门负责对敌宣传方针、宣传品的内容和输送办法以及对日广播等事宜，还聘用日本反战人士如绿川英

① 《华北治安战》（下），第 71～72 页。

② 陈志杰：《从日蒋和谈看日本的诱降政策》，《民国档案》2002 年第 2 期。

③ 参见孙金科《日本人民的反战斗争》，北京出版社，1996。

子、长谷川照子、鹿地亘等负责对敌广播节目的播音工作。此外，该科每周还组织日军俘虏召开座谈会，进行反战宣传和“感化教育”。1943 年 11 月，国民党中央秘书处决定将对敌科改称为“对敌广播收录科”，明确规定了它的职掌是办理日语广播，每日在国际广播电台播送，收录敌方广播电讯。①

被日本广播界污蔑为“重庆之蛙”的中央广播电台，建成了功率强大的国际广播电台，向国内及北美、欧洲、东亚、南洋、印度等广大区域广播，使用的语言有汉语、方言（粤语、上海话、客家话、台山语等）和少数民族语言（蒙语、藏语等），也有英、法、德、意、日、俄、荷、印度、阿拉伯、马来、朝鲜、泰、缅、越等外语。中外名流要人以及日本反战人士频繁出入电台，亲自撰文播讲，不仅加强了世界反法西斯人民的团结、增强了中国人民抗战必胜的信念，而且让日本人民了解到战争的真相，从而反对战争，对抗战胜利起到了积极的作用。在中国沦陷区内，日军为避免民众受中央广播电台的影响，甚至采取了严厉的政治措施和技术措施，禁止民众收听短波广播。②

相较而言，中共在广播战方面影响较小。1940 年 12 月 30 日，延安新华广播电台开始播音，由于技术原因，时断时续，1943 年春即不得不暂时中断，直到 1945 年 8 月中旬才恢复播音。③

但是，中共在宣传战方面的影响是客观存在的。宣传战绝不仅仅物质的比拼。宣传战的关键在于深入了解宣传对象，了解其需求，配合适当的宣传方式方法，有效地施加影响，而不是散布了宣传品、做了宣传广播就结束。中共以劣势装备，深入华北敌后，以演剧、音乐、讲演、标语、口号、漫画等各种形式向中国军民以及日伪军进行宣传，取得了很好的效果，迫使日军不得不重视中共的宣传。

---

① 武燕军：《抗战时期国民党政府的国际宣传处》，《历史档案》1990 年第 2 期。

② 参见汪学起、是翰生编《第四战线——国民党中央广播电台掇实》，中国文史出版社，1988。

③ 参见杨兆麟、赵玉明《人民大众的号角——延安（陕西）广播史话》，中国广播电视出版社，1986。

另外，由于“反共”一直是日军侵华的重要借口，日方在宣传“反共”方面也不遗余力。在抗战初期，日军对中共缺乏真正的了解，其反共宣传也多陷于空洞化，脱离实际。而随着形势的发展，尤其是中共以优待日俘为重要内容的对日政治攻势的发展，产生了令日本统治阶层意想不到的影响，日军不得不加强对中共的了解，其对中共的宣传也逐渐变得更有针对性。

受日本军国主义思想毒害，一般日本士兵均将中共视为十恶不赦的恶魔，战斗意志极为顽强，平型关一役，一一五师歼灭大量日军，却连一个日军俘虏也没有抓到，与此有极大关系。此役对中共触动极大，中共方面遂加大对敌宣传力度，表明优待俘虏的态度并严格执行，此后逐渐出现了被中共武装俘虏的日方人员。中共信守承诺，愿回原部队者均予放回。据日方资料，“我方官兵因负伤而被俘时，彼等不仅不加以危害，不没收金钱物品等，也不作任何污辱、谩骂和处刑。相反，却给以优待，对负伤者给以治疗”。从1937年7月至12月，经驻中国的日本宪兵队办理归来的日军俘虏达27名。[①] 而某些士兵的原属部队则认定行踪不明的士兵业已战殁，为其办理了合祭于靖国神社的手续，又领受了天皇赐予的金鸢勋章。成为俘虏且受到优待而返回原部队的士兵和领受了金鸢勋章、合祭于靖国神社的士兵形象之间产生了巨大的矛盾，进而对日本士兵的心理产生了极为微妙的影响：“以前，在我军中，成为俘虏是最大的耻辱，而此次事变中，由于共产党优待俘虏的政策，有些士兵就觉得当俘虏也无所谓了。”[②]

1937年12月22日，日军华北方面军司令部发布《军占领地区治安维持实施要领》，提出“对共军应彻底进行扫荡。为此，在共军地区，应一面进行讨伐，一面采取宣传及其他方法，尽量灌输防共思想”。[③]

1938年8月10日，日本内阁情报部编订的一部为政府相关部门举办

---

① 《华北治安战》（上），第176页。

② 「共産党ノ我軍隊ニ対スル思想的瓦解工作ノ真相ト之カ防遏方策」、JACAR、Ref. A03032006400。

③ 《华北治安战》（上），第69页

演讲、座谈及出版报刊、放映电影提供思想指导的《时局宣传资料》，对当时中国共产党的活动做了介绍，妄称“卢沟桥事件是又一个西安事件，其背后均为中国共产党的士兵工作”，将战争的责任推到中共身上。又声称“宣传是中共最为擅长的事情”，抗战以来，中共领导各抗战团体，通过文字（报刊、小册子、墙报、传单）、演讲、广播、绘画、歌咏、戏剧等宣传抗日，“如此，抗战的实际领导者不是国民党而是共产党”。[①]

1938 年 11 月 18 日，日军华北方面军的情报人员在情报记录中提出：“可以断定，今后华北治安的对象是共军，而共军的核心及动力则是政治部。”[②]

1938 年 11 月，日方成立附属于日军华北方面军司令部的“华北灭共委员会”，强化对华宣传。另外，委员会在北平设立了一个专门负责研究第三国际、中国共产党、国共关系以及在“满洲的剿共经验”的调查部——“黄城事务所”。此外，如“兴亚院”华北联络部、宪兵队司令部等部门也进行着对包括共产党在内的中国军民的“思想战”。实际上，日本方面的对华宣传，基本上是无差别地面向全体中国民众的，鲜少专门针对中共。

1938 年 12 月，日本仿照其在伪满洲国成立的“协和会”在华北成立了汉奸组织“新民会”。该会表面上是由中日两国人员联合组建、标榜中日两国为达到“共同目的”而成立的政治指导体，实则由日本一手谋划促成，接受日本军方及“兴亚院”的直接控制。表面“推戴华北政务长官为本会会长”，实际却需在“华北军方之指导援助与政务委员会，兴亚院华北联络部及其他中日各机关之援助下，渐次扩充机构，整备内容”。此后，随着侵华日军南下，日本在华北兵力减少，需要进一步借助汉奸的力量控制华北。1940 年 3 月，“宣抚班”并入“新民会”，是为“新民会”第一次改组。1940 年 8 月，百团大战爆发，为应对华北的抗日力量，“新民会”进行了第二次改组。1941 年 12 月 8 日，太平洋战争爆发，为

---

① 「時局宣伝資料　最近の支那共産運動」（内閣情報部）、JACAR、Ref. A06031098600。

② 《华北治安战》（上），第 100 页。

了适应日本的“战时体制”，“新民会”又进行了第三次改组。

“新民会”作为与华北傀儡政权相配合的殖民组织，机构庞杂，其职责牵涉之广，堪称一个“小政府”，而宣传工作（或者用当时日本所说的“思想工作”）也是其工作的重要内容之一。以1939年为例，“新民会”“思想工作”的工作对象就包括所谓“普通民众”、“知识阶层”、“青少年”、“妇女”、“儿童”、“工人”、“各种团体组织”、“秘密会社”等。

对于普通民众，其工作方法包括：“利用报纸、通讯；发行书刊；宣传册（已刊二十六种）；宣传画；传单；宣言、声明、通电；电影、照片；联合协议会；戏剧；音乐、歌谣、唱片；广播；论文、小说；演讲会、座谈会、辩论大会；壁画宣传、字幕；各种示威活动；拉洋片、打鼓队；博览会、展览会；医疗、卫生；问事处、职业介绍所；茶馆、刊物阅览所；联络宗教团体；灾害救援事业。”对于知识阶层，其工作方法包括：“利用各种刊物；广播演讲、演讲会、座谈会；设立学术文化研究机构；联系作家联盟、美术家协会等。”对于青少年，其工作方法包括：“开办为期三个月的青年训练所，现有79所，毕业生10000名；（开办）青少年团、妇女团，其中青年团有100分团，（团员）3500名，少年团有175分团，（团员）6300余名，妇女团23团；（开办）新民塾以培养日系会务职员、（开办）中央训练所以培养中国系会务职员、兴亚塾；（成立）新民青年运动实施委员会以指导学生，以北京公立及私立中小学校长为委员；（成立）华北新民体育协会；向男女学校及各种讲习会派遣演讲者；制定日语、汉语考试制度；赴日参观学习及留学日本；编定教科书。”对于妇女，其各种方法包括：“发行妇女刊物；设立妇女团体及妇女副业讲习所；奖励刺绣等其他副业。”对于儿童，其工作方法包括：“发行儿童报纸、漫画；利用童谣、童话、唱片。”对于农民，其工作方法包括：“开设茶馆、阅览处；设置卫生设施、学校等；电影、戏剧、评书、开恳谈会；（设立）合作社、互助社、物资调剂所。”对于工人，其工作方法包括：“和对普通民众的工作方法一样；设立劳工协会，指导工人技能，调节劳动力供需，介绍工作。”对于各种团体组织，其工作方法包括：“本会下属之各分会采取各自认为适当之方法；对于其他之团体、组织，主要是通过演讲和文书。”对于秘密会社，其工作方法包括：“以报纸以及其他文书、广播等进行呼吁。”此外，“新民会”的工作还包括以口头或文书形式、报纸通讯或广播形式对非沦陷区进行“呼吁”。

上述工作均产生了一定的影响。比如蓝衣社北平分社社长江正源的“投降声明”、“新民会”在华北百余县的扩张，等等。

与此同时，“宣抚班”等日伪组织也在华北、华中各地对中国民众进行“宣抚”工作，中国民众入其彀者不在少数。据日本“中央灭共委员会”调查部1940年2月24日向日军华北方面军司令部提交的报告，日本在华北“争取民众”工作其实是有一定效果的，比如说发放“宣抚品”[生活必需品（小麦、日用品、粟）、药品（特别是眼药、仁丹、膏药）、金钱，以及给小孩的点心、绘画、连环画、文具等]，据称“效果甚大”，而日本“宣抚班”的“巡回治疗、设置治疗所、防止传染病（措施）”，“宣抚效果最大”。日军在招揽民众回归乡土活动中采取的修缮庙宇的行为，也获得了归乡者“激增”的效果。“宣抚班”在乡下开展的运动会则对“无智识的乡下人”产生了效果，在“军民亲睦之际宣抚效果最大”。还有日语教育的推广、青年训练所的设置等，均产生了“极大效果”。

至少在1939年2月之前，相对于对中共的宣传，日本更为重视对国民党系统的宣传。2月17日，日本内阁情报部拟订的《关于建设东亚新秩序的宣传方策大纲》中强调，其发动战争的目的在于“建设确保东亚永久和平的新秩序”，“以中日满三国相提携为指向，以三国在政治、经济、文化等各方面树立互相连环关系为基础，以期确立东亚之国际正义、达致共同防共、创造新文化及实现经济之结合”。要宣传“希望中国国民理解我国的真义，愿与帝国协作”。在“对华宣传”部分，日本政府提出了“反蒋、防共、亲日及建设东亚新秩序”的观点，“防共”宣传被提到了较高的地位。而通观全文则可以发现，对这种宣传的规定是极为模糊的，并没有具体的措施。倒是在对国民政府宣传方面，提出了具体的宣传手段（无线电广播、传单及利用第三国通信）和具体的宣传方向：只要国民政府继续抗战，日军将持续进击，直至“边地之中枢机构”；日本国力非如国民政府所宣传之贫弱，而随着欧洲政局之发展，依恃第三国援助之国民政府必将被抛弃；七七事变以来，日军“战果辉煌”而中国军队连遭败绩，财政经济濒于破产，“民众怨声载道，游击战徒劳无益”，“抗战建国”“有名无实”；“支那新兴政权治下之民众安居乐业”，而国民政府治下“生灵涂炭”；国民政府寄予厚望之游击战于战局影响至微，无关痛痒；俾国民政府知悉，在“新兴政权”治下，民众运动仍有机会，“并披露国共两党之争斗及国民政府要人利用事变以逞私欲私利等，造成国民政府内部之分裂动荡”。[①] 25日，该文件转发给日本陆军省，要求以之替代1938年1月内阁情报部发表的《对于支那事变的宣传方策大纲》并发至相关部队。[②] 对比两个文件，前者措辞依然强硬，但显然已经有了微妙的变化，冠冕堂皇的背后是泥足深陷情境下急欲脱身而又不便明言的尴尬。概言之，此时日本的对华宣传重点在于诱降国民政府，迅速从中国战场脱身。

到1939年4月，情况发生了变化。5日，日军华北方面军下发各部队的一份绝密文件中声称，此次“日中事变”，非徒日中间的武装斗争，实亦为日本和苏联之间的“思想战”，盖中国方面“思想战”的主体即是中国共产党，而中共实乃苏联在华的“代理人”（由此可知，日军对中共的防范，最初主要是针对苏联的）。中共利用日军进行徐州会战、武汉会战之机在北方开展活动，不仅壮大了自身，发动了各地的游击组织，赢得了民众的支持，而且对日军官兵进行思想瓦解工作，致使日军虽然在战场上节节胜利，在华北“思想战”方面却陷于极为不利的局面。文件介绍了中共的组织、概况及其对日宣传的方法、手段和影响，指出“共产党实为当下敌方强求长期抗战之原动力，故欲尽快解决此次事变及根本解决共产党（对日）之思想瓦解工作问题，其最重要者，莫过于剿灭作为策动之根源的共产军及破坏共产党之组织”。在对华“思想战”上，要“强化思想战力度，将思想攻击重点指向共产党”。文件要求日方加强对“思想战”重要性的认识，加强培训相关人才，部队中未设立“灭共委员会”

① 「東亜新秩序建設ニ関スル宣伝方策大綱」、JACAR、Ref. B02030556700。

② 「東亜新秩序建設に関する宣伝方策大綱の件」、JACAR、Ref. C01001776900。

者当即刻设立之，要注意收集中共情报，侦察中共秘密组织，加紧“剿灭”中共，要时刻注意部队内外“思想不稳定”的人士，防止其思想蔓延。文件还提出要注意利用国共之间的矛盾，破坏抗日统一战线。其认为，倘能够利用国共两党的矛盾，以宣传、“谋略”手段激化之，俾国民党军队攻击中共武装，实为破坏抗日统一战线最为有效的办法。[①] 值得一提的是，此文件乃是以前述“中央灭共委员会”的大野大佐在日军华北方面军司令部的演讲基础上增补形成的。这个文件也成为日军此后对华宣传活动的重要参考。

1939 年 12 月，日军华北方面军情报工作负责人会议指出，“今后华北治安的致命祸患，就是共军”。[②] 也是在此时，国民政府对侵华日军发起冬季攻势，这使日本政府意识到，试图单纯依靠武力来解决“中国事变”是不切实际的，遂决定加强对华宣传攻势。

1940 年，欧洲战局丕变，4 月，苏（联）芬（兰）战端再起，4 月 9 日，德军闪击丹麦、挪威，5 月，德军在西线击败英国、法国、比利时、荷兰军队主力，6 月，德国攻陷巴黎，随即在法国组建傀儡政权，并开始加强对英国本土的空袭。日本朝野要求借机“南下”的呼声随之高涨，日军中央统帅部和华南方面军均认为，应适应世界形势的发展，着重解决香港和法属安南问题。日军华北方面军则认为，应结合扶持汪精卫政权和开展对重庆工作（即所谓“桐工作”）的进展，对国民党政权施加军事压力，以期早日解决“中国事变”。然而两者之间孰轻孰重，华北方面军内部却有不同意见。据时任日本陆军省军务局课员石井秋穗中佐回忆，“1940 年可以说是徘徊于重庆工作和南京汪政权工作之间的一年，也就是徘徊于事变速决和长期持久的问题之间的一年”。[③] 同时，根据日本军方研判，截至 1940 年 3 月末，尽管在华北的抗日武装中国民党军队仍然在人数上居于优势地位，然而，一方面“国共对立气氛日益激化”，另一方面，“在国共对立的现

---

① 「共産党ノ我軍隊ニ対スル思想的瓦解工作ノ真相ト之カ防遏方策」、JACAR、Ref. A03032006400。

② 《华北治安战》（上），第 177 页。

③ 《华北治安战》（上），第 211 页。

阶段，重庆政府一再某种程度上有放弃华北的打算，共产党则极力巩固既得地盘，扩充武力，就地图存，进而驱逐国民党势力”。而一旦共产党“沟通其占领的地盘及补给路线，特别是打通西北的通道，即可直接得到苏联援助，那就无论对国民党或对日军都是严重的问题”。①

基于这种判断，在1940年3月19日召开的日军华北方面军参谋长会议上，日军提出1940年度对华北“肃正作战”“讨伐的重点在于剿灭共军。为此，要善于利用国共的相互倾轧，在皇军势力暂时不能控制的地区，应默许那些不主动求战的杂牌军的存在。必要时，甚至可以引导他们占据真空地带以防止共军侵入”。②

该会议还在宣传方面提出了要求，指出在占领区内，“1. 务使民众了解：新中央政权的成立，即意味着蒋政权的垮台。这是亲日防共实现和平的新阶段。今后只有新政权才能为民众谋福利。2. 新中央政权完全继承临时政府的施政方针，委任华北政务委员会代行其政务，一切有关民生福利仍按旧章以安民心。3. 应使民众明了，在华北政务委员会和新民会表里一体的施政指导下，团结一致拥护华北的特殊体制，积极参与治安建设，就是真正增进民众的福利，明确华北民众努力的方向。4. 随着治安工作的进展，各地要在适当时机，向民众说明肃正建设的具体事例，用以揭穿敌方的欺骗宣传，增强民众对日本的信赖”。在占领区以外，要“大力宣传肃正建设的真相，使民众相信帝国对事变处理的坚定决心及实力。对第三国，要使之认识到，援蒋实际上并不能维持其在中国的既得利益”。③

1940年4月20日，在“黄城事务所”、“中央灭共委员会”所提出方案的基础上，日军华北方面军颁布了堪称“总体战”大纲的《华北地区思想战指导纲要》，对在华北开展对华宣传战的指导精神、方针和要领等进行了详细指示。其“指导精神”以建设所谓“东亚新秩序”为号召，声称要“立足于我肇国之伟大精神，芟除东亚积年祸根，再建明朗

① 《华北治安战》（上），第218、219页。

② 《华北治安战》（上），第227页。

③ 《华北治安战》（上），第232页。

之新中国，一举实现东亚民族之兴隆，以建设东亚新秩序，俾皇道之光泽披四海”。何为“东亚积年祸根”？文件中未明白表示，而从其后的表述可以看出，不外乎所谓“中国民众历来的排他的、妄自尊大的国家主义及民族意识”、“共产主义、误读的三民主义、依赖欧美的思想”等。换言之，日本的对华宣传战，乃是指向中国人民的民族主义、共产主义和三民主义的，并带有将欧美苏势力驱逐出东亚，独霸东亚，建立所谓“东亚新秩序”进而称霸世界的意向（“俾皇道之光泽披四海”）。

在“指导要领”方面，文件提出“思想战应与武力战以及经济、民生、教育等各项工作互相配合、同时进行，在一元化的领导下，使全部机关形成一体，而各自发挥其机能的特性”。[①]

文件后附《华北地区思想战指导纲要附录书》中，对如何引导中国人、日本人及第三国人，使之“理解事变的真相”、协助日本建设所谓的“东亚新秩序”等进行了详细的阐述。

最根本的，关于如何摧毁策动对日“思想战”的根源问题，日方强调要加强监察及搜集情报，武力“扫荡”“共产军、匪”，在“进行讨伐行动时，重点指向共产军、匪，彻底扫荡，摧毁其游击根据地”，检举、“扑灭”“共产、抗日分子”，“消灭共产抗日团体据点”。在对国共两党工作方面，提出要“在摧毁敌人斗争意志的同时，煽动国共斗争，使敌军从内部崩溃；鼓动敌方势力范围内的中国民众，掀起高昂的反战和平气氛；诱导民心，使之反蒋排共，归附于新政权”。[②]

1940年8月25日，日本内阁情报部撰文介绍华北局势，认为国共两党的武装力量均无足观，而共产党军队的战斗力远比国民党军队旺盛，“不过，相对于武力来说，共军最强大的武器则是从政治和思想方面对愚蠢而贫穷的民众进行煽动及经济怀柔，事实上他们也取得了一定的成功”。“绝不可小视作为抗日核心势力的共军的流毒。”[③] 可见此时日本政府在宣传战上更为重视中共。

---

① 「華北に於ける思想戦指導要綱送付の件」、JACAR、Ref. C04121954000。

② 「華北に於ける思想戦指導要綱送付の件」、JACAR、Ref. C04121954000。

③ 「北支の特殊事情」『週報』第201号、JACAR、Ref. A06031036300。

日本对华“思想战”重点的调整，与这一时期的日蒋间“和平运动”及国共关系的变化有密切联系。武汉沦陷后，抗战进入了日本最不愿意看到的相持阶段。出于摆脱中国困局、实现其世界野心的目的，日本开始积极诱降国民党政权，并取得了以汪精卫等的“合作”。日蒋之间，也在进行和谈。而国共关系，则从全面抗战初期的短暂蜜月期到开始频繁发生摩擦。日方注意及此，遂将宣传战的打击重点转向中共。

1940 年 8～12 月，中共发动百团大战，华北日军遭受沉重打击，由此加大了对中共的打击力度。在宣传战方面，日方也采取了一系列反制措施。日军意识到，“为了笼络人心，应该抓住直接影响民众生活的切实问题进行治安工作。进行宣传、宣抚工作，应尽量提示具体、简明的内容”。[①] 日军因此更为重视对中共的情报工作。

从 1941 年 3 月开始，日军在华北进行了五次针对中共的“治安强化运动”，[②] 其中很重要的一项就是宣传。运动开始前有所谓“预备宣传”，运动开始后有“运动中的宣传”，运动结束后又有“事后宣传”。当时的同盟通讯社、“中华通讯社”、各地的中日记者、“华北广播协会”均积极参与其事。宣传的手段，则有以飞机大肆散布宣传单，以通俗易懂的文件、漫画攻击中共，巡回放映宣传“治安强化”的电影，演戏，等等。日军意识到，“剿共一事，仅靠武力进行讨伐，不能取得成效。必须以积极顽强的努力和统一发挥军、政、民的力量，摧毁破坏敌的组织力量和争取民众为重点”。为此，日军决定赋予伪政权、伪组织更多的自主权，采取一系列措施来引诱汉奸组织为日本服务。“应使新民会进一步将矛头指向剿共工作。共党的地下势力是华北建设的主要敌人，使用新民会所组织的斗争力量与其对抗最为适当，但必须尽快加强其工作内容。同时，逐步由县城走向农村推进工作，使之对共党势力采取攻

① 《华北治安战》（上），第 327 页。

② 江沛认为：“‘治安强化运动’是日本政府及军部一系列对华政策和太平洋区域整体作战计划调整的必然结果，是日本政府及军部维持本土、伪满洲国及太平洋战争战略需要的必然步骤。在促使日伪政权做出展开‘治安强化运动’决策的诸多因素中，百团大战只是一个偶然巧合而非决定性的因素。”《日伪“治安强化运动”研究》，南开大学出版社，2006，“导言”，第 4 页。

势。为此，在扩大对新民会本身的基层组织同时，积极促进和扩大乡村自治自卫组织，并与民众打成一片，形成以新民会地方分会为核心，依靠其斗争力量及组织力量，驱除共党势力。”①

1941年7月9日，日军华北方面军根据年度计划，下达了对中共晋察冀边区的“肃正作战计划”，目标直指边区的中心根据地冀西地区。该地区位于太行山脉北部，南北长300公里，东西宽100公里，地势险峻，日本人机构调查认为其中有中共武装4万人，且治下民众“均受过充分的组织训练，其战斗力不容轻视”。因此日军采取了以军事行动结合政治、经济、文化等活动的整体作战，试图一举困死该地区的中共武装。为此，日军作战计划特别对作战中如何进行宣传报道做了指示：“作战时，力求捕获敌军党的首脑，破坏党组织的中枢，使其组织力量陷于混乱。”“应使敌区的民众认清此次作战的真义，并使良民和共产党分离。特别是将其优秀分子送至后方，进行宣抚，尽量使之为我所用。”“为了达到以上两项目的，除对进攻兵团配备必要的宪兵外，应进行有效的宣传和政治工作。”“担任捕掳敌方干部、收集物资、进行宣传、修筑公路及政治工作等的特设部队，须预先进行训练。”

7月16日，日军发布了此次作战的宣传报道计划：

晋察冀边区肃正作战宣传报道计划

第一　方针

一、宣传报道工作，应使民众深刻理解华北共军为日中的共同敌人，使之看清我军不将共军驱出华北决不罢休的决心和实力，并认清只有结合作战努力开展政治、经济、文化等各种工作，才能完全达到其目的的道理，促使日中民众协助上述各项工作。

二、应使民众周知，晋察冀边区共军的存在实为华北治安的最大隐患。肃清该共军，不但对边区民众，即对华北全区民众的生活提

① 1941年2月25日、26日日军华北方面军管内参谋长联席会议记录，见《华北治安战》（十），第361、364、367页。

高，也将做出极大的贡献。

三、对作战地区内居民及共军的宣传，应以达到以下目的为重点。

（一）使一般外围分子从共军的核心分子中分离出来，以达到使党、军分裂的目的。

（二）策划共军与一般民众间的离间工作。

（三）使中共中央对共军盘踞华北感到绝望。

第二　实施要领

宣传报道，应尽量做到根据具体事物，特别是用事实作证明，以取得成效。

一、作战准备期间

（一）作战准备期间，采取一切手段隐匿我方意图。

（二）由方面军统一规定随军记者的派遣及配属。

二、作战期间

（一）报道

1. 方面军主要处理有关作战意义、综合战况等政治方面的问题。第一线主要报道局部的战况，官兵奋战的状况，特别要报道共产地区的实际情况，例如有关共军暴行、虚伪的政策和民众生活疲惫等情况。

2. 作战开始时禁止报道，待摧毁敌之集体战斗力的目标已经确实，方可解除禁令。具体时间由方面军通报。

3. 尽量利用照片。通讯、报道的检查全部由方面军进行。

4. 方面军根据需要，特别是在第一期末，发表战果。

（二）宣传

1. 方面军用飞机散发传单，对作战地区敌人及敌区居民进行宣传。第一线兵团用自己准备的宣传品及方面军颁发的宣传品，主要对进攻地区的敌人及居民进行宣传，为此，以运用政治工作班为宜。

2. 对进攻地区内的敌方宣传，应全部破坏和涂掉。

3. 对俘虏及强行拉走的居民尽量加以利用。

三、作战结束以后

（一）关于作战成果由华北方面军发表公告。

（二）第一线兵团尽快报告以下事项：

1. 敌方宣传情况。

2. 对我宣传报道的意见。①

1941 年 12 月 13 日，华北方面军参谋长召集“新民会”中央总会日系职员，就该会的活动及职员行动准则做了指示，强调“为了能使华北民众与中国共产党分离，只有依靠新民会”，必须支持“以中国人为中心进行新民会的活动”。在 1942 年 1 月 8 日召开的兵团长会议上，日方印发《新民会扶持大纲》及其说明，提出“大家知道，共产党以党、政、军三位一体，与民众关系有如鱼水，正在积极争取民众，我方也必须以军、政、会三者与之对抗，打一场争取民众的战争”。② 这种与军事打击相配合的宣传活动，使华北的宣传战线一时出现了“敌进我退”的严重局势。

1941 年底，中共北方局宣传部部长李大章撰文分析了这种局面形成的原因，认为首先在于敌人宣传战略和特点的变化，即宣传战上的统一指挥领导与集中使用力量，日军在华北建立了“华北宣传联盟”及其分部，统一指挥对华宣传，工作有组织有计划；其次，“敌寇的宣传工作富有灵活机动性，有针对性”；再次，“敌寇在宣传工作上善于争取主动，特别是善于抓住某些特大事件（如皖南事变等）对我‘闪击’”；最后，“敌寇善于利用封建迷信团体和叛徒自首分子来‘以华制华’，宣传反共”。③

太平洋战争爆发后，日本战略重心南移，无法将更多的精力投入中国战场，只能以投入最少量的兵力维持与中国抗日力量之间的战略均势为限。有鉴于此，侵华日军在珍珠港事变之前即已决定加强对中国抗日武装的打击，以利于在中国“维持治安”。事变后则进一步强化宣传所谓的建

① 《华北治安战》（上），第 422、424、426、429 ~ 432 页。

② 《华北治安战》（下），第 51 ~ 52 页。

③ 李大章：《论对敌伪宣传鼓动工作中的几个问题》，《新华日报》（华北版）1941 年 11 月 1 日。

设“大东亚共荣圈”理论。

所谓“大东亚共荣圈”理论，并非陡然形成的。早在19世纪末，日本的一些政客、学者就在叫嚣“图南”、“南洋经略”。甲午战争后，日本派遣人员对南洋做了大量调查，以至于在明治末年和大正初年，日本社会出现了令人瞩目的“南洋研究热”。第一次世界大战爆发后，日本又提出了所谓“东洋自给圈”，主张废除日华之间的“经济国界”，设立“日华经济区”，以此为中心，把北起西伯利亚，南至印度、澳大利亚的广大地区尽收眼底，实行“王道亲善”。[①] 1939年9月，第二次世界大战全面爆发后，英、法、荷等老牌殖民主义强国或败或降，东南亚一时成为“真空地带”，更刺激了日本对东亚的野心。1940年7月3日，在日本发行量最大的《周报》上，军方人士撰文评说时局。日本陆军方面认为，随着欧战的发展、德国的扩张，世界日益趋于形成四大集团掌控世界的格局，即以欧洲大陆强国为主，包括欧洲和非洲大陆的集团；以美国为中心的南北美洲集团；以苏联为中心的集团；“涵盖日满支三国及南洋的东亚集团”。日本的“理想”，就是成为“以日满支三国为轴心并包括南方”的“东亚”的领导国家，建设“东亚新秩序”。“东亚新秩序”的建成需要经历三个阶段：“满洲事变”—“支那事变”—实现南方政策。海军方面亦指出，七七事变以来日本的目的在于“以确立日满支三国在政治、经济、文化上的相互提携为基础……确立东亚的国际正义、达致共同防共、造就新文化和实现经济结合”。对于所谓“东亚”，则明确指出：“此次所谓东亚，不仅包括日满支三国，也包括东南亚地区以及南太平洋上的各个岛屿。”[②] 1940年7月19日，近卫文麿组阁前召开的“荻洼会议”确定了武力“南进”的方针。不久，日本即确立了“以日满支为骨干”，包括东南亚各地的“大东亚共荣圈”的范围。

为此，日本大力鼓吹所谓的“八纮一宇”，要求亚洲各民族必须以日

---

① 吕万和、崔树菊：《日本“大东亚共荣圈”迷梦的形成及其破灭》，《世界历史》1983年第4期。

② 「世界情勢と事変の処理の目標」（陸軍省情報部）、「支那事変と帝國海軍」（海軍省海軍軍事普及部）、『週報』第194号、JACAR、Ref. A06031035600。

本为“本家”或“宗家”，把自己当作“分家”，彻底消灭自身的民族观念，促进东亚“共同繁荣”。又鼓吹以所谓“东亚精神文化”取代“欧洲物质万能文化”。

在中国，日军试图“剿灭”中共武装以维持华北作为日本战争资源稳定供应地的“治安战”和中共方面的反抗与斗争成为此后华北抗战的重要组成部分，而宣传战则成为双方斗争的重要手段。

太平洋战争发生之初，中国反日、抗日势力一度出现乐观情绪，而随着日本在南方的步步推进，这种情绪迅速转变，当时日方所谓“占领区域内的中国民众，现在都认识到日本惊人的实力……有逐渐服从我军强力领导的趋势”，“依靠日本的心理有所增长”云云，① 绝非空穴来风。然而日方并未掉以轻心，而是对中国方面的宣传加倍警惕，指出“敌方大事宣传驻华日军将要撤退，日本必败，以扰乱民心，策动反日，其谋略工作也有逐渐增强的倾向。这些都是值得注意，应予警惕的”，“在我势力范围以外的地区，敌方宣传及各项工作则相当深入”，“华北当前的首要任务是强化治安，即剿共”。②1941 年 12 月，日军华北方面军在军事情报部门中设立“对共调查班”，加强对中共党、政、军实际情况的调查研究，其主要业务包括：①调查中共工作的实际情况，分析缴获文件；②研究治安对策，并做出有关献策；③综合、评价送来的情报；④对当地驻军进行有关中共势力情况的教育；⑤编辑发行《剿共指针》等资料。“对共调查班”总部设于北平，在济南、太原、石门设有支部，配属于当地驻军。总部拥有七八十名成员，开始时以原日军华北方面军特务机关“黄城事务所”成员为基干，后来逐渐增加了陆军学校毕业生、宪兵、各兵团的情报官等。支部成员 5～10 名，必要时由总部增援。据日方宣称，1942～1943 年间，“成绩最为显著”。③设立当月，调查班即发现了中共在冀东开展伪军伪组织工作的情形，了解到中共在

① 《华北治安战》（下），第 4、10 页。

② 《华北治安战》（下），第 10、32、75 页。

③ 《华北治安战》（下），第 15～16 页。

该地开展地下工作及伪军工作的方针、方法和手段。[①]军事行动范围以外的情况，如日语普及情形、占领区民众心理状态等则由各地特务机关、“兴亚院”以及各公司的调查部为主体进行调查，同时负责开展奴化活动。

1941 年 12 月 3 日，日军华北方面军报道部制订了《あ号作战时的华北宣传计划》，其重点为：“（一）对中国的宣传以中国政、会、民各机关团体的活动为主；（二）对占领区的宣传以安定民心为主要目标，并贯彻此次战争是东亚民族解放战争的意义；（三）对非占领区的宣传，应使其酿成反蒋反共的气氛，期使敌方抗战体制崩溃；（四）使在华日侨提高自觉，对战争做出贡献。”[②]

1942 年 3 月 31 日，日本陆军大本营做出了有关“对华宣传谋略”的指示，提出要“积极地大规模地开展厌战及反对英美的思想运动”，要求“选拔投诚的士兵、掌握的人物及第三国人等，对他们进行教育后，使之潜入现地进行宣传”，“在中国各地，发动适合当地情况的民众运动”。[③]

日方对中共的政治攻势取得了一定的效果。据日方统计，进入 1942 年，“根据宪兵队的计划和指导，对俘虏中的优秀分子进行特殊的教育，使之积极地从事特务活动，取得了显著成效。在 1 至 4 月期间，被检举揭发出来的敌对分子约达 6500 人”。[④] 1941～1942 年两年中，解放区缩小了，人口由 1 亿下降到 5000 万，八路军由 40 万人减少到 30 万人，新四军由 13.5 万人减少到 11 万人。这一阶段是中共发展历史上极为困难的时期。

中共方面采取了组织敌后武工队等积极的应对措施。敌后武工队一般由 20～30 人组成，成员文武兼备，他们从政治、军事两方面打击日伪集

① 《华北治安战》（下），第 28～31 页。
② 《华北治安战》（下），第 70 页。
③ 《华北治安战》（下），第 90 页。
④ 《华北治安战》（下），第 150 页。

团，取得了较好的效果。[①] 加上中共对以往错误做法的反思和改进，这一阶段中共的对敌伪宣传工作取得了一定的成效，原在华日人反战同盟成员小林清认为："随着党的俘虏政策在日军士兵中的深入和瓦解日军工作的加强，日军中反战、厌战情绪日盛，逃亡、自杀、投诚事件日益增多。在八路军中的日本人，一九四〇年自动投诚者占百分之七，一九四二年占百分之三十八，一九四三年占百分之四十八。"[②] 日本官方也承认："自1941年以来，逐渐好转的华北的治安，至1942年底又趋恶化。本年（1943年）夏季以来，中共的活动再度激化，致使治安急剧显著变坏。"[③] 日本"大东亚省"总务局总务课1944年7月发表的一份调查报告对抗战以来中共的对敌伪宣传进行了总结，称："中共方面为使国民政府（指伪政权——引者注）的军队、警察由和平阵营转到抗日阵营，努力以口语化的文字激发其民族意识，获得了相当（大）的成果。"在华北和华中，由于中共的反复宣传，伪军低级军官和士兵了解到盟军在欧洲和太平洋的进展，有些伪军起义了，有些则在遭遇中共军队时，尽管处境并不严峻，仍然选择了放下武器投降。[④] "情报显示，国民政府（指伪政权——引者注）军队、保安队、警察、自卫团等之叛乱事件有日行增加之趋势。"[⑤]

1942年夏，日军提出"北伐北进军事第一，扫除苏联赤化；西伐西进政治第一，煽惑重庆政权；南伐南进文化第一，联络联盟投降，拥护汪精卫政权，以达协助中国之目的"的口号，[⑥] 显然，由于无法"煽惑"和"联络"中共，日军已在某种程度上放弃了对中共的宣传攻势而转入武力

① 柳茂坤：《抗日战争时期的敌后武工队》，《抗日战争研究》1993年第2期。关于敌后武工队的人数，各敌后根据地有所不同。《中共中央北方局关于坚持平原根据地与反对蚕食斗争的指示》指出："在山区坚决进行反蚕食斗争，以为数四五十人之武装工作队（由编散的班排干部组成，施以一个月的敌区政策和锄奸、爆炸等技术教育，在太行区已组成十八对）深入敌占区活动。"中国人民解放军历史资料丛书编审委员会编《八路军·文献》，解放军出版社，1994，第822页。

② 〔日〕小林清：《在华日人反战组织史话》，第8页；《在华日人反战同盟的宣传活动》，鹿地亘資料調査刊行会編「日本人民反戦同盟資料」第9卷、第150頁。

③ 《华北治安战》（下），第340页。

④ 「中共概説」、JACAR、Ref. A06033500100。

⑤ 「中共概説」、JACAR、Ref. A06033500100。

⑥ 李达：《抗战中的八路军一二九师》，人民出版社，1985，第226页。

强攻。日方也承认，“自1942年秋季以来，大东亚战争的局势转化为对日方不利，而华北治安战也随之一蹶不振”。[①]

1943年9月，日军在华北建立了以侦察中共秘密组织及秘密活动为主要任务的部队“华北特别警备队”（简称“北特警”）。日方对“北特警”抱以重望，而其实际上却并未取得多大成果。1943年秋，“华北政务委员会”下设立“剿共委员会”，负责为“剿共”进行情报收集、宣传、教育等工作，但由于经费及人员缺乏，一直没有什么进展，到1944年底被撤销。

在1943年的山东，日军强化了宣传机构，中共方面总结称：

省设宣传局，县设宣传科，把过去不统一的宣传室、宣抚班等一律统一起来，开始训练宣传干部，新民会也设专门的宣传部门，与日军伪政府的宣传机关三者合一的进行工作。在游击区也组织政治工作队，新民先锋队，实行武装宣传。

宣传内容着重反共、排除英美、日军对华新政策，企图以宣传来激发人民参战意识，强调国共相克，而以反共宣传为主。提出改正过去的超实宣传，如“中共灭亡了”；落伍宣传，如说“共产党如猛兽”等，此外致力于反驳我之土地政策，挑拨阶级关系，曲解我之各种法令，如合理负担、人民武装等。

至于强调国共相克，则是使敌占区人民悲观失望，借民众对国民党的某些幻想，以反击我党。强调宣传工作对伪政府工作之协同，如协同收买粮食、组织保甲等宣传，认为宣传脱离实践，则无力量。

强化文化活动，团结知识青年，各地成立文艺团体，认为动员知识青年就能争取思想战之胜利，对于青年学生之奴化教育更为严重。

宣传方式着重于口头宣传与训练，各地建立宣传网，以为要深入农村，反对共产欺骗必须着重口头宣传。

……

目前敌人不论大小“扫荡”，均有随军出发之宣传人员，敌人称

① 《华北治安战》（下），第100页。

之为治安工作班，冀东一次“扫荡”组织四十二个宣抚班，一起出发活动。[①]

进入1944年后，日本势力日蹙，为了达成与美国谈判的有利条件，试图通过怀柔中共达到“与苏联握手”的目的（另一个目的则是离间国共关系，激化其矛盾）。据当时日本大本营陆军参谋田中敬二中佐回忆：“作为对战争终局指导思想的一环，当时的设想是，为了与美国谈判，首先要与苏联的莫洛托夫握手，而作为与莫洛托夫谈判的手段，就要考虑怀柔毛泽东。同时，还要推进对重庆的政治工作。”然而，日军中国派遣军认为此举实为“容共”政策，将极大影响日军的“剿共”方针及对汪伪政权的“指导”，因而极力反对。[②]

第五节　日本对华宣传效果

抗战时期中日间在宣传战上的胜负得失，固然与整个战局紧密相关，但又并不是绝对的同步关系。宣传战是需要双方在战略战术部署上全身心投入方可成功的严酷战争。百团大战期间，日军“宣抚”工作较成功的地方，中共战果即较少。反之，抗战期间经过中共宣传教育的日伪军，与中共对峙时消极怠工的例子则不鲜见，足见宣传之效力。

抗战期间中日间的宣传战，日方拥有诸多有利条件。从宣传的方法和手段来说，日军主要是利用飞机散发宣传品和进行无线电广播、巡回播放电影等。抗战期间中国领空的制空权，大部分时间为日本掌握，因而其可以恣意地大量散布宣传品以打击中国军民。而日方的对华无线电广播站影响也比中方大。据统计，抗战时期日方在沦陷区建立的广播站达62座之多，遍布东北、华北、华中、华南各地。其中“华北广播协会”控制下

① 肖华：《关于对敌斗争问题——肖华同志在全山东政治工作会议上的总结报告》，《山东革命历史档案资料选编》第12辑，第40～41页。

② 《华北治安战》（下），第427～429页。

的广播电台8座，总发射功率为100多千瓦。[①] 相比之下，重庆除了功率达35千瓦的强力短波电台，中、长波电台总功率不过31.5千瓦，延安的新华广播电台更是电力不稳定，功率小，影响亦较小。日方巡回放映电影、演剧等，也曾“收到很大效果”。[②]

此外，日方利用特务搜集情报及宣传也颇见成效。日本早在七七事变前就构筑了遍布中国各地的发达的特务网络。日本特务训练有素，人数众多，又有日本军政当局的财政支持，工作效率极高，为日本宣传部门提供了大量的一手资料，使其进行对华宣传时能够有的放矢。[③] 关于日军特务，刘伯承1942年说：“现在日伪和国民党顽固派这两家的特务活动都很厉害。而我们的情报工作远不如敌人。”[④] 从日军华北方面军参谋部第二课1939年3月31日制定完成的一份《军占领区域内匪情及治安恢复状态要图》来看，日本人在其华北占领区地图上，密密麻麻地列出了国、共、日、伪四方在华北的军力（包括正规军及游击队、带有两党色彩的地方武装等）分布，小到百十余人，大到几千人的武装，悉数列于图上。[⑤] 这样的情报，特别是关于散布于广袤的华北土地上的小型抗日武装的情报，没有深入细致的侦察工作，必定是无法得到的。此外，如邮寄宣传文件、利用宗教人士进行宣传、利用外国记者为日本宣传等，也是日方较常用的方法，都取得了一定效果。

日方对中国方面对日宣传的反应，也可以说是迅速、及时。如对中共，在百团大战发生之前，日军对中共的情况其实已有所了解，并对中共的宣传做出了应对部署，要求迅速编订思想教育材料，下发至部队，强化官兵“忠君爱国”、献身“圣战”的思想，对于“思想上要注意人士”

---

① 哈艳秋：《回旋历史的声音（下篇）——简论日本侵华时期的日伪广播》，《中国广播》2005年第12期。

② 《华北治安战》（上），第447页。

③ 柯绛：《日本在华特务机关调查统计（1935～1936年）》，《民国档案》1996年第1期；王杉：《抗日战争时期日本在华特务情报网的设置》，《西北大学学报》（哲学社会科学版）1996年第3期。

④ 李达：《抗战中的八路军一二九师》，第228页。

⑤ 「軍占拠地域内匪情及治安回復状況要図送付の件」、JACAR、Ref. C04120975500。

则严加监督，对中共的宣传严加预防，防止日军官兵接触中共宣传品，如果接触了如何进行驳斥，改善官兵医疗条件，老兵轮休，等等。[①]

萧华在回顾1943年中共在山东工作时指出："五六年来由于敌人认真积极实施宣传战，敌占区青年不少受其欺骗，民族思想模糊，以为帮助敌人在伪政权、伪军中工作不是汉奸，对抗战活动，对我军我党很少甚至毫无理解。""总之，敌寇之想尽一切办法挽救其政治劣势，加紧欺骗宣传，我不能一概以为无效而忽视。"[②]

然而日军的宣传，最终归于失败。其原因是多方面的。日本在战后总结抗战期间其所谓"华北治安战"的失利原因时，提到以下两点。[③] 其一，中国民族主义运动方兴未艾，而很多日本领导人仍视中国为旧军阀时代之中国。关于此点，李宗仁在总结抗战日本失败原因时亦曾指出，日本认为"中国被国内的少数民族征服已不止一次，往者有蒙古，近者有满洲。满、蒙二族尚且统治中国，况日本乎？殊不知日本这种想法是完全错误的。时至二十世纪中叶，全球所有被压迫民族独立图存的风气已如火如荼。西方帝国主义且已日益式微，继起的日本焉能后来居上?"[④] 日本的对华宣传，固然蛊惑了不少中国人，而相对于整个中华民族的抗日怒吼，日本人也罢，汉奸也罢，其叫嚣固不足道。其二，日本的反共思想，"是在日本的大东亚新秩序理论、中国的传统思想及三民主义的基础上仓促拼凑的"，属于"内容极端抽象、超越现实、缺乏实践性的理论"，"一般民众既不理解，也不感兴趣"。

从日本民众的角度来说，日本社会自甲午以来蔑视中国的思想，早已深入一般日本民众心里，欲其放低身段，做出哪怕是表面上的"真情实意"姿态来笼络中国人心，亦属不易。以至于呈现出一边是日军高唱"东亚共荣"、"王道乐土"，一边是日军大肆残杀及掳掠中国民众的诡异

---

① 「共産党ノ我軍隊ニ対スル思想的瓦解工作ノ真相ト之カ防遏方策」、JACAR、Ref. A03032006400。

② 肖华：《关于对敌斗争问题——肖华同志在全山东政治工作会议上的总结报告》，《山东革命历史档案资料选编》第12辑，第41页。

③ 《华北治安战》（下），第472、483页。

④ 李宗仁口述，唐德刚撰写《李宗仁回忆录》，华东师范大学出版社，1996，第600页。

景象。

就日本上层而言，对于对华宣传战也缺乏热情。日本侵华，初恃其军事、经济上对华的绝对优势，欲一举击溃中国。及至战况陷入僵局，不得不乞灵于“政治解决”，日方仍更为迷恋军事打击的效力，认为“对于民众工作，在政治、经济、思想、宣传等方面的措施，固属重要，但民众要依靠能够保护他们生命和保障他们生活的强有力者。以压倒共军为基础，治安工作才能取得成效。方面军的一贯方针是大力推行积极的讨伐作战，而使治安工作与之密切结合”。① 1939 年 12 月日本“中央灭共委员会”调查部上呈日军华北方面军司令部的《争取民众工作实绩管见》中提出：“观察现阶段争取民众的工作，在占领区内，以掌控民众为主要目标的各种政治、经济宣传及宣抚活动正在稳步推进，民众有逐渐依附于我的倾向，然此种情形之出现，实以我军之武力背景为主要原因，其真正对我心悦诚服者有几许，颇可怀疑。”1942 年，日军华北方面军第二课所整理的冀中南部资料尚强调：“应当看到匪区的全体民众都是怀有敌意的，因此单凭宣抚工作来分离匪与民是很困难的。”②

另一方面，对于中方的对日宣传，日方以为日军有“大和魂”为思想基础，中方宣传绝对动摇不了日军官兵。③ 及至日方士兵受到中方宣传战影响，士气受挫，方逐渐转变态度，增强对华了解，试图进行适应中国国情的对华宣传，甚至试图利用“新民会”、“大民会”等汉奸组织，为日方的宣传战呐喊助威。而其内心对中国人又怀有疑虑，处处提防，予以种种限制，使之不能发挥作用，加之中国人不愿意为日本卖命，“缺乏主动性和积极性”，形成“日本人拼命干，中国人休息”的现象。④

中共的俘虏政策对日军影响较大，而日方的应对，则无外乎强化

---

① 《华北治安战》（下），第 164 页。

② 《华北治安战》（下），第 142～143 页。

③ 「共産党ノ我軍隊ニ対スル思想的瓦解工作ノ真相ト之カ防遏方策」、JACAR、Ref. A03032006400。

④ 《华北治安战》（下），第 481 页。

“当俘虏可耻”的思想教育、改善士兵待遇等（而在战争中后期则连这一点也无法做到），对于侵华战争的非正义性，日方终究无法给出合理的解释。因而中共方面的日俘最终多被感化，日方则反是。宣传的真谛在于“以心换心”，使宣传对象能够心悦诚服地接受自己的观点。何以服人？唯有事实。再动人的宣传，如果口惠而实不至，必然失去受众的信任。中共以阶级友爱作为对日宣传口号，而对待日军俘虏亦出以阶级友爱，因而日俘心悦诚服。日方以“大东亚共荣”为号召，实则于中国军民烧杀掳掠奸淫，无所不至，自然不得人心。看日军在抗战各个时期的对华宣传计划，无不细密周到，而宣传效果则往往不尽如人意，与其口惠而实不至、苛待中国民众有莫大关系。当然，最为关键的是，在民族意识觉醒、民族主义运动蓬勃发展的中国，任何试图奴役中国人民的企图，都是不可能成功的。

日本政府对于对华宣传战的得失利弊，也组织过多次研讨，试图予以改进。1941 年 8 月，在日本外交协会第 489 次例会上，建国大学教授、前中国派遣军总司令部嘱托中山优发表了题为《关于对支思想战》的演讲，对日本的对华“思想战”进行了总结和反省。①

在这次演讲中，中山优首先强调中国问题所具有的世界性意义。他认为，“思想战”在日本的国家战略中占有重要地位——大家都强调资源对于日本的重要性，实际上对资源属地民心的控制更为重要，没有民众的支持，日本就没法牢牢掌控各种资源，所以日本必须采取正确的思想政策。其中中国问题又尤为关键，“虽然不能说解决了支那问题就等于完成了大东亚共荣圈的建设，但假如支那问题拖而不决，则必然限制我们在其他方面的活动”。“支那问题”涉及对英美问题、对俄问题，“具有世界性关联，只有从世界范围考虑，才有可能解决这个问题”。他认为，中国问题的解决将成为解决其他问题的契机。②

关于日本政府对中国占领区的政策，中山优指出，中国问题已经进入

---

① 「対支思想戦に就て」、JACAR、Ref. B02030931700。

② 「対支思想戦に就て」、JACAR、Ref. B02030931700。

“长期战”阶段，“马上得天下，不可马上治天下”，和军事斗争相比，经济战、“思想战”的重要性更为突出，而相比起物质的因素，人的因素更为重要。尽管日本的势力进入了北平、南京、上海、广东等地，但这些不过是“物理”性的力量，日本的思想和社会力量并未真正渗透到中国社会内部。对于日本支持的南京傀儡政权，中国人毋宁说是抱着一种反感、轻蔑的态度，而将希望寄托于重庆政府。在攻下汉口后，日本对华政策业已进入“政治解决”的阶段，然而直至其发表演讲时，“政治解决”显然是失败了，只能寄希望于“社会解决”。所谓的“社会解决”，乃是说普通中国人仍然希望和平，对南京的“和平建国方案”寄予希望，而由于受到重庆方面抗日宣传的“蒙蔽”，没有勇气冒险参与这一方案的实施，对是否应该相信日本抱有疑虑。“社会解决”计划的实施，就是要创造出能够释放中国人内心和平渴望并信赖日本人的社会舆论。“社会解决”是一场持久战，其中最为重要的就是思想工作。思想工作需有其具体对象和特色，苏联对华“思想战”的对象是华北的小农，美英的对象是华中、华南的银行家，日本须有以异之，当在于长江中下游之中小企业家。

中山优认为，“思想战”可以分为两个部分，一为对内，如《大学》之“明明德”，一为对外，如《大学》之“亲民”或“新民”，对外中又有对第三国的“思想战”。对内需加强思想管制，避免内讧，动员日本民众积极参与“支那事变”的“解决”。在对外方面，需加强“和平派”阵营而削弱抗日派阵营。在对第三国方面，则需尽可能地利用对日本抱有同情心的国家。

中山优认为，中国的民族主义思想处于发展阶段，日中关系的继续对立只会加速其发展。对华“思想战”的重点就在于“修正”中国民族精神的发展方向。在中国的各外国势力中，美英主张维持现状，日本希望打破现状，而中国由于长期处于美、英、俄的“慢性侵略”（指教育等）之下，缺乏“东亚”的自觉，难以理解“东亚新秩序”的意义，认为美英的“帝国主义”优于日本帝国主义。为此，需在以下四个方面下功夫，俾中国民众正确认识“日本精神”：第一，日本的对华思想必须光明正大。第二，这种思想应该是具体的。此前日本与中国缺乏长期的共同目标，即便有暂时的共同目标也缺乏保证其延续性和发展的组织，这种情况应予以改变。第三，这种具体思想应具有现实性。中国人很现实，应向他们展示日本“援助”中国的实际证据，这样才能使其信服日本。第四，日本方面的行为应具有延续性，驻华日军和东京方面的行为要保持一致。

中山优对日本发动的“东亚同盟运动”进行了评价，认为“思想战”应该达到令敌人心存感激的效果。“比如孙文的思想，尽管包含不好的部分，但其主张大亚洲主义，如果去除其中不好的部分，使之纯粹化，那么孙文的思想是可以作为中国的主流思想的。”“满洲国的建立是东亚同盟在亚洲的实践。满洲国是立足于东方道义基础之上的民族协和的独立国家，当满洲建国的精神充盈于东亚天地间的时候，东亚同盟也就形成了。”“建立东亚同盟是圣战的宗旨。日方发表在政治独立、军事、文化、经济走向大同四个层面上建立以日满支三国为核心的东亚各国新秩序的声明，并印成《告派遣军将士书》的小册子。”在宜昌附近的一次战役后，中国方面在检查阵亡日军士兵背囊的时候发现了这些小册子，而这些小册子并非用于对敌宣传而是下达到日军普通士兵手中的（只是“无意中”流传到了中国军队手中），“中国人为此心存感激”，类似的传闻很多。对于中国人来说，“近卫声明中所传达的思想至少是有意义的，‘政治独立’可以让他们安心”。“而对于和平阵营中中国方面人士而言，首先，声明的内容无可非议；其次，从延续自身正统性的角度来说，国民党必须传承孙文的思想，而东亚同盟论从中国方面来说是（孙文的）大亚洲主义，就日本方面而言则为近卫声明。”

中山优也对日本方面在“东亚同盟运动”中的“错误”进行了批评，比如报纸的报道有时和政府的表态不一致。另外，他认为，“文化的本质在于随着文化生活的丰富和社会生活机构的复杂化，国家不得不引进外来文化，而在引进之时，必须在坚定地维护日本国体的基础上进行取舍。国体明证的努力无论如何进行都不为过。反之，在输出本国思想的时候，则要尽可能地使之大众化”。[①] 以往基督教通过儒化的方式达到其在华广泛传播的目的，这种方法值得借鉴。“东亚新秩序”和“大东亚共荣圈”是日本的思想输出，日本方面做到了“明明德”，而在“新民”方面则仍需努力。

中山优认为“东亚同盟”并非纸上谈兵，其包含了“满洲国建立以来的血泪”。“以日本为中心的东亚新秩序立足于中日基本条约，条约的形式大致平等，但条约的内容则不必平等。”“满洲国”的建立，弃西方的霸道而用东洋传统，以建立“王道乐土”为目标，是“东洋的文艺复兴”，等等。

最后，中山优再次强调，中国问题不在于“支那的土地”，而在于如何感化中国人。“比如汪精卫就是出于对日本的感激而重建陷入绝境的南京政府。”因此只要“坚持东亚共同的大目标，大步向前，（中国人）总会回应（日本的善意）的”。

中山优巧舌如簧，承认中国民众蔑视汪伪政权而寄望于重庆国民政府的现实，也指出了日本对华“思想战”中的某些问题。对于迷信武力、试图以武力屈服中国的日本军国主义分子，他提出“马上得天下，不可以马上治天下”，认为人的因素比物的因素更为重要，人心不固，资源难保。他看到了日本面临的严峻局势，“连婴儿的力量也是需要的”，呼吁民众团结于“日本精神”，不要搞内讧。他注意到英、美、苏等国在中国的影响，指出日本的对华政策应有别于上述各国，应像当年基督教入华之时实行儒化政策从而赢得发展那样，利用中国本身的思想资源，掩饰日本的对外扩张思想，达到迷惑中国民众，使之受愚弄而不自知，做日本帝国主义的“顺民”的目的。他看到了中国民族主义发展的不彻底性，汪精卫之流的出现并非个别现象，主张对这些人善加利用。对于“中日提携”的前景，他保持着乐观的态度。

然而，建立在日本人骨子里的傲慢和对中国人的蔑视基础之上的自相矛盾的“思想战”，难以引起作战对象的共鸣。所以即便是条件优越、

---

① 「対支思想戦に就て」、JACAR、Ref. B02030931700。

“比父兄和朋友立于不同的最高层次”的建国大学的中国学生，最终也大都走上反“满”抗日的道路，[①] 更不用说在沦陷区遭受日伪高压统治、不聊生计的芸芸众生了。

① 聂长林：《我受过的奴化教育》，http：//wl. vip. oldkids. cn/y6006. htm。

第三章　抗战时期中共的对日宣传战

从第一次世界大战时期宣传战所涉及的范围来看，宣传战的内容既包括在国际国内宣传敌对国的罪恶及必败前途，宣扬本国的正义、实力以及必胜的前景，也包括在国际上争取盟友、孤立敌人。中国在抗战时期的对日宣传，无疑是以蒋介石所代表的国民政府为核心展开的，而以中国共产党为中心展开的对日宣传战亦有其特殊之处，尤其是作为当时中共活动中心的华北，对日宣传战更是发挥着重要的作用。

中共的对日宣传工作，包括对部队（八路军、新四军及其所属地方武装）和国内民众（其中又包括对根据地民众、国统区民众及沦陷区民众）的鼓动宣传，对国内外媒体（如通过对中共友好的中外记者、社会名流等）对中共妖魔化宣传的辨伪，以及对侵华日军及其傀儡政权所属军队（即所谓伪军）的宣传。

探讨中共在抗战时期的宣传工作，不能离开中共在抗战中的现实处境。在全面抗战初期，相对于国民党武装，中共武装力量无疑是非常弱小的，[①] 如何发展壮大自身，从而在复杂斗争环境中生存下来，是中共首先要面对的现实问题。在当时的环境下，中共只能依靠农村的广大群众。

---

① 据毛泽东与苏联驻延安代表安德里阿诺夫 1938 年 2 月 3 日在延安的谈话，当时“国民革命军第八路军共有 8 万到 10 万名战士、指挥员和政工干部，不包括游击队和驻扎在特区土地上的所谓后方部队。而开赴前线的八路军只不到 4 万人。当时我们只有百分之五十的战士配有步枪。这种比例一直保持到目前。这样到目前为止，我们的军队无论在人员上，还是在武器上都增加了一倍”。中共中央党史研究室译《联共（布）、共产国际与抗战时期的中国共产党（1937～1943.5）》(18)，中共党史出版社，2012，第31 页。

在此有必要厘清两个概念：宣传和鼓动。何为宣传，前文已有论述。然而在中共成长发展的特定历史环境中，中共所说的“宣传”和现在学术意义上的“宣传”是有所区别的。在苏联，宣传被细分为宣传和鼓动，二者的区别在于：宣传表示广泛的传播，需要深入而有详细讲解的思想、理论和学说，它“以形成一定的世界观为目的”，更多地诉诸理智；而鼓动是“通过演讲和各种群众性报道手段传播一种思想，以影响群众的认识、情绪和社会积极性”。[①] 中共继承了苏联重视宣传的工作作风，并在十几年和共产国际的关系磨合中形成了继承与发展并存的有中共特色的宣传鼓动工作思想。中共中央宣传部在1941年6月20日出台的关于宣传鼓动工作的文件规定：

> 我们党的宣传鼓动工作的任务，是在宣传党的马列主义的理论，党的纲领与主张，党的战略与策略，在思想意识上动员全民族与全国人民为革命在一定阶段内的彻底胜利而奋斗。这种宣传与鼓动，同时包含有对共同思想进行联合，对敌对思想进行斗争的两个方面。
>
> 宣传鼓动是思想意识方面的活动，举凡一切理论、主张、教育、文化、文艺等等均属于宣传鼓动活动的范围。因此，宣传鼓动工作的活动范围是非常广泛的。所以把宣传鼓动限制在狭小的范围内的了解，是错误的。这种了解的结果，往往放弃许多重要的宣传鼓动工作的阵地，因此就不能把我们宣传鼓动工作的活动扩展到社会的各方面去。而只有扩展我们宣传鼓动工作的范围，才能使党的宣传鼓动工作的任务得到完成。[②]

这里对“共同思想”和“敌对思想”都没有具体的界定，实际上突破了以往“宣传马列主义理论和党的纲领与主张”的界限，体现了中共

---

① 〔苏〕A. M. 普罗霍罗夫主编《苏联百科词典》，中国大百科全书出版社翻译出版，1986，第1464、1469页。

② 《中央宣传部关于党的宣传鼓动工作提纲》（1941年6月20日），《中国共产党宣传工作文献选编（1937～1949）》，第250页。

在国共合作抗日、抗日民族统一战线体制下的灵活性。

关于宣传和鼓动的关系，该文件规定：

> 宣传与鼓动是组成我党整个宣传鼓动工作的两个部分，这两个部分是统一的，同时又是有区别的。宣传工作是在于把一个问题从理论上解说得明白，使比较少数的人了解这个问题的原因、结果、前途和发展规律，给比较少数的人以许多观念。鼓动工作是在于从一个问题中抓住人人都知道的事实，给广大群众一个观念，极力激起群众的感情，所以从任务上、内容上、对象上、方式上来说，宣传与鼓动都是有区别的。宣传工作主要是文字上的，并带更多的经常性，而鼓动工作主要是口头上的，并多带临时性。
>
> 鼓动工作为宣传工作开拓更广泛的基础，鼓动工作可能在一个场合中就取得广大群众的同情。宣传工作又帮助巩固鼓动工作中已经取得的地盘。宣传工作又是鼓动工作的加深，使群众由对某一事实的同情和愤怒，而走向对某一问题的发展规律的认识。鼓动工作做得愈好，则宣传工作愈容易进行；宣传工作做得愈好，则愈容易扩大鼓动工作的范围。
>
> 要善于适应情况，当使用鼓动时就使用鼓动，当使用宣传时就使用宣传。要善于根据情况的不同，环境的变化，由鼓动工作过渡到宣传工作，或由宣传工作转变为鼓动工作。①

按照该文件的规定，中共的“宣传”是“小众化”的，而鼓动是“大众化”的。在这个意义上，当时的“鼓动”含义是比较接近拉斯维尔所谓“宣传战”中“宣传”的含义的。然而，在抗战期间，这种区分在很多场合中并非泾渭分明的，比如1937年9月7日，毛泽东发表文章《反对自由主义》，把“见群众不宣传，不鼓动，不演说，不调查，不询

① 《中央宣传部关于党的宣传鼓动工作提纲》（1941年6月20日），《中国共产党宣传工作文献选编（1937～1949）》，第250页。

问，不关心其痛痒，漠然置之”视为“自由主义”的一种表现予以抨击。[①]显然，文中“宣传”的对象是含有大众化意蕴的“群众”，遑论一般民众并不会刻意去区分其中所谓“宣传”和“鼓动”的区别，连中共的宣传工作者工作时一般也不会刻意对二者进行区分。当然，在中共内部，特别是其理论工作者中，宣传工作和鼓动工作的区别是存在的，比如中共在延安及各抗日根据地开办各种学校以培育包括宣传人才在内的各种人才，其小众化的“教育”（传播中共关于抗战的理论、政策和方法等），自然可以和上述“宣传”相提并论。包括中共的伪军工作中致力于争取伪军高层的“上层工作”，也属于“宣传”的范畴。接受了中共教育的学员在毕业后，很多人负责向士兵或群众讲解和传播中共的政策，这当然就是“鼓动工作”。

抗战期间，中共主要活跃于华北、华中的农村地区，其宣传战主要是针对文盲率较高的农民以及伪军官兵，说服他们参与抗战，口头宣传是最主要的说服手段，即便是对日军官兵，喊话之类的口头宣传也是至关重要的说服手段。

第一节　组织和宣传：中共群众工作的发展

要了解中共的敌军工作，首先应当了解其工作的背景。中共的敌军工作，主要针对日伪军，同时也要发动部队官兵及广大民众参与其中，争取敌后民众的支持是中共敌军工作的重要一环。诚如中共自己的总结，中共（八路军）之所以能够在“敌军政治工作”上取得较大的成绩，其中一个很重要的原因就是“动员了战区民众、地方抗日政府、群众团体大家来做这一工作，使这一工作变成了广大的群众运动”。[②]然而，在广大敌后地区，日本帝国主义者对华政策也在不断地调整变化，从原先的一味屠杀

① 毛泽东：《反对自由主义（节选）》，《中国共产党宣传工作文献选编（1937～1949）》，第7页。

② 刘型：《八路军两年来敌军政治工作的总结》，《八路军军政杂志》第1卷第10期，1939年10月，第58页。

中国民众逐渐转变为屠杀摧残与怀柔并重的两手政策。在力量不对等的情况下，日军拥有比中共更为便利的条件去影响中国民众，在某些地区甚至可以做到基本隔绝中共与中国民众往来（以软的或硬的手段）。因而中共在敌后开展敌军工作，是有很大难度的。

抗战全面爆发后不久，中共确立了立足华北、扎根农村、发展游击战争的发展方向。1937 年 9 月 25 日，毛泽东致电周恩来、刘少奇、杨尚昆（时任中共中央北方局副书记）等，指出："整个华北工作，应以游击战争为唯一方向"，应"发动全华北党（包括山东在内）动员群众，收编散兵散枪，普遍地但是有计划地组成游击队"。[①] 为此，需要积极发动华北广大人民群众。

在华北，中共的"敌后"地区存在敌占区、游击区及中共的抗日根据地三种区域，其中敌占区为日军"统治较强的区域，为敌之进攻与巩固后方的基点"（如冀东及平津等大城市与沿铁道及各重要交通线等）；游击区是"时来时往互相争夺的区域"；抗日根据地是中共"坚持敌后抗战、钳制敌人、削弱敌人，以配合我主力军正面作战以至将来配合主力军实行反攻的基点"。而这三种区域之间，"并没有间隔着牢不可破的长城，而是时常变动的"。三种区域之间会相互转换。以时任第一二九师政委的邓小平的话说："敌占区在我国尚未进入反攻阶段之间，将较长期的处于敌人蹂躏宰割之下，但某些次要的城市和地区，变成我之抗日根据地或游击区，仍是可能的。我之抗日根据地，在敌人严重进攻之下，亦有暂时被敌占领或变为游击区或失而复得的可能。至于游击区，则时有变为敌之占领区或我之抗日根据地的可能。"[②]

中共与日军在敌后反复争夺，日方由一味暴力镇压中国民众转而软硬兼施，而中共方面在抗战初期，由于力量弱小，首先必须发动群众、壮大自身，对于日军的怀柔、奴化敌后民众的举措，亦不得不予以防范和反

① 中共中央文献研究室编《毛泽东年谱（1893～1949）》中卷，人民出版社、中央文献出版社，1993，第 24 页。

② 邓小平：《在敌后方的两个路线》，《八路军军政杂志》第 1 卷第 5 期，1939 年 5 月，第 140～141 页。

击，这也是中共敌军工作的重要一环。

日军为怀柔、奴化敌后民众，采取了各种各样的举措。首先就是所谓“宣抚班”的建立及其一系列活动。“宣抚班”有所谓“从军宣抚班”及“常驻宣抚班”。“从军宣抚班”，顾名思义，是随日军部队行动的。除负责征发劳役、协助修缮道路桥梁及调拨军需物资等以外，很重要的一个功能就是消除反日宣传、倡言“中日亲善”、宣传日本侵华的合理性和合法性、反对国民党和中共等。“常驻宣抚班”则在日军占领的某地长期驻扎，协助建立伪政权、“指导”地方恢复交通、发展经济和文化事业。其中，宣传反共、亲日的思想是其极为重要的工作内容。为此，日方不仅在占领区推行奴化教育，推广日语及亲日文化，还在占领区成立各种民众组织，如所谓“爱乡青年会”、“爱乡妇女会”、“爱乡少年团”等，来宣传反共及“中日协和”的思想。日军还在各地建立“维持会”，推行保甲制度，建立“保护团”、“自卫团”、“警察队”等武装组织，以维护其统治秩序。在全面抗战初期，以“宣抚班”控制地方，是日军统治华中沦陷区的普遍模式。[①] 而在华北，“宣抚班”也发挥着管控基层的作用，据八路军的调查，凡是敌人占领一个地方，敌人的“宣抚班”就在那里开始活动，协助当地“维持会”的组织，进行各种欺骗诱惑的宣传。在近代意义的民族主义并未发育成熟的华北地区，日军的这种欺骗宣传和奴化教育具有极大的蛊惑性。

另一个对中共不利的因素是中国历代统治阶层对底层民众的残酷盘剥，造成民众对政治的冷漠。长期以来，由于统治阶级的残酷剥削和压迫，华北下层民众忙于生计，无暇他顾，“过去历届政府并没有给他们带来任何实际的利益，没有减轻强加在他们头上的沉重负担”，因而对“单一民族国家”的观念极为淡薄，对抵抗日本人不感兴趣。阎锡山承认：“人们并不关心他们的政府发生了什么事情，因为他们的政府从不关心他们发生了什么事情。”而国民党军队对老百姓的野蛮专横和敲诈勒索也让

① 参见曹大臣《日本占领华中初期的基层控制模式——以太仓县为中心（1937～1940）》，《民国档案》2004年第1期。

民众对抗战感到失望。所以，在鲁南地区，“较穷的农民对于旧政权随着日本人的推进而倒台的最初反应，是感到了‘一种解脱’，因为在韩复榘政权的统治下，‘饥饿、失败、鞭打、敲诈和监禁是他们一天的议事日程’”，“鲁南人民为他们肩上的一块大石头突然卸掉了而感到特别宽慰，他们认识到韩政权的倒台意味着不再要交土地税和其他税收以及不会再强迫更多的劳役”。[①] 在这种情况下，单纯进行民族主义的抗日宣传，希冀民众支持政府的抗日活动而不是致力于改善之前民众和政府严重对立的局面，无疑是于事无补的。当然，侵华日军的烧杀掳掠也激起了众多中国农民的奋起反抗，然而，这种反抗的出发点很可能只是单纯地为了保护农民——至多是某一村庄民众自身生命财产安全。

对于华北各种民众武装组织（红枪会、天门会、联庄会等），刘少奇在1938年做过总结。他认为，这些农民武装组织一切以自身利益为出发点，无论是日伪军还是其他军队等，谁去骚扰掠夺，他们就反对谁。刘少奇强调，他们的政治立场中立，要将其引导到抗日道路上打游击，为民族和国家整体利益做艰苦奋斗，牺牲自己，那是不容易的。[②]

事实上，部分农民的反抗并未改变全面抗战初期华北民众对抗战抱持消极态度的严峻局势。如当时不少史料记载所云，当时消极抵抗、积极通敌的现象在华北是极为普遍的。1939年5月，邓小平在冀南报告中指出：“投降运动尤其猖獗，（伪政权）和平维持会比比皆是。”[③] 彭德怀在1939年5月接受采访时也说，在豫南有一万多个汉奸组织。[④]

种种事实表明，要动员农民参与到抗日战争的洪流中，并非一件举起民族主义大旗则应者云集的想当然的事情。中共高层对此也有清醒的认识。1938年6月14日，毛泽东在会见平民教育会来延安参观的储述初时，就中国的农民问题发表见解云：“农民的性格有两方面。一是黑暗

---

① 〔瑞典〕达格芬·嘉图：《走向革命》，杨建立、朱永红、赵景峰译，中共党史资料出版社，1987，第84～85页。

② 刘少奇：《坚持华北抗战中的武装部队》，《解放》第43、44期合刊，1938年7月1日，第51页。

③ 邓小平：《艰苦奋斗中的冀南》，《解放》1939年5月15日，第15页。

④ 陈克寒：《坚持华北抗战与巩固团结》，《群众》1939年7月16日，第241页。

的，如自私自利、愚昧守旧等，鲁迅的《阿Q正传》，就是专写那黑暗面的作品。一是光明的，如急公好义、勇敢牺牲等。他们一身就具备了这两种矛盾的性格。政治的作用，便在发动他们这光明面的积极性，逐渐克服他们的黑暗面，实现民主的政治。现在边区所实行的，就是这种民主政治。在抗战中我们发动了广大农民的积极性，那何愁没有人上前线，何愁没有钱抗战！”①

正是因为看到了农民性格中的两面性，中共在积极宣传抗日救国的方针政策的同时，把更多的精力放在了将战争和农民的切身利益联系起来这一方面，正如吕正操所说：“我们新的任务……将是给村民们某些能为之战斗的东西，几乎所有的农民都有痛恨日本人的个人原因：房子被烧了，妇女被强奸了，老人被杀了，猪牛被牵走了。他们并不缺乏恶感。但是憎恶并不是好的战斗口号，农民们总是激烈反对本国政府，但是很少起义。要使农民奋起抗日，我们必须给他们某些他们珍视的东西，让他们去保卫它。”“我们要使每个农民都感到这是他们自己的战争，并不是我们的；他们只有支持保卫他们村子的游击队，才能保持他们这种特殊的权利。”②

中共得以在华北发展的一个有利条件是，由于大革命时期党务的发展，中共在华北保留了较为完整的地方组织，这成为中共进行宣传活动、发展壮大的基础。虽然由于大革命的失败，中共华北党组织遭受了严重破坏，但到抗战前期，这些地方组织已经基本恢复。

1937年5月，中共河南省委成立，朱理治任书记，刘子久任副书记兼组织部部长（后危拱之），彭雪枫任军事部部长。下辖豫西（书记吴芝圃）、豫东（书记沈东平）、豫南（书记王盛荣）三个特委和鄂豫边（1938年春撤销，书记仝中玉）、豫皖苏（1937年冬成立，1938年春撤销，书记张爱萍）两个省委。

1938年，中共山东省委成立，黎玉任书记［后郭洪涛（1938年5月）］，张霖之任组织部部长，林浩任宣传部部长，郭子化任统战部部长，

① 《毛泽东年谱（1893～1949）》中卷，第77页。

② 哈尔道·汉森：《人道的努力：中国战争的故事》，纽约：法拉和雷恩哈特出版社，1939，第257页，转引自〔瑞典〕达格芬·嘉图《走向革命》，第86页。

景晓村（后李林）任秘书长，张友渔任联络局书记。下辖鲁西北特委（书记刘晏春，后赵健民）、鲁西南地委（书记戴晓东）、胶东特（区）委（书记理琪，后王文）、济南市委（书记白子明）、鲁东特委（书记鹿省三）、冀鲁边工委［书记于文斌（1937 年 11 月）］、淄博特委［书记金明（1938 年 6 月）］、鲁东南特委［书记景晓村（1938 年 8 月）］、苏鲁豫皖边区特委（书记郭子化）。1938 年 5 月下旬，中共山东省委扩大为中共苏鲁豫皖边区省委，郭洪涛任书记。

1937 年 11 月，山西省工委改称山西省委（后撤销），由张有清任书记，林枫任副书记，下设太原市委（书记赵林）、晋西南特委（书记武光）、河东道特委（负责人阎子祥）、晋西南区党委（1938 年 5 月成立，归北方局领导，书记林枫）、晋南特委（书记唐天际）、晋西北区党委（归北方局领导，书记罗贵波）、晋东北地委（书记林先汉）。

1937 年 8 月，中共河北省委重新成立，李运昌（后马辉之）任书记，吴德任组织部部长，林铁任军事部部长，下辖北平市委（书记李葆华）、天津市委（书记姚依林）、中保属特委（书记侯玉田）、冀东特委（书记胡锡奎）、平津唐点线工作委员会（1938 年 7 月成立，书记葛琛）、冀鲁豫特委（书记张玺）、平汉线省委（1938 年 4 月改为冀中区党委，书记李雪峰）、冀中区党委（书记鲁贲，副书记张君）。

1937 年 9 月，中共晋察冀临时省委成立（1938 年初改称区党委），王平任书记，李葆华任副书记，下设晋察冀边区党委［书记彭真（1938 年初）］。

1937 年 11 月，中共晋冀豫省委成立（1938 年 8 月改称晋冀豫区党委），李菁玉任书记［后李雪峰（1938 年 2 月）］，何英才任组织部部长，徐子荣任宣传部部长，下辖冀南区党委（书记李菁玉）、太岳特委（1937 年 11 月成立工委，9 月改称特委，书记安子文）。

1938 年 4 月，中共绥蒙工作委员会成立，书记云泽（即乌兰夫），下辖河套特委（书记郭北辰）、绥西地委（书记王聚德）。[①]

① 王健英编《中国共产党组织史资料汇编——领导机构沿革和成员名录》，第 306～309 页。

这一时期华北中共党员人数发展也比较快，如天津由数十人发展到4000人，[①] 赞皇县由二三十人发展到100多人，平山县由500多人发展到700多人。[②] 中共山西公开工委1936年10月建立，下属太原市委及中心县委、县委、特支、支部共36个，有党员368名。山东省到1937年7月有党员2000多人。[③] 1937年11月15日，刘少奇为北方局起草的《独立自主地领导华北抗日游击战争》中强调指出，“我党已是华北最大的政党”。[④] 1939年11月下旬，毛泽东出席中央政治局会议时提到：“华北有六十万党员，二十万军队，是全党中最大的部分。”[⑤]

党务的恢复和发展，为中共开展宣传工作提供了充足的人力基础，极大地推动了中共群众工作的发展。在全面抗战之初，中共是如何进行宣传鼓动工作的？

全面抗战初期，日本侵略军虎视华北，步步紧逼，阎锡山为使山西免遭涂炭，默许中共在山西宣传抗日，并要求中共方面派遣彭雪枫来讲游击战术。

1937年9月中旬某日，在位于太原小北门的原国民师范礼堂里，彭雪枫应邀到校给决死队军官训练团做了《抗日游击战争的战术问题》的讲演。彭雪枫以其丰富的红军游击战术经验，“将十六字诀的战术原则（敌进我退、敌退我追、敌疲我打、敌驻我扰），用‘牵牛术’、‘回马枪’等做比喻，讲得生动活泼，深入浅出；他讲游击战术的机动灵活性，如化整为零、集零为整、声东击西等，也都讲得具体形象。他不是念讲演稿子，而是撇开稿子，侃侃而谈，增加了讲话的风采，吸引着热情的听众。特别是来自中州的青年战士，听着那熟悉的乡音，倍感亲切”。

10月中旬，中共中央北方局提出“保卫太原”的口号，并在太原举办“游击队干部训练班”。太原兴起了公开讲演游击战术的风潮，彭雪枫

---

① 《天津革命史话》，《支部生活》1982年5月增刊，第80页。

② 《中国共产党河北省组织史资料》，河北人民出版社，1990，第110~112页。

③ 转引自张新法《中共华北地方组织在创建抗日根据地中的地位与作用初探》，《抗日战争研究》2001年第3期。

④ 《刘少奇选集》上卷，人民出版社，1981，第94页。

⑤ 《毛泽东年谱（1893~1949）》中卷，第145页。

的对外宣传工作也因此忙碌起来。10月16日，彭雪枫应第二战区动委会主任续范亭之约，到山西大学做了题为《游击队政治工作》的长篇报告。这场报告效果极好，在当时的太原形成了轰动效应。“大家一谈话”，就问道：“你见过八路军代表彭雪枫吗？人家就是讲得好，真好！”街头巷尾有人议论说：“有个八路军代表叫彭雪枫……这几天在许多地方作讲演，听众很多，真会讲，共产党的人才，不简单！”

后来，这篇报告的讲稿在山西各地不胫而走、广为传播，极大地鼓舞和教育了广大群众，使其坚定了抗战必胜的信念。

在党内，在新四军第四师，彭雪枫同志之重视宣传也是有口皆碑的。熟悉彭雪枫的人都知道，他有“三宝”——骑兵、拂晓剧团、《拂晓报》，其中“两宝”都和宣传有关。拂晓剧团演出了《傻小子打游击》、《赛西施送郎》、《军民抗战》、《刺寇》等新编京剧以及《空城计》、《打渔杀家》、《法门寺》等有教育意义的传统京剧，受到了军民群众的热烈欢迎，丰富了边区群众的文化生活。

《拂晓报》创办于1938年9月，是新四军游击支队的机关报。彭雪枫非常重视这份报纸，他“有时写社论，有时对重要文章还校对错别字……对报纸，他要求很严格，一点也不允许潦草从事，他说：‘党报是对敌斗争的有力武器，和其他兵种一样，必须发挥它的应有作用。’”在彭雪枫的直接关怀和指导下，《拂晓报》日益发展壮大，其受众从最初的新四军游击支队指战员，逐渐扩大到社会上的广大民众，且索阅者日众，发行量剧增。从1939年10月19日起，便有附报《拂晓增刊》的发行，此后，《拂晓汇刊》、《拂晓画报》、《拂晓电讯》、《拂晓丛刊》、《拂晓专刊》、《拂晓木刻》等以“拂晓”命名的刊物不断问世，在豫皖苏边区兴起了“以《拂晓报》为主体的新文化运动和‘文化垦荒’高潮”，从而引起了国内新闻界的重视。另外，通过各种渠道《拂晓报》还被寄往新加坡、印度尼西亚、越南、缅甸以及印度新德里、法国巴黎、英国伦敦，以及苏联的莫斯科、列宁格勒、基辅，美国的华盛顿、纽约、旧金山等地，享誉世界。

彭雪枫是中共优秀宣传家的代表，中共领导人中，这样的宣传家是很多的，因为中共历来重视培养干部的政治素质。1939 年 3 月 6 日，毛泽东在关于抗大分校的教育计划问题上，同王稼祥、滕代远、罗瑞卿致电朱德、彭德怀、左权、傅钟（时任八路军总政治部副主任）并告一分校校长何长工、副校长周纯全，指出："原则同意抗大分校应当加强军事教育，以培养初级军事干部为目的的教育计划。"同时指出："虽以培养军事干部为目的，但政治教育仍占重要地位，至少亦应与军事教育列于同等地位。"将政治教育的重要性和军事教育并列，足见中共之重视。

日本人的调查报告也给了我们一个参考。当时日军华北派遣军很关注中共武装在华北的发展，据他们观察，"中共如何在乡村构成组织网，又如何扩充发展党的组织，虽因情况而异，但对处女地，一般则是由宣传开始进行地下工作。随后或者同时，派遣工作人员建立基层组织，逐渐扩大'点'的工作，然后向'面'发展。然而，在不易建立基层组织的地区，则采取等待军队进入时，在一定地区内组织多数支部，逐次集结起来再行扩张的方法"。①

山西省和顺县是第一二九师师长刘伯承建设基地的成果。在华日军北方面军为了调查该地中共工作的实情，由"宣抚班"派出调查员山崎良一前往调查。山崎从 1939 年 5 月做了将近一个月的调查，提交了关于中共势力在和顺县发展壮大的调查报告，从另一个侧面证明了宣传鼓动工作在抗战时期中共发展过程中的作用。

该报告将中共在和顺县的发展壮大过程分为四个阶段。在第一个阶段，即所谓"事变爆发前的抗日救国宣传时期"（1936 年 2 月至 1937 年 7 月 7 日），中共进入和顺，以之为宣传据点，"对民众积极进行抗日数国宣传，向阎锡山军展开了攻心战"，并收到了良好效果。

第二阶段，从七七事变爆发到日军占领和顺县以前（1937 年 7 月 7 日至 1938 年 4 月），主要为地下工作时期。八路军一二九师的一个营进入和顺县，他们一面公开进行抗日宣传，一面派政工人员"秘密发展新党员进行地下工作"。其中一个重要工作就是"训练村长"，要求村长具备

---

① 《华北治安战》（上），第 93 页。

四个条件，即“（一）有民族意识；（二）有强烈的责任感；（三）有现代知识；（四）富有牺牲救国精神”。要求村长具备四个“自觉性”，即“（一）村长是村民政治上的领导者；（二）村长是民众总动员的核心；（三）村长是民众武装的执行者：（四）村长是民族革命的主要动力”。并明确指出村长的任务是：“（一）集中人力、物力、财力实行民族总动员：（二）实行民族革命，为救国而牺牲：（三）发展抗敌救亡的统一战线；（四）主持公道，消除社会之不平；（五）指导人民监督政治；（六）执行合理负担，按贫富计算分担”。可以说这一时期是中共为了奠定“地下工作基础”而训练地方干部的准备阶段。

第三阶段，从日军撤走到改造和顺县政府（1938年5月至1938年11月），是中共“准备（在和顺县）建立财政经济政策、组织民众及武装群众的时期”。1938年5月，日军从和顺撤走，中共回到和顺县，积极进行争取民众和加强组织工作的活动，如动员八路军指战员帮助农民割麦，分散安置牺盟会干部，又“引用国共合作公认的口号‘为民族救亡抗战，有力出力有钱出钱’，在青年阶层中结合抗战政策的观念宣传减租减息”，从而获得贫农大众的广泛支持。进而“结合阎锡山时代公布的合理负担，宣传向富农征收高率累进税，用以救济贫农，及提供抗战财源”。最后则是驱逐阎锡山派系的县长，代之以中共党员，对县政府进行改革。

第四阶段是推行中共政策时期（1938年11月以后）。为粉碎日军进攻，中共着手加强政治工作及武装民众工作，“以各新编村长、秘书、副村长为中心，进行政治训练。对于民众，则由所属村常设文化联络员（直属县长领导）进行训练。为了加强各村自卫队的训练，由共军派出正规士兵担任指导”。①

从上述报告可以看出，宣传鼓动工作在中共势力发展壮大过程中的作用是至关重要的，是其很多工作（如农村工作、部队工作）的切入点，宣传鼓动工作如果没做好，甚至直接影响其政权建设，因而中共十分重视宣传工作。

① 转引自《华北治安战》（上），第93～97页。

以军事活动结合中共党组织的抗日宣传，进而创建抗日根据地，堪称中共在华北发展壮大的典型模式。冀中抗日根据地[①]的成立，也是一个典型的例子。

七七事变爆发之前，以冀中地区为代表，中共在华北的党组织曾遭到严重破坏。但在1935年，中共很快又在冀中地区组织了保属特委（受河北省委领导），并建立了主要用于保卫党机关的小型武装。到七七事变时，保属特委恢复了保（定）东、保（定）南、保（定）西三个中心县委，一个保定市委，地区南至深县、武强，北至安新、新城，西至曲阳、唐县，东至任丘、河间。不少地方恢复了党组织，保存了一定数量的党员骨干。

1937年8月，保属特委南移石家庄改组为平汉线省委，统一领导河北省中部广大地区党的工作，并将保东中心县委改成为保东特委，以孟庆山为保东特委军事委员，决定迅速行动准备干部组织武装。

随后，因形势发展极快，平汉线省委根据北方分局和刘少奇同志指示的精神，决定党员干部一律要坚持地区组织武装，开展游击战争，而平汉省委也沿正太路转移到阳泉，与一二九师会合，并派省委委员薛振彦同志到保东传达省委上述决议。

薛到保东后，根据形势的发展决定将保东、保南两个特委合编为保属省委，张君同志为书记，孟庆山、吴健民、侯玉田、陈鹏、师荣之、王志等同志为委员。新省委一致同意坚决贯彻平汉线省委决定，一方面向下传达会议精神，另一方面继续组织武装。以孟庆山、侯玉田两同志为主继续在高阳、安新、任丘县一带中共基础良好的村庄开办短期训练班，培养骨干以备大发展。很快就训练了二百多个党员，这些人回去后即宣传抗日、组织人力、物色枪支，积蓄待命，成了以后中共武装在当地大发展时的得力干部。

与此同时，高阳、蠡县、博野、定县、安国、安平、新乐、无极、藁

① 冀中抗日根据地是中共在抗日战争时期创建的一个平原抗日根据地，是晋察冀边区的重要组成部分，地处河北省中部，西起平汉铁路，东至津浦铁路，北临平津铁路，南越沧石路，毗邻冀南。面积约18万平方里，包括50余县，人口约1000万人。

城、正定等县，“我党的同志们亦都积极活动起来，联络关系，恢复组织，壮大党的队伍，向群众大力宣传我党抗日救国的主强，并暗中组织力量，准备起手。散在冀中的一些原在平、津、保求学因事变而失学的爱国青年学生和知识分子，亦积极响应党的号召，自然的成了宣传工作者。同时，各地群众在日军残暴蹂躏之下，亦自发的起来和敌人斗争，不断打死日本兵、偷敌人的枪枝、弹药等”。

此时，共产党员吕正操率领的旧军队六九一团，在国民党军南撤时，改编为人民自卫军北上抗日。吕正操与保属省委取得了联系，提出“决定北上抗日，到敌后打游击”的主张，得到全团拥护。1937 年 10 月 14 日，吕召集全军（团部和两个营）举行抗日誓师大会，并宣布改六九一团为人民自卫军，吕为司令，营称纵队，连称大队。

1938 年 10 月，吕正操率人民自卫军北上，进驻高阳，与薛振彦、张君、孟庆山、保南特委书记吴健民以及晋察冀军区派来的孙志远等人会合。根据中共中央路线的精神，当时地方和军队党的领导干部决定积极实施扩大人民自卫军和游击队，收复县城，建立政权，组织群众，打击日军的进攻，消灭土匪、汉奸，树立抗日秩序，建立根据地等方针政策。并提出“坚持抗战到底，打倒日本帝国主义”、“铲除汉奸卖国”、“消灭土匪”、“没收汉奸财产充作抗日经费”、“废除苛捐杂税”、“实行小盐公卖”等切实有力的口号，成为动员群众的巨大力量。

在高阳，中共对人民自卫军进行改造，在军中开展政治工作。人民自卫军成立了政治部，设有党委一人，负责党委会工作，党委会由各个总支书记特派员参加。团设政治主任一人并设有总支部，总支书记由政治主任兼任，总支委员多系各营教导员。营设党的工作委员会并设有教导员。连设支部和指导员，支部书记由指导员兼任。连队支部的任务是负责全连党政工作，贯彻上级党委和政治机关的决议。

随后，中共首先开始在部队内部进行政治宣传教育工作，如宣传共产党的主张、团结抗日的道理、拥护共产党八路军等内容，从而普遍地提高了部队对中共的认识，提高了抗日的决心勇气并造成了拥护共产党八路军的热潮。其次进行了纪律教育和反对旧军队习气的斗争，发扬了部队民主，改善了部队的生活，士兵可以派代表参加军法会和经济委员会。此外还开展了部队文娱活动，学唱歌，出墙报。政治部并出版了全军唯一的报纸《自卫报》。部队在整顿当中同时进行了消灭汉奸土匪、开辟他区、扩大武装力量等工作。

中共对地方政权的创建也同时展开，不久即建立了高阳、安新、新安、任丘、蠡县、博野、安国、深泽等县的抗日政权，“每县设有县长和政治指导员，人选都是委任我党党员与地方进步士绅、知识分子及青年学生担任。他们的工作主要是树起抗日大旗，安定社会秩序，开展抗日救国的宣传教育，帮助建立群众团体，筹办给养，组织游击部队及取消苛捐杂税等。当时蠡县、深泽、高阳等地首先建立了救国会，不少区乡也建立了分会。六个县组成了地方武装——人民自卫团。基本上创造了冀中根据地的雏形”。

在中共的领导和各方的积极配合下，冀中抗日根据地发展迅速，短时间内中共领导下的武装发展到七千多人。[①]

在中共武装在华北的发展史上，冀中抗日根据地的创建过程具有一定的代表性，一方面是中共武装部队的强力介入，另一方面是地方党组织的密切配合。在整个过程中，抗日宣传是贯穿始终的，组织和宣传始终是中共在冀中工作的核心。在抗战全面爆发前，中共党组织业已在冀中地区开展抗日宣传，孟庆山等人开展短期训练班之际，也是以抗日相号召，在这个过程中，中共党员是抗日宣传的主体。

部队士兵在接受了政治教育之后，又将中共的抗战理念传播给老百姓（他们良好的军纪本身也是一种无声的宣传），老百姓受到感染而拥护八路军乃至参军，从而形成一个良性循环。宣传与发展相辅相成，这是中共武装有别于以抓壮丁为扩军手段的旧军队的地方。

抗日战争时期华北敌后抗日根据地的创建经验，通常被概括为“必须有军队，有政权，有党的组织，有群众运动”这四个基本条件，群众

① 中国人民解放军河北军区政治部编《冀中抗日战争简史》，河北人民出版社，1958，第6～14页。

运动的开展离不开宣传鼓动工作，组织和宣传是党的工作的两翼，缺一不可。

第二节　毛泽东与抗战时期中共的宣传工作

抗战期间，毛泽东发出了许多关于宣传工作的重要指示，制定中共的对内对外宣传政策。在对内宣传方面，毛泽东通过发表论著和演说，积极传播对日持久战和抗战必胜的革命乐观主义精神；在对外宣传方面，毛泽东热情接待来延安的国内外知名人士和团体，宣传中共的抗日主张，在为中共争取国内外的同情和支持方面做出了贡献。

一　宣传政策的制定

抗日战争时期，中共的宣传政策随着时局的发展而不断变化，其中毛泽东的决断是中共宣传政策变化的决定性因素。在抗日战争初期，中共作为一支长征百战之后的疲惫之师，力量弱小，如何在强敌林立的华北、华中以及华南部分地区生存和发展下来是他们面临的首要问题，日本侵略者固然以“反共”作为侵华的借口之一，处心积虑必欲致中共于死地，而国民党在和中共度过一段短暂的蜜月期后，也在1939年后通过《限制异党活动办法》、《对于异党问题处理办法》和《处理异党问题实施方案》等专门针对中共的法案，处处限制中共的发展，甚至不惜破坏抗日民族统一战线，试图武力绞杀中共武装。在此背景之下，中共不得不借助包括宣传战在内的一切手段，反击国民党的围攻。因而即便是在国共合作抗日的大背景之下，在中共所领导的抗战宣传活动中，反击国民党的诬陷、绞杀活动的反宣传战，也占据了相当大的比例。以毛泽东为核心的中共领导层对国民党绞杀政策的反击，从抗战期间的总体表现来看，没有超越维护民族统一战线的底线，而是尽量维持国共联合抗日的局面，在宣传战方面，亦以“抗日”相号召，并尽力维护蒋介石作为抗战领袖的地位。此外，则下大力气争取民众支持抗战，做好争取日伪军的“敌军工作”，并在力所能及的范围内争取国际声援。

另外，中共的抗日宣传宣传政策，也在很大程度上受到以苏联为代表的共产国际的影响。但在抗战期间，面对苏联对中共政策的某些质疑，毛泽东坚持从实际出发，实事求是。

1937年8月22～25日，中共中央政治局扩大会议在洛川冯家村召开。

会议通过了《中国共产党抗日救国十大纲领》。该纲领主要内容是：①打倒日本帝国主义；②全国军事的总动员；③全国人民的总动员；④改革政治机构；⑤抗日的外交政策；⑥战时的财政经济政策；⑦改良人民生活；⑧抗日的教育政策；⑨肃清汉奸卖国贼亲日派，巩固后方；⑩抗日的民族团结。

《中国共产党抗日救国十大纲领》是中国共产党在抗战时期的基本政治主张，是中共全面抗战路线的具体化，是抗战时期中共用以与国民党的三民主义相颉颃的政治主张。以中共党员为骨干组建、专司内外宣传之职的国民政府政治部第三厅，在进行宣传工作时，即是奉行将抗日救国十大纲领和国民党的三民主义相结合的原则（详见第四章）。从毛泽东对统一战线的解读可以窥其一斑。1937年9月29日，毛泽东撰写《国共两党统一战线成立后中国革命的迫切任务》一文。文章指出："九月二十二日发表的《中共中央为公布国共合作宣言》和二十三日蒋介石发表的承认中共合法地位的谈话，宣布了两党合作的成立。'抗日需要一个充实的统一战线，这就要把全国人民都动员起来加入到统一战线中去。抗日需要一个坚固的统一战线，这就需要一个共同纲领。共同纲领是什么呢？这就是孙中山先生的三民主义和共产党在八月二十五日提出的抗日救国十大纲领。''然而要实行三民主义和十大纲领，需要实行的工具，这就提出了改造政府和改造军队的问题。'加强国共两党的团结，加强一切不愿当亡国奴的同胞的团结，实行一切必要的改革来战胜一切困难，这是今日中国革命的迫切任务。"①

从毛泽东对三民主义的解读中，亦可窥见中共此种心迹。1938年5月30日，在抗大第三期第二大队关于共产党对三民主义的态度问题的讲

---

① 《毛泽东年谱（1893～1949）》中卷，第26页。

话中，毛泽东就说：“去年九月二十二日发表的《中共中央为公布国共合作宣言》，表明了中共对三民主义的态度，即‘孙中山先生的三民主义为今日中国之必需，本党愿为其彻底的实现而奋斗’。中共提出的抗日救国十大纲领本质上是三民主义的。中共愿意同国民党一道，在统一战线、抗日第一的原则下实行三民主义。三民主义是实现社会主义和共产主义的必经之路。”①

此外，以毛泽东为代表的中共中央在抗战的不同时期都提出了关键性的宣传主张。

首先，关于抗战时期中国共产党和国民党关系问题，中共高层有不同的观点。

1937年12月9～14日，毛泽东出席中共中央政治局会议。“陈绍禹在会上作题为《如何继续全国抗战与争取抗战胜利呢?》的报告，提出右倾投降主义的主张，批评洛川会议以来中央采取的正确方针和政策。他认为过去太强调解决民主、民生问题，不赞成提改造国民党政府的口号；反对关于国民党内有左、中、右三种势力的提法，认为只有抗日、亲日之分；否认统一战线中的独立自主原则，主张‘一切经过统一战线’；反对提国民党和共产党谁吸引谁的问题，主张共同负责共同领导。毛泽东十一日、十二日在会上作了两次发言，重申并坚持洛川会议确定的方针和政策。他说：统一战线的总方针要适合于团结御侮。在统一战线中，‘和’与‘争’是对立的统一。八路军与游击队是全国军队的一部分，但是要在政治工作上、官兵团结上、纪律上、战场上起模范作用。过去我们反对国民党派大官来是必要的，因为西安事变后国民党要派大批人来侮辱和破坏红军，应该拒绝。国民党与共产党谁吸引谁这个问题是存在的，不是说要将国民党吸引到共产党，而是要国民党接受共产党的政治影响。如果没有共产党的独立性，便会使共产党降低到国民党方面去。我们所谓独立自主是对日本作战的独立自主。战役战术是独立自主的。抗日战争总的战略方针是持久战。红军的战略方针是独立自主的山地游击战，在有利条件下

① 《毛泽东年谱（1893～1949）》中卷，第65～66页。

打运动战，集中优势兵力消灭敌人一部。独立自主，对敌军来说我是主动而不是被动的，对友军来说我是相对的集中指挥，对自己来说是给下级以机动。总的一句话：相对集中指挥的独立自主的山地游击战。洛川会议决定的战略方针是对的。由于毛泽东等的抵制，陈绍禹的错误意见没有形成会议决议。会议决定：成立中国共产党第七次全国代表大会筹备委员会，毛泽东任主席；增补陈绍禹、陈云、康生为中央书记处书记；由周恩来、陈绍禹、秦邦宪、叶剑英组成中共代表团，负责与国民党谈判；由项英、周恩来、秦邦宪、董必武组成长江局，领导南方各省党的工作。"①

1938 年 2 月 27 日至 3 月 1 日，毛泽东出席中共中央政治局会议，会议主要讨论抗战形势、国共两党关系和抗日军事问题。"二十七日，陈绍禹作政治报告，坚持他在去年十二月政治局会议上提出的右倾主张，附和国民党'只要一个军队'和'统一军令'的叫喊，强调在军事上要服从国民党的统一领导。二十八日，毛泽东就抗日军事问题作了发言，指出：中国抗战最后是必然胜利的，但必须经过许多困难。国民党的腐败与共产党力量的不足，日本的兵力不足与野蛮政策，再加上复杂的国际条件，造成了中国抗战的长期性，即持久战。中国抗战应有战略退却，前一段没有大踏步的进退，只是硬拼，这是错误的。应该知道保存实力到最后便能取得最后的胜利。日军的继续进攻，将使中国被割断为许多块，因此在原则上应分割指挥，以便于发展。将来战争的具体形势，是内线外线作战互相交错，日军包围我们，我们在战役上也包围日军。中国抗战要争取外援但主要是靠自己，强调自力更生。他在发言中还提出要大大发展中共党员，只有这样才能选拔大批的干部，建议中央对这个问题作出新的决议（1938 年 3 月 15 日，中共中央作出关于大量发展党员的决议——原注）。这次会议决定派任弼时立即去莫斯科，向共产国际说明中国抗战情况和国共两党关系等。"②

1938 年 5 月 8 日，任弼时在莫斯科向国产国际执行委员会主席团做

① 《毛泽东年谱（1893～1949）》中卷，第 40～41 页。

② 《毛泽东年谱（1893～1949）》中卷，第 51 页。

了题为《中国的抗战形势及中共的工作和任务》的报告。在关于国共关系部分，任弼时指出："国民党上层企图削弱共产党的力量和影响……蒋介石企图在自己的掌控下联合各党派，企图逐渐削弱和溶化共产党。然后他又企图'吞并'共产党，使其成为国民党的一个派别。"①

在国民党咄咄逼人、欲致中共于死地的情况下，王明"一切经过统一战线"的主张显然不合时宜。而1943年1月30日毛泽东给共产国际执行委员会总书记季米特洛夫的电报称："王明同志回国后立即在政治和组织方面采取了与中央相对抗的立场……从1937年12月到1938年9月，王明在汉口工作时，采取各种措施孤立中共中央，不承认中央。……1938年9月，王稼祥回国带来了共产国际执委会书记处的指示。我们根据这些指示举行了六中全会。此后王明开始表面上服从中央并表示同意在延安工作，但同时他继续进行建立他个人派别的活动。例如，他试图将党的干部和我军指挥员拉到自己一边。"②

由此可见，有关国共关系的分歧，已经不仅仅是政策的纷争，而且涉及中共的战略问题。最终，共产国际在这个问题上采取了支持以毛泽东为首的中共中央的做法。1938年6月11日，共产国际执行委员会就中共代表团上述报告做出决议，对以毛泽东为核心的中共中央的政治路线表示支持，明确表示："共产国际执委会主席团在听取了关于中共活动的报告后认为，中共的政治路线是正确的。"并强调中共方面应注意："大胆地发展抗日民族统一战线不仅不排除，而且首先要求全面地在政治上和组织上加强共产党本身。"③

从上述决议来看，共产国际对以毛泽东为首的中共中央的抗日路线，

---

① 《任弼时向国产国际执行委员会主席团所作的报告〈中国的抗战形势及中共的工作和任务〉》（1938年5月8日于莫斯科），《联共（布）、共产国际与抗日战争时期的中国共产党（1937～1943.5）》，第58～60页。

② 《毛泽东给季米特洛夫的电报》（1943年1月30日于延安），《联共（布）、共产国际与抗日战争时期的中国共产党（1937～1943.5）》，第339页。

③ 见《共产国际执行委员会主席团就中共中央代表的报告通过的决议》（1938年6月11日于莫斯科），《联共（布）、共产国际与抗日战争时期的中国共产党（1937～1943.5）》，第97～100页。

包括保持中共党和武装在抗战中的独立性、推动国民党进行民主改革、在政治上和组织上加强中国共产党等均表示大力支持，实际上是对王明此前“一切经过统一战线”并在一定程度上否定中共的独立性的路线的否定。

又如中共在抗战时期应采取何种策略的问题。1938 年 5 月 26 日至 6 月 3 日，毛泽东在延安抗日战争研究会上做《论持久战》的讲演。在讲演中，毛泽东全面分析了中日战争所处的时代和中日双方的基本特点，阐述了中国抗日战争的持久战总方针，批驳了亡国论和速胜论。毛泽东指出：“中日战争不是任何别的战争，乃是半殖民地半封建的中国和帝国主义的日本之间在二十世纪三十年代进行的一个决死的战争。”其基本特点是“日本的军力、经济力和政治组织力是强的，但其战争是退步的、野蛮的，人力、物力又不充足，国际形势又处于不利。中国反是，军力、经济力和政治组织力是比较地弱的，然而正处于进步的时代，其战争是进步的和正义的，又有大国这个条件足以支持持久战，世界的多数国家是会要援助中国的”。“这些特点规定了和规定着双方一切政治上的政策和军事上的战略战术，规定了和规定着战争的持久性和最后胜利属于中国而不属于日本。”“亡国论者只看到敌强我弱这一个特点，速胜论者则根本忘记敌强我弱这一特点。”毛泽东根据敌我双方互相矛盾着的各种因素以及这些因素在战争过程中的发展变化，预测了中国持久抗战将经历的三个阶段：“第一阶段，是敌之战略进攻、我之战略防御的时期。第二个阶段，是敌之战略保守、我之准备反攻的时期。第三个阶段，是我之战略反攻、敌之战略退却时期。”毛泽东着重分析了争取战略相持阶段到来的条件和相持阶段中敌我斗争的形势，指出：“这个第二阶段是整个战争的过渡阶段，也将是最困难的时期，然而它是转变的枢纽。中国将变为独立国，还是沦为殖民地，不决定于第一阶段大城市之是否丧失，而决定于第二阶段全民全民族努力的程度。如能坚持抗战，坚持统一战线和坚持持久战，中国将在此阶段中获得转弱为强的力量。”毛泽东还在演讲中提出“兵民是胜利之本”，阐明人民战争思想，说：“战争的伟力之最深厚的根源，存在于民众之中。”他第一次提出人民军队政治工作的三大原则：“第一是官兵一致，第二是军民一致，第三是瓦解敌军。”①

《抗日救国十大纲领》和《论持久战》是中共在抗战时期的两个纲领性文件，是中共全党全军进行抗战的指挥棒，也是中共在抗战时期重点宣传的主要观点。

另外，国共摩擦是抗战时期国共关系的重要内容。在这个事关中共生死的大是大非问题上，毛泽东奉行实事求是、绝不沽名钓誉以危害民族国家安全的理性姿态。对国民党奉行刚柔并济，对于其进攻予以有礼、有利、有节反击的政策。抗战期间，国民党共发动了三次反共高潮。第一次是1939年冬至1940年春，抗战进入相持阶段后，日本近卫文麿内阁于1938年1月16日、1月18日、12月22日三次发表对华声明，从声称“不以国民政府为对手”到要求“日满华三国应以建设东亚新秩序为共同目标而联合起来，共同实现相互善邻友好、共同防共和经济合作”的所谓“近卫三原则”，对中国军民展开其宣传攻势。在此背景之下，汪精卫悍然于1938年底出逃越南河内，发表拥护近卫内阁灭华主张的“艳电”。国民政府虽然开除了汪精卫的党籍，却又于1939年1月21～30日召开五届五中全会，确定“溶共”、“防共”、“限共”、“反共”的方针，通过《防制异党活动办法》，决定设置“防共委员会”，严密监视共产党和一切进步力量的言论和行动。后又以胡宗南所部进攻陕甘宁边区，以阎锡山部队发动“十二月事变”，以蒋阎军进攻中共太南区和太岳区等。中共对此进行了有理、有利、有节的反击，并于1940年1月15日，以国民革命军第十八集团军总司令朱德、副总司令彭德怀，第一一五师师长林彪，第一二〇师师长贺龙，第一二九师师长刘伯承等人名义致电林森、蒋介石等，抗议国民党方面对中共“游而不击”和“破坏抗战”的污蔑。电文列举中共武装两年半以来的抗战功绩：“群以八路军抗敌所及，东至于海，北至于沙漠，可谓处在国防之最前线。敌国来华四十个师团中，与八路军新四军作战者十七个师团，占全数五分之二以上。两年半中，八路军新四军所有防线，未尝后退一步，归绥、大同、张家口、古北口、北平、天津、

---

① 《毛泽东年谱（1893～1949）》中卷，第71～73页。

烟台、青岛、徐州、浦口、南京、镇江、无锡、芜湖，离城十里八里即飘扬我祖国国旗者，始终是八路军新四军。两年半中，我八路军伤亡达十万，而敌伪伤亡则达二十余万，我军俘虏敌伪达二万，缴获敌伪枪支达四万。"① 电文谴责国民政府以菲薄待遇对待中共武装，更出台《限制异党活动办法》、《对于异党问题处理办法》、《处理异党问题实施方案》，限制中共发展，开展"限共"、"溶共"、"反共"活动，致令亲痛仇快，呼吁国共团结，以利抗战。

1941 年 1 月 6 日，国民党发动皖南事变，掀起了第二次反共高潮。蒋介石于 1 月 17 日下令取消新四军番号，进攻江北新四军，诬蔑新四军为"叛军"，并声称要将叶挺交付军事法庭审判。

中共中央立即着手进行反击。1 月 10 日，毛泽东和朱德、王稼祥致电彭雪枫、张云逸、邓子恢、李先念等，指出："你们应根据中央十二月十五日指示之十大理由，公开宣传，并发反共军。""你们应公开写信给反共军首长如汤恩伯、李仙洲、李品仙等，将此类信件公开印刷分寄反共各军，争取他们共同抗日，劝告他们停止反共。""如你们宣传工作做得好，可以动摇反共军官心军心，迟延其进攻速度。""你们的宣传对任何部队都取争取政策，不要伤其官长，他们过去抗日成绩应加赞语。""宣传工作弱的部队，各首长应亲自动手，亲自检查，务使措词恰当，宣传有力。击破反共军十分之七靠宣传。"②

1 月 13 日，中共中央以朱德、彭德怀、叶挺、项英名义发表抗议国民党军包围皖南新四军的通电。通电说："我江南新四军军部及部队万人遵令北移，由叶挺等率领行至泾县以南之茂林地区，突被国军七万余人重重包围，自鱼（即 6 日）至文（即 12 日），血战七昼夜，死伤惨重，弹尽粮绝。""在战斗中据所获包围军消息，此次聚歼计划，蓄谋已久，布置周密，全为乘我不备，诱我入围，其所奉上峰命令有一网打尽生擒叶、项等语。""我八路军新四军前受日军之扫荡，后受国军之攻击，奉命移

---

① 《朱德等关于毁谤八路军"游而不击"及国民党破坏抗战等问题致林森、蒋介石等电》（1940 年 1 月 15 日），《八路军·文献》，第 444～446 页。

② 《毛泽东年谱（1893～1949）》中卷，第 252 页。

防者则遇聚歼，努力抗战者则被屠杀，是而可忍，孰不可忍?”通电要求国民党中央立解皖南大军之包围，开放北上之道路。[①]

同日，毛泽东又同朱德、王稼祥致电刘少奇、陈毅、彭德怀、左权、叶挺、项英、饶漱石、周恩来、叶剑英，指出：“同意刘少奇、陈毅十二日电（刘少奇、陈毅1月12日致电毛泽东、朱德、王稼祥等，要求速向重庆严重交涉停止包围攻击新四军，并建议由朱瑞、陈光、罗荣桓部包围沈鸿烈部，刘少奇、陈毅部包围韩德勤部，以与国民党交换。——原注），苏北准备包围韩德勤，山东准备包围沈鸿烈，限电到十天内准备完毕，待命攻击，以答复蒋介石对我皖南新四军一万人的聚歼计划。如皖南部队被蒋介石消灭，我应坚决、彻底、干净，全部消灭韩德勤、沈鸿烈部，彻底解决华中问题。电报还指出：周、叶正在重庆抗议，我们正用朱、彭、叶、项名义发出抗议通电，望电达茂林被围部队，如无法突围应再坚持十天，可能有办法。为应付严重事变，华北准备机动部队应加紧，重庆、桂林、西安、洛阳各办事处应即刻准备好对付蒋介石袭击。皖南事变应公开宣传。”[②]

1月15日，毛泽东致电周恩来、叶剑英并告彭德怀、左权、刘少奇、陈毅等，指出：“蒋介石一切仁义道德都是鬼话，千万不要置信。”“中央决定发动政治上的全面反攻，军事上准备一切必要力量粉碎其进攻。”“只有猛烈坚决的全面反击，方能打退蒋介石的挑衅与进攻，必须不怕决裂，猛烈反击之，我们‘佳电’的温和态度须立即终结。”[③]

苏联方面也很关注皖南事变。1月16日，蒋介石在重庆接见苏联驻华大使馆武官崔可夫，后者以皖南事变相询：“余在城内听得许多谣言谓此次贵国军队之参加皖南冲突者，多至七万人，双方皆有损失，甚至有军长、参谋长被俘虏者。”蒋介石矢口否认：“余昨接一函，亦如此谣传，实则绝无此事，即或不免小部队之冲突如过去苏北、鲁南、河北一样，亦

① 《毛泽东年谱（1893～1949）》中卷，第254页。

② 《毛泽东年谱（1893～1949）》中卷，第254～255页。

③ 《毛泽东年谱（1893～1949）》中卷，第256～257页。

绝不至有如许大军行动。”① 然而第二天，国民政府军事委员会即发布通电，诬蔑新四军为“叛军”，宣布撤销新四军番号并将叶挺交军法审判。

苏联方面考虑到以中国牵制日本的“北进”计划，不希望国共内耗。1 月 20 日，季米特洛夫在给毛泽东的电报中说道：“仅通报给您个人，蒋介石请莫斯科将最近的事件（指皖南事变——引者注）视为地方上的军事事件，不要赋予它政治意义并广泛宣传。他保证，这个事件不会影响政府和共产党之间的关系和它们今后在对日斗争中的合作，新四军的高级军官将被释放。”②

1 月 21 日、22 日，中共中央接连给季米特洛夫发去两封电报，称“蒋介石已决定破坏国共合作。我们不得不在政治、军事和组织方面采取必要的措施。在政治方面，我们彻底揭露蒋介石在破坏抗战、破坏统一方面的反革命阴谋。对此无论如何不能保持。但我们还是要采取防御立场，在坚决继续进行抗战的口号下动员群众，反对内战。目前我们只公开反对何应钦，不触及蒋介石本人”。“在军事方面，决定暂时防御战，今后，如有必要，将采取反攻步骤，向甘肃和四川两省突破。”“在组织方面，一旦需要，我们打算关闭八路军四个办事处，即重庆、西安、洛阳和兰州办事处。”③

1 月 29 日和 2 月 1 日，毛泽东也两次给季米特洛夫发去电报，通报将介石的反共措施和中共的对策，以及社会各界对皖南事变的反应，并称：“我们必须准备全面抗击蒋介石。今后要么他作出让步，要么是同他彻底决裂。”④

---

① 《蒋介石在重庆接见苏联驻华大使馆武官崔可夫谈话记录（节录）》，中共中央党史研究室第一研究部译《共产国际、联共（布）与中国革命文献资料选辑（1938～1943）》，中共党史出版社，2012，第 748 页。

② 《季米特洛夫给毛泽东的电报》（1941 年 1 月 20 日于莫斯科），《联共（布）、共产国际与抗日战争时期的中国共产党（1937～1943.5）》，第 124 页。

③ 《中共中央给季米特洛夫的电报》（1941 年 1 月 21 日于延安）、《中共中央给季米特洛夫的电报》（1941 年 1 月 22 日于延安），《联共（布）、共产国际与抗日战争时期的中国共产党（1937～1943.5）》，第 125～127 页。

④ 《毛泽东给季米特洛夫的电报》（1941 年 1 月 29 日于延安）、《毛泽东给季米特洛夫的电报》（1941 年 2 月 1 日于延安），《联共（布）、共产国际与抗日战争时期的中国共产党（1937～1943.5）》，第 127～132 页。

2月4日，季米特洛夫发电报给毛泽东，称："我们认为，破裂不是不可避免的。你们不应把方针建立在破裂上，相反，要依靠主张维护统一战线的民众，竭尽共产党和我们军队的一切努力来避免内战的爆发。"①

毛泽东在收到季米特洛夫电报后，于2月13日发电报回复，认为蒋介石欺软怕硬，应对其采取强硬态度：

> 您的来电收悉。我们作出的决定符合您的指示，与您的指示没有分歧。但是达到团结的方法在于，必须改变我们对蒋介石向我们施压的态度。我们越坚决，蒋介石就越有可能作出让步，我们越对他作出让步，他就越会进攻，那时决裂将是不可避免的。
>
> ……
>
> 我们认为，国共分裂将来是不可避免的，但不是现在。如果我们对蒋介石采取软的态度，那肯定他将继续进攻，如果我们在军事方面遭到失败，那就有分裂的危险。而如果胜利了，那他就会知道进攻我们的困难，这是一个不止一次得到验证的规律。
>
> ……
>
> 在军事方面，继续实行防御政策。他们若进攻我们，我们就定要把他们击溃，坚决歼灭之，但不进犯。②

事实证明，以毛泽东为首的中共中央的政策是成功的，在国内外舆论的一片谴责声中，在中共绝不妥协的坚决态度面前，蒋介石被迫做出让步，停止向《新华日报》施加压力，释放被捕的中共党员，发给中共部

① 《季米特洛夫给毛泽东的电报》（1941年2月4日于莫斯科），《联共（布）、共产国际与抗日战争时期的中国共产党（1937～1943.5）》，第133页。该电报稿是季米特洛夫1941年1月4日起草的。

② 《毛泽东给季米特洛夫的电报》（1941年1月29日于延安）、《毛泽东给季米特洛夫的电报》（1941年2月13日于延安），《联共（布）、共产国际与抗日战争时期的中国共产党（1937～1943.5）》，第150～152页。

队军费，等等。[①]

从1943年春至7月，受国际形势变化（苏德战场、共产国际解散等）的影响，国民党顽固派策划发动第三次反共高潮。中共中央积极发起针对国民党的宣传攻势，最终击退了他们的进攻。7月7日，毛泽东主持中共中央政治局会议，讨论关于应对国民党发动的反共宣传与准备进攻陕甘宁边区问题。毛泽东发言指出：

> 此次蒋介石、胡宗南调集河防兵力积极准备进攻边区，国民党公开宣传“取消中共”、“取消边区”，制造反共舆论的举动，是他们企图利用德苏及日苏的紧张关系，估计日本会进攻苏联，利用共产国际解散机会，实行军事压迫、政治阴谋，企图解散中共、取消边区、取消八路军的反动行为。我们过去两年采用不刺激国民党的“和国”政策，保持了两年多的比较平静，是正确的。现在情况变化，就不适用了，而要采用以宣传对付他们的反共宣传，以军事对付他们的军事进攻。

会议同意毛泽东的意见，做出四项决定：①在坚持统一战线，实行三民主义，拥护国民党政府和蒋介石的原则下，集中力量痛斥国民党反共分子的反动政策与挑起内战、破坏抗日团结的“第五纵队”行为。立即公布朱德总司令致蒋、胡的电报及反对西安特务张涤非制造反共宣传的新闻。延安各机关、学校、部队应配合学习“七七宣言”举行热烈的讨论。②7月9日召开延安各界群众大会，纪念抗战六周年，在群众大会上表示坚持抗战，反对内战，坚持团结，反对分裂，并用大会名义发表通电。③进行军事上的作战准备，但后方机关不到必要时不要移动。④由中央书记处对各地发出一个内部通知，陕甘宁边区各地由西北局发出。[②]

---

① 《毛泽东给季米特洛夫的电报》（1941年1月29日于延安）、《毛泽东给季米特洛夫的电报》（1941年3月21日于延安），《联共（布）、共产国际与抗日战争时期的中国共产党（1937~1943.5）》，第173页。

② 《毛泽东年谱（1893~1949）》中卷，第451~452页。

7月8日，关于应对国民党发动的反共宣传和国民党准备进攻陕甘宁边区问题，毛泽东为中共中央书记处起草致各中央局、中央分局电，指出："中央决定发动宣传反击，同时准备军事力量粉碎其可能的进攻。""各地应响应延安的宣传，在七月月内先后动员当地舆论，并召集民众会议，通过要求国民政府制止内战、惩办挑拨内战分子之通电，发来新华总社，以便广播，造成压倒反动气焰之热潮，并援助陕甘宁边区之自卫战争。其宣传方针，根据延安民众大会通电之内容与口号。"①

7月9日，关于印发揭露国民党当局反共和准备进攻陕甘宁边区的各种文电材料，毛泽东致电董必武，指出：

> 速将"七七"宣言、朱总致蒋胡电、延安新华社揭穿西安特务假造民意新闻及延安民众大会通电（今日发出）密印分发各报馆、各外国使馆、各中间党派、文化人士，并注意设法寄往成都、桂林、昆明各界及地方实力派，是为至要。此种宣传品散发愈普遍则愈于我方有利，请用全部精力组织此事，并很机密地进行之。②

同日，毛泽东又起草任弼时致周子健电："速将朱总、萧主任（指萧劲光）致蒋、胡等电报、新华社揭发西安特务假造民意新闻及本日延安民众大会通电，设法密印数十至数百份，密发社会各界，此种工作甚为重要。"又致电彭德怀，指出："蒋、胡尽撤河防兵力开到洛川、中部、邠州线，密令积极准备待命进攻。我已调晋西北四个团渡河南开准备作战，晋西北现仅留六个小团，颇为空虚，同时事变有可能发展至两党破裂，我党不能不事先有所筹划。如至那种局面，拟实行前年春季所定计划，从五台、太行抽调十个大团（约两万人）西开应变。请你在日内加以考虑，提出意见电告。目前此间除作军事准备外，极力进行政治动员，展开宣传战斗，并将此种宣传散播至西安、重庆各地及英、美、苏各国，动员国内

① 《毛泽东年谱（1893～1949）》中卷，第452页。

② 《毛泽东年谱（1893～1949）》中卷，第452页。

外舆论打击蒋之反革命企图。”①

7月11日，新华社发表毛泽东的新闻稿，披露中共“七七宣言”在重庆被扣、张道藩发出挑拨声明、外国记者纷纷询问内战危机的事实，揭露国民党当局禁止《新华日报》发表纪念中国共产党成立二十二周年的社论和刊登中共中央“七七宣言”的无理行径，以及国民党宣传机关对国民党军队准备进攻陕甘宁边区一事无法掩盖的窘境。

7月12日，《解放日报》发表毛泽东写的社论《质问国民党》。社论“对蒋介石和国民党不用力抵抗日本的侵略和惩办汉奸卖国贼，而极力反共、破坏团结抗战和准备进攻陕甘宁边区这种亲痛仇快的行径，提出严厉的质问和抗议。社论说：‘我们正式向中国国民党中央提出抗议：撤退河防大军，准备进攻边区，发动内战，这是一种极端错误的行为，是不能容许的。中央社于七月六日发出破坏团结、侮辱共产党的消息，这是一种极端错误的言论，也是不能容许的。’”②

7月13日，毛泽东主持召开中共中央政治局会议，讨论国民党准备进攻陕甘宁边区和中共的对策问题。会议决定，应“进行揭露国民党种种罪恶行为与反动思想、政策的宣传工作，以对抗国民党的反革命宣传”。同日，《解放日报》发表毛泽东写的关于中国政治黑暗、抗战不力、英美盟邦大不满意的新闻稿。新闻稿说：“英、美人士对中国政治黑暗，和蒋介石将美、英援助不用在前线打日本而用在补充后方部队，大不满意。最近熊式辉在纽约、华盛顿、伦敦的招待会上，都在这些方面受到英、美人士的质询。英、美向熊式辉表示，在这种情况下不能以大量的武器继续助国民党政府。”

同日，毛泽东致电董必武，指出：“你的工作很得力。由于种种原因，蒋介石在七月十日不得不电胡宗南改变进攻陕甘宁边区的决心，现在内战危机或可避免。延安民众大会通电已于九日用万万火急电发蒋、胡及各方要人，故你处仍应密印散发，表示共产国际解散后我方之强硬姿态，

① 《毛泽东年谱（1893～1949）》中卷，第452～454页。

② 《毛泽东年谱（1893～1949）》中卷，第454页。

借以击退国民党之无耻反共宣传。”又致电周子健，指出：“蒋、胡秘密调兵准备进攻，你们所得情报完全正确，帮助中央甚大。现经我们揭穿，已引起各国大使干涉，我们又积极准备应战，故迫得蒋不得不于十日改变计划。为击破国民党的无耻反共宣传计，你们仍应将延安民众大会通电密发社会各方，不得停止不发。”①

由于中共对国民党的宣传战运用得当，蒋介石被迫让步，7月10日，蒋介石令胡宗南停止行动；11日，蒋介石、胡宗南均复电朱德，声明没有进攻延安的意图；12日，胡宗南下令开始撤退一个师及两个军部（第一军及第九十军）。② 这次胜利，可以说是中共灵活运用宣传战的典型案例。

二　毛泽东与抗战时期中共的对外宣传

全面抗战时期中共的对外宣传，受到国民党限制较多，特别是1939年下半年后，由于国民党的封锁，外国记者很难进入以延安为中心的中共核心区域，与中共领导人进行深入交流。然而就是在这两年多的交流中，中共领导人给来访的外国记者留下了非常正面的印象，推动他们用手中的笔积极宣传中共的抗日主张，为中共张目，为中共的对外宣传事业做出了积极贡献。

中国共产党和西方记者接触在抗战全面爆发之前就已经开始了。主力红军到达陕北后，为了打破国民党的新闻封锁，中共策划了将时任北平燕京大学新闻系教授埃德加·斯诺（曾在上海《密勒氏评论报》担任助理主编，同时任纽约《太阳报》和伦敦《每日先驱报》的特约通讯员）接到延安对中共领导人进行采访的活动。

1937年国共合作形成之前，由于国民政府的妖魔化宣传，中共在外界眼中基本上是和“土匪”等同的。而斯诺作为一名活跃在中国的美国记者，却没有轻易听信国民党的一面之词。他直率地指出：“南京政

① 《毛泽东年谱（1893～1949）》中卷，第455～457页。

② 见1943年7月13日毛泽东致彭德怀电报，《毛泽东年谱（1893～1949）》中卷，第457页。

权已经堕落到比以前那些督军政府好不了多少的地位。”“在这种情况下，1927 年起在农村中兴起的共产主义运动是很容易理解的”，“红军绝不是‘赤匪’，而是穷苦人的救星。……共产党取得成功的真正基础，在于它的主张从根本上合乎人数众多的无地农民和贫民的愿望，红军士兵都是农民，他们的政治领导人也多是农民出身，他们每到一地，总能赢得农民的支持”（《远东前线》，1933）。[①]正是看到斯诺这种追求真理的精神，中国共产党才策划了迎接斯诺到延安进行新闻采访的活动。而中共也正是通过斯诺的采访，向全世界展示了其积极正面的光辉形象。

1936 年 7 月 13 日，在中共华北局、中共上海地下党以及宋美龄的帮助下，斯诺辗转来到延安，[②] 由此直至 10 月，斯诺在延安附近中共管控区域采访三个月，其间和毛泽东开展了一次又一次的长谈，内容涉及日本帝国主义、外国投资、抗战形势的前途、抗战的方针、苏维埃政府的对内方针及与苏联的关系等。

7 月 15 日，毛泽东会见斯诺，谈到日本帝国主义的问题，毛泽东强调：“今天中国人民的根本问题是抵抗日本帝国主义，反抗日本侵略的斗争……日本帝国主义不仅是中国人民的敌人，而且是全世界所有爱好和平的人民的敌人。除了日本和那些帮助日本帝国主义的国家以外，所有国家可以组成反战、反侵略、反法西斯的世界联盟。”[③]

7 月 16 日晚上 9 时至次日凌晨 2 时，毛泽东同斯诺谈中国抗日战争的形势、方针问题。毛泽东指出：“中国战胜日本帝国主义，要有三个条件：第一是中国抗日统一战线的完成；第二是国际抗日统一战线的完成；第三是日本国内人民和日本殖民地人民的革命运动的兴起。这三个条件中，中国人民的大联合是主要的。至于战争能延长多久，要看中国抗日统一战线的实力和中日两国其他许多决定的因素如何而定。”

7 月 18 日、19 日，毛泽东同斯诺谈苏维埃政府的对内政策问题。7

---

① 裘克安编著《斯诺在中国》，三联书店，1982，第 15 ~ 17 页。

② 邓力群主编《纪念埃德加·斯诺》，新华出版社，1984，第 211 页。

③ 《毛泽东年谱（1893 ~ 1949）》上卷，第 558 页。

月23日同斯诺谈中国共产党与共产国际、苏联的关系问题。9月23日，毛泽东又在保安接受斯诺的访问，主要谈联合战线问题。

同年9月底10月初，毛泽东还和斯诺谈到了个人的生平和红军长征的历史。[①] 从毛泽东和斯诺谈论内容来看，几乎是无所不谈，但凡斯诺感兴趣的问题，毛泽东都坦率面对，畅所欲言。中共还给予斯诺在延安等地采访的自由，在其接触到的各类人当中，上至毛泽东、周恩来等高层人士，下至普通士兵，都给他留下了美好的印象。10月底，斯诺离开延安回到北平，随即在美国驻北平大使馆举行的记者招待会上，发布了去西北苏区的重要消息，《纽约太阳报》、《时代报》、《星期六晚邮报》、《密勒氏评论报》、《大美晚报》、《先驱论坛报》、《生活》杂志等，纷纷向斯诺约稿。伦敦《每日先驱报》将斯诺提升为该报驻远东首席记者。

从11月12日起，美国在中国影响最大的《密勒氏评论报》上，分期刊登了斯诺的《毛泽东访问记》，上海《大美晚报》立即予以转载。1937年2月5日，《大美晚报》发表斯诺演讲稿《红党与西北》。4月15日，刚创办的英文刊物《民主》发表了《苏维埃的台柱子》。接着美国《亚洲》杂志发表了《来自红色中国的报告》、《毛泽东的自传》，以及斯诺有关长征的报告。《新共和》刊登了《中国为何要长征》。《星期六晚邮报》刊登了《我去红色中国——中国抗日统一战线秘史》。《生活画报》和《时代周刊》不仅刊载斯诺的有关报道，还以一千美元的高价购买了斯诺在苏区拍摄的25张照片。《每日先驱报》除了以头版头条连载斯诺的报道外，还配以大幅照片和有关社论。而他单为纽约《太阳报》就写了30篇报道。1937年7月，斯诺根据其此次采访活动素材写成的《红星照耀中国》（又名《西行漫记》）完成。10月，《红星照耀中国》的英文本首先在英国出版，短短几周就发行10万册以上，一个月就销售了5版。1938年1月3日，美国兰登书屋发行出版了《红星照耀中国》美国版，一个月销售1.2万册，以后又连印数次。《红星照耀中国》不啻是毛泽东

---

① 参见〔美〕埃德加·斯诺《西行漫记》，董乐山译，三联书店，1979。

和斯诺刮起的一场世界性旋风，它引起了美国和世界的巨大震动，被称为“锁了九年的世界性头号新闻”。美国舆论界大震，各界人士纷纷指出，《红星照耀中国》是当代最重要、最有影响的著作之一。

太平洋关系学会秘书长爱德华·G. 卡特评价这本书开启了西方了解中国的新时代。《大地》一书的作者、著名作家赛珍珠认为，斯诺非同一般的记述，使每一页都是意义重大的。哈罗德·R. 艾萨克斯指出，《红星照耀中国》是美国人对中国人产生印象的第一个重要来源。就像《大地》使美国人第一次真正地认识了普通的中国人一样，《红星照耀中国》使美国人和西方人第一次真实地了解到中国共产党人的生活。费正清认为，斯诺的报道对正义世界是巨大的鼓舞。“在全世界面临战前灾难的前夕，报道了一支远离西方各国的独立的战斗力量”，它给全世界人民带来了反法西斯斗争胜利的信心。美国著名作家、普利策奖获得者巴巴拉·拉奇曼用三个“首次”高度评价《红星照耀中国》的贡献：它“首次向全世界报告了中国红军英勇的长征，首次刻画了共产党的著名人物，首次描述了他们的生活方式、信念和目的。斯诺对中国共产党倡导的事业给予了充分的报道。这一事业对于本世纪三十年代那些惧怕抗击法西斯的人们，是一个强有力的鼓舞”。斯诺的报道和《红星照耀中国》不仅震动了美国舆论，也使美国官方对中共、红军和毛泽东不得不刮目相看。美国外交官谢伟思后来指出，《红星照耀中国》这本书，为全世界揭开了一个帘幕，使人们第一次看到了未来的中国。美国总统罗斯福饶有兴趣地看完了《红星照耀中国》，后来他三次召见斯诺，并受其一定的影响。1942 年 2 月 24 日，罗斯福在华盛顿白宫总统办公室第一次召见斯诺时，便说他是通过《红星照耀中国》和《星期六晚邮报》上有关报道认识斯诺的。在三次召见中，斯诺向罗斯福进一步介绍了中共的政策和毛泽东等中共领袖，使罗斯福产生了和中共建立某种外交关系的可能性的想法。①

1939 年 9 月 24 日，毛泽东会见再次访问延安的斯诺，回答他提出的问题。

---

① 黎永泰：《毛泽东与美国》，云南人民出版社，1993，第 86 ~ 88 页。

除了斯诺外，在国民党强化对延安的封锁之前，毛泽东还会见了诸多国内外记者、名流和社会各界人士，说明中共的抗日政策。

1937年5月15日，毛泽东在延安会见美国记者韦尔斯，回答她提出的关于国共合作、阶级斗争、争取民主、准备抗战等问题，会谈内容后来整理发表在北平出版的《人民之友》上，题为《抗日民主与北方青年》，后来又转载于1937年8月20日巴黎出版的《救国时报》。① 8月13日，毛泽东再次会见韦尔斯，将中共中央新近提出的《抗日救国十大纲领草案》交给她，并说："如果有国民党政府的合作，这个十大纲领就能实现，我们就能打倒日本帝国主义。"②

1938年2月，毛泽东在延安会见了美国合众社记者王光达，他说自己对中国抗战的前途完全是乐观的，因为中国抗战的过程必然是先败后胜、转弱为强，这已是确定的方向。又说："我们从来主张运动战、游击战、阵地战三者的配合。游击战对于战斗方式来说，始终是辅助的。但在半殖民的民族解放战争中，特别是地域广大的国家，游击战无疑在战略上占着重大的地位。八路军现在四个区域进行着广大的游击战争，这是将来举行反攻收复失地的有力基础之一。"他还说："国共两党现在和将来合作的目的是共同抗日与共同建国，但必须是有纲领有原则的合作，这种合作才能是长久的。"③

1938年5月5日晚，毛泽东会见美国海军陆战队情报观察员卡尔逊④，谈话一直进行到次日凌晨。谈话内容包括抗日战争、欧洲和美国的政治形势、各个时代政治思想的发展、宗教对社会的影响等。关于抗日战争，毛泽东说，只要人民有志气忍受困难，有决心继续抵抗，中国就不会

① 《毛泽东年谱（1893～1949）》上卷，第676页。

② 《毛泽东年谱（1893～1949）》中卷，第12～13页。

③ 《毛泽东年谱（1893～1949）》中卷，第12～13页。

④ 卡尔逊于1937年12月至1938年2月，以美军观察员和美国驻华大使馆参赞身份，获毛泽东批准前往山西地区［参见《毛泽东年谱（1893～1949）》中卷，1937年12月19日毛泽东致朱德、任弼时电报］，会见了彭德怀、朱德、任弼时、林彪、左权、刘伯承、薄一波、徐向前、张浩、陈赓、陈锡联、聂荣臻、贺龙。1938年5月，卡尔逊到达延安，会见毛泽东。卡尔逊来延安，"既有美国官方派遣的意义，又得到了蒋介石的默许"。黎永泰：《毛泽东与美国》，第115页。

垮台。中国像个容量一加仑的细颈瓶，而日本灌进了半品脱水。它的部队进占一地方，我们转向另一地方；他们追击，我们就后退。日本兵力不足，无法占领全部中国，只要人民决心继续抵抗，它就无法用政治手段控制。他说：有几种围困。日本在五台山包围我们，围困我们。但我们有另一种围困，比如日本在太原驻守，太原的东北是聂荣臻的部队，西北是贺龙的部队，林彪的部队在西南，朱德的部队在东南。日军在山西一出动就会撞上我们的巡逻队。正像山西是华北的战略锁钥一样，五台地区也是山西的锁钥，我们占领五台，日本人就不能控制山西。另一种围困应是美国、苏联同中国一道围困日本，这将是一种国际的围困。卡尔逊认为德国侵略捷克斯洛伐克，英国就会参战。毛泽东认为英国不会为捷克斯洛伐克打仗。[①]

卡尔逊是美国军方第一个访问延安和毛泽东的现职人员，毫无疑问，在来延安之前，他也接触过很多妖魔化中共和毛泽东的宣传报道，然而延安之行颠覆性地改变了他之前所有关于中共的想象。从与普通士兵的接触，到与朱德、彭德怀等中共高层的访谈，再到与美国记者史沫特莱的谈话，都使他感受到中共是一股他此前从未见过的、生机勃勃的新兴势力，而与毛泽东的见面使他印象尤深。后来，他以无比激动的心情追忆会见毛泽东时的情景："黯淡的烛光，极简陋的陈设——铺炕，一张木桌，几架书籍，也许最主要的，毛本人高深莫测的气氛，使我感到进入了另一个世界。我面前就是这位伟人，他提供了中国现代的自由思想的基础，他非凡的组织能力建立了现在的中国共产党机构的基础。同朱德一起，他领导了艰苦的六千英里的长征，到达了比较安全的黄土高原。他的卓越的洞察力，使山西、河北的抗战方式如此有效地抵消了日本现代武器的优势。"

因为对中共印象极佳，1938 年 8 月 7 日，卡尔逊重返汉口时，"他简直不能对'自己所看到的东西缄默不语了'。他不顾自己的外交官身份，欣然与麇集汉口的美国及欧洲记者们进行广泛的交谈，他盛赞共产党的军事、政治机构和制度。他精神抖擞地把他在游击区所见所闻以及由此而产

① 《毛泽东年谱（1893～1949）》中卷，第 66～67 页。

生的激情，原原本本地告诉美国和欧洲记者。‘他毫不怀疑地相信，依靠中国共产党人的力量，新的、更加美好的世界可以建设成功。他不惜以最美好的言辞来赞扬他亲眼见到的共产党地区的政治组织和军事组织，对那些兴致勃勃地倾听他的发言的记者们满怀热情地说明情况。’使记者们感到惊讶的是，他有问必答，并且毫不介意他们在电讯稿中提到他的名字”。

卡尔逊对中共的看法与美国海军部大相径庭。他不但指出日本对于美国来说具有危险性，而且将共产党领导的军队当作典范加以宣扬，这让华盛顿方面大为不满。1938 年 9 月 17 日，卡尔逊的上级通报说，要严厉追究他对这些活动的责任，但是卡尔逊坚持他看到的都是事实，他讲的也是事实，没有讳言的必要。为此，他辞去了军职。此后，卡尔逊不仅向公众发表演说，还为好几家杂志撰稿，并出版了《中国军队》和《中国的双星》两本书，对中共给予极高的评价。①

1938 年 7 月 1 日，毛泽东出席中共中央召集的欢迎世界学联代表团的干部会议，并在欢迎词中说：“中共中央以万分诚意欢迎世界学联派遣代表团来华考察，感谢世界学联对中国的衷心援助。抗战虽然要自力更生，但外援也有重大意义，我们需要国际援助，希望代表团把中国人民的这一愿望带给将要开幕的世界青年大会和全世界人民。”

7 月 2 日，毛泽东会见世界学联代表团成员柯乐满、雅德、傅路德、雷克难，回答他们提出的问题。在回答关于边区在中国的意义和作用时说：“边区是一个民主的抗日根据地，它把抗日战争与民主制度结合起来，以民主制度的普遍实行去争取抗日战争的胜利。边区的意义和作用，在于做出一个榜样给全国人民看，使他们懂得这种制度是最有利于抗日救国的，是抗日救国唯一正确的道路。”在回答关于目前中共在全中国的作用时说：“坚持抗战，坚持统一战线，坚持持久战，是目前中共的基本主张，它在全国的作用和意义也在这里。”在回答关于有什么条件可以缩短持久战的时间时说：“必须加强三个条件，一是中国的统一战线更加巩固

---

① 参见黎永泰《毛泽东与美国》，第 116～119 页。

和扩大，这是基本的；二是日本国内人民的援助；三是世界各国的帮助。”在回答关于抗战胜利后中共的主要任务时说：“抗战获得最后胜利后中共的主要任务，一句话，是建立一个自由平等的民主国家。这是中国的历史任务。建立这样的一个国家，不是把日本赶到鸭绿江之后的第二天才开始的，抗战过程中的各种工作，就都与建立这样的国家有关联。不过许多重要工作是要在抗战胜利之后才能完成，例如基本的经济建设等。”①

1938 年 7 月 18 日，毛泽东同朱德致电巴黎的法国《人道报》转国际和平大会，请求大会号召和组织各国人民，给正在英勇反抗法西斯侵略的中国人民和西班牙人民以更大的同情和更有力的援助。②

1939 年 2 月上旬，毛泽东会见美国合众社记者罗伯特·马丁。毛泽东说：“中国要民主才能坚持抗战，不单需要一个民选的议会，而且需要一个民选的政府。日本现在有骑虎难下之势，准备继续进攻西安等地。抗战第一阶段将结束在西安的失守，第二阶段是日军困驻于城镇的时期，第三阶段是驱逐日军出中国的时期。共产党今日的纲领与三民主义没有基本上的冲突，但有不同点。废除私有财产制，是国共两党纲领的基本异点。到中国走上社会主义，如果那时英、美、法等国仍然是资本主义国家，如果这些国家不来打中国的话，那末，中国政府将对外来投资及外人在中国财产给以保障（付以代价）。中共在中国实行的纲领，是根据中国的需要，而不是共产国际对中共的统治。”③

1939 年后，国民党加强了对陕甘宁边区的封锁，再度把西北边区用厚重的黑幕围起来。直到 1944 年 3 月，美国和英国出于自身利益的考虑，向中共提出拟派美国、英国、加拿大、奥地利等国记者前往延安及黄河以东抗日根据地，了解八路军的力量以及敌后抗日根据地情况，并考察这些地区各项措施的实施情况。以毛泽东为首的中共中央极为重视西方记者此次访问。1944 年 3 月 9 日，周恩来受毛泽东、朱德和中共中央的委托，

① 《毛泽东年谱（1893～1949）》中卷，第 79～80 页。

② 《毛泽东年谱（1893～1949）》中卷，第 82 页。

③ 《毛泽东年谱（1893～1949）》中卷，第 110 页。

致电董必武转外国记者团，热烈欢迎他们来延安参观。[①] 1944 年 4 月 30 日，毛泽东再次“致电董必武转十一位外国记者：‘诸位来延，甚表欢迎’，‘只要政府同意即可动身’”。[②]

1944 年 6 月 9 日，中外记者西北参观团一行 21 人到达延安，其中有美联社的斯坦因、《时代》杂志的爱泼斯坦、合众社的福尔曼等外国记者六人。6 月 12 日，毛泽东会见中外记者西北参观团，对他们访问延安表示欢迎。[③]

1944 年 6 月 18 日，毛泽东致电中共各中央局、中央分局，各军区并转各区党委，指出：

> 国民党拼命在外国人及中国人面前，抹杀或隐蔽我党。我们除正面答复外，并用敌伪文件给予反证。望各局各委及军事机关立即动员搜集大批敌伪出版的关于称赞我党我军勇敢、巧妙，畏惧我军实力及其种种对策之言论及统计数字，用新闻密码火速发来。[④]

1944 年 6 月 22 日，第十八集团军参谋长叶剑英向中外记者西北参观团做题为《中共抗战一般情况的介绍》的长篇谈话。他指出：“中国抗战，一开始就分为正面和敌后两大战场；而自一九三八年十月武汉失守以后，敌后战场就在实际上成了中国的主要战场。”“敌后战场有三个，即华北、华中、华南三大敌后战场。在华北敌后战场抗战者为八路军，在华中敌后战场抗战者为新四军，在华南敌后战场抗战者为中共领导的游击部队。”“中国共产党领导的军队现有四十七万多人，在一九四四年三月以前，抗击了侵华日军的百分之六十四点五；国民党的军队有几百万人，只抗击了侵华日军的百分之三十五点五。如果把全部日军和全部伪军合计起来，则在一九四四年三月以前，共产党的军队抗击日伪军总数一百三十四万人中的一百一十余万，即百分之八十四，国民党的军队只抗击了百分之十六。”

---

① 《毛泽东年谱（1893～1949）》中卷，第 500 页。
② 《毛泽东年谱（1893～1949）》中卷，第 509 页。
③ 《毛泽东年谱（1893～1949）》中卷，第 519 页。
④ 《毛泽东年谱（1893～1949）》中卷，第 520 页。

叶剑英的这篇谈话，毛泽东做过修改。在谈话讲到伪军处，加写了一段话："国民党之所以让这些伪军投敌，投敌之后不加讨伐，并反而暗地和他们联络，其目的，不但为着在现时反对共产党，而且含有深远计划，而准备在日寇失败退出大城市与交通要道时，好让这些伪军藏其敌旗打起国旗宣布'反正'，占领这些大城市与交通要道，配合正面国民党军队，进行全国的反共战争。几年来在伪军中流行的所谓'曲线救国'，就是为着这种叛变民族的目的，全体人民是应该现在就起来注意这种阴谋的。"①

7 月 14 日，毛泽东会见中外记者西北参观团成员——美联社、英国《曼彻斯特卫报》与美国《基督教科学箴言报》记者斯坦因，回答他提出的问题，会见从下午 3 时持续到次日凌晨 3 时。②

7 月 18 日，毛泽东会见中外记者西北参观团成员——路透社、《多兰多明星周刊》、《巴尔的摩太阳报》记者武道，同他进行了关于政治科学、国共两党关系等问题的谈话。③

7 月 22 日，美军中缅印战区驻延安观察组（代号"迪克西使团"）第一批人员在组长包瑞德上校的带领下乘飞机抵达延安（第二批人员于 8 月 7 日到达）。26 日，毛泽东出席为他们举行的晚宴。席间，毛泽东和观察组成员、美国驻华大使馆二等秘书、中缅印战区司令部政治顾问谢伟思进行了交谈。8 月 23 日，毛泽东同谢伟思就国共关系问题进行长时间谈话。④

通过这些外国人，毛泽东将中共的抗日理念、政治理念传播于国际国内，让世人了解中共，争取到了世界舆论的理解和同情。在被国民党妖魔化十年之后，毛泽东的做法无疑是务实而有效的。

第三节　全面抗战初期中共的敌伪工作

中共重视对敌工作，一方面是受到苏联经验的影响，另一方面也是从

---

① 《毛泽东年谱（1893～1949）》中卷，第 527～529 页。

② 《毛泽东年谱（1893～1949）》中卷，第 521～522 页。

③ 《毛泽东年谱（1893～1949）》中卷，第 529～530 页。

④ 《毛泽东年谱（1893～1949）》中卷，第 531、539 页。

战争实践中总结出来的血的教训。

早在建党及建军之初，中共领导人就发表了一系列关于敌军工作的言论，阐述其重要意义。1922 年 7 月，中国共产党成立不久，新凯在《新青年》上发表《再论共产主义与基尔特社会主义》，第一次论及这个问题，提出为了不“再蹈辛亥革命的覆辙”，我们必须“一方面感化军队以抵御反抗者，一方面强行军队的劳动化，以使他们成为生产者”。1924 年 5 月，中央在上海召开扩大的中央执行委员会，通过《农民士兵间的工作问题决议案》。决议案明确指出，要“使在‘军人’手里的士兵变成真正拥护民族解放运动的战士”。1925 年 7 月 31 日，周恩来在省港罢工工人第六次代表会议上做的《工农兵大联合，打倒帝国主义》政治报告中指出：“兵与匪都是失业的工人农民。”刘伯坚指出：“敌人的兵士和我们是一样的中国人，其所以变成敌人，（是）因为被他们的官长蒙蔽欺骗了，如果使他们了解政治的意义及其切身利益，他们便会和我们携手。”

第一次国共内战时期，国民党对根据地军民进行残酷的迫害和屠杀，民众对此极为气愤，希望以牙还牙、血债血还、枪毙俘虏，而中共则是耐心说服教育，使得广大军民能够认识到中共的敌军政策的意义，成为敌军工作的积极支持者和参与者。毛泽东在 1928 年初专门就此向部队做了一次讲话，指出，报仇、出气，你们找错了对象。白军士兵绝大多数是工农子弟，你们杀了他，地主豪绅连眉头都不皱，马上又去抓新的，结果还是穷苦老百姓倒霉。红军不是解放劳苦大众吗？白军士兵也是劳苦大众的一部分，我们要宽待他们。这次讲话之后，有关敌军士兵是穷苦大众一部分的思想不仅为党的高层干部所认同，也成为广大红军官兵宽待俘虏的自觉行动。①

抗战期间，日军对中国军民的屠杀惨无人道、骇人听闻，加上近代中国民族主义的发展以及民族隔膜等因素，民众对日军的仇恨以及对中共的敌军工作政策中“优待俘虏”等具体措施的抵触情绪更甚于对国内反动

---

① 裘克人、蒋乾麟、续建宜主编《无产阶级军队政治工作思想的形成与发展》，上海人民出版社，1994，第 238～239 页。

统治者。而由于有了前述历史铺垫，中共领导和影响下的广大军民能够在较快时间内转变观念，贯彻执行中共所制定的包括优待俘虏在内的敌军工作政策。

七七事变发生后第二天，中共中央即要求北方局“在各地用宣言传单标语及群众会议进行宣传与组织的动员”。①

1937 年 10 月 25 日，毛泽东在《和英国记者贝特兰的谈话》中回答八路军建设的经验时说：“八路军更有一种极其重要的和极其显著的东西，这就是它的政治工作。八路军的政治工作的基本原则有三个，即：第一、官兵一致的原则……第二、军民一致的原则……第三、瓦解敌军和宽待俘虏的原则。我们的胜利不但依靠我军的作战而且依靠敌军的瓦解。”朱德于 1938 年初发表了《论抗日游击战争》，从抗日游击战争的政治要素的角度，论述了上述三个方面的内容。1938 年 1 月，周恩来在《抗日军队的政治工作》一文中，围绕政治工作的任务与内容，又做了进一步的论述。以后，中共军队历次颁布的政治工作条例，都把实现官兵一致、军民一致、瓦解敌军列为军队政治工作的主要任务和主要内容。②

1938 年 8 月 22 ~ 25 日，中共中央在洛川冯家村召开政治局扩大会议，通过了《中国共产党抗日救国十大纲领》和毛泽东为中共中央宣传部门起草的宣传鼓动提纲《为动员一切力量争取抗战胜利而斗争》。宣传鼓动提纲指出：“卢沟桥中国军队的抗战，是中国全国性抗战的开始。为了挽救祖国的危亡，全国人民必须坚固地团结起来，为保卫祖国而作战到底。今后的任务是‘动员一切力量争取抗战胜利’，这里的关键是国民党政策的全部和彻底的转变，特别是在发动民众和改革政治等问题上。”③

作为对敌宣传工作的一部分，中共从抗战全面爆发以来，发布了一系列优待日伪军俘虏的讲话、指示和命令。1937 年 9 月 25 日，中共以八路军总指挥朱德、副总指挥彭德怀及全体指战斗员名义发布《八路军告日

---

① 《中央关于卢沟桥事变后华北工作方针给北方局的指示》，《中国共产党宣传工作文献选编（1937 ~ 1945）》，第 1 页。

② 侯敬智、蒋一斌主编《中国人民解放军政治工作发展史》，第 153 页。

③ 《毛泽东年谱（1893 ~ 1949）》中卷，第 15 页。

本士兵书》，以同为工农出身，呼吁日军不要为日本军阀卖命而与八路军停战；声明八路军绝不虐杀解除武装的日军士兵；呼吁日军士兵回家与家人团聚，“与你们国内的工农一起来革命！”①

在华北前线，抗战全面爆发之初，在八路军总部及其下设各师、旅、团、营、连政治部（处、科等）及中共领导下的各地方武装和行政机关领导下，开展了对日军的宣传工作。其工作要领是“揭露日本军阀的欺瞒政策，使日军下级军官、士兵明确认识共产党军队的政策主张，形成反战思想，进而转化为共产（主义）革命”。其宣传要点则包括“反对日本军阀的侵略战争”、“反对增加日本人民大众的经济负担”、“中国军民书诸君的兄弟。敌人是军阀”、“八路军优待俘虏”等。这与抗战全面爆发前日本共产党的反战主张是高度吻合的。

七七事变爆发一年后，八路军对日宣传的重点转向促使日军官兵丧失斗志，其内容包括“英、美、法、苏积极援助中国；日军的失败和（中国军队）夺回被占领地区；战死日军士兵家人之惨状；日本内地的经济窘境及反战运动的蓬勃发展”等。具体来说，包括：①宣传中国军队的全面胜利；②宣传日本报纸上报道的战死者妻女自杀、近畿地区的水灾风灾、关西地区的农作物歉收等，使日本士兵产生不安情绪；③“宣传日本国内经济的弱点”，宣扬战争的长期化，将带来日本经济的破产和社会思想的崩溃；④利用苏、英、美、法等国援助蒋介石的态度，宣称如果日苏战争爆发，根据苏德互不侵犯条约，日本将陷入孤立无援的境地；⑤刺激日军内部的不满情绪以及士兵希望回国的热切愿望，使其丧失斗志，离间日军官兵。

在宣传方式上，则有散发或张贴发宣传文告、墙画、利用在华日本共产党员发表广播讲话、火线喊话以及所谓“谋略通信”（即以日本士兵口吻向日本国内亲人写信进行抗日宣传）等。

1939 年 2 月 18 日，毛泽东同王稼祥、谭政致电八路军、新四军各部等，指出：今后在战斗中俘获的日军俘虏，应尽量释放，多加宣传优待，

---

① 《八路军告日本士兵书》（1937 年 9 月 25 日），《八路军·文献》，第 48～49 页。

严禁枪杀及其他侮辱行为，借此降低日军之作战决心而动摇其军心，以利于粉碎敌之进攻。[①]

毛泽东还主张将优待敌伪军俘虏的政策写入中共的施政纲领并广为宣传。1941 年 4 月 28 日，就《陕甘宁边区施政纲领》的修改和发表问题，毛泽东写信给任弼时并转边区中央局。信中说："施政纲领的最后修正稿付上二份，请在边区刊物上发表，并印多张广为散布于边区境内及境外。干部人手一张。群众报上，须为之逐条加以通俗解释，并张贴于通衢。与此纲领发布同时，须由边区中央局发一通知，亦同样在国民报上发表，在通衢张贴，并使干部人手一张。……第二十条是：'对于在战斗中被俘之敌军及伪军不问其情况如何，一律实行宽大政策，其愿参加抗者，收容并优待之，不愿者释放之，一律不得加以杀害、侮辱、强迫自首或强迫写悔过书。其有在释放之后又连续被俘者，不问被俘之次数多少，一律照此办理。'国内如有对八路军、新四军及任何抗日部队举行攻击者，其处置办法仿此。"[②] 5 月 1 日，《陕甘宁边区施政纲领》在《新中华报》上正式公布。

毛泽东很关心被中共武装俘虏的日军士兵的改造和相关安排工作，旨在培养日本的共产主义运动战士和敌军工作人员的延安日本工农学校就是在他的关怀指导之下创建的。1941 年 8 月 22 日，他在延安日本工农学校第二期工作报告上批示："很好的一个报告。各同志阅后保存于秘书处。""延安的学校应照此种精神去办。这是理论与实际联系的学校，不是单纯的概论学校。"[③]

关于对伪军的政策问题，1941 年 8 月 17 日，毛泽东同王稼祥、谭政、傅钟致电陈毅、刘少奇："对待伪军应采德威兼施办法。不打不能迫使其就范，建立我军的威权，但专打则势必结成生死冤仇，不打与专打两个极端政策对我们都是不利的。""对伪军中的两面派分子，应控制使他不完全倒在敌人方面来反对我们。""对伪军俘虏，不分官兵与社会出身，

① 《毛泽东年谱（1893～1949）》中卷，第 111 页。

② 《毛泽东年谱（1893～1949）》中卷，第 291～292 页。

③ 《毛泽东年谱（1893～1949）》中卷，第 323 页。

原则上一概不杀。对我成见深，放了又来打我的分子也可以不杀，即再捉再放的办法比杀的办法要好，效果要大。”“我们应耐烦地采取七擒孟获政策。”①

而受日本军国主义思想毒害，一般日本士兵均将中共视为十恶不赦的恶魔，战斗意志极为顽强，因而在全面抗战初期，中共军队很难抓到日军俘虏。1937年9月平型关一役，第一一五师歼灭大量日军，却连一个日军俘虏也没有抓到。② 同年10月26日，八路军陈赓部队设伏七亘村，“伏击成功⋯⋯但未得到俘虏兵，敌人死不缴枪。全部击毙，约三百人”。③

1937年10月6日，八路军政治部下发关于开展日军政治工作的指示：“平型关战斗及游击部队经验，日敌非拼死不肯缴枪，这虽由于民族隔阂和日本军阀欺骗，但过去华军不独没有进行敌军政治工作，而且以残暴手段对付俘虏，也是使其临死不缴枪的重要原因。因此，开展敌军的政治瓦解工作，削弱敌人战力并推动友军学习，这一工作是目前政治工作的一个重要任务。”

同时，该指示提出，进入山西的日军已陷入缺乏弹药粮食的“孤军苦战”境地，“正是我进行瓦解敌之良机”，要求各级政治机关进行下列具体对敌工作事项：“立即利用一切可能机会，特别经过各游击部队”将“告日伪军宣传品”“张贴于敌军及其后方交通线”，“接近敌军之部队，可组织武装宣传队，应多偷入敌驻地附近张贴散发宣传品”；优待俘虏，加以政治宣传；发动战士宣传队与当地群众，在敌人可能到达地域涂写中、日文标语口号，组织宣传队成员学习简单日文，以便对敌呼叫宣传；注意收集日军政治情报（文件、日记等），结合中央指示，拟定适宜的宣传品；以得力干部主持各师团敌军工作部，懂日文的干部、战士做到每团配备二人（以便营独立行动时能配一人）、旅一人、师二至三人；各师组

① 《毛泽东年谱（1893～1949）》中卷，第321页。

② 朱位汉：《平型关战斗中英勇负伤的杨勇将军》，张军锋主编《八路军老战士口述实录》，第34页。

③ 《陈赓日记》，1937年10月26日，第26页。

织敌军工作研究会，随时向指挥首长及本部提供研究结果及工作经验。① 这里有几点值得特别关注，即中共的宣传品不仅是针对日军的，也有针对伪军的；而“武装宣传队”的提法，也可以说为 1942 年正式形成的“敌后武工队”埋下了伏笔。②

全面抗战初期，日军在华北猖狂进犯，国共两党也在华北密切配合，共同抗日。在山西，阎锡山为使山西免受涂炭，不步东北三省的后尘，默许共产党和八路军在山西积极宣传其抗日主张。八路军驻晋办事处正式建立和公开办公后，彭雪枫等人据张闻天、毛泽东关于办事处应“以组织民众、推动抗战为总目标”的指示，把主要精力移到公开宣传抗日和动员扩大抗日力量上。

1937 年 10 月中旬，中共中央北方局提出了“保卫太原”的口号，并在太原举办“游击队干部训练班”。10 月 16 日，彭雪枫应第二战区动委会主任续范亭之约，到太原侯家巷山西大学做了题为《游击队政治工作》的长篇报告，全面、具体而生动地阐明了“政治工作是军队中的生命线”的重要原则。

1937 年 10 月 25 日，八路军总指挥部下发关于对日军俘虏的命令：“一、对于被我军俘虏之日军，不许杀掉，并须优待之。二、对于自动过来者，务须确保其生命之安全。三、在火线上负伤者，应依阶级友爱医治之。四、愿归故乡者，应给路费。”③ 同日，中共中央军委总政治部指示第一二〇师宋时轮、第一一五师徐海东、第一二九师丁先国等一线指战员：“敌军宁打死不缴枪，我若于俘获后再杀，必更增其恐惧。为着瓦解敌人，以后凡已俘之敌军，如无法弄回时，应将其武装解除，发钱三元

① 《八路军政治部关于开展日军政治工作的指示》（1937 年 10 月 6 日），《八路军 · 文献》，第 61 ~ 62 页。

② 柳茂坤：《抗日战争时期的敌后武工队》，《抗日战争研究》1993 年第 2 期；赵国忠：《刘伯承首创敌后武工队》，《文史杂志》1999 年第 1 期。

③ 《第八路军总指挥部关于对日军俘虏的命令》（1937 年 10 月 6 日），《八路军 · 文献》，第 82 页。

放回。”①

抗战期间中共的敌伪宣传工作，是一个适应战争形势而不断发展变化、不断完善的过程。1939 年 4 月，日军“华北灭共委员会”干事长大野大佐在华北方面军司令部发表题为《共产党对我军思想瓦解工作之真相及其防遏方策》的讲话，指出：“我军官兵在战争持续期间，精神高度紧张，同仇敌忾之心旺盛，即便看到（中共的）宣传品也不会受到什么影响，反而更增添了反抗的情形。而在战争告一段落，部队在某个地方长期驻扎下来后，紧张情绪缓解，思乡之情陡起，回想战斗之惨状，恨不能早日凯旋，回归父兄妻子所在之故土。而胜利云云，恐不外乎所谓战场心理之一端。阅读报纸，则国民之紧张情绪业已缓解，举国上下由于军需景气而呈现盛世气象。在战区，在华国民多为梦想一夜暴富而来华的，他们只考虑自身利益，并不尊重出征军人。资本家为获暴利亦极尽横暴之能事。官兵以此而日益增加其愤懑不平情绪。换言之，不断地看到消极的事情，也就不断地经历使自己深受刺激，而共产党则利用这种不满情绪进行火上加油式的宣传，尤其是那些受伤病困扰的士兵，其不满情绪最甚，受到这种浮夸宣传的影响很大。”②

大野所谓“战争持续期间”和“战争告一段落”的区分点，当在 1938 年底抗战进入相持阶段这一节点上。敌伪官兵对中共的宣传由抵触到接触，最终有所接受，有一个适应期，而中共方面也在此期间逐步改进工作方法。最晚到 1938 年年中，中共的对敌宣传已经体现了一定的灵活性。如八路军从日军俘虏处了解到“日军士兵在作战失去联系一星期以上，然后归队者，皆被枪毙”，故决定：“今后，凡捉到俘虏，除特种人员劝其须留在我方以外，其余不论表现如何，一律尽量优待，并发动群众慰劳，给以很好影响，立即欢送释放，至多不得超过三天（此项不许用

① 《中共中央军委总政治部关于对俘虏处理办法的指示》（1937 年 10 月 25 日），《八路军·文献》，第 83 页。

② 「共産党ノ我軍隊ニ対スル思想的瓦解工作ノ真相ト之カ防遏方策」、JACAR、Ref. A03032006400。该文件为大野大佐为讲话特意准备的讲稿，后又有所增补。

书面写出，只准用口头通知到为止，以便保守秘密）。”① 相对于日军在面对中共的宣传战时只是一味强调加强士兵的“忠君爱国”及“当俘虏可耻”的思想，中共的这些举措堪称真正为日军士兵着想的人性化措施。

对于七七事变以后中共对日军的宣传，“华北灭共委员会”有一个阶段划分。第一阶段为七七事变至南京沦陷（1937 年 7 月 7 日至 12 月 14 日），此时中共的宣传重点在于使国内民众牢记日本的侵略行径，基于民族兴亡的立场奋起反抗，把全国民众动员到抗日战线上来。此外又向世界各国宣传日本对中国的侵略，争取各国同情和援助。“华北灭共委员会”认为这一时期中共的对日宣传浅显而“内容幼稚”者居多，日本官兵看了以后毫无感觉，是完全失败的。这一点，和当时不少中共报纸上对敌我双方宣传战上的胜负判断是基本一致的。

第二阶段为从南京沦陷到徐州沦陷（1937 年 12 月 14 日至 1938 年 5 月 19 日），中共一改前此对日本“初步的、幼稚的宣传”，确立起“长期宣传”的政策。当时周恩来和王明等人为汉口大本营中央宣传部的核心人物，他们在对日宣传的组织、方针和方法上进行了一系列改进，如在组织上注重长期化建设，确立宣传的阶段性和系统性，注重调查和研究，注重搜罗“日本通”和宣传的专业人才。在宣传方针（尤其是对日军宣传方针）上，强调使用简洁明了而富于煽动性的日语；煽动宣传日军士兵的不满和痛苦；强调生命的安全和重要性以及投降远胜于战死；中国军队以军阀为敌而不以日军士兵为敌，揭穿日本军阀所谓“中国士兵喜欢杀日本人”的恶毒宣传；强调中日战争乃是日本军阀发动起来的，日本士兵并未得到好处，徒增痛苦而已；强调中国民众和日本民众一样是爱好和平的，中国人为生存与和平而战，因而得到各国的同情和支持，日本军阀破坏和平，日本因侵略中国而招致各国的反感和孤立；等等。

在宣传方法上，这一时期中共使用了书信（由俘虏写给战友等）、漫画（反映日本军阀的丑态、日本在国际上的孤立、日军士兵出征后家庭

---

① 《第十八集团军总部关于对日军俘虏政策的决定致毛泽东、王稼祥、谭政电》（1938 年 1 月 22 日），《八路军·文献》，第 243 页。

的惨况等)、诗歌、照片（表现被俘日军士兵在中方的快乐生活等）、统计表（统计日军死伤和被俘人数，中方动员人数，飞机、大炮及友军增加数等）等多种形式进行宣传，有以书面方式告知投降的方法。这一阶段的宣传，特别注意如何抓住本日军官兵的心理，用词巧妙，其中“恐怕不是日本左翼文人就写不出的文章占有多数”，对日军确实很有杀伤力。

第三阶段为徐州沦陷（1938 年 5 月 19 日）至大野广一在日军华北方面军司令部发表讲话的 1939 年 4 月前后。其间中共的宣传目标是“使日军丧失斗志，阻挠新政府（即伪政府）组成，争取民心”，其中尤其注重第一和第三项。[①]

据“华北灭共委员会”调查，1938 年 5 月，中共从延安派出 100 多名优秀宣传员渡河进入山西南部，配属到各作战部队，在各地培养了大批优秀的宣传斗士，对日军展开了猛烈的宣传攻势。如 1938 年 5 月 1 日以“日本无产党再建委员会”名义发布的传单《告前线同志书》中称：

> 我们一开始就反对这场战争。
>
> 因为有资本家、地主及身为其代理人的御用政党作为统治阶级，因为军部首脑和这些人的勾结，我们无论打多少次仗，都不可能换来国民大众生活的安定。
>
> 满洲事变、上海事变的时候是怎么回事?
>
> 他们不是说，是为了国民大众守住帝国的生命线，使皇军的武威显耀中外，保证国民大众的生活得到提高吗?
>
> 而事变的结果不是引发了中国的抗日并使我国人民的生活陷入贫困的谷底吗?
>
> 通过战争成为暴发户的是谁？通过战争大捞特捞的是谁？诸位舍命战斗、负伤仅仅是为了谁的利益？同志们，难道我们能够作为侵略者的走狗毫无意义地死去吗？不！绝不！

---

① 「共産党ノ我軍隊ニ対スル思想的瓦解工作ノ真相ト之カ防遏方策」、JACAR、Ref. A03032006400。

现在正是我们亲手中止这场侵略战争，通过武装斗争唤起国内社会革新的大好时机。同志们！起来吧，调转枪口，打倒暴戾的军阀、贪婪的资本家和地主等！①

还有一些对日宣传的传单也体现了此时中共的意识形态化宣传特点，如“反对帝国主义侵略战争”、“不要上资本家、地主、军阀、法西斯主义者的当去送死”、“日本劳动大众和被压迫的中国民族团结起来”、“中国红军是世界无产阶级的武装”、“中国红军是日本劳动人民的战友”、“建设日本人民战线”、“全世界无产阶级和被压迫民族团结起来”、“日本劳农大众及中国民族解放万岁”、“建设日本劳动人民的民主政府”、“参加中国红军和游击队”、“日本士兵们，参加为世界和平而战的中国红军吧”、“中国红军不杀俘虏”等。与这种口号相适应，中共对日军俘虏也进行意识形态教育。②

这样的宣传口号，在当时环境下多数很难引起日军官兵的共鸣。

不过这时候也有些宣传手段是颇有“创意”的，如利用当时日本的流行歌曲，以原谱新词来表达反战的思想。如由当时著名词作家藤田正人作词的《旅笠道中》是一首倾诉旅情凄苦流行歌曲，旋律哀婉，其中唱道：

夜が冷たい	心が寒い	寒夜寒心中，
渡り鳥かよ	俺等の旅は	飞鸟过羁旅。羁旅何所似，
風のまにまに	吹きさらし	风吹日晒中。

比对新词，两者在风格上是相似的：

① 「共産党ノ我軍隊ニ対スル思想的瓦解工作ノ真相卜之カ防遏方策」、JACAR、Ref. A03032006400。

② 「共産党ノ我軍隊ニ対スル思想的瓦解工作ノ真相卜之カ防遏方策」、JACAR、Ref. A03032006400。

夜は冷たい　戦争はつらい　　寒夜战争苦，请即卸甲去。
国に帰ろよ　戦争をやめて　　返国归故里，
親と子供の　膝元へ①　　　　阖家乐融融。

显然，中共的宣传员模仿《旅笠道中》的歌词创作了新词。这种风格的歌曲，与倾诉战争凄苦的氛围是一致的。如果不是了解当时日本流行文化的日本知识分子，很难写出风格这么相似的新词。类似的例子还可以举出很多。大约中共的宣传员即是被俘反正的日军士兵，在对敌宣传上颇费了一番心思。

根据战后日本反战组织人士的回忆，1942 年 11 月，反战同盟太行支部的战士（日本人）曾以新词翻唱日本流行歌曲来进行劝降活动。② 在此之前是否有这种形式的宣传活动不得而知，不过至少写有新歌词的传单以某种方式（或投放在日军宿营的街道、村落，或散发在火车上，或在奇袭小股敌军驻地然后撤退之际张贴、散布在撤退地点，或通过邮政投递）送到了日军手里。③

中共还制作专门针对日军官兵的日文“通行证”，其中宣言：第一，持此通行证者到任何地方可保生命无忧；第二，持此通行证参加我方战线者将受到优待；第三，负伤者将受到全面细致的治疗；第四，想回国的给予旅费。④

日方“华北灭共委员会”对中共对日宣传工作的阶段划分，有其事实依据，不过，中共的对日宣传，毕竟不能脱离整个战争大环境。在 1938 年底之前，日军在中国睥睨一切，对中共的对日军宣传不屑一顾。进入战略相持阶段后，中共成为敌后战场日军最为重要的对手，日军发动

① 「共産党ノ我軍隊ニ対スル思想的瓦解工作ノ真相ト之カ防遏方策」、JACAR、Ref. A03032006400。

② 〔日〕小林清：《在华日人反战组织史话》，第 15 页。

③ 「共産党ノ我軍隊ニ対スル思想的瓦解工作ノ真相ト之カ防遏方策」、JACAR、Ref. A03032006400。

④ 「共産党ノ我軍隊ニ対スル思想的瓦解工作ノ真相ト之カ防遏方策」、JACAR、Ref. A03032006400。

了无数次针对中共的“扫荡”，而中共面对在武器装备等硬件设施上占据绝对优势的日军，则不得不避其锋芒，并对宣传战等特殊斗争方式予以高度重视。这一点，与中共的对敌伪军工作是相通的。综合看来，以全面抗战以来至 1938 年底作为中共对敌伪工作的初创阶段是比较客观的。此后直至 1941 年 12 月太平洋战争爆发，是中共对敌伪工作不断磨合发展的时期。太平洋战争爆发后，中共发动了对日伪宣传的强大政治攻势，可视为其对敌伪工作的高峰。1944 年后，中共对日伪工作逐渐进入成熟期。

中共的敌军工作从属于其政治工作，政治工作的目的在于“巩固与提高部队的战斗力，保证战斗胜利”，为此，“首先就必须在部队中实施深入的政治教育，使全体指战员深刻认识自己政治上的责任，与敌人作战的意义，而坚决执行命令，为祖国为人民的事业，英勇奋斗牺牲；其次，就要亲密团结千百万人民于自身周围，取得他们的拥护与帮助，发扬和组织他们伟大的力量，协助军队做作战；最后，还有发动指战员和地方居民，利用一切机会与可能，从政治上进行争取与瓦解敌军的工作，减弱敌人力量，便利我军争取胜利”。① 中共政治工作的这三个部分是相辅相成、相互作用的。尤其是敌军工作，在中共武装力量远比敌军弱小的时候，不依靠群众，不在广大指战员中进行敌军工作的教育而一味蛮干，必然造成大量不必要的损失。

中共对敌伪工作的对象为日军及伪军。虽然二者同为中共的敌手，但性质上又是有差异的。伪军之投靠日军者，心态各异，其中固然不乏甘心投敌以求富贵的无耻之徒，而试图屈从以待将来的亦所在多有。伪军为保自身生存，周旋于国民党军队、共产党军队及日军三种势力之间，与三方都有联系，此实为抗战期间的普遍现象。② 中共对日军和伪军的政策是有差异的（日军中虽然也有被中共武装释放的俘虏暗中与中共联系，毕竟为数较少），其对日、对伪工作内容、方法都有所不同。不过，中共的对日及对伪工作基本上都是由敌工部负责的。中共对日、对伪工作在

---

① 傅钟：《八路军抗战中政治工作的经验》，《八路军军政杂志》第 1 卷第 5 期，1939 年 5 月，第 2 页。

② 参见刘熙明《伪军：强权竞逐下的卒子（1937～1949）》。

发展阶段上也是大体一致的，即以 1938 年底抗战相持阶段到来、1940 年下半年百团大战、1941 年 12 月太平洋战争爆发及 1944 年中国战场中国方面开始反击日军作为关键节点。

此外，做好部队和普通老百姓的思想工作，对其进行宣传鼓动也是中共敌军工作的重要组成部分。

1938 年 9 月至 11 月，中共扩大的六届六中全会在延安召开，毛泽东在会上提出："全中华民族的基本任务应该是：坚持抗战，坚持持久战，巩固和扩大抗日民族统一战线，以便克服困难，增加力量，停止敌之进攻，实行我之反攻，以取得最后驱逐日寇出境和建立独立自由幸福的三民主义新中国的光荣胜利。"这也成为全面抗战初期中共一切宣传鼓动工作的总方针。[①] 而宣传内容则因人而异，对于我方军民的宣传，注重以下几个方面："（1）提高民族觉醒，加强民族自尊心与民族自信心的宣传；（2）普及三民主义的革命理论与抗战建国纲领[②]的宣传；（3）表扬我国军民的英勇抗战，壮烈牺牲与伟大战绩的宣传；（4）暴露敌人的残暴行为，暴露汉奸托派的阴谋罪恶与揭发敌人一切欺骗破坏分裂的企图的宣传；（5）揭露敌寇及其走卒的'防共'、'反共'的宣传；（6）密切军民合作、共同进行抗战，争取胜利的宣传；（7）关于时事问题的宣传。"

针对日军，中共方面提出：①"应特别着重于揭穿日本法西斯蒂军阀的欺骗，指明其对华的侵略战争的实质，不仅危害整个中华民族的生存，同时也是违反日本劳苦大家［众］的利益的；其前途日本军阀必败，中华民族必然获得最后的解放"，将"说明侵华战争的实质，说明日本军阀财阀在侵华战争中对于日本劳苦大众的压迫与剥削，说明日本士兵日本劳苦大众在侵华战争，除了痛苦、饥饿、死亡之外，什么也得不到"视为"我们对日军的宣传上一件很中心的内容"；②"说明中国的抗战是民族自卫战争，是为正义而战的"，而日本侵华是"日本军阀财阀的主意，

---

① 萧向荣：《部队中的宣传鼓动工作》，《八路军军政杂志》第 1 卷第 2 期，1939 年 2 月，第 21 页。

② 即 1938 年国民党临时全国代表大会上通过的《抗战建国纲领》，是国民党包含政治、军事、外交、经济、教育等各方面内容的纲领性文件。

与日本士兵及日本劳苦大众的利益是相违背的”，“所以我们只以日本军阀财阀为敌，而不以日本人民为敌”，同时说明中共不杀俘虏、优待俘虏的政策。

针对日军歧视其部队中的朝鲜及台湾士兵的情况，中共提出，“我们也要向朝鲜台湾人民进行宣传。宣传的要点是：说明朝鲜台湾人民要求得解放，就要同中国人民携起手来，打到共同的敌人日本帝国主义，中国人民随时准备着欢迎你们与我们一起斗争，我们一致联合起来，建立反日统一战线，必定能获得最后的胜利的”。

对伪军的宣传也有具体规定。对于伪满军，“着重于揭发溥仪政权仅是傀儡的作用，实际统治东北的是日本帝国主义。说明全中华民族现在已团结起来了，已经发动的抗战，由于全国军民的坚持，由于蒋委员长的领导，由于全民族的团结与日益进步，必然能获得最后的胜利号召他们哗变与反正过来，重新回到中国人民自己的队伍里，为收复失地，拯救东北三千万同胞而血战到底”。

对于伪蒙军，“应特别说明我们的民族政策——民族平等、民族团结的原则，解释过去民族间的某些隔膜与仇视，坚决反对大汉族主义的观点”。指出“日本帝国主义是我们共同点敌人，我们只有携手进行共同点斗争，才能获得真正的解放”，而敌人所谓“民族自决”，不过是分裂中华民族的伎俩。

对于日军在占领地区强迫抽丁或收买利诱而组成的“保安队”、“皇协军”等地方武装，则侧重于“启发其民族觉悟，以日寇种种压迫欺辱他们的事实，来加深其民族仇恨（对日本军阀法西斯蒂之民族仇恨）”，“并应特别注意关于全国坚持持久抗战，全国一致团结及日益进步，最后胜利定属我们的宣传，以提高其民族自信心，消灭其失败情绪，以争取他们的哗变与反正”。①

对于宣传的方式方法，中共方面也有具体规定。中共历来重视宣传，

① 萧向荣：《部队中的宣传鼓动工作》，《八路军军政杂志》第1卷第2期，1939年2月，第35页。

在全面抗战之前，中共的宣传一般而言带有较强的意识形态意味。抗战全面爆发后，中共的宣传政策从以往的局部宣传变为“学会向全国人民讲话，不同的对象，应有不同的内容与不同的方式”，对于敌、友、伪中的各个阶层，据其政治文化水平的高低深浅，要有不同的内容和方式方法，“但基本的应是对占全国人口绝大多数的工人农民说话”。由此，要求中共的宣传“要通俗化、大众化，不要咬文嚼字，不要专门玩弄名词，使群众听得头痛。同时应注意地方情形（如各地方言不同，风俗习惯各异），采取适合当地民众的地方形式”。在宣传材料方面力求联系现实，“经常注意收集各种活的，具体的事实，加以整理分析，并使之与原则联系起来，避免单纯的，枯燥无味的说教。这样才能使得我们的宣传能够打动人家，使人家感到兴趣，使人家感到满足”。在态度上“要采取协商形式，谦逊态度，并且要有耐心”，避免说教。最主要的，“要有‘言必信，行必果’的精神，不仅要用口来宣传人家，同时要用行动来宣传人家”。因为“群众辨别我们的行动是否属实，并不是以我们的话说得漂亮不漂亮，好听不好听来做标准，而是拿我们的行动怎样来做标准的”。

在宣传的具体形式方面，各个地方情况不同，宣传形式也各异，但基本上可以分为口头的、文字的以及以地方特色曲艺为载体的（或谓“艺术的”）宣传几种形式。其中，口头的宣传又可分为以下几种。

（1）有组织的口头宣传。这是一种集体的、有组织的宣传，表现为召集群众大会、座谈会、报告会进行宣传等。一般的，在中共“部队初到达每一个地区时，在纪念日时，在发生某些重要的时事问题时，在庆祝胜利与欢迎高级的军政首长时，均须举行。但这种大的集会，一般的不应过多，必要的也不可减少；同时可按当时情况与需要，在地方决定以村，以乡，以区或以县为单位；在军队决定以连以营或以团以师为单位举行”。

（2）个别的口头宣传。即要求部队所有指战员，“从指挥员起，一直到战斗员，杂务人员等等，都能不断的在驻地周围进行个别的口头宣传工作；对部队必须依靠先进的战士，来教育落后的战士”。

（3）喊口号。即在群众或部队集会时、在战斗中冲锋开始时，“提出几句鼓动的口号”，以振奋人心，宣传抗战。

（4）火线上的喊话。这是对日军宣传的一种方式。要求编拟“七句到八句最重要的，而且又能包括一切的……口号，使人人学会，个个熟习，在作战时对敌呼喊”。

文字的宣传有以下几种形式。

（1）标语与画报（主要写在墙上）。

（2）宣言传单。分为“基本的”和“临时的”两种，前者长期适用于各地区，后者则有时间性和地方性的限制。

（3）布告。布告是中国社会一种很有力的宣传方式。中共规定，“布告应由该地最高军事机构制发，不要随便什么机关都出布告；同时布告上的署名，应以军事首长为主，政治首长则副署”。

（4）报纸和壁报。报纸由旅以上的政治机关出版（单独行动的支队也出版报纸），壁报则以村为单位出版。为吸引广大群众，报纸和壁报的内容，以时事消息介绍及实际工作的通讯为主，尽量避免刊登长篇大论的文章或与群众关系不大的文艺作品。报纸和壁报出版以后，中共还组织群众宣读，让识字的人向不识字的群众进行解释。

（5）写通讯。中共要求“前线上的将领与战士，生活在部队中的工作人员”一起参加写通讯的工作，以便写出内容丰富、切近现实的通讯，“使我们的宣传工作，能够普及到全国去，并且要在全世界先进人士面前来控诉日本法西斯蒂军阀的残暴行为，宣扬我全国军民英勇抗战的事迹”。

“艺术的”宣传，又有以下的划分。

（1）化妆宣传，即通过几个人的配合，“用化妆的比较生动而活泼的方式”进行宣传。

（2）说书和大鼓。华北民众爱好说书和大鼓，因而中共要求“前线后方的部队中，须注意物色这种人才（即会说书和大鼓者）以备用，并须经常编拟这种材料”，“这种材料的写成，要通俗，要群众化，还要加上许多趣味；可是正因为如此，同时要不庸俗，不脱离政治上的原则，不完全迁就于趣味，抓住中心而不简单化”。

（3）戏曲、歌谣与抗战歌曲。中共要求多采用“南方的小调，北方的京腔，秦腔，昆曲”等民间流行的歌谣，以及抗战以来产生的众多抗战歌谣，“编制新的内容”，而“对敌军士兵，也可以采用敌国流行的歌谣，配上有政治意义的歌谣，散发到敌军中去，或在战场上唱给敌军士兵听”。“从团以上之政治机关以及单独行动之支队起，均应组织剧社（以各级政治机关之宣传队为基础，同时可吸收对此工作有兴趣的同志参加），经常举行巡回表演。”①

尽管在初期遇到了诸多困难，中共的敌军工作还是慢慢打开了局面，逐渐出现了被中共武装俘虏的日方人员。中共信守承诺，愿回原部队者均予放回。据日方资料，“我方官兵因负伤而被俘时，彼等不仅不加以危害，不没收金钱物品等，也不作任何污辱、谩骂和处刑。相反，却给以优待，对负伤者给以治疗”。从 1937 年 7 月至 12 月，经驻中国的日本宪兵队办理归来的日军俘虏达 27 名。② 事实上在七亘村之役后不久，陈赓就看到了八路军中的日军俘虏。③ 到次年 4 月八路军攻克涞源之时，已能俘获日军“甚多”了。④

不过，从宣传内容来看，此时中共的对敌伪宣传态度较为强硬，缺乏灵活性。1938 年 3 月 27 日，中共中央军委总政治部发布了瓦解日军的标语口号，共 19 条：

（1）反对日本军阀强迫征兵到中国进行侵略战争！

（2）反对日本军阀打骂日本士兵！

（3）反对日本军阀挑起战争，公开加重日本人民负担！

（4）日本士兵要想回家与父母妻子团圆，只有团结起来反对侵

① 萧向荣：《部队中的宣传鼓动工作》，《八路军军政杂志》第 1 卷第 2 期，1939 年 2 月，第 38~41 页。

② 《华北治安战》（上），第 176 页。

③ 《陈赓日记》1937 年 11 月 5 日记载：“又遇施密特及蔡乾同志，率领几个戴红边帽、着英呢军服的日本俘虏兵，对我颇客气。谁说日本兵不可以争取？”（第 29 页）

④ 《左权关于八路军第四次攻克涞源的报告》（1938 年 4 月 24 日），《八路军·文献》，第 182 页。

略战争，打死压迫你们的官长！

(5) 反对日本军阀虐待士兵，要求官兵一律平等！

(6) 日本士兵诸君勿为财阀军阀发财而牺牲！

(7) 中国军队和人民不是日本士兵诸君的敌人，只有日本军阀财阀才是你们的敌人！

(8) 日本士兵诸君要想解放，只有回日本国打倒压迫你们的军阀、地主、资本家！

(9) 日本人民和中国人民联合起来，反对侵略战争！

(10) 日本军阀侵略战争的失败，就是日本士兵回家解除痛苦的机会！

(11) 中国军队为自卫而抗战，日本军阀压迫日本士兵替他们送死！

(12) 反对日本军阀破坏东亚和平！

(13) 欢迎日本士兵拒绝与中国军队作战！

(14) 欢迎日本士兵与中国军队联合起来反对日本法西斯蒂！

(15) 中国军队在中国，而日本侵略中国是日本军阀无理！

(16) 被俘的日本官兵愿留华者特别欢迎，要回国者给之路费！

(17) 华军医治日本伤病官兵！

(18) 欢迎由日军过来的官兵！

(19) 日本士兵与中国士兵亲密联合起来，反对共同的敌人日本法西斯蒂的军阀！

并要求“所有部队、党部及民众团体应推动宣传员、党员及人民在战地多写、多贴、多发”这些标语口号“并加注日文”。[①]

从内容上看，除了第2、4、5、16、17条相对柔性，第15条带有一定说理成分外，其余标语均带有浓厚的意识形态宣传意味（言必称“军

① 《中共中央军委总政治部发布瓦解日军的标语口号》（1938年3月27日），《八路军·文献》，第161~162页。

阀”、“财阀”、“人民”、“东亚和平”、“法西斯蒂”等），明显缺乏亲和力。另外，从当时中共高层的相关电文来看，八路军还提出了诸如“打倒天皇”之类的口号，这显然高估了日本士兵的觉悟，是很难被他们接受的，也受到了八路军总政治部的批评。①

中共对伪军与对日军的宣传工作几乎是同时展开的。平型关战役后中共要求广泛散发的宣传品（“告日伪军宣传品”）即是针对日伪军的，而中共的俘虏政策亦非专门针对日俘，而是针对一切俘虏。

1937年11月26日，基于伪满军进入华北“协同”日军作战及“维持交通”的现实，中共中央军委总政治部下发了关于对伪满军工作的指示。指示指出“伪满军及关外同胞受日寇欺骗、压迫来进攻华北”，因而“我们应该指出，帮助日寇屠杀同胞是关外同胞自取灭亡，关外同胞应与关内同胞联合驱逐日寇，收复东北，才是唯一出路”。要求聂荣臻、罗荣桓、徐海东、黄克诚、关向应、刘伯承等一线指战员根据具体情况起草对伪满军的新宣传品，并普遍散发。指示要求对伪满军的上层和普通士兵区别对待。对于上层，“仍采用争取方式，考查其履历，依其实际情况写信给他们，宣传我们救国纲领及民族政策、主张，在一定的工作基础上及可能范围内，互派代表商洽具体办法”；而对被俘的伪满军士兵，则要求在经过耐心的教育后尽量放回，有组织地利用他们来瓦解伪军，争取其暴动哗变。指示还提出了对伪满军进行宣传的具体办法，即利用老人、小孩、妇女、小贩等容易接近伪满军的群众，对其进行文字与口头宣传。②

数日后，朱德、彭德怀、任弼时致电聂荣臻、杨成武、邓华、李天佑、萧华、关向应、刘伯承、徐向前等人的电文中提出：“全体武装部队应……加紧对敌军宣传，特别是瓦解争取伪军工作。”③ 同年12月5日，毛泽东、彭德怀在致朱德、任弼时电文中亦强调：“对进攻晋察冀边之

---

① 见《傅钟关于对日宣传的策略问题致刘伯承、徐向前电》（1938年10月5日），《八路军·文献》，第234页。

② 《中共中央军委总政治部关于对伪满军工作的指示》（1937年11月26日），《八路军·文献》，第107页。

③ 《朱德、彭德怀、任弼时关于敌情和晋察冀军区的任务致聂荣臻等电》（1937年11月30日），《八路军·文献》，第108～109页。

敌，除上月二十九日电及你们来电外，请注意以下几点：……（五）加紧瓦解敌军工作。”①

1938 年 3 月，八路军第一二九师设伏山西神头村，歼敌 1100 余人，俘虏若干。据俘虏供称，该部日军士兵“多三十至四十岁以上者，老年兵家乡观念深切，对战争殊感痛苦”，“初被俘极恐惧，怕杀头，嗣见我优待，均大胆放心，但要求早日释放回国”。② 1938 年 8 月 9 日，在中共工作下，临漳伪军李正修部六百余人反正。③ 中共领导下声势浩大的冀东抗日起义，则堪称中共对敌伪工作的杰出成果。

1938 年 4 月，陈赓阅读翻译成中文的日军士兵信件，了解到其战中心态：“1. 对同八路军作战简直是视为畏途。2. 我们的行动使深入晋南的日军感着非常困难。粮食已是日不得饱，吃不惯中国小米，现在小米都很难得。七人共抽一支香烟，饿着肚子行军，山路更使他们畏葸不前，使这一般强盗们到处叫苦连天（写信归国）。3. 厌战情绪高涨，大家均希望‘凯旋’，羡慕上海军已‘凯旋’。一般均悲观失望，‘不知明日是否还有人在’。4. 日军的残暴行为在他们的信中，不打自招。……5. 由于我们的积极作战，敌正准备‘讨伐朱德共产军’。”④

陈赓所部是当时中共驻华北诸多劲旅之一，身经百战，其当面日军之心态在华北日军中具有一定代表性。而且，就陈赓本人观察，其所部的敌工工作，在八路军中并不突出，另一八路军主力一一五师“他们政治工作确较我们进步，有许多可供我们学习之处”。⑤ 则其余面临中共宣传战影响的日军的士气，必定更受影响。1938 年 10 月 22 日，八路军总部致

① 《毛泽东、彭德怀关于粉碎日军之进攻应注意的问题致朱德、任弼时电》（1937 年 12 月 5 日），《八路军·文献》，第 110 页。

② 《刘伯承、徐向前、邓小平关于神头村被歼日军情况致朱德等电》（1938 年 3 月 20 日），《八路军·文献》，第 154 页。

③ 《徐向前、邓小平关于收编反正伪军李正修部等问题向朱德等的报告》（1938 年 8 月 9 日），《八路军·文献》，第 209 页。

④ 《陈赓日记》，1938 年 4 月 4 日，第 78 页。

⑤ 《陈赓日记》，1938 年 7 月 15 日，第 117 页。

毛泽东等人的电文亦声称："敌士兵日益厌战。"①

在伪军方面，由于中共的争取，也有不少不甘做亡国奴的伪军反正而加入八路军。1939 年 5 月，八路军野战政治部主任傅钟撰文指出，抗战以来，八路军"争取和瓦解敌伪军亦以万数计"，并将成绩的取得归结于八路军"真实继承和发扬了革命军队政治工作的传统"。②

不过总体而言，全面抗战初期中共的敌军工作成效不彰。据曾担任冀鲁豫边区政治部敌工部部长的李一非回忆，全面抗战时期我军敌军工作的开始时期，"当时的所谓敌军工作，只是指对日军的工作，我们的工作主要是对部队进行瓦解敌军的政策教育和教几句'缴枪不杀，优待俘虏'之类的日语喊话。……我们的工作是对敌军散发宣传品（日文）和战场日语喊话。由于当时日军正在大举进攻，气焰嚣张，工作未产生显著效果。其他部队的情况也大体相同"。③

1940 年全面抗战三周年之际，中共中央也承认："必须认识过去三年在这方面的成绩是微弱的。"④ 1938 年陈赓率部攻打樊岩伪军，其"固守城堡。我奋勇接近堡下，作多时宣传，伪军犹死不缴枪，顽固抵抗，最后只好放火，将其焚毙"。⑤

在对待日军俘虏问题上，中共的措施也没有起到相应的作用。由于"顾虑到（日俘）觉悟程度之不够，恐回去之后，不能负担组织反战的任务，甚至害怕他们重来反对我们，或者恐遭日本法西斯之杀害，因而不能不久事训练"，⑥ 日俘淹留解放区，日军想当然以为其已"杀身成仁"，反

① 《第十八集团军总部关于对日军俘虏政策的决定致毛泽东、王稼祥、谭政电》（1938 年 10 月 22 日），《八路军·文献》，第 243 页。

② 傅钟：《八路军抗战中政治工作的经验》，《八路军军政杂志》第 1 卷第 5 期，1939 年 5 月，第 1 页。

③ 李一非、黄友若：《冀鲁豫敌军工作概况》，张玉鹏、张文杰主编《冀鲁豫边区敌军工作》，第 213 页。

④ 《中共中央关于目前形势与党的政策的决定》（1940 年 7 月 7 日抗战三周年纪念日），中央档案馆编《中共中央文件选集》第 12 册，中共中央党校出版社，1991，第 425 页。

⑤ 《陈赓日记》，1938 年 7 月 21 日，第 122 页。

⑥ 谭政：《论敌军工作的目的与方针》，《八路军军政杂志》第 1 卷第 9 期，1939 年 9 月，第 41 页。

而不能迅速扩大中共俘虏政策的影响，实际上不利于中共敌军工作的开展。这是中共在敌军工作方面存在的一个问题。

中共高层对敌军工作上的不足也有所反思。1937 年 9 月 25 日，中共领导朱德等人提出，要“接受山西同志批评红军宣传工作不够，特别口头宣传差”。[①] 1938 年 3 月 22 日，毛泽东、刘少奇针对中共在华北对日军宣传问题专门致电朱德、贺龙、刘伯承、徐向前等一线指战员并转各省委、特委，指出“在华北对瓦解敌军的宣传工作异常不够，许多地区看不见一句宣传瓦解敌军的标语口号。为了在政治上瓦解敌军，教育群众，为影响友军起见，各部队、各地党部及群众团体，应在华北所有各地，特别是敌军常经之道，用中、蒙、日三种文字遍写□□日军及蒙伪军的标语口号，各级政治机关应供给各地党部与群众团体的宣传材料”。[②]

1938 年 7 月 8 日，朱德在纪念抗战一周年的训令中强调，应立即进行政治工作检查，并增加对“敌军工作情形与经验”的检查。[③] 10 月 5 日，八路军政治部副主任傅钟在致刘伯承、徐向前的电文中提出：“延安总政六月份确有指示，告一二〇师不提打倒天皇口号。”

1938 年 10 月 12 ~ 14 日，在扩大的六届六中全会上，毛泽东做了题为《论新阶段》的报告，将“建立中国与日本兵民及朝鲜，台湾等被压迫民族的反侵略统一战线，共同反对日本帝国主义”作为全民族当前的紧急任务之一，要求“由政府下令所有抗日军队抗日游击队全体官兵一律学习必要数量与恰当内容的日本话，由高级政治部准备与派出教日本话的教员到各军队中实行施教，从学几句话起到能够同日本官兵讲一篇道理为止，教育全体抗日官兵向全体敌军士兵与下级军官作口头宣传，同时补助之以文字图画宣传，逐渐感化他们，要求他们同意建立共同的反侵略统

---

① 《朱德、彭德怀、任弼时关于战区工作部署方针的训令》（1937 年 9 月 25 日），《八路军·文献》，第 43 页。

② 《毛泽东、刘少奇关于在华北应加强瓦解日军的宣传工作致朱德等电》（1938 年 3 月 22 日），《八路军·文献》，第 156 页。

③ 《朱德等关于纪念抗战一周年的训令》（1938 年 7 月 8 日），《八路军·文献》，第 194 ~ 195 页。

一战线，使百余万日本侵略军变成我们的友军，退出中国，推翻日本法西斯”。[①] 由于日语人才的匮乏，向士兵教授日语一直是一个难题，1939 年 1 月 2 日，毛泽东在撰写《八路军军政杂志》发刊词之际，谈到八路军的缺点时指出，中共“争取敌伪军工作，久已成为八路军政治工作三个主要方向之一，也得到了许多成绩，但对战士与干部普遍施以日文日语的教育，并研究各种方法，使之善于向敌军士兵与下级官长进行反侵略统一战线的宣传，还非常不足。争取伪蒙军的成绩较大，但还须更进一步。在这里，搜集与研究敌伪军的全部情况，是十分重要的。然而在这方面的成绩，还没有达到需要的程度”。[②]

第四节　战略相持阶段中共对敌军工作不利局面的反思

面对日军的步步紧逼，中共也做出了相应的调整。尤其武汉会战后，侵华日军无法达成速战速决的既定目标，不得不改变其对华政策，由此前以军事打击为主、一味强硬改为“三分军事、七分政治”的策略，对重庆国民政府展开政治攻势。而在关内广大沦陷区，日军则积极组织伪军、伪组织，以达到其“以华制华”的目的。由此，中共面对的伪军数量较前大大增加了。而伪军投靠日军，原本只是为了在国民党和共产党敌后武装以及侵华日军三大势力的夹缝中求生存，其与中共之间并没有绝对对立的利害关系，因而与国、共、日三方均保持联系，中共的敌工人员甚至可以在某些伪军部队中任职，控制伪军。可以说，这是中共的伪军工作顺利开展的前提条件。中共的伪军工作，包括在伪军中发展进步分子，争取将伪军控制在中共手中，以配合中共武装的行动，乃至将来反正，也包括要求伪军提供情报、与伪军进行秘密的贸易、建立华北的地下交通线等内

① 毛泽东：《论新阶段》（节选），《中国共产党宣传工作文献选编（1937～1945）》，第 27 页。

② 毛泽东：《八路军〈军政杂志〉发刊词》（1939 年 1 月 2 日），《八路军军政杂志》创刊号，1939 年 1 月，第 5 页。

容。中共早在土地革命时期，就成功地开展过白军工作，抗战时期的伪军工作，原是白军工作的自然延续，较之语言不通的日军，更加容易开展工作。而且，伪军这个中介，也可以为中共了解日军情况、开展日军工作提供便利。因而中共敌军工作的重点逐渐转向伪军。

根据中共方面的估计，截至 1939 年 10 月，“在华北战场，合关外调来的伪满军，总计当不下十五万。如此，敌军政治工作的重心，当以争取和瓦解伪军为重要任务，而这是敌人力量最薄弱和呈现动摇性最大的地方，不仅易于进行瓦解和争取，并可斩断敌人的手足，而且增加抗日的后备力量，粉碎敌人‘以华制华’的政治阴谋，孤立日寇”。① 地方上的资料也可以证明中共敌军工作重点的变化。据李一非回忆：“1938 年 9 月，杨得志、崔田民同志率领我军主力部队越过平汉线向东进军，消灭浚县一带伪军扈全禄部近万人，又北向安阳、汤阴一带，消灭皇协军李英及该地会匪万人以上。当时日军只据守在铁路沿线的主要据点（安阳、汤阴、新乡等地）。其他大片国土为日军指挥下的伪军及依附日军的地方反动会道门所控制，这样，伪军工作就成为重点了。”②

1938 年 10 月 15 日，张闻天在中共扩大的六届六中全会上指出：“（共产党）在敌伪军中工作的方针：争取伪军反正，瓦解敌伪军。利用敌伪军俘虏进行敌伪军工作。对反正的伪军应逐渐改造之。在中国军队政治部下应有敌伪军的工作部门，敌后方地方党应有专负责这一工作的人。”③ 11 月 6 日，大会决议提出：“全中华民族的基本任务应该是：坚持抗战，坚持持久战，巩固和扩大抗日民族统一战线，以便克服困难，增加力量，停止敌之进攻，实行我之反攻，以取得最后驱逐日寇出境和建立独立自主自由幸福的三民主义新中国的光荣胜利。”这也成为中共在战略

---

① 刘型：《八路军两年来敌军政治工作的总结》，《八路军军政杂志》第 1 卷第 10 期，1939 年 10 月，第 59 页。

② 张玉鹏、张文杰主编《冀鲁豫边区敌军工作》，第 213 页。

③ 洛甫：《关于抗日民族统一战线的与党的组织问题》（1938 年 10 月 15 日在六中全会上的报告提纲），《中共中央文件选集》第 10 册，第 606 页。

相持阶段宣传鼓动工作的总方针。[①]

1938年底，汪精卫叛国投敌，借汪逆之口，“防共”、“反赤”一时甚嚣尘上。1939年新年伊始，中共的一大举措就是大力抨击汪精卫叛国投敌，而反汪也成为中共敌伪工作的重要组成部分。中共认为，在当时的情况下，“日寇已经并且会继续集中力量进攻我八路军、新四军及我游击队，而对其他国军之进攻与缓攻，则有配合其诱降阴谋之可能”。中共的任务就是从各方面巩固自己，“广泛的开展反对投降的运动，与地方党委及群众团体协同发动反投降的舆论，反对‘和平’阴谋，指明反共就是准备投降的步骤”。[②]

基于对敌伪斗争的复杂性和艰巨性，中共要求加强对敌伪宣传工作，“准备敌占区及伪组织、伪军中长期潜伏的工作”。[③] 同时，注意整理和总结抗战以来“伪军工作等经验”。[④]

1939年4月9日，时任八路军政治部宣传教育部部长的陆定一在《新华日报》（华北版）发表文章指出，日本注重“以华制华”，我们必须针锋相对，加强对敌伪宣传，“为了坚持持久战，目前必须严重地提出对伪军与沦陷区域民众的宣传工作问题，要我们各政府各军队团体联合一致地来做”。[⑤]

在对日宣传方面，要“打破没有日文干部就不能做敌伪军工作的观念，选择忠实、果敢、有经验的干部，健全敌伪军工作部门”，强调“日文干部缺乏，可将精通日语者调旅部，团级不需要，能教口号就够”。[⑥]

---

① 萧向荣：《部队中的宣传鼓动工作》，《八路军军政杂志》第1卷第2期，1939年2月，第21页。

② 《中共中央军委、总政治部关于目前时局及八路军、新四军任务的指示》（1939年6月22日），《八路军·文献》，第353～354页。

③ 《第十八集团军总部关于政治工作任务的训令》（1939年1月11日），《八路军·文献》，第283页。

④ 《第十八集团军政治部关于在整军中的政治工作致各兵团等电》（1939年2月14日），《八路军·文献》，第298页。

⑤ 陆定一：《目前宣传工作中的四个问题》，《新华日报》（华北版）1939年4月9日。

⑥ 《傅钟关于新阶段日伪军工作的指示致各兵团首长电》（1939年5月9日），《八路军·文献》，第345～346页。

同月，谭政在《八路军军政杂志》上撰文指出，“目前就日伪军工作的比重上讲，应该把伪军工作摆在头等重要的地位，须要用很大努力去做。政治上的争取与军事上的打击，两者应联结起来，适当运用”。[①]

1939 年 10 月 25 日，八路军总政治部宣传科科长刘型在《八路军军政杂志》上撰文指出：“自南京失陷后伪军陆续增加……至现在为止，在华北战场，合计关外调来的伪满军，总计当不下十五万。如此，敌军政治工作的重心，当以瓦解和争取伪军为重要任务，而这是敌人力量最薄弱和呈现动摇性最大的地方，不仅易于进行瓦解和争取，并可斩断敌人的手足，而且增加抗日的后备力量，粉碎敌人‘以华制华’的政治阴谋，孤立日寇。”[②] 八路军野战政治部部长兼敌工部部长蔡前（即蔡乾）则在提到敌军工作的方针时，直截了当地提出“要把争取伪军工作提到最重要的地位”。[③]

1940 年 1 月 19 日，面对日军加紧利用伪军、各地伪军显著增加的状况，中共再次提出加强对伪军工作的指示，除了调查研究伪军情况、派人打入伪军内部及准备兵运人才（尤其是从反正伪军和俘虏中挑选训练）外，在宣传方面，还提出“宣传要揭破伪军自愿的（将来抗日、保家乡）等欺骗，暴露当伪军就是当汉奸的真面目。抓着每一个伪军内部矛盾或伪军与日军间的矛盾，进行深入的宣传鼓动，在敌区民众中造成厌恶伪军的空气，迫使伪军觉悟。并慎重处理反正伪军，对伪军俘虏禁止轻视侮辱，一般的应争取多参加抗日的，不应大批释放。只有真正放回确实能起作用者才酌量释放”。阻止日军组建地方伪军。[④]

另一方面，1940 年也是八路军致力于扩兵工作的一年，体现在对伪军政策上，八路军总部要求各兵团及各军区“争取伪军反正及消灭伪军，从争取俘虏的兵士原则上应争取其全部加入我军，其军官亦争取其进步分

---

① 谭政：《敌人在华北的现行政策》，《八路军军政杂志》第 1 卷第 5 期，1939 年 5 月，第 27 页。

② 刘型：《八路军两年来敌军政治工作的总结》，《八路军军政杂志》第 1 卷第 10 期，1939 年 10 月，第 59 页。

③ 蔡前：《敌军工作讲话》，《八路军军政杂志》第 1 卷第 10 期，1939 年 10 月，第 80 页。

④ 《傅钟、陆定一关于加强对伪军工作的指示》（1940 年 1 月 19 日），《八路军·文献》，第 450 页。

子分配适当工作，不能争取的军官应优资遣散”。[①] 同时，“对于吸收俘虏、伪军及叛军，原则上应当公开争取，坚决反对认为他们都是地痞流氓，任其逃跑的错误观念，其中的地痞流氓分子，只许经过有组织的个别洗刷”。[②]

1940年7月6日，八路军总政治部下发关于伪军工作的指示，指出：“孤立日寇，使日寇不能组织有力的伪军，对已有的伪军进行瓦解工作，削弱其战斗意志，争取伪军对抗日的同情与帮助，争取伪军反正，这是我们对伪军工作的总方针，这是长期的艰苦工作。”显然，意识到伪军在对敌斗争中的重要性后，中共越来越重视伪军工作在对敌军工作中的地位，对伪军工作的长期性和艰巨性也有清醒的认识。该指示并提出：“（一）我们部队应不放松一切机会去争取伪军、瓦解伪军、消灭伪军，过去经验证明，凡对伪军采取以积极的联络与打击的地方，则伪军在数量上与质量上均弱，反之则防守较多较强。（二）不应当把一切伪军的全部官兵都当做死心塌地的汉奸看待。对伪军只采取军事上消灭，而放松政治上的争取与瓦解是不对的；然而只作政治争取而放松军事消灭，同样是不对的。我们应按照具体情况来灵活的配合军事消灭与政治争取。（三）我们应从各方面强化对伪军的工作，选择适当的干部及当过伪军的军官和有关系的人员，加以训练派往伪军工作。（四）在伪军内部工作方针，主要的不是发动士兵对军官的斗争，而是争取伪军官兵对抗日的同情，启发民族觉醒，增加其对日寇的不满与仇视，和抗日军队通消息，报告敌情，帮助抗日军队的物质资材，对日寇采取阳奉阴违的办法。但当伪军真诚帮助我们物质资材或交通工作时，不应作过多的过分的要求以致被敌发觉。（五）对伪军反正要采取正确政策。在条件未成熟时或反正不能胜利时，或某个伪军区域有特殊作用时，不要轻易提出反正口号，而应长期埋伏，以待将来。在伪军不得已反正后，必须以最大耐心进行教育工作，不可过

---

① 《第十八集团军总部关于扩兵工作的指示》（1940年3月2日），《八路军·文献》，第475页。

② 《傅钟、陆定一关于扩军工作中注意事项致各兵团政治首长等电》（1940年3月19日），《八路军·文献》，第486页。

急；不应剥夺原来的军官的兵权，不可实际上解散其军队，因为这样便是阻绝其他伪军的反正。对于反正伪军，不一定要编入八路军，编制不一定要很快的八路军化，而可以作为八路军的外围军，但其编制、待遇、纪律、政治工作等均与八路军有别。（六）对伪军的宣传工作要加强。主要口号是：中国人不打中国人，不帮助日本人来压迫中国人，中国同胞大家联合共同抗日等等，不要骂伪军官兵都是汉奸，绝不要提杀尽伪军汉奸军官和活埋汉奸等错误口号。对伪军家属要加强政治争取工作。（七）对伪军的内部工作及伪军的关系等等，要严格保守秘密。这种工作应由团以上及县委以上的政治机关的一定个别人员负责进行。伪军内部不应组织庞大的抗日组织，而以短小精干为原则。"①

这是一个考虑比较周全的计划，也是比较成熟的政策。

值得提出的是，随着敌军工作的深入开展，中共逐渐意识到开展调查工作的重要性，加强了对敌调查工作。全面抗战初期，中共敌军工作的调查对象仅限于日军，而到了1941年5月，中共敌军工作的调查对象已"包括了敌军、伪军、蒙军、伪政权、伪组织、为敌伪利用的土匪、封建集团、以及联庄会等"。

调查内容包括三个部分。

第一，调查"敌军的番号、编制、兵种、兵数、兵器配备、主官姓名才干、以及作战的计划、部队的区分、军队的调动、给养的状态、战斗力量、最近企图、战术的特点等"。其目的在于配合军事，取得战斗的胜利，因而是提供给军事机关以做布置战斗的参考的。

第二，调查"日本法西斯军阀对一般（日军）士兵的政治欺骗、和一般士兵的生活状态、以及思乡厌战反战的情绪、士兵的成份、官兵的对立、行军作战的困难、临时发生的事变，并对我居民的欺骗与暴行等"。其目的在于深入了解敌军内部情形、准确揭破敌人的政治欺骗、启发日军士兵的"阶级觉悟"，从而瓦解敌军。

---

① 《八路军总政治部关于伪军工作的指示》（1940年7月6日），张玉鹏、张文杰主编《冀鲁豫边区敌军工作》，第36~37页。

第三，调查伪军伪政权及为敌人利用的土匪、联庄会等“成立的经过、首领的姓名、籍贯、性格、历史、政治目的、抗战态度以及经费的来源、与日寇的关系、和日寇统制的情形”，以便争取这些力量加入抗日的阵营。

一般而言，中共了解敌方情况的方式包括由部队中的各级敌工部门负责讯问的俘虏、从敌区逃出的难民、来往敌区的商人、日伪驻屯地区的民众，以及被敌伪俘去后逃跑出来的老百姓等；搜集敌人在战场上的遗弃物（文件、家书、日记、表格、地图、电码、卡片等）；查阅敌伪及我方的报纸、杂志、书籍和一般的公报、训话、文书以及宣传品等。另外如部队中司令部侦察科侦察员的报告、锄奸部讯问的汉奸口供、民运部所获得的地方上的报告，以及中共通过组织临时的工作团潜入敌占区，“向敌占区我方的政权群众团体，以及党和群众中，进行搜集敌伪内部的以及一切活动的材料”，都是中共了解敌情的重要途径。同时，中共也在敌人据点内以及伪军、伪组织、伪政权内部建立秘密的敌军工作组织，进行深入的调查。[①]

经过不断的摸索，中共在伪军工作上掌握了一些行之有效的经验和方法。以冀鲁豫边区为例，当时中共的伪军工作，一般分以下几个方面：

> （1）对部队官兵进行敌军工作的宣传教育。1938年，边区根据野战政治部敌工部的指示，在安阳和新乡的敌占区建立了秘密的瓦解敌军工作委员会，主要是进行分化瓦解伪军伪组织工作及开展对日军的宣传工作。在宣传工作上，首先着重宣传我军历来重视敌军工作的优良传统和分化瓦解敌军的重要意义，以及对敌军的政策和有关业务知识。如：如何进行战时对敌喊话，如何处理俘虏，教会常用的瓦解日军的标语、口号等。当时，敌工科经常编印对敌、伪、顽军进行宣传的标语、口号、传单。对敌军的必经之路书写“优待俘虏，缴枪不杀”等日语口号，并通过秘密关系把宣传品带进城，秘密散发。部队还开办了专门学习日语的短期训练班，派请日本反战同盟的日本

① 陈钟：《论敌军工作中的调查工作》，《八路军军政杂志》第3卷第5期，1941年5月，第61～64页。

朋友到营、连教日语和日语反侵略歌曲。通过学习，部队指战员大都能主动选择时机对敌喊话。一般是在对敌伪军作战中，对敌施以军事打击之后，常常附以政治攻势。有时打一阵喊一阵，每次战役中的敌军都有不少缴枪投降的，有的是成批成队的缴械投降。1940 年 3 月，在卫东战役中，南进支队攻占六塔集，西进至五仙镇附近遇王金祥残部，经对敌喊话，敌放下了武器，我军无一伤亡，俘敌 150 名。

（2）对俘虏工作。俘虏处理通常进行四项工作：一是审查，把被俘人员的原来身份审查清楚；二是对俘虏进行教育，揭发敌军的反动本质，宣传我军的宗旨和俘虏政策，消除俘虏的恐惧和顾虑；三是对俘虏在政治上、生活上实行革命人道主义；四是分别处理，愿留者欢迎参加我军，愿走者发给路费，开路条。由于我军一贯坚持优待俘虏政策，对分化瓦解敌军起了很大作用。1938 年 9 月，由杨得志、崔田民率领我军主力一部越过平汉线向东进军，消灭了浚县一带伪军扈全禄部近万人，又北向安阳、汤阴一带，消灭皇协军李英部及该地会匪万人以上。在处理这几批伪军俘虏时，我军遵照俘虏政策，对于伪军头目，如扈全禄的参谋长徐子衡及汤阴的伪军头目等，都给予优待、教育、宽大释放，对该地区以后的工作产生了良好的影响。

（3）对伪军伪政府人员的争取瓦解工作。为开展伪军、伪政权的争取瓦解工作，1940 年冀鲁豫军区司令员杨得志和新三旅政委谭甫仁派二纵新三旅敌工科长畅宏碧和民运科长宋殿宾，打入河南滑县、浚县的伪军和平建国军第二十四旅路朝元部，做内线瓦解工作。宋殿宾打入后被委任为上尉秘书，畅宏碧以化名陈宾如被委任为少校参谋。他们打入敌伪后，把该部的编制兵力、装备及行动等做了详细调查，为我军作战提供了重要情报。安阳的皇协军李英部二团团长张实化，通过争取瓦解，与中共方面建立了工作关系，并提供了一些方便和情报。①

---

① 闵娟：《冀鲁豫边区敌军工作概述》，张玉鹏、张文杰主编《冀鲁豫边区敌军工作》，第 5～6 页。

可以看出，首先，中共的伪军工作和日军工作其实是一体的，并未严格区隔。其次，中共争取和瓦解伪军的工作，实际上与其宣传工作、地下工作、情报工作以及武装斗争都是紧密相关的，绝非各级敌工部门可以独立完成。事实上，在中共领导的不少地方，比如冀鲁豫边区，“由于当时战斗频繁，各分区的敌工组织缺少专职人员，一般由部队领导兼任。直到1942年底，精兵简政，主力部队与分区合并后，加强了领导，配备了敌工人员，分区敌工组织才普遍健全起来”。①

又，根据北京市档案馆所藏中共在抗战期间对伪军所做工作材料：

> 抗战时期，日军由于战线过长，造成兵力不足，就抓壮丁组成伪军，有的整支队伍里仅派几名日本兵，这些伪军战斗情绪很差。部队中的日军与伪军间的矛盾很尖锐，有的伪军还有着良好的民族意识。做通这些人的工作可以激发他们的民族意识。因此，共产党除了同日军作战外，还做伪军的工作。我党对伪军工作的基本方针是“瓦解伪军”，对于那些有革命倾向的伪军进行争取，而对于那些完全丧失民族气节，一味作走狗的伪军，则坚决打击。打入伪军，是争取伪军瓦解敌人的基础，其中伪绥靖军（这是伪军中的野战军）更是打入工作的重点。在打入时，对他们采取的是慎重的态度，处处做长期打算，以待战略反攻时配合行动，不到绝对必要，不轻易反正。采取的方法分别是：选拔优秀的党员干部去报其军官学校，成为下级仕官，掌握兵权；也可以进行上层联络，通过可靠的上层关系，打入一定的干部，使得在将来反正时，能够掌握整团整营的武装；还可以经过地方性伪军，过渡一部分党员和抗日群众到绥靖军去，成为在下层的骨干力量；在必要时，也可以对绥靖军中某些干部用金钱收买，联络感情，以便及时发挥作用。对于地方性伪军，除重点的派人打入外，主要

① 开封市委党史办公室：《冀鲁豫边区敌工组织沿革》，张玉鹏、张文杰主编《冀鲁豫边区敌军工作》，第724页。

是利用地方性的特点，通过群众的力量，地方的某些上层关系及伪军家属，进行广泛的争取工作。我党对他们的策略是不要求长期埋伏，而只要抓住时机，组织有计划的反正。例如：在冀西及冀中由巩固区变质的部分地区，由于敌人大批抓丁当伪军，使得伪军中党员及抗日群众占有一定数量。其他成份较差的地方伪军也与地方群众的关系较为密切，我党抓住这一时机，积极组织反正，开辟工作区，减少敌人的据点岗楼。在这些地区，敌人再成立伪军，就又要抓丁，就会把党员抗日群众再抓进去，我党就又可以组织反正，这样反复多次后，就部分地打垮了敌人建立伪军的计划。①

从档案材料反映的情况来看，伪军中有要求进步革命的人，也有中共组织的存在。在伪绥靖军中，中共建立了短小精干、极端隐蔽的组织。

瓦解伪军一般有以下几种时机：乘伪军变动时机，如部队改编、官长换人、部队调防等；伪军的悲观失望情绪最高时机，如到深冬尚领不到棉衣、吃不饱饭等；当受到中共军队严重打击，造成心理压力时或受到敌伪军官残酷压迫时，都是较好的时机。中共正是抓住了这些有利时机，并采取了相应的方法，如利用伪军家属做工作；向炮楼喊话；张贴传单、画报等；利用俘虏经过教育放回后，进行瓦解工作。

中共在另一种战场上大量瓦解伪军，从军事上削弱了敌人的力量，推动了抗战的进程，对抗日战争的最后胜利起到了积极作用。

敌伪军工作是中共全盘工作中的重要一环，其中很重要的一个内容就是和伪军达成协议，在华北建立中共的地下交通站，为中共各根据地之间人员与物资的交流提供方便。

根据日本方面的调查和估计，在1940年底之前，中共在某些敌占区的民众工作并不突出。地方党组织的建立工作并未广泛开展，多数情况下

① 王雪洁：《我党抗日期间对伪军的工作》，《中国档案》1995年第7期。

是由部队的党组织在游击至相应地方时领导和开展当地的党组织活动。①

关于开展伪军工作，据1943年10月到1945年7月在冀鲁豫边区第二军分区任敌工科副科长、科长，后任区党委社会部办公室副主任、城工科科长的宋子健回忆："对敌伪工作的起步是怎样找线索，就是怎样找到争取敌人的桥梁人物，当时我们把这种人叫'线索人'。这种线索人，开始不是家属，而是能影响和掌握他的亲戚朋友，特别是他的老主人、老上级、老恩人，以及与他共过患难的挚友。对伪军伪组织关系，不到必要时不要求他有大的行动，要他长期潜伏，等待时机，加强做巩固、团结的工作。所以敌工干部切忌急性病，不能急功近利。刘邓大军强渡黄河准备跃进大别山，区党委城工部指示：为配合这次战役，所有关系的全部起义为上策，部分起义为中策，真正不行的就'摘生瓜'。这说明'时机'对敌工工作是多么重要。"②

宋子健还谈道："1942年，从区党委、地委、军分区列县委都建立了敌工工作专门机构，军分区叫敌工科，同时也叫敌工支站，敌工科长兼敌工支站长，县委敌工部，同时也叫敌工分站（受军分区敌工科领导），敌工部长兼敌工分站长。每个机构部有20人左右。当时，二分区成立了敌工委员会，书记段君毅。成员有万里、曾思玉、何光宇、潘焱、宋子健。二分区在郓东还建立了敌工支站，领导昆（山）张（秋）东（干）汶（上）的敌工工作，站长颜华，共有十几个人，直接受分区敌工科领导。各县敌工部分区敌工科和县委双重领导，分区敌工科代表分区实现领导。为什么1942年后要加强接敌区、敌占区的敌工工作？这是由于日本鬼子回师华北，他们在南方放弃了一些大据点，调部分日军到华北搞'囚笼政策'、'三光政策'、'蚕食政策'，进行连续大'扫荡'，其战术是'铁壁合围'、'拉网合击'、'铁脚合击'，军团长、师团长、旅团长亲临前线指挥，碉堡林立，挖封锁沟，筑封锁墙，妄图把我冀鲁豫部队和边区根据地一口吃掉，一时之间出现了敌伪和顽、会、匪联合闹边区的白色恐怖局

① 「冀中区西南部方面に於ける中央の民衆獲得工作の実情調査の件（1）」、JACAR、Ref. C04122567800。

② 宋子健：《运西地区的敌军工作》，张玉鹏、张文杰主编《冀鲁豫边区敌军工作》，第354页。

面。所以，1942 年以后每年‘青纱帐’起来，我们就开展广泛的政治攻势，即以军队为后盾，以政治宣传为先导，分化瓦解日伪军。为了统一对敌伪工作，1945 年，区党委决定：区党委社会部、城工部、行署公安总局、军区情报处等机关合并一起，统一为区党委社会部，目的是形成统一的对敌斗争拳头。当时社会部机关有 700 多人，城市建党、群运、军情、特情工作都管。这时区党委的社会部长是刘晏春，副部长万晓塘（区党委委员）、王乐亭，办公室主任王路宾，副主任宋子健。当时，我们有打入国民党内部的人，国民党也有打入我们内部的入，斗争极其尖锐、复杂。军事情报工作、国军工作、特防情报工作、城市党的工作、群众工作部门都是严格分开的，互不发生横的关系。城市国军党的工作与地下党组织的工作更是严格分开的，以确保安全。”①

另外，中共并未放松对日军的工作。1939 年 2 月 18 日，毛泽东等人做出优待日俘的指示：“敌军战斗力较前大为减弱，政治情绪更坏，以后在战斗中俘获之日军俘虏应尽量释放，多则不超过两星期，情况许可时当场释放，多加宣传优待，严禁枪杀及其它侮辱行为，在各后方训练之俘虏酌情处理。如不妨碍军事秘密亦可释放，借此降低日军之作战决心而动摇其军心，以利于粉碎敌之进攻。”②

1939 年 3 月 25 日，中共中央北方局、第十八集团军政治部在对地方各分局、各党委、各军政机关的通告中提出，为发展敌占区工作，决定除军队各级单位（师、旅、团、各支队）应加强政治部、处之敌军部、敌军科以外，各分区、各分局、各级党委应即专门讨论发展敌区工作问题并动员同志参加敌区工作；决定在各分局及区委内各指定负责同志领导敌区

---

① 宋子健：《运西地区的敌军工作》，张玉鹏、张文杰主编《冀鲁豫边区敌军工作》，第 354 ~ 355 页。

② 《毛泽东、王稼祥、谭政关于优待日军俘虏的指示》（1939 年 2 月 18 日），《中共中央文件选集》第 12 册，第 26 页。关于日俘滞留解放区的问题，直到 1939 年 5 月，中共负责敌军工作的一些领导人仍然在强调：“我们俘虏工作的目的，就是要把一个充分害怕的，抱着成见和怀疑的人，把一个军国主义侵略主义的麻醉者和执行者转变成为一个反战的战士。”（蔡前：《八路军抗战以来敌军工作经验》，《八路军军政杂志》第 1 卷第 5 期，1939 年 5 月，第 64 页）足见政策转变的不易。

工作，在敌区委及县委内组织敌军工作委员会，由常委指定专人负责；委员会的工作主要是开展敌区群众运动，建立地区内较短小精干之秘密党组织，并开展瓦解敌伪军、“维持会”与进行侦察特务、破坏交通等工作；各单位独立地在集总划分的工作区域开展工作。[①]

1939 年 5 月 17 日，中央书记处发出指示，要求各地建立地方党的宣传部，下设宣传委员，要求其“经常讨论与检阅宣传教育工作的内容与方法”，随时改进，并做好上情下达和下情上达。在对敌宣传方面，要求其“要经常注意研究敌人的宣传鼓动及友军的宣传鼓动，收集各种具体材料，求得及时的给以批评与答复”。[②]

中共的举措取得了一定效果。在大小龙华（易县西）战役中，八路军以喊话、唱歌、投掷宣传品方式劝降日军，结果共俘虏日军官兵 14 人，其中半数以上为自动缴枪投降；团山（满城北）战役，敌栗烃大队一触即溃，有数名日军向八路军举手道：“缴枪”，并感谢八路军释放俘虏的道义，痛斥日军官的欺骗宣传；石家庄日军“宣抚班”班长，秘密与八路军通信表示友好；党城（曲阳北）战役，八路军释放日军伤兵，由老百姓护送，敌营表示感谢。[③]

另据日本方面统计，从 1937 年 7 月至 1939 年 12 月，日本的中国驻屯军宪兵队共处理从中共部队归队的日本俘虏案例 27 起（包括从归队后向宪兵队自首及被逮捕者），其中下士 6 人，普通士兵 21 人。应该说人数并不多，但影响不小。直属于日本大本营陆军参谋次长的陆军部研究班也不得不承认，“（中国）事变爆发以来，我军士兵逃亡者相当不少，其中很难说没有受到敌军关于俘虏工作的宣传影响而逃亡离队的”，有些日本士兵被俘后不愿意归队，而试图到西安的共产党大学学习或留学莫斯科，显然是害怕受到日军的惩罚或者在思想上已经倾向共产主义。而对于侵华

① 《第十八集团军总部转发中共中央北方局、第十八集团军政治部关于发展敌占区工作的通告》（1939 年 3 月 25 日），《八路军・文献》，第 322 页。

② 《中央关于宣传教育工作的指示》（1939 年 5 月 17 日），《中共中央文件选集》第 12 册，第 70～73 页。

③ 《朱德、彭德怀关于晋察冀军区开展瓦解日军工作情况致蒋介石等电》（1939 年 8 月 27 日），《八路军・文献》，第 377 页。

日军士兵来说，在目睹或知悉了中共的俘虏政策后，其内心也不能不受到冲击。日本宪兵在检查他们的信件时发现，士兵们的信件中出现了厌战反战情绪，有的日本士兵抱怨称："困难的时候，真想还不如在战争中输给共产（党）八路军，做他们的俘虏。""有时候在三四天没吃东西的情况下强行军，真是痛苦，真想像押切五郎（一个脱队未归者）那样逃跑到敌军中去，这时看到传单，这种心情更加强烈了。"

然而，从1939年1月至1940年3月，日军接连对华北进行了三期"治安肃正作战"（1939年1～5月，1939年5～9月，1939年10月至1940年3月），给八路军造成了巨大的压力。

1939年10月2日，中共对其日伪政策进行了调整，提出对日军："1. 根据日军的现状，我们对敌军工作方针与直接目的不应过高，如与日军建立反侵略的统一战线，在日军中建立反战堡垒，希望日军大批哗变及大批投入华军等等，这是我们的远大目的，但在今天尚不可能，尚不是实际，须经过种种阶段才能达到。2. 今天对敌军的工作方针应当是：用各种方法削弱和降低日军的战斗力，使日兵对中国军民不做盲目的仇视，从情感上的接近逐渐引导到政治上的接近，因此宣传品的内容不应当是政治的公式教导，而应富于刺激具有感情的煽动作用，以促进日军厌战、怠战、自杀等等情绪，以减低日军战斗力。3. 对日军俘虏加以短时间鼓动和客气招待后，一律迅速释放，不应留下作长期的训练。"

对伪军："1. 伪军是汉奸军队，我们应当以消灭与争取同时进行，认为只应当争取不应打击的观点是不正确的。2. 反正和瓦解同时并进，能争取反正者争取之，尚不能反正者则瓦解其下层。应当估计到伪军反正的可能比过去及将来反攻阶段上要少一些。3. 对伪军工作除联络其上层外，应在其下层进行工作。4. 对伪军除散布宣传品外，还应培养一批专门人员打入到伪军中去建立抗日的堡垒。"①

① 《中共中央军委总政治部关于日伪军工作的训令》（1939年10月2日），《八路军·文献》，第388～389页。另见谭政《论敌军工作的目的与方针》，《八路军军政杂志》第1卷第9期，1939年9月，第38页。

1939年10月28日，中共中央书记处在对冀中工作的指示中指出："假如对冀中抗战困难的加多估计不足，忽视敌之政治军事进攻的加紧，那只会减弱党与群众的战斗准备……日寇正在加紧政治进攻，企图分化和瓦解抗战堡垒……应当停止党的发展而专心于党的巩固工作。"①

在对日军工作方面，中共也没有放松。1940年4月6日，中共中央书记处下发《中央关于瓦解敌军工作的指示》，指出："加强对敌军的工作有最重大的意义，这是决定抗战胜利和引起日本革命的重要条件之一，我们必须以最大的毅力与坚持性来进行这个工作，过去对这个工作的注意，一般的说是不够的。"要求健全全军的敌军工作部和地方党的敌伪工作委员会，总结对敌军工作的经验，在来延安代表中指定专人负责向中央报告，以便研究对敌军工作的方法；要求抽调得力干部担负瓦解敌军的工作；要求从进步日俘中培养出日本的革命力量；等等。②

1940年6月，总政治部将敌军工作科改组扩大为敌军工作部，由王学文任部长，李初梨任副部长。

1940年6月8日，中共中央军委总政治部关于日伪军工作的指示中明确指出，中共以往对日军宣传品一般具有下列缺点："（一）宣传品的内容，政治上空洞化、公式化，按照日本士兵的觉悟程度是提得太高。因此，宣传品内容不易打动日本士兵的心情，有时反而引起他们的反感。（二）宣传品文字不是真正的日本文，而是中国化的日本文，且时有文法错误，因此不能起应有的效力。（三）政治机关经常只求宣传品的散发数量，而不太注意宣传品内容的质量，不太注意宣传品文法、语法与技术。（四）要求宣传品真正落入敌军官兵手中。"

为此，该指示要求今后对敌宣传工作中"宣传品内容主要应抓住目前日本士兵的情绪，以激动敌军士兵反战情绪以及思家情绪，减弱其战斗

---

① 《中央书记处关于冀中工作的指示》（1939年10月28日），《八路军·文献》，第396～397页。

② 《中央关于瓦解敌军工作的指示》（1940年4月6日），中央档案馆编《中共中央文件选集》第11册，中共中央党校出版社，1989，第376～377页。

意志，悲观懈怠的情绪，以削弱其战斗力，瓦解其部队”。而对日宣传的主要口号应为：立即结束战争；一同请愿回国；和中国士兵握手，我们是诸君的朋友；你们的家属正为你们祈祷，不要死了叫他们哭；等等。并提出，下列口号在当时是不适当的：“A、打倒天皇。B、变帝国主义战争为国内战争。C、在军队中暴动，打死官长。D、打败仗。”[①]

1940年6月14日，八路军野战政治部在关于敌占区工作的指示中指出，应“决心争取伪军及提出中国人不打中国人、专打日本不打中国人的口号，在广大群众中传播……对敌军散步失败情绪，增强其厌战反战”。[②]

1940年7月7日，正值抗战全面爆发三周年之际，八路军总司令部发表关于对日俘政策的命令，称“日本士兵并非我军之真正敌人”，命令“绝对不准伤害和侮辱”日俘，其伤病者须予以治疗，愿返国或归队者予以便利，死者予以安葬，等等。[③] 中共还把这一命令以日中文对照的形式散发、张贴到日军足迹所至各处。对于以往针对日军官兵的通行证也做了改动，由纯日文变为日中文对照，落款署“中国国民革命军第八路军总司令部”，以加强其权威性。[④]

次日，中共中央军委总政治部也发表了对日军俘虏工作的指示，除规定禁止杀害已经停止抵抗的日军官兵、禁止侮辱日俘，以及教育日俘、优待俘虏外，特别强调“凡不愿意回去者，禁止强迫送回。在对新俘虏之工作可利用旧俘虏进行”。“各师、各纵队、各军区各战略单位要力求训练十几个进步俘虏帮助我们作敌军工作，这是很重要的，不应轻视。”“对俘虏之训练应注意多分配事情给他们做，如参加文运工作干部训练队之日语教授，参加宣传品之起草，参加俘虏之训练，自愿的写信回国给其

---

① 《中共中央军委总政治部关于日伪军工作指示》（1940年6月8日），《八路军·文献》，第521页。

② 《八路军野战政治部关于敌占区工作的指示》（1940年6月14日），《八路军·文献》，第526页。

③ 《中国国民革命军第八路军总司令部命令——对日俘的政策》（1940年7月7日），《中共中央文件选集》第11册，第434~435页。

④ 「中共側新聞伝単等送附ノ件2」、JACAR、Ref. B02032461900。

亲友等。过去对俘虏工作之困难，原因为没有日本人赞助我们，假若我们能训练出几个同情我们的俘虏，对今后俘虏工作及一般敌军工作将有很大的帮助。”“对俘虏之训练应由浅入深，逐渐启发其阶级觉悟，不应一开始即以马列主义著作去做教材，而应有长期的、适当的教育计划。”① 中共对日军俘虏的政策，由以往的重在放回以示诚意变为重视利用日俘来改进对敌工作，这是一个进步。

针对以往对日军工作中目标定得过高的情况，中共也进行了反思，提出：“以后在对敌宣传上，应当抛弃过高的不关士兵痛痒的口号，提起嗓子高叫‘欢迎日军士兵与中国军队合流’，‘暴动哗变’……固然，这类口号，高则高矣，无如敌军士兵只觉胃口不合，有时竟招反感，所以宣传口号必须是为多数敌兵关切、了解、接受与行动的指标，而不是空叫；无论传单小册子都要有多样的体裁，内容生动，把他们的呼声从我们传单里流露出来，说得有声有色，娓娓动听，公式的八股文章一定要不得。无论什么传单宣传品，一定要从侵略战与正义战说起，接着就论述战争的前途，日本必败，中国必胜，结尾便是敌军士兵的出路——杀死官长暴动哗变过来，这些长篇大论的结构，就理论上讲当然不错，但翻来覆去总是这一套，就未免乏味。文字技术上应力求不可生硬，适合日本社会的风俗人情，使所有的传单新产品完全是日本人的口吻，而不是中国人的语气。敌人内部有很多破绽可以作我们宣传煽动的最好资料，只要我们善于寻找，所有敌人文件、俘虏口述与敌兵的从军日记，都可以发现敌军士兵的一般要求与他们心坎中所要说的话，把他们的心情写出传单，那个传单，就是很好很动人的传单，比之纯粹唱高调自然高明得多。”②

另外，中共方面也提出，“促进日本士兵的阶级斗争，组织日本军队内部的暴动，或者鼓动日本士兵参加中国军队以打倒共同敌人，日本帝国主义，或者鼓动日本士兵回到日本国内实行革命——这不是我军对敌宣传

---

① 《中共中央军委总政治部关于对日军俘虏工作的指示》（1940年7月8日），《八路军·文献》，第530页。

② 谭政：《对敌工作的当前任务》，《八路军军政杂志》第2卷第6期，1940年6月，第56～57页。

工作今天的任务。在今天说来，无论在客观上或主观上，都未具备这种宣传鼓动的条件。这种宣传鼓动和一般日本士兵现在的阶级意识程度与情绪比较起来，不只有很远的距离，并且反倒引起相反的效果”。“现阶段我军对敌宣传工作的任务，在于促进日本士兵的怀乡心念厌战或反战的情绪，或者促进他们阶级的觉悟，或者在他们中间造成与中国士兵交欢的情绪，借此以摧毁敌军士兵的战斗意志，破坏敌军内部的纪律，促进敌军内部的阶级分化——即削弱或摧毁敌军的战斗力，使我军事的进攻走向有利，以造成确实保障我军最后胜利的一个条件。”

由此，中共的对敌宣传口号也较以往有所变化。主要有二十八句，其中中心口号有五句，即：“一、家里热望着诸君回家。二、允许士兵立即回国。三、不要为军部财阀而牺牲。四、中日士兵携起手来。五、立即停止战争。”“促进回国心念的”有八句，即：“六、家里的希望，不是勋章而是你的笑脸。七、家里的愿望，是宁可当俘虏而活着。八、不要死了使家里哭。九、家里的生活困难，你不回去不能解决。一〇、主要维持家庭生活的，立即退伍回国。一一、农忙时期允许回村。一二、从军半年以上的立即退伍。一三、弟兄们一起向长官请愿，要求早日回家。”促进阶级觉悟的有三句，即：“一四、肉弹是士兵，得勋章的是将校——饥饿的是家族，赚钱的是财阀和地主。一五、军部和财阀在鲜血未干的战场上瓜分资源。一六、满洲是关东军和鲇川的乐土，华北华中是驻华军和国策会社的天国——这就是‘圣战’。”揭露敌方战争宣传实质的有四句，即：“一七、以‘东亚和平’之名破坏和平。一八、以‘建设新秩序’之名建设军部和财阀的乐土。一九、以‘防共’之名侵略中国之领土。二〇、真正的和平和秩序，先要日本停战撤兵。”关于抗日目的的有五句：“二一、中国军队为防卫本国而战。二二、中国军队不把日本人民当作敌人，抗日是反对日本帝国主义侵略的自卫。二三、弹向空中，勿杀中国弟兄。二四、‘中日亲善’从中日士兵携手开始。二五、八路军是正义的军队。”关于俘虏的有三句：“二六、八路军绝对不杀俘虏，把你们当作弟兄待遇。二七、想回国送回去，想学习送到学校去。二八、弟兄们一起到八路军来，这是迅速停止战争的唯一方法。”

向被包围的日军士兵所散发的传单和所喊的口号也有专门的宣传用语，其传单内容包括："诸君被包围了。抵抗是无用的牺牲。我们不想杀诸位。为父母妻子着想不要死。留得生命在，才能有事做。停止射击，我们也停止。丢下枪，一起到这边来！官长要是反对做掉他！我们的军队绝对不杀俘虏，把诸位当作弟兄待遇。我们的敌人是日本的军阀和财阀。当了俘虏要想回家，给旅费送诸位回去。八路军绝不说假话。安心过来吧！不要死！活着！到这边来！"对于向被包围的日军士兵喊话，则分为单独喊话和集体喊话，前者由日语较好者负责，其口号包括："喂！喂！好好听着！不要放枪，我们也不放！为父母妻子着想不要死，留得生命在，才能有事做。丢下枪，一起到这边来。官长要是反对做掉他！我们绝对不杀俘虏，把诸位当作弟兄待遇，敌人是日本的军阀和财阀。诸位要是想回家，安全地送回家。八路军绝不说谎话，安心过来吧！不要死！活着！到这边来！"集体喊话的口号包括："喂！喂！不要打！我们也不打！为父母妻子着想，不要死。放下武器，到这边来，不杀你。弟兄们！到这边来！"①

1940年10月14日，中共中央宣传部发出《关于充实和健全各级宣传部门的组织及工作的决定》（以下简称《决定》），这是抗战以来中共的宣传工作发生重大变化的一个标志性事件。《决定》肯定了抗战以来中共各级宣传部门工作的成绩，同时指出，"党的宣传工作落后于革命的发展与党组织的发展是很远的"。而"各级宣传部门本身组织的不充实及其工作的不健全，是党的宣传工作比较落后的重要原因之一"。

《决定》明确了宣传部工作的范围，指出："党的宣传工作基本上有两个方面，一方面是指导和进行关于革命理论和革命政策的宣传（包含对于敌对理论和敌对政策的驳斥与批评，包含文化教育的各方面工作）；又一方面是指导和进行关于日常性质的群众鼓动工作（包含对于敌对煽动的反驳与揭破）。"对包含对敌伪宣传在内的党外宣传与党内教育等宣传工作做了详细划分，要求研究敌人方面与同盟者方面的政治动向及宣传政策，并及

① 《对敌宣传标语口号》，《八路军军政杂志》第2卷第8期，1940年8月，第49～58页。

时提出中共自身的宣传政策。

《决定》批评了把宣传工作视为可有可无、故意把“意识不好”或不可靠分子塞在宣传部门的错误观点和行为，要求党的宣传部门的干部，须经过党的干部部门的负责审查，并尽可能对这些干部进行必要的培训。要求各地党委会为宣传部门的工作提供便利，取消对其干涉，使之能够独立开展工作。

《决定》要求各根据地的中央、分局、区党委或省委的宣传部设立负责管理党外的宣传鼓动工作和研究敌友的宣传政策等的宣传科，以及负责管理国民教育的国民教育科等宣传机构。

此外，《决定》也对宣传工作的计划性、系统性等提出了具体要求。①

《决定》发布以后，中共的宣传工作有所改进，建立健全了各级专职对敌宣传机构，充实和培训了对敌宣传干部。县级以上各级党委的宣传部分设宣传科，管理党外宣传鼓动工作及研究敌友宣传政策。各级党校和各根据地党组织也有计划地训练这方面的干部，并逐步形成了以延安作为推进整个北方工作的对敌宣传中心。

1940 年 8 月 20 日至 12 月 5 日，中共武装（八路军主力及决死队）在华北广大地域对交通沿线及各个据点的日伪军发动猛烈进攻，获得毙伤日军 20645 人、伪军 5155 人，俘虏日军 281 人（内有副大队长山西绥清、中队长田木石野及小队长木岛等 8 人）、伪军 18407 人的战果。整个战役中，伪军反正者计 14 次凡 1845 人，日军自动携械来投诚者 47 人。② 日俘骤然增加，影响到中共的日军瓦解工作。据时任一二九师政治部敌工部干事刘国霖回忆，百团大战后，“我们宣传品基本上都是日本人写的，由经过改造的日本俘虏写，他们是用他们的口气写的，干脆就是用日本人自己本身原来的部队番号，名字，百分之百都是真的，写成宣传品”，从而克服了中共方面的传单和宣传品由中国人写，“日本味道不够，人家一看就

---

① 《中央宣传部关于充实和健全各级宣传部门的组织及工作的决定》（1940 年 10 月 14 日），《中共中央文件选集》第 11 册，第 500 ~ 504 页。

② 《百团大战总结战绩——第十八集团军总司令部野战政治部公布》（1940 年 12 月 10 日），《八路军军政杂志》第 2 卷第 12 期，转引自《八路军·文献》，第 599 ~ 602 页。

知道是中国人写的，不起什么作用”的问题。[①]

另一方面，百团大战是抗战中中共与日军关系的转折点。此战之后，日军开始真正重视中共的存在，并进行了凌厉的反扑。除了战役进行过程中的两次“反击作战”外，日军又对华北进行了数次“反击”作战，中共方面伤亡不小。为了保存实力以待将来，中共不得不采取务实的对敌伪政策。1940 年 11 月 25 日，八路军野战政治部下发关于敌占区工作的指示，指出在某些游击区，应该允许群众采取某些“两面态度”以应对敌人，并应同群众商量应对敌人的办法。对于伪军伪组织，一方面要揭穿其“抗日维持”、“保全家乡”、“将来抗日”的欺骗性，另一方面则不应要求全部反正，而是要采取两面态度。[②] 而在百团大战结束前数日，朱德等人致电各兵团首长及政治机关，指出：“百团大战后敌人反复‘扫荡’我华北，八路军有相当大的削弱，地方民主遭敌摧残，尤为厉害。”为坚持华北抗战计，八路军除巩固自身外，对敌伪应以“扩大政治攻势为主，认真地瓦解伪组织，动摇敌军”，“认真开展敌占区及敌伪军（特别是伪军）工作”，必须“根据中央军委总政、集总野政关于敌占区及敌伪军工作之迭次指示，尤其政策之指示，在全体人员首先是干部中进行深入教育”。“具体解决干部问题，党、政、军应协力进行，各抽派若干干部专门进行这一工作”，反对敌人的欺骗宣传及挑拨离间。指示特别强调“各兵团首长及各级政治机关，应以进行百团大战的精神，认真的去开展敌占区与敌伪军工作”。[③]

进入 1941 年，中共首先遭遇了皖南事变。中共以此为契机，发动其宣传机器，要求“全华北舆论机关、大小报纸一律动员，彻底揭露亲日派与国民党中的顽固派的反共罪恶与阴谋”，并召开群众大会和士绅大

---

① 刘国霖：《忆一二九师的对敌工作》，张军锋主编《八路军老战士口述实录》，第468 页。

② 《八路军野战政治部关于敌占区工作的指示》（1940 年 11 月 25 日），《八路军・文献》，第 586～587 页。

③ 《朱德等关于百团大战后部队的整理问题致各兵团首长等电》（1940 年 12 月 2 日），《八路军・文献》，第 595～596 页。

会，要求国民党停止其全国范围内对中共的逮捕、袭击等敌对行为。[①] 中共对皖南事变的政治反击是成功的，国内外舆论普遍对中共持同情态度。1941 年 1 月 20 日，中共中央军委总政治部下发指示，指出当下“一切同情到了我们方面”，为此，八路军、新四军在做好反对分裂、提高抗日情绪、巩固自身工作的同时，应“加强对敌伪军及伪政权的工作，对地方居民，则应注意反对日寇斗争的长期性，不应只顾眼前，凡勉强群众做的事，凡减低群众抗日情绪的事，都应尽力避免”。[②]

在国共摩擦的压力减小后，中共将敌伪工作的重点放在了对伪军方面。如在交通战方面，要求“道路不可不破亦不可大破，凡于我太有害而于敌非必争者（如插入我根据地内之公路）必须彻底破袭之；凡在敌为必争，在我无力控制者（如正太路、平汉路北）不可因破袭而引起敌之守备加严”。“凡我方所需要之交通线通过之道路不可破坏，以免敌之注意，而应加紧当地之伪军伪组织内工作，以求交通便利。”[③] “对敌伪军队及其政策仍是采取长期隐蔽与埋头苦干的方针，对两面汉奸则争取之，以便孤立日寇、死心塌地的汉奸，对广大不愿意当亡国奴的民众则耐心教育团结之，以便积累和准备反攻力量，一切在我占区运用的政策都不能运用于敌占区。”[④]

1941 年也是日军加强伪军、强化对抗日根据地“扫荡”的一年，遵照中共中央和中央军委关于打破敌顽夹击、战胜困难的方针和政策，结合华北实际情况，中共中央北方局和八路军总部于 1941 年 1 月 6 日和 2 月 26 日先后发出对敌斗争指示，指出局势日益严重，八路军除了做好军事斗争的准备之外，还要“大力开展政治攻势，争取与瓦解日、伪军，削

---

① 《中共中央北方局、八路军野战政治部关于皖南事变的训令》（1941 年 1 月 18 日），《八路军·文献》，第 606 页。

② 《中共中央军委总政治部关于皖南事变后八路军新四军的紧急工作的指示》（1941 年 1 月 20 日），《八路军·文献》，第 608～609 页。

③ 《中共中央军委关于交通战的指示》（1941 年 1 月），《八路军·文献》，第 614 页。

④ 《中共中央北方局关于敌占区及接敌区工作的指示》（1941 年 2 月 25 日），《八路军·文献》，第 621 页。

弱敌人的力量”。[①]

中共对于日军俘虏的使用也更加重视。针对日俘被释放后被杀与否的情形，中共特别提出，在释放日军俘虏时应注意两个问题：“（甲）释放时要送给比较开明之敌军官佐警备的据点内，不要送到更加法西斯化的敌官手上去。各敌工部门平常就应注意这种情形的调查与材料搜集。（乙）释放俘虏中有较觉悟分子愿与我工作或经我教育后为了一定任务放回去的人，都应教育他们注意秘密，不要轻易与我发生关系或写信找我们，免遭破坏。”[②]

对于中共的宣传，日伪方面进行了反宣传，中共也注意对此进行反击。针对日伪在华北推行“治安强化运动”，“强调共产势力已经肃清”的反动宣传，中共方面在宣传上的对策是：“展开宣传攻势，强调坚持华北抗战，强调日本必败，强调日寇拉中国人打太平洋大仗和帮助德国招募五十万中国人到欧洲打仗等阴谋。”[③]“加强敌伪军工作。重点放在争取、瓦解伪军，这是在战略上日寇裸体跳舞，顾此失彼，终无一成；其次分出几个要点，组成敌伪军工作的据点，并派出专员去做；同时要组成外围军，对伪军乃至土匪、会门的吸收和中和作用。”[④]“对一切动摇的伪军、伪组织应多注意争取。”[⑤]

1941 年 3 月 20 日，中共中央宣传部下发关于反敌伪宣传工作的指示，指出“日寇是十分重视宣传战的”，他们的宣传“在觉悟不足的群众中可以发生暂时的麻痹作用，在中等阶层中可以引起动摇，而在大地主大资产阶级中可以获得应声虫，特别是在反共的宣传与活动上，大地主大资

---

① 军事科学院军事历史研究部编著《中国人民解放军战史》第 2 卷，军事科学出版社，1987，第 275 页。

② 《八路军野战政治部关于释放日军俘虏应注意的问题致各级政治机关电》（1941 年 4 月 6 日），《八路军・文献》，第 627 页。

③ 《刘伯承、邓小平关于反对日伪推行“治安强化”运动的对策致冀南军区等部队电》（1941 年 4 月 3 日），《八路军・文献》，第 626 页。

④ 《第一二九师关于日军活动特点和对敌斗争的中心工作致冀南军区等电》（1941 年 5 月 5 日），《八路军・文献》，第 633 页。

⑤ 《彭德怀关于坚持冀热边的长期游击战争致肖克电》（1941 年 5 月 8 日），《八路军・文献》，第 635 页。

产阶级是和敌寇直接、间接地配合着的。因此，我们必须更广泛与更深刻地展开反敌伪的宣传战”。并提出了具体的工作方针：用真正的、短小精致的日文激起日军士兵的思乡、厌战及厌恶长官打骂的情绪，削弱其战斗力，禁止枪杀日俘；以“中国人不打中国人”之类的口号努力争取伪军伪政权，使之同情、帮助抗日事业；揭露敌寇对沦陷区同胞的屠杀及怀柔两面政策，提高其民族觉悟、增强民族自尊心。同时要求抽调精干力量，加强反敌伪宣传工作组织。①

1941 年 8 月 4 日，中央又下发专门针对对敌伪宣传工作的《关于敌伪军伪组织的工作决定》，要求对待敌军，不准杀害日俘；利用日俘进行对敌军工作；加深日军官兵厌战怠战及思乡情绪，促其觉悟；不提出过高要求与过高口号；等等。在组织建设上，要求各根据地、分区由党政军成立地方党委书记和军队政治部主任参加的、统一的敌伪工作委员会，总结工作经验，确定工作方针，制订工作计划。并要求军队中的敌伪工作部“加强受上述委员会领导”。文件还要求在接近敌伪地区设立敌伪工作站，抽调得力而忠实的干部加强工作站。②

1941 年 8 月，中共做出在各级党内组织对敌斗争委员会的决定，指出：“我们华北党当前的严重任务，是从积极开展对敌斗争中来进一步发展与巩固。”为此，决定在各级党委会内成立对敌斗争委员会，“其任务为研究对敌斗争的各种对策，总结对敌斗争的各种经验教训，拟定各种实施方案和工作方法，经各级党委指导各方面的对敌斗争”。委员会由各级党委指定的有关对敌斗争部门的负责同志组成，并吸收军区政治机关的主要负责同志，军区及当地政府锄奸、公安部门的可靠党员，以及其他各系统原有的对敌斗争机构的可靠人员，是党政军联合组成的一个机构。委员会受各级党委直接领导，除本身定期会议（区党委每月一次，县党委半

① 《中央宣传部关于反敌伪宣传工作的指示》（1941 年 3 月 20 日），《中共中央文件选集》第 11 册，第 619 ~ 622 页。

② 《中共中央文件选集》第 12 册，第 647 ~ 648 页。另见《中央关于敌伪军伪组织的工作决定》，中央档案馆编《中共中央文件选集》第 13 册，中共中央党校出版社，1991，第 186 ~ 187 页。

月一次）以外，还经过各级党委定期向上级机关报告。在工作分工上，“关于瓦解敌政权，建立抗日主权，争取各种伪组织，组织对敌文化斗争、宣传斗争及经济斗争等各种，应由地方党统一领导，并应取得政府机关、军队之配合与协助”。“关于打击敌伪特务机关及特务阴谋之活动，铲除汉奸，捕捉敌探等工作，应由军队锄奸部门与政府之公安部门统一领导；关于敌伪军工作应由军队敌工部门统一领导；在这些工作上地方党委应努力予以配合与协助。”①

由于各方面的努力，这一时期中共的对敌伪宣传工作取得了一定成绩。1939 年 3 月 2 日，八路军总政治部的一份电文显示：“据报平遥、介休、石家庄一带敌兵均称八路军真不杀俘虏，身上多藏有我军通行证备用。”“据辽县战斗俘虏敌兵供称：该部队非常疲劳，运输给养极困难，最怕我游击队，士气低落，军纪不振至发生自杀。”②

1939 年 10 月 19 日，原驻河北邢台西皇寺镇的伪皇协军第二路军特务团第二营营长宗书阁在中共地下党员的争取下率部起义，受到中共的热烈欢迎。第一二九师师长刘伯承及政委邓小平并致信表示欢迎及敬意。③此后宗书阁历任八路军第一二九师新十一旅三十二团团长、八路军太行军区第四军分区副司令员兼基干团（三十二团）团长等职，为抗战做出了积极贡献。

1940 年 6 月 20 日，朱德在延安总结中共在华北抗战经验时指出，中共之所以能够取得不断的胜利，原因之一就是“人民对于敌军的仇视和敌军内部厌战思想的存在，并逐渐发展了反战运动”。④ 同年底，刘伯承总结当年抗战经验时也指出：“敌人战斗力确实越战越弱，日军投诚、伪

---

① 《中共中央北方局、八路军野战政治部关于在各级党内组织对敌斗争委员会的决定》（1941 年 8 月 7 日），《八路军·文献》，第 677～678 页。

② 《第十八集团军总政治部关于日军工作和青年工作致各兵团政治机关电》（1939 年 3 月 2 日），《八路军·文献》，第 311 页。

③ 《刘伯承、邓小平给宗书阁及全体指战员的公开信》（1939 年 10 月 25 日），《八路军·文献》，第 394～395 页。

④ 朱德：《华北抗战的总结》（1940 年 6 月 20 日），朱德在延安干部会议上的报告，原载《解放》第 112 期（1940 年 8 月 1 日）及《八路军军政杂志》第 2 卷第 8 期，转引自中央文献研究室二部编《朱德自述》，解放军文艺出版社，2003，第 209 页。

军反正也就在我们胜利之下开展起来。这也说明做敌伪军工作须配合以胜利的军事打击才能使瓦解工作更有效力。”①

1941 年 5 月，刘伯承、邓小平指出：“由于我们的争取瓦解，（日伪军）据点内潜藏了我们的革命力量。”② 朱德、彭德怀在致贺龙、关向应、聂荣臻、刘伯承等各部队领导人的电文中称：“自向敌开展政治攻势以来，在敌伪军工作上已获得很大进展。目前华北敌似以维持现状，加紧巩固点线，整训部队，并不断相机蚕食我各根据地为目的。”③

不过，出于对美、英等资本主义国家因为国际形势的变化而援助中国的可能性估计不足，对敌伪宣传工作也受到了影响。

另外，抗战时期中共对敌伪宣传工作的一个特点就是和苏联反法西斯战争相结合，这一点在其宣传工作的发展时期体现得尤为明显。1940 年 10 月，中共中央宣传部强调，德、意、日三国同盟成立后，英、美为拖中国加入其战争集团而加大对华援助力度，国民党方面“兴高采烈”，利用苏日谈判实行反苏宣传，为此，中共应在宣传工作中反对国民党加入英美战争集团这种“投入一派帝国主义怀抱”的做法。④ 而一个月后，由于形势的变化，中共不得不改变这一政策，不再强调反对中国加入英美集团，转而提倡“与英美作外交联络，以期制止投降，打击亲日亲德派活动”。⑤

小而言之，在技术层面也存在不少问题。1941 年 5 月，邓小平批评一二九师在文化工作上“既少作高深的研究，又未深入群众底层……宣

① 刘伯承：《一九四零年的抗日作战》，《刘伯承回忆录》第 3 集，上海文艺出版社，1987，第 72 页。

② 《刘伯承、邓小平关于反对日军“囚笼政策”的指示》（1941 年 5 月 10 日），《八路军·文献》，第 311 页。

③ 《朱德、彭德怀关于青纱帐期间交通破击之准备工作致贺龙等电》（1941 年 5 月 21 日），《八路军·文献》，第 843 页。

④ 《中宣部政治情报第六号——英美拖中国加入其战争集团》（1940 年 10 月 20 日），《中国共产党宣传工作文献选编（1937 ~ 1945）》，第 175 页。

⑤ 《毛泽东关于不反对蒋加入英美集团及制止投降分裂至周恩来电》，《中共中央文件选集》第 12 册，第 551 页。

传内容不善于迅速地反映和宣传某一个紧急任务，不善于时地批驳敌人”。[①] 1941 年 8 月 17 日，中共中央在对陈毅、刘少奇的回电中就伪军政策做出指示，称对待伪军应采取“德威兼施办法”，应承认伪军中的“两面派分子”，以便控制之，使之不完全倒向敌人方面反对我们等。[②]

而中共的反省及相关政策的具体落实情况则不容乐观。1941 年 11 月 1 日，时任中共中央北方局宣传部部长李大章在《新华日报》（华北版）上发表《论对敌伪宣传鼓动工作中的几个问题》一文，对我军对日伪宣传鼓动工作中存在的问题进行了探讨。

李文指出，对敌伪宣传鼓动“这一工作，直至今天还没有引起我们全体同志足够重视，甚至在某些地区竟被完全忽视，因而造成了今天在对敌宣传工作上的落后与无能现象”，形成宣传战线上“敌进我退”的严重局势。李文分析了这种局面形成的原因，认为首先在于敌人宣传战略和特点的变化，即宣传战上的统一指挥领导与集中使用力量，日军在华北建立了“华北宣传联盟”及其分部，统一指挥对华宣传，工作有组织有计划；其次，敌寇的宣传工作富有灵活机动性，有针对性；再次，敌寇在宣传工作上善于争取主动，特别是善于抓住某些特大事件（如皖南事变等）对我“闪击”；最后，敌寇善于利用封建迷信团体和叛徒自首分子来“以华制华”，宣传反共。

而更为重要的则是我方工作人员在对敌伪宣传工作上的忽视、麻痹等缺点的存在，即我方各级组织的领导和工作人员，尤其是宣传部门的工作人员对敌伪的宣传鼓动工作不够重视，认为“敌人的宣传都是假的，没有人相信，不用我们来揭发”；在对敌宣传斗争上，没有统一的组织和领导，各自为政；缺乏主动性，不能利用敌人内部矛盾积极出击，进行分化瓦解敌人的宣传，对敌人的欺骗宣传不能即时进行反宣传；在对敌宣传的内容和方式方法上，存在严重的主观主义作风，宣传方法简单化、公式

① 邓小平：《一二九师文化工作的方针任务及其努力方向》（1941 年 5 月），《中国共产党宣传工作文献选编（1937～1945）》，第 243 页。

② 《关于对伪军政策问题的指示》（1941 年 8 月 17 日），《中共中央文件选集》第 13 册，第 191～192 页。

化，开口“鬼子”、闭口“叛徒”，或者在对日宣传上“文字上不是真正的日本文字”，使得敌伪不愿看、看不懂，不能真正发挥作用；工作的广泛性和深入性不够，范围上多限于根据地边缘地区，未深入敌占区，对象上止于敌伪政权和民众，对敌伪军队工作尚未建立；发行方面也缺乏时间性，不能及时发到宣传对象手中。

二者一进一退，遂导致敌伪的宣传工作获得部分的成功，如“长治的民众，至今尚不知有百团大战的伟大胜利；昔阳民众至今还不知道日本强盗是异族侵略者，还不知道有抗日根据地”，晋中部分群众“只痛恨汉奸，不恨日本”，百团大战作战地区的部分民众将日本的烧杀归结于八路军打日本，说什么“日本军八路都不败，只有老百姓败”，而敌人的宣传工作也导致我方部分干部群众滋生悲观失望和消极动摇情绪。[①]

《新华日报》（华北版）是中共北方局的机关报，由于中共中央主张“阅读党报应当是每个党员的责任”，[②] 得到广大党员的支持，其在华北中共党员群众中影响极大。看来抗战以来中共中央反复强调的重视对敌宣传工作的指示，直到1941年11月，在实际中并未得到广大党员和革命群众的真正理解和支持，宣传工作成效不大。反而是日伪的宣传造成了中共在宣传战线上的被动局面。

事实上直到1942年10月，八路军总政治部仍在批评：“对于敌伪情况我们知道的还不多，认真切实的调查研究工作还太缺乏，传单宣传品写得很好的尚少，公式化、一般化的弊端仍旧存在。”[③]

李大章在提出中共在对敌宣传方面存在的问题同时，也指出了今后的改进方法：派出得力干部，加强组织和领导，建立健全各种对敌宣传的组织机构，经常研讨对敌宣传工作的问题、总结经验教训，制订统一计划和具体对策，针对国内外重大事件做出相应的宣传部署；提高对敌宣传工作

---

① 李大章：《论对敌伪宣传鼓动工作中的几个问题》，《新华日报》（华北版）1941年11月1日。

② 杨尚昆：《阅读党报推销党报应当是每个党员的责任——为〈新华日报〉华北版一周年纪念币作》，《新华日报》1940年1月1日，第6版。

③ 《总政治部关于整顿政治工作中的三风不正给各级政治机关的指示》（1942年10月19日），《中国共产党宣传工作文献选编（1937～1945）》，第464页。

中的主动性、具体性和灵活性，加强对敌伪、敌占区的调查研究，从实际出发展开宣传工作；加强敌占区的统战工作，把对敌宣传工作变成群众性的工作和群众运动，根据群众的亲身政治经验来提出我方的宣传口号，在表现形式上充分利用民谣、通俗唱词、漫画、故事、写黑贴、算账、放天灯等民间喜闻乐见的民间形式，俾可深入人心，还要出版专门针对敌占区民众的小型报纸，通过敌占区民众开展争取和瓦解伪军的工作；此外，还要注意宣传报道的真实性、注意宣传内容的短小精悍、注意利用宣传工作中的合法斗争和非法斗争等。① 其中实际上包括了对日军对华宣传的反宣传措施。

在此阶段，中共一方面面临在华北发展的绝好机遇，另一方面也面临极端恶劣的生存环境。从1939年起，国民政府中断了对边区政府的补助，日军也开始重视中共，并将其在华北的攻击重点指向中共。为确保华北占领地的“安全”，从1939年1月起，日军华北方面军接连在华北发动三期“治安肃正作战”，1940年又发动了两期（1940年4月至9月底、1940年9月至年底），从1941年3月到1942年底，又接连在华北发动五次“治安强化运动”，矛头直指中共领导下的八路军及地方武装力量，敌后抗日根据地被日军分割得支离破碎，中共处境极为险恶。然而中共及其领导下的华北民众团结一致，奋起抵抗，越挫越勇，给日军造成了很大困扰。

大致说来，中共在1938年底至太平洋战争爆发期间的对敌伪宣传工作相较于初创阶段生硬地喊口号、提政治上的高要求等缺乏灵活性的做法有了极大改观，建立健全了宣传组织，对相关工作进行了总结或改进，为此后的大规模对敌伪宣传工作的开展做好了准备。

第五节　太平洋战争爆发后中共的敌伪工作

太平洋战争的爆发和美国卷入战争是第二次世界大战中具有决定性影

---

① 李大章：《论对敌伪宣传鼓动工作中的几个问题》，《新华日报》（华北版）1941年11月1日。

响的事件。此后中共即把工作重心转移到对精兵简政、发展经济、发展民运、发展敌占区工作、发展对敌伪的政治攻势上。

太平洋战争爆发前夕，中共知悉日本军阀正在积极准备扩大战争，乃指示“应该抓住目前的时机，在前线，在敌占区，用一切文字和口头的形式，用在华日本爱国者或反战同盟或其他各种名义，向日本国内人民，在华日人和日本士兵开展一个大规模的反战宣传”。①

太平洋战争爆发后，中共迅即在《解放日报》发表宣言，谴责日本侵略美国。宣言指出太平洋战争爆发后，世界分为进行侵略战争的法西斯阵线和进行解放战争的反法西斯阵线的格局已然明朗，法西斯阵线的失败是确定的，为此，当“向日本军队、日本人民，向朝鲜、台湾、安南、各民族，向中国沦陷区的人民，进行反对法西斯的更加广大的宣传鼓动，为建立日本内部的反法西斯阵线而斗争”。②

中共意识到，“日军士兵情绪将更觉前途渺茫，伪军伪政权将更行恐慌，而我军民的战胜日寇的信心亦会增长，亲日派、亲德派、分裂派的气焰将被压低，中、英、美、荷的合作更加亲密”，指出“应加强对敌伪的政治攻势……应用一切办法向敌军、伪军、伪政权宣传日本必败，中英美必胜的前途，以瓦解日军，争取伪军及伪政权的转向抗日”。③“宣传伪军勿为日本送至太平洋当炮灰，不送壮丁，不编自卫团，不受日寇青训，不替敌人去太平洋送死。在伪组织中发动延迟纳税、缴田赋，对敌之修路、修碉堡、封锁抗日区及第三次‘治安强化’各种工作实行怠工。宣传他们秘密帮助抗日，保护敌占区抗日人员，拒绝敌人任何危害抗日的措施，采取各种办法欺骗敌人，增加敌人困难……对敌宣传中、英、美、荷、澳

① 《中央、军委关于向日本军民进行反战宣传的指示》（1941 年 11 月 5 日），《中共中央文件选集》第 13 册，第 234 页。

② 《中国共产党为太平洋战争的宣言》（1941 年 12 月 9 日），《八路军·文献》，第 730 ~ 731 页。

③ 《中央关于太平洋战争爆发后敌后抗日根据地各种的指示》（1941 年 12 月 17 日），《中共中央文件选集》第 13 册，第 263、264 页。

联合力量强大，日本军阀的冒险从此多面作战与国内困难，展示必然失败。”①

中央军委的指示也指出，“太平洋战争爆发后，日寇面临着两个战争，其困难将空前增大，其地位将愈益孤立与险恶”，敌军兵役期将延长，物资供应减少，老兵减少，新兵增多，“敌兵政治情绪将继续下降，悲观恐惧的心理将普遍的增长，我应抓着敌兵的这种心理，并促进这种心理的变化”，在宣传品的制发上，“从普遍对象转到特殊对象，分别新兵与老兵，分别知识分子与工农分子，分别常驻的与新调来的”，使宣传更有力量，等等。在伪军伪组织方面，其“将发生许多顾虑，增加徘徊与恐慌”，其中同情中共者将增多，“两面派”也会“对我更积极”，“即过去坚决的汉奸，也因情况的变化而发生一些徘徊”，为促进这种变化，应训练干部打入伪军伪组织内部，提高其仇日抗日情绪，扩大其与日寇的矛盾，以便将来日本失败时大举反正。② 而且，“对伪军绝不应满足于目前只有一般宣传，一般关系的现状，必须求得大量的组织上的掌握。明年对敌斗争政治攻势的比重将会越过对敌军事进攻（尤其春夏两季政治攻势一定是主要的）”。③

太平洋战争的爆发，对侵华日军冲击极大，不少日本士兵因感觉前途渺茫而向中国军队投降。据《八路军军政杂志》记载：“因太平洋战争之扩大，日寇冒险北进可能性之增大，许多日兵觉得日本必败，必须另找出路，因之日兵投诚之电讯常由前线飞来。”而且太平洋战争爆发后日兵之投诚中共，较之此前，具有下列几个特点：“第一、他们的投诚，大都是自动的，是直接或间接来找八路军的。第二、投诚动机由于个人问题者少，而由于政治意义者多。第三、他们投诚的人数比过去要多。第四、投

① 《八路军野战政治部关于太平洋战争爆发后对日伪开展宣传攻势的指示》（1941 年 12 月 10 日），《八路军・文献》，第 734 页。

② 《中央军委总政治部关于太平洋战争爆发后对敌伪及敌占区人民的宣传与工作指示》（1941 年 12 月 17 日），《中共中央文件选集》第 13 册，第 266～269 页。

③ 《八路军野战政治部关于一九四二年政治工作方针的指示》（1941 年 12 月 20 日），《八路军・文献》，第 746 页。

诚者之中，不仅止于士兵而还有下级士官。”①

太平洋战争爆发对汉奸们的冲击，周佛海的心态颇具代表性。1941年12月8日，他在日记中写道：“六时半接报告，始悉日对英、美已宣战……日美果真开战矣！来日大难何以克服焉？”12月14日则哀叹：“念国事、家事、个人事，均无办法，前途黑暗，以后未知何以了此余生也。”12月31日云：“今年已矣，明年如何？就各方情形观之，不仅无乐观之象征，且恐黑暗、痛苦、混乱更甚于今年。种种难关，未知如何始能突破也。”② 此后周氏秘密与中共联系，即是出于此种忧虑和恐慌。

伪军、伪组织中在敌我两方徘徊两歧者（即中共所称“两面派”）原不在少数，太平洋战争爆发后因怕站错队而试图暗地里改换门庭者所在多有，周佛海事并非个案。这一背景为中共强化对敌伪的政治攻势提供了事实依据。随后，中共领导下的党政军各级机关部门利用广播、报纸、传单、民间歌谣等多种形式展开了声势浩大的政治攻势。

在冀鲁豫边区，中共以军区司令杨得志名义下发“抗日同情证”，呼吁伪军携械来归参加抗战或秘密支持抗日工作：

冀鲁豫边区关于颁发抗日同情证书的文告

发给抗日同情证：

中国抗日于兹六年，我全国军民团结奋发，坚持抗战，胜利曙光，日益接近。日寇既陷泥足于中国，又与世界三十余国家为敌，内外交困，覆亡不远，尤复利用无耻汉奸汪精卫、孙良诚、文大可等，成立伪组织、伪军，淆乱听闻，驱使中国同胞，送往太平洋作战。本部为挽救此等误入歧途之伪军伪组织同胞，不做无谓牺牲，重回祖国怀抱，免得将来玉石俱焚，与日寇同归于尽计，特颁发抗日同情证，凡伪军伪组织同胞，持此证反正来归者，当不咎既往，准其为抗日公民，杀敌反正有功抗战者，当予以褒扬，反正时携带武器弹药

① 廖体仁：《对敌宣传工作之检视》，《八路军军政杂志》第4卷第3期，1942年3月，第19~20页。

② 《周佛海日记》上编，中国文联出版社，2003，第548、551、558页。

□□□□□以□□给价，其因环境限制□能□时反正，持此证与抗日军政机关接洽，秘密帮助抗日工作者，当予以种种便利。

切切

冀鲁豫边军区司令杨得志

中华民国三十一年一月一日①

太行、太岳、冀南等抗日根据地在1942年进行了年关、春季、秋季、冬季四期政治攻势。“据不完全统计，其政攻（即政治攻势——引者注）在太岳区宣传了二千六百村，在冀南宣传了一万九千七百八十二人，在太岳宣传三十二万三千六百五十一人，太行区开辟了六百零二村，掌握了敌后村四百五十八个（但被敌人‘蚕食’了三百一十三村）。”由于宣传是在中共各级党委的统一领导下，以部队为骨干力量，结合当地实际情况，配合中共反“蚕食”、反“治安强化”、反掠夺的斗争而进行的，与群众的利益密切相关，因而得到广泛的支持，取得了较好的效果，对保证太行区的财粮征收发挥了很大作用。最为“主要的收获，还是二年（抗战）胜利的口号传遍各地，掀起了敌占区的兴奋潮流。这首先表现在群众与伪军等对敌人掀起了一种自发的不合作运动”，诸如“群众自动拆敌电线，拖延支差，逃避抽丁”；中共便衣过平汉线时以手指作“八”字形，伪军即为指路，伪军还请八路军到碉堡内吃饭，被迫袭击中共时发枪警报，在“扫荡”的时候释放中共俘虏，等等。② 其中值得注意的是，此时中共的敌军工作，并非敌工部门单独负责，而是在党委的统一领导下进行的，可见中共对此之重视。

对伪军宣传的内容也更具有针对性，以传单为例，某些传单以简短的词句宣扬反日力量的强大，如宣称“巨大的美国军火工业，七分钟制造一辆坦克”，“英美苏中二十六国订立团结公约，通力合作使法西斯强盗

① 《冀鲁豫边区关于颁发抗日同情证书的文告》（1942年1月1日），张玉鹏、张文杰主编《冀鲁豫边区敌军工作》，第61页。

② 《邓小平、蔡树藩、黄镇关于对日军开展政治攻势的经验致王稼祥等电》（1942年12月30日），《八路军·文献》，第879～881页。

彻底溃灭”；有的呼吁伪军“不到太平洋上当炮灰，不到东北做苦工”；有的说“反对鬼子抓壮丁，东北是人间地狱”；等等。[①]

1942年中共一份题为“当个伪军多可怜”的宣传单上写道：“治安军、警备队弟兄：口里不言心里苦，当个伪军多可怜，吃不得好吃，穿不得好穿，挨骂受气运不真。一打仗就跑在前，顶头阵，挨枪眼，替死鬼，不上算。不当受气兵，赶快回家转，父母妻儿盼望你，回家好团圆。”[②]

有的传单则以同胞的口气号召伪军不要给日本人当炮灰，速速反正或逃跑；[③] 或宣传中国人不要拿敌人的刀，杀戮自己的兄弟姐妹；[④] 有的传单意在激起日军和伪军之间的矛盾；[⑤] 等等。

在斗争形式上，中共推广了敌后武工队这种宣传和战斗组织，要求“应即选派武装工作队。携带大批宣传品到敌占区及铁路、公路沿线进行工作”，提出“对这一工作表示迟缓是极大的错误”。[⑥]

敌后武工队的出现，和日本对外政策的变化有关。苏德战争爆发后，日军明确了“南进”的战略方针，并为此加紧了对中国占领区的“清剿”，以确保其华北“粮仓”的安全，免除后顾之忧。

武工队最早是中共抗日武装为恢复与开辟敌后游击根据地而组建的一种特殊组织，它诞生于华北敌后抗战中最艰苦的岁月，而以河北平原腹地的冀中区最为活跃。武工队不是编制单位，而是任务单位。这又分几种情况，一种是抽调各不同单位的人员编组而成，一种是指定某个建制单位临时充当，就好比前卫连、预备队一样。对于武工队，各地称呼并不完全一样，比如在太行军区，类似的组织就称“武装宣传队”。

武工队是人民游击战争的新发展，它在敌伪统治地区内神出鬼没，开展政治攻势，分化瓦解敌伪，取得了很好的战果。每个武工队十到数十人

---

① 「中共側新聞伝単等送附ノ件9」、JACAR、Ref. B02032462600。

② 「中共側新聞伝単等送附ノ件2」、JACAR、Ref. B02032461600。

③ 「中共側新聞伝単等送附ノ件2」、JACAR、Ref. B02032461600。

④ 「中共側新聞伝単等送附ノ件5」、JACAR、Ref. B02032462200。

⑤ 「中共側新聞伝単等送附ノ件11」、JACAR、Ref. B02032462800。

⑥ 《中共中央北方局、中央军委华北分会关于“反扫荡”斗争给太行、太岳区的指示》(1942年3月)，《八路军·文献》，第785页。

人不等，由地方政府和军队人员组成，军地配合开展工作。①

据曾任中共冀中一军分区南进支队敌工科副科长、武装工作队队长和政委的耿增泽回忆，武工队的活动包括：

> （1）经常活动于敌占区，书写标语、张贴散发传单和对敌喊话。标语多是写在敌伪据点附近，敌占公路两旁建筑物上，传单贴于墙上、树上、电杆上或撒到公路上以至敌伪据点门外。这种活动在清丰等地区十分活跃，常常在一个夜晚，武工队分成若干小组到敌据点周围活动，次日天亮，敌据点所在村庄、敌占公路及其附近，标语、传单到处都是。这对当时主力部队难以活动到的敌占区和游击区群众是很大的鼓舞，对敌伪军、伪组织则起了镇慑和瓦解的作用。
>
> 武工队还常到敌伪据点外围对敌喊话，也叫做给敌人上政治课。对伪军喊话，武工队员都可以进行，对日军的喊话，多由日本反战同盟的日本朋友进行。反战同盟的黑田勇男等，常随武工队活动，由他们对日军喊话甚为有效。1942 年夏天，对清丰县山柳寨日军据点（驻日军一个班）曾进行多次喊话，敌人初则打枪扰乱，第二次喊话时日兵便不打枪，静静听我们“上课”。反战同盟的黑田和敌工干事韩宝琛还给驻山柳寨的日军写过一封信，除对其进行反战宣传外，还提出同他们交朋友，要求日军在我部队或地方工作人员通过敌封锁沟时不打枪、不阻扰，以后果然生效。武工队还通过山柳寨村维持会长的疏通，驻山柳寨的日军竟卖给我军子弹数千发。后来维持会长向我

---

① 柳茂坤《抗日战争时期的敌后武工队》（《抗日战争研究》1993 年第 2 期）一文指出，武工队人数在 20～30 人，实际上敌后武工队的人数在各敌后根据地是有区别的。如《中共中央北方局关于坚持平原根据地与反对蚕食斗争的指示》指出：“在山区坚决进行反蚕食斗争，以为数四五十人之武装工作队（由编散的班排干部组成，施以一个月的敌区政策和锄奸、爆炸等技术教育，在太行区已组成十八队）深入敌占区活动。”（《八路军·文献》，第 822 页）而耿增泽回忆：“每队有队员 10 余人，是由部队中选调的班、排长，副指导员、政工干事、宣传员等组成。外出活动时另配属一个武装排或班。具有短小精悍、机动灵活，既能打仗，又善于做群众工作、敌军工作和锄奸工作的特点。”耿增泽：《南进支队敌军工作概况》，张玉鹏、张文杰主编《冀鲁豫边区敌军工作》，第 251 页。

们反映，自武工队进行了上述活动以后，驻山柳寨的日军士兵普遍想家厌战、士气低落。

对伪军来说，经过“上政治课”以后，效果更为明显。伪军中开小差的、同我建立联系的，由家属传信，说她的儿子干伪军是迫不得已，一定不做坏事，希我军谅解的，同我军作战时朝天放枪的，都发生过。

（2）召开敌占区的伪村长、维持会长开会，向他们讲解抗战形势，进行民族气节教育。在他们中间发展抗日的两面派，要他们不许坑害百姓，表面应付敌人，暗中帮助抗日工作。清丰县城东五里有个五里屯，武工队常到那里活动，维持会长同我们建立了联系，给我军传送情报。又如，我二十一团攻克类集据点时，就是通过类集维持会长将敌据点的情况和日军活动的规律了解的一清二楚，我突击部队在头天晚上即进入离敌据点百来米的维持会院内，次日天亮伪装维持会派“民夫”给炮楼送水而向敌发起攻击的。

武工队还在敌占区召开群众会，宣传抗战形势，教群众如何应付敌人，一般都在天黑以后进行，时间不长，讲完就散，不给群众增添负担和顾虑。此外，武工队的工作还包括在伪军内部发展和建立工作关系；打击小股敌人，进行一些小的战斗。①

1941 年 3 月 30 日至 4 月 3 日，日军在华北进行第一次“治安强化运动”。主要是在其占领区内，整顿和加强伪政权和伪组织，扩充伪军，建立与扩大乡村自卫团，清查户口，实行保甲制，以破坏中共地下组织，搜捕中共工作人员，并加强对占领区内人民的经济掠夺。7 月 7 日至 9 月 8 日，日军进行第二次“治安强化运动”。以“实行剿共、巩固治安”为方针，继续加强与扩充伪军、伪组织，扩充与加强“乡村自卫团”，“搜剿”中共地下组织，并增修公路，挖封锁沟，进行分割封锁；同时，以县警备队等汉奸武装对根据地进行小规模的军事进攻。为粉碎敌人这次“治安

① 耿增泽：《南进支队敌军工作概况》，张玉鹏、张文杰主编《冀鲁豫边区敌军工作》，第 251 ~253 页。

强化运动”，除以地方武装和民兵打击敌人的军事进攻外，中共派出大量武装宣传队深入敌占区，镇压汉奸特务，开展政治攻势瓦解伪军伪政权，揭露敌人的阴谋。第一二九师派出59个武装宣传队携带50万份宣传品，进入敌占区开展广泛的宣传活动。晋西北各军分区分别组织23个武装宣传队，由各团抽1个连的兵力配备，深入敌占区开展了连续一个多月的政治攻势，共散发宣传品30万份，并在宁武、崞县、神池和朔县地区恢复了210多个村的公开或秘密的抗日政权。晋察冀军区派出由敌工部、侦察分队、各县公安局及游击队等组织的武装宣传队，专门打击敌人的别动队，使敌不敢远离据点活动。在山东，大力开展对敌政治攻势，争取了许多伪军、伪组织暗中为中共服务。在中共强大的政治攻势与军事打击下，日军的第二次“治安强化运动”遭到破产。①

在晋冀鲁豫根据地，1942年3月17日，刘伯承下达了派遣武工队到敌占区工作的指示：

> 一、武装工作队初次出动应着重于简单的政治宣传，或兼侦察，任务不必过重，距离不可过远（至多只一昼两夜，至次晚要回游击区），必要时并密令就近游击队接应，务求初次出动的胜利，以提高信心。
>
> 二、出动前，应使全队将敌情研究清楚，并由军分区首长亲身教以切实的急需的政治工作与战术，并定出计划而演习之。
>
> 三、该队的指挥、政治干部是要政治坚强、大胆机敏而有威信者。这点关系或［成］败很大。
>
> 四、政治工作，以政策，革命两面派的运用，宣传与组织方法，查明敌人欺骗、配给与压制的情形，尤其是秘密爪牙的分布。并如何乘机进行飞行集会，团给［结］群众（首先是知识分子）为主要内容。而本身尤应严格遵守纪律。敌占区的秘密工作与公开工作应有必

---

① 《中国人民解放军战史》第2卷，第293页。

要的配合，但两者必须严格分开，以免被破坏，这点要特别注意。[①]

1942 年 7 月、8 月间，为打破日军的封锁和“蚕食”，中共各抗日根据地军民一边开展军事斗争，一边根据八路军野战政治部 5 月 2 日发出的关于抓紧时机继续开展政治攻势，派出小部队接近敌据点，进行武装宣传的指示精神，普遍组织了由党、政、军基层骨干组成的武装宣传队进入敌占区，开展以“中国必胜、日本必败”为中心内容的政治攻势。太行军区第一军分区组织的武装宣传队，经常跨过封锁沟向日伪军进行宣传。第三八六旅组织的武装宣传队在襄垣、潞城地区，全部摧毁了距敌据点十里以外的伪组织。冀南军区组织的武装宣传队，向敌占区散发宣传 39 万份，瓦解了不少伪军、伪组织，争取了大量同情分子，并以他们做内应攻克了近 30 个敌据点。第一二〇师直属队及独立第一、第二旅，分别组织武装宣传队赴祁县、太谷、清水河、和林格尔等地区，开展对日伪军工作，发动与组织群众破路填沟，镇压汉奸，并在宁武、崞县、神池、朔县之间恢复了 200 多个村的抗日政权。山东抗日根据地军民大力开展政治攻势，有力地推动了瓦解日伪军的工作，被争取的伪军、伪组织是 1940 年的两倍。

华北各抗日根据地军民在一年的反封锁和反“蚕食”斗争中，实行了军事斗争与政治攻势相结合，主力军、地方军与民兵相结合，公开斗争与隐蔽斗争相结合的方针，取得了明显的成效，有效地制止了敌之封锁和“蚕食”。[②]

据日方调查，1942 年 4 月前后，中共的武装宣传队成功进入天津附近及文安、新镇、青县、大城、静海等县，举行了 200 多场群众大会，散发了数十万份宣传品，在敌占区组织了若干抗日先锋队。[③]

反战同盟的日本人也加大了对日军士兵的宣传力度，在华日人反战同

① 刘伯承：《武装工作队初次出动到敌占区工作指示》（1942 年 3 月 17 日），刘伯承元帅旧居陈列馆筹建领导小组、刘伯承元帅研究丛书编辑室编《刘伯承元帅研究》（2），重庆出版社，1989，第 71 ~ 72 页。

② 《中国人民解放军战史》第 2 卷，第 282 ~ 283 页。

③ JACAR、Ref. B02032461100。

盟晋察冀支部发给原日本战友的宣传单上，将截至1941年12月16日的日本法西斯和“太平洋反日阵线”（中国、英国、美国、加拿大、荷兰）的实力进行对比，列出详细的数据，指出后者的兵力是前者的十倍，后者在海军方面的实力也明显强于前者。[①] 反战同盟也推出反战漫画，反对战争扩大化。如其中一幅漫画画有一个趾高气扬、拿着指挥刀的日军军官，在他右边一个日军士兵愤怒地将一张纸撕碎。漫画上的题字写道：“坚决反对：一、反对战争的持续和扩大；二、反对讨伐和北进；三、反对部队的压迫制度；四、反对军官的无故殴打；五、反对长官的欺骗宣传；六、反对非人道的烧杀奸淫；七、反对残杀八路军送还的战友。”署名为“在华日本人民反战同盟晋察冀支部”。[②]

然而太平洋战争初期的形势对于反日阵线是极为严峻的，非但美英军队在太平洋上节节败退，根据地军民也因为日军的“扫荡”而面临抗战以来最大的挑战：1941~1942年两年中，根据地缩小了，人口由1亿下降到5000万，八路军由40万人减少到30万人，新四军由13.5万人减少到11万人。

1942年4月12日，《解放日报》发表文章，指出太平洋战争爆发迄今，日本在太平洋战场上暂时处于有利地位，这种局面今后还会持续一段时间，在此情况下，中共方面在对日宣传方面应当有所变化。此前极力宣传美英庞大的生产力（罗列统计数字）及美英（对日）的大胜以及美军对日轰炸等宣传内容，今后暂不适宜持续。应当在以下几个方面加强宣传：①承认美英的暂时失利，同时指出其原因在于美英作战准备之不足、指挥混乱以及日本的偷袭，而假以时日，美英克服自己的弱点，日军的偷袭策略将无法再售其奸；②指出开战以来，随着战舰的损失、物资的消耗、南洋统治和开发的困难、交通线的延伸，日本的危险在增加；③随着春季攻势的失败，德国将走向覆灭，盟国专注于对日作战，日本必败，而日本的“北进”，亦适速其败；④日本虽获得一时的胜利，但日军士兵的

① 「中共側新聞伝単送附ノ件4」、JACAR、Ref. B02032461300。

② 「中共側新聞伝単送附ノ件11」、JACAR、Ref. B02032462800。

状况却在恶化，自杀和投降人数在增加；⑤指出日军士兵和伪政权军队之间的矛盾；⑥重点指出日本国内民众生活的困难及其反战思想的高涨，特别是要详细地调查研究日方的军队教育及其对普通士兵的影响，以此为基础，粉碎日方的反动宣传。[①]

中共的对敌宣传是否影响到日军，其效果如何？日方的反应最能说明问题。1942 年 7 月 28 日“北京日本大使馆”警务部部长土田丰致日本外相东乡茂德的函电中，介绍了当时中共对日宣传方面的变化。据称，1941 年以来，中共方面的日文“反战赤化宣传”因各地的日人反战团体各个支部结成反法西斯统一战线而快速发展，尤其“大东亚战争”以来，尽管英美在东洋势力被“彻底粉碎”，而中共方面则置此于不顾，进行“没有事实依据的反宣传”，其对日本士兵和在华日人的“反战赤化宣传”愈演愈烈。

1942 年 4 月美国飞机轰炸日本东京，更是成为中共对日宣传的极好材料，称“帝都遭受了比大震灾[②]更为惨烈的损害”。另外，中共方面宣传，日本军阀置国民的牺牲于不顾，决意“北进”，而对中共各边区政权的“扫荡”即为其先声。鉴于诺门坎事件和张鼓峰事件中的惨败，日本的败征已显。“日本将兵诸君，为反对侵略战争，请赶快从军部的铁蹄之下逃脱，建设日本国民真正的自由幸福的家园吧！”

中共的对日宣传，大致可分为两个方面，一方面是宣传日本的不利因素，一般是经由被俘或投诚的日军士兵的告白、信函、日记等，揭露军阀的横暴及对士兵的苛酷，揭示由于强化统制而导致的日本国内民众生活的困苦、物资的匮乏、劳动力的不足以及日本妇女的悲惨生活等；另一方面则是宣扬被俘日军士兵被优待的情形。此时中共的对日宣传，无论从内容还是从印刷等技术层面来看，较七七事变爆发之初都大有进步。

中共方面对日宣传的变化，可以晋察冀边区对日宣传的变化作为代表。《晋察冀日报》1942 年 5 月 3 日报道称：“我们的对日宣传品历来无

---

① JACAR、Ref. B02032461100。

② 指 1923 年 9 月 1 日日本关东大地震，当时造成 25 万人伤亡，经济损失 300 亿美元。

法摆脱内容上的政治性原则性过强以及表述上的中国化问题，而现在则已经能够做到符合日本的国情，贴近日军官兵的心理，使得对日宣传工作能够顺利开展。也就是说，如果不能把握日军官兵的心理，那么不管我们如何制作宣传品也是没有意义的。相反，反战同盟成员熟知日军官兵的心理，他们的宣传品以此为基础制作而成，因而能够抓住日军官兵的心理。由于这些宣传品充满炽热的情感，富于煽动性，即便译成汉语也能在对内对外宣传中产生良好的影响，这一点从过去的经验中已经得到验证了。"①

此时，中共加强对敌伪工作，也有保存实力的考虑。1941 年 12 月底，中央及军委在给八路军、新四军及党的主要负责同志的指示中明确指出，太平洋战争爆发，日军在南太平洋越陷越深，正从华北、华中抽兵"南进"，"重庆政策是仅用游击队对敌，不用主力与敌对峙，让敌撤走，我军亦应取此政策……发展敌占区工作，发展对敌伪的政治攻势"，"对敌伪以政治攻势为主，以游击战争为辅"。② 在 1943 年政治工作方针中，中共中央同样指出，"本年度总的方针为坚持敌后，熬过时期，从各方面去隐蔽的积蓄力量，为反攻与战后做准备"。军队中政治工作的中心应指向"政治工作的责任将应反复宣传敌必败，我必胜；反复宣传德国与法西斯蒂阵线的崩溃就会加速日寇崩溃，苏联与同盟国的胜利，亦会大有助于我国抗战的胜利；反复宣传困难是更加多的，我们一定能克服；反复宣传敌后坚持是必要的，同时亦是可能的"。③

而实际上，中共则不能不与日军周旋。1942 年 9 月 9 日，《解放日报》发表社论称："目前政治工作的中心任务应当是鼓励斗志与克服困难。……政治工作更加要巩固部队和加强我军内部的团结……为此目的，就要在部队中进行有力的宣传鼓动，要反复解说党的一年打垮希特勒两年

① 「大東亜戦争関係一件/情報蒐集関係/北京情報」、JACAR、Ref. B02032461300。

② 《中央、军委关于一九四二年中心任务的指示》（1941 年 12 月 28 日），《中共中央文件选集》第 13 册，第 272、273 页。

③ 《八路军野战政治部关于一九四三年政治工作方针的指示》（1943 年 1 月 8 日），《八路军·文献》，第 884～885 页。

打垮日本的口号，要善于把这个口号与当地发展着的具体形势密切联系。……我们要加紧对敌伪军的宣传和争取，因为争取敌伪官兵同情我们，是决定胜利的重要条件。目前敌军中的不稳定状态与敌兵情绪的下降，并没有因为敌寇的暂时胜利而引起任何的改变，相反，在新的战争危险的威胁面前，敌兵的苦恼及对我同情谅解的心理是日见其增长，伪军官兵受敌压迫更甚，矛盾更深，因而给我争取的机会更多，成效可能更大。”①

晋察冀军区政治部针对日军官兵而发行的日文宣传刊物《日军之友》也在 1942 年 3 月 21 日发表社论《日本之暂时胜利及其必败之前途》，指出日军的胜利乃是由于采取了外交欺骗以及偷袭的方法，加上美英在远东兵力不足，主力驰援不及，而日本以台湾、海南岛等为基地发动突然袭击，打了美英一个措手不及。然而即便如此，日本仍然付出了极大代价，军兴不及三月，损失军舰 230 余艘，陆军伤亡 22 万人，切断中国的国际供给线的作战目标由于新交通线的开通而未奏效，获取南洋的石油等资源的作战目的也因为美英的焦土政策而功亏一篑。现代战争乃资源、人力、后备力量的较量，日本在这几个方面的指标均远远落后于反日阵线，且其武力在中国已然泥足深陷，又何以抵抗强大如美英呢，其失败虽三岁稚子可知。②

从太平洋战争爆发到 1944 年局部反攻开始这段时间也是在华日人反战组织活动极为活跃的时期。1942 年 8 月 15 ~ 30 日，“华北日本士兵代表大会”和“华北日人反战团体大会”在延安胜利召开。日本士兵代表大会的代表来自在华北和八路军作战的日军士兵和下级军官，以及刚离开日本军队投到八路军的士兵。他们从日本士兵的立场和切身利益出发，商讨了日本士兵当下最迫切的要求，提出了包括 228 条要求的《日本士兵要求书》，并以日文印刷后散发到日军中，受到日军士兵的普遍欢迎，在促进日军士兵厌战反战情绪和激发其反抗斗争精神上起到了很大的作用。

① 《敌后形式与我军政治工作》（社论），《解放日报》1942 年 9 月 9 日，转引自《中国共产党宣传工作文献选编（1937 ~ 1945）》，第 451 ~ 455 页。

② 「日本ノ暫時勝利ト必敗前途」「中共側新聞伝単等送附ノ件 3」、JACAR、Ref. B02032461700。

而据在华日人反战同盟成员的记述，“这两个大会对各支部的工作都有转变，打破了向来的主观主义、公式主义的工作方法。各地都召集了地方大会，能抓住日军的具体问题进行宣传，重视了联欢工作。工作也活跃起来了，使各支部的工作走上了新的阶段”。①

华北日人反战团体大会由华北抗日根据地的八个反战组织联合召开，大会通过了成立反战同盟统一机构——在华日人反战同盟华北联合会的重要决议，统一了华北日人反战力量，使反战运动有了统一领导。②

1942 年 6 月，日本在中途岛海战中遭遇惨败，中共方面迅即在宣传方面做出反应，比如其中一幅漫画，画两个炸弹，一个上画一个德国军人，炸弹上写着“今年爆炸”，一个上画一个日本军人，炸弹上写着“明年爆炸”，漫画的上方并写道：“敌占区同胞们：日本鬼子前几天在中途岛吃了一个大败仗，这证明美英在太平洋上的实力增强了，苏英、苏美最近又订了新的协定，要互相帮助集中力量，打败德国，今年打败德国，明年就打败日本。同胞们，日本鬼子快完蛋了。”③

这一阶段中共的敌伪工作取得了一定的成效，原在华日人反战同盟成员小林清即认为：“随着党的俘虏政策在日军士兵中的深入和瓦解日军工作的加强，日军中反战、厌战情绪日盛，逃亡、自杀、投诚事件日益增多。在八路军中的日本人，一九四零年自动投诚者占百分之七，一九四二年占百分之三十八，一九四三年占百分之四十八。”④

晋察冀边区“自去年十一月敌委会第一次会议以后，地方敌伪军工作是有成绩的，冀察晋是敌伪军工作较好地区之一”，表现在：“1. 工作站已大体建立起来，配备了相当多的干部，且都能积极的艰苦的进行工作。特别是管理据点的干部（外围干部）已能深入敌占区，建立自己的工作基础；2. 工作上已争取了数量上相当广大的各种关系与线索，经过

① 「在華日人反戦同盟的宣伝活動」鹿地亘資料調查刊行会編「日本人民反戦同盟資料」第 9 巻、第 151 頁。

② 参见〔日〕小林清《在华日人反战组织史话》，第 65～108 页。

③ 「中共側新聞伝単等送附ノ件 5」、JACAR、Ref. B02032462200。

④ 〔日〕小林清：《在华日人反战组织史话》，第 8 页。另见「在華日人反戦同盟的宣伝活動」鹿地亘資料調查刊行会編「日本人民反戦同盟資料」第 9 巻，第 150 页。

他们起了不少的军事与政治作用；3．地方工作中的很多问题，均能深入的具体解决，并提出了一些很好的意见；4．对地方工作已创造了一套办法，积累了一些经验。”①

中共的宣传也极大地挫伤了日伪军队的士气。据时任八路军一二九师政治部敌工部干事的刘国霖回忆，日本人由于受武士道精神的影响，在战争初期非常顽固，宁可自杀也不投降，最初的日军俘虏都是重伤后被俘的，而由于中共领导下的反战同盟的反复宣传，“大概到1943年，差不多的日本人都知道八路军不杀俘虏”，“我们八路军不杀俘虏，就这么一句话，看似简单，实际上这句话起的作用非常大，把日本人的顽强抵抗给瓦解了。最后不要宁死不屈了，打得差不多了，缴枪不杀”。②

在山东，中共的敌军工作也取得了不小的收获，根据1944年5月萧华的报告：

> 敌军作战顽强性逐渐削弱。根据我们不完全的俘虏统计，前年有三十三名，其中有十名是侨民，战斗兵则仅十七名。今年共俘三十六名，其中战斗兵下士官则有二十七名，战斗兵比去年增加十名。
>
> 俘虏敌兵与其伤亡比例也在增加。鲁南小堡子战斗十八名日兵中俘四名；胶东道头战斗俘虏占其全部百分之二十；鲁中惠家庄战斗四十人中俘三名，余则全歼；郯城战斗十五人中俘五人。从这些例子中看出，日本士兵他们大半都失去了初期那一种坚持性与饱满的突击精神，我某部两个连曾击溃第五旅团第四中队，一个冲锋生俘五名，某部曾一气追击其第三中队四十里；我鲁中某连以五十人分守南北岱崮，对抗石井师团及其八十倍于我之兵力，竟坚持十八天之久。
>
> 日军中反战厌战的情况也在普遍与深化，这可以从敌人加强宪兵

① 《第十八集团军野战政治部关于晋察冀地方对敌伪军工作的意见》（1942年12月21日），《晋察冀抗日根据地》史料丛书编审委员会、中央档案馆编《晋察冀抗日根据地》第1册《文献选编》，中共党史出版社，1989，第730页。

② 刘国霖：《忆一二九师的对敌工作》，张军锋主编《八路军老战士口述实录》，第470页。

特务活动、加强士兵中政治欺骗训练、隔绝士兵与中国人接触、调防频繁等等说明。反战同盟在日军中影响扩大，日军长期分散守备据点，物质困难，太平洋战争的失利，都加深了日军的厌战情绪。

总之，年来敌军各方面都有大的变化。但目前这种变化，还没有走上更高的阶段，敌人的装备、战斗力还相当的强，特别中年兵的战斗精神还相当旺盛，因此我们不能把这种才在发展的变化估计得过高。

现在，敌人在华北、山东都逐渐以独立混成旅团接替正规师团，而混成旅团的正规作战能力不如师团；但这些混成旅团的编制，却是敌人根据华北情况出发的，裁减重武器，而加强了各个中队的轻火器，行动灵活，便于分散活动，而尤其值得注意的，是这些混成旅团其将校多富于治安工作经验，善于进行特务活动，因此敌人在政治特务阴谋上是加强了。

……

在我军不断的军事政治进攻下，伪军动摇情绪正在增长，我之影响在伪军中日见扩大。国民党在伪军中虽有历史关系与较长期的工作，但自去年反顽斗争胜利后，我军影响在山东大为扩张。清河我军反“蚕食”胜利，打死刘桂堂，活捉李亚藩、朱信斋及讨伐吴化文，接着讨伐荣子恒的胜利，使伪军充分认识了我军力量的强大，大部采取消极态度，敷衍敌人，部分的还在倾向我们。但我们在伪军的影响，仍不如国民党之深远广大。①

当时针对日军的宣传战，主要是喊话、打电话、送反战传单等，主要由反战同盟的原日军士兵进行，比如在山东：

由于战争的延长，日兵从自己的切身经验中已经体验到战争是对

① 肖华：《关于对敌斗争问题——肖华同志在全山东政治工作会议上的总结报告》，《山东革命历史档案资料选编》第12辑，第34～35、37页。

日本人民没有好处的。今年滨海区的新年日军工作，足以充分说明这一点。日本士兵已能接受我之宣传，全滨海区共三十三个敌据点，在新年工作中，宣传品与慰问袋送达了三十一个据点，共送慰问袋九十九个，纸扎猴子二十一个，鸡九只，宣传品一二八七份。二十八个据点反映良好，三个据点反映不好，有三处写感谢回信，一处小队长将宣传品分给士兵每人一册。猴子很多受日军礼拜，这就是说，欢迎接受我们的宣传者，占百分之九十以上。

……

胶东的喊话工作，今年已收到良好成绩，渡边初次去喊话时，代理队长田岛上等兵呼道："渡边派联络兵来！"又说："这样冷的晚上站在外边说话，不如过来谈一谈吧。"我们很快的回答他"谢谢你，我们现在不感什么冷什么苦，而只是想到早日将日本人民解放出来，所以我们除此而外，别无所求"，"我们为解放日本人民逃出这战争的水火，在这冰天雪地里受苦也不要紧的。"后敌人则静悄悄的听下去了。后又谈到八路军是怎样的一部队，说完后，敌又呼："渡边派联络兵来，不来就打掷弹筒呀！"这样喊了几次以后，轰过一个掷弹筒，正落在一个农民家里，打的鸡呱呱的乱叫，同时小孩的哭声也随之而起，接着我们给他说："不要打啦！打中了老百姓家里，小孩哭得这样惨，这无罪的小孩，若是战友诸君可爱的小弟弟，遭到这事的时候，你将怎样着想呢？父母妻子之情爱，和兄弟之间的友情，那一个国家都是一样，并且你所打的弹药，都是我们父母兄弟血汗换来的弹药，打无罪的小孩，你们心里不痛么？并且我们绝不是来打你们的。"以后敌人再没打枪。不一会，那边汉奸打来一小炮，日军炮楼下令"不准打"，后伪军也未再打。最后渡边指明日本人民生存的出路，以后返回。

胶东反战同盟第二工作组，去年十二月七日一二十七日，对××一据点喊话四次。

第一次喊话时，炮楼上怒骂"八格牙鲁""打""杀"等怒言骂语，后炮楼上的敌兵静了一会时，我便自我介绍是反战同盟的林村正雄，今夜来和战友们谈谈话，炮楼上喊道“说谎”，接着告诉他们“我们不是来打仗的”，这时炮楼上都准备战斗的样子，后又谈到世界形势，及日本国内情形等，敌人不声不响的，也不打枪静听。

第二次去喊话的时候，炮楼上说“来了放哨的了”，又是一阵扑通扑通都跑到炮楼上作战斗准备，后炮楼上问道：“你真是日本人吗?”后即将反战同盟与八路军的友爱谈了一下，这时炮楼上又很静听，最后，我们唱了一个日本流行曲，炮楼上日本兵听到后大笑，都相信真是日本人，当时，敌连打掷弹筒三个。

第三次，去谈日本国内、日本人民生活困难情形，另一方面又谈到日军生活的日益恶化，应该必须要求生活改善等，敌军无声静听。

第四次去喊话，谈了战前与现在新年之比较等，听到炮楼上的日兵哭声。①

第六节　战略反攻后中共对日伪的宣传攻势

从1944年初开始，解放区各战场发动了对日军的局部反攻，取得了很大战果。与之相应，中共更加重视敌军工作在其政治工作中的地位，在对敌伪工作方面做了相应部署。同时，随着世界局势的明朗化，日本的战败实际上已无悬念，中共开始着手为战后布局。表现在敌军工作上，中共将对日军工作交由日人反战同盟负责，中方人员则专注于伪军工作，全力以赴争取伪军转向中共，以便控制华北、华中战略要地，从而在战后格局中占据有利地位。而在伪军方面，出于正统观念，一般多转向国民党，对中共采取敷衍态度。中共采取军事、政治两手措施，加上前期的工作，仍然取得了较大的成绩。

① 肖华：《关于对敌斗争问题——肖华同志在全山东政治工作会议上的总结报告》，《山东革命历史档案资料选编》第12辑，第119～123页。

1943年底，中共将“对敌斗争”列为此后其敌后五大政策之首。[①] 中共中央北方局也指示，在1944年，必须强化敌军工作，“加强对敌伪的政治攻势，必须经常的有力的进行在敌占区在敌伪军内部不断的宣传日本必败，宣传我党我军政策，发展日军厌战敌伪动摇的程度，并由宣传工作进入组织工作”，“认真进行伪军，伪组织内部的组织工作”。[②] 八路军野战政治部则在指示八路军1944年的政治工作时提出，“在对敌斗争中必须善于利用国际国内一切有利形势及各地区当前敌伪具体情况，不断的开展政治攻势。应继续促进敌军中厌战情绪，与建立伪军、伪组织人员中的组织工作。组织关系不在多，而在精与作用大”。[③]

为了掌握华北、华中各战略要地，1944年9月4日，中共中央下发关于建立城市工作部门的指示，要求各中央局、各分局及五师，并请军部转一、二、三、四、七师及浙东：“地委以上各级党部须立即建立城市工作部，在党委与上级城市工作部领导下，专门负责管理城市及交通要道工作，不兼其他任务。其负责干部，应根据城市工作与根据地工作为当前同等重要的两大任务之原则来配备，要真能负责指导争取城市及交通要道的千百万群众，瓦解伪军伪警，以准备武装起义之艰巨工作。上述干部决定后望即电告。”“凡本地有城市或交通要道工作可作，或有可能进行其他区域城交工作之县委，应指定专人负责进行工作。”[④]

在关于山东军区政治工作的指示电中，中共提出以下意见：“对敌政治攻势，应多组织武工队，扩大对敌的宣传战，并有计划的暴露敌暴行，与扩大敌伪的矛盾。关于敌伪军工作，重点应放在争取伪军上层，敌军工作目前主要是注意于争取敌军的宣传，进行思想的瓦解工作，并以多归日

---

① 《罗瑞卿关于一九四四年政治工作方针致张际春、周桓电》（1943年12月31日），《八路军·文献》，第960页。张际春、周桓，当时分别担任八路军野战政治部副主任、组织部部长。五大中心政策为：对敌斗争；审查干部；肃清特务；生产；拥政爱民。

② 《中共中央北方局关于一九四四年工作方针的指示》（1943年12月24日），《八路军·文献》，第962页。

③ 《八路军野战政治部关于一九四四年部队政治工作方针的指示》（1944年1月1日），《八路军·文献》，第968页。

④ 《中共中央关于建立城市工作部门的指示》（1944年9月4日），张玉鹏、张文杰主编《冀鲁豫边区敌军工作》，第58页。

人反战同盟去作为有利。敌军工作部主要应集中力量作伪军工作，而对敌军工作，则着重指导反战同盟的活动。”①

中共太行军区政治部指出，1945年的政治工作应致力于“扩大解放区，开展城市工作……进一步深入敌伪军工作于加强武装工作队”。为此，在敌伪军工作方面，“1. 对敌人占领的城市、交通线，我们必须贯彻执行中央开展城市工作的指示，而中心仍在于抽调必要干部，继续大量的打入到伪军（尤其是回归军伪军）、伪警以及伪组织中去，但仍应采取隐蔽精悍的政策，严密警惕与粉碎敌人特别警备队的破坏。从组织上经过统一战线、争取上层、建党等方法，求得在内部储蓄与发展力量，等待时间到来，里应外合的收复这些城市。同时要妥当的解决对于已打入者及今后打入者的领导问题，加强对他们的教育与照顾，严禁发生横的关系，或与其他部门争夺关系。同时目前那种不安于长期埋伏，随便回到根据地，伙伴介绍关系到根据地来工作的观点与做法，均应加以纠正。2. 对伪军、伪组织关系应进行必要的整理，并继续大量发展新的关系。从思想上彻底粉碎对国民党的幻想，不仅使之认识华北将来是我们的，而且将来的中国是新民主主义的中国，不是国民党专制的中国。以之从组织上提高与巩固原有的关系，至少求得所有伪军的各个小队或班的建制，都有我们的关系，而且不是仅仅的朋友关系。要知道对这些中下层的掌握，这在他们经常分散置于各个据点时，则对于这个据点的掌握，是起着主要作用的（当然不能因此而放松可能争取的上层工作）。机械的以中队为掌握对象，或以固定据点为掌握对象的做法，在伪军经常被调动及分割建制使用的情况下是不容易做通的。3. 对于敌人守备薄弱及我现存条件下能攻克的据点，应大大发扬以伪军工作结合军事行动的经验。为此，应事先选定目标，组织一定的专门力量来争取掌握固定于该据点之伪组织以及其他的伪方人员。对于驻防于该据点的伪军，则更须加强掌握，如果该部伪军系新调来的，而且是我们工作不太

① 《中共中央军委、总政治部关于对山东军区召开政治工作会议的意见致罗荣桓、黎玉、肖华等电》（1944年2月5日），《八路军·文献》，第974页。

深入的部分，则在军事行动前更应集中力量大力争取，以保证军事行动任务的胜利完成。4. 对日军工作，今年应加强时事的宣传，使日兵知道日本帝国主义失败了并不可怕，相反的是日本人民的幸福。同时应宣传被我解放并不可耻，而且是逃脱战祸的最好办法。但也不放松低级的、适合日兵目前要求的宣传。其次要开始进行侨民的组织工作，通过侨民进行日军工作（这些都应参考延安日本解放联盟最近的一些指示）。”在敌后武工队方面，提出要“抓紧有利时间继续发动经常性的政治攻势，进行对敌斗争。有重点、有计划的以公开的活动，来配合与掩护伪军内线的秘密工作。特别要有计划、有步骤的向沦陷区人民宣传与解释成立民主联合政府的必要，号召他们为这个目标而斗争”。①

早在1943年全面抗战六周年之际，中共中央就曾提出：“今后要十分注意日军的士兵与伪军，协同日本共产党进行破坏敌伪军的工作，使这个工作极大地加强起来。组织日本工农学校，发展日人反战同盟与日本共产主义同盟。发展朝鲜人民的抗日武装队伍及抗日团体，使这一切力量变成中国人民反对日本法西斯的强有力友军。”② 局部反攻之后，中共更加重视日本俘虏在对敌工作中的作用。1944年1月15日至2月16日，日人反战同盟华北联合会扩大执委会和反战同盟华北联合会临时代表大会在延安召开。大会检查和总结了两年来全华北反战同盟的工作，通过了筹备成立“日本人民解放联盟”的决议。大会指出，联盟的奋斗目标不仅在于“与中国人民并肩战斗，打败日本侵略者，争取中国人民民族解放斗争的胜利早日到来。而且把奋斗目标放在为谋求日本人民的解放斗争上面，打倒军部，改善人民生活，建立人民政府，建设和平与自由的新日本”。结合这两次大会，中共中央要求各地在对敌工作中，结合联盟的成立，积极开展对敌军政治攻势。1944年3月25日，中共中央晋察冀分局下达关于开展对敌伪军新的政治政势的指示，指出在对日军的宣传方面，应“以日本人民解放联盟的成立为中心，宣传联盟成立的意义、宗旨及纲领，并与国

① 《太行军区政治部关于一九四五年政治工作方针的指示》（1945年1月25日），《八路军·文献》，第1059～1060页。

② 《中共中央为抗战六周年纪念宣言》，《解放日报》1943年7月2日。

际及日本国内形势联系起来。联盟的晋察冀支部即将成立，除由大会发表文件外，各地应广为宣传，散发参加证，欢迎前来参加，会后应将其内容、决议广为宣传，并应深入到敌占城市日本居留民中去。此种宣传切忌生硬与提出过早过左的口号（如‘反对天皇’），应将日本士兵眼前的、部分的、经济的、政治的要求与总的、长期的要求密切的生动的联系起来，火力应对准日本法西斯军部，逐渐提高日本士兵的政治觉悟”。[①]

1944年4月9日，在华日人反战同盟华北联合会宣布解散，随即电告华北、华中各支部，日人反战同盟各地支部均奉令先后改名为日本人民解放联盟。在华北，日本人民解放联盟华北协议会成员人数达223人，其分布情况为：日本人民解放联盟延安支部75人、晋西北支部7人、冀中支部7人、晋察冀支部16人、冀南支部15人、冀鲁豫支部13人、太行支部29人、太岳支部11人、滨海支部15人、鲁中支部9人、鲁南支部7人、清河支部6人、胶东支部13人。[②] 各盟员随后配合中共部队的反攻，积极展开对日军的政治攻势，取得了很好的效果。

1944年6月1日，总政治部下发关于敌军工作的四条指示："（一）决定凡有了日人干部，而这些干部政治上又较为成熟的地区，今后的敌军工作，应该要通过日本人民解放联盟（原名反战同盟）及日人干部去进行（目前尚无日人干部及解放组织的个别地区仍按原状进行敌军工作）。各级政治部的敌工部门，则集中力量进行伪军工作，对敌军工作，只居于方针的领导与协助解决实际困难的地位。""（二）敌军工作的方针：目前仍应着重于强化对敌军的宣传。在宣传内容上，除应利用敌军内部的矛盾与日益恶化的生活问题，以掀起士兵的不满与斗争外，更应善于抓住政治形势中不利于敌人的方面，扩大宣传，以增强士兵的厌战与失败情绪。""（三）为培养更多日本革命力量，确定今后原则上不释放日本俘虏。""（四）因为决定对敌军工作某些组织上的改变，各级专职部及敌工部门，对此必须有正确的认识，切不可以为今后的敌军工作经过解放联

---

① 《中共中央晋察冀分局关于开展对敌伪军新的政治攻势的指示》（1944年3月25日），《晋察冀抗日根据地》第1册《文献选编》，第919～920页。

② 〔日〕小林清：《在华日人反战组织史话》，第121～122、126～127页。

盟及日本干部去进行，而自己却可以减轻责任。”①

1945 年 5 月，中共再次强调：“在沦陷区的军事任务，是组织伪军、伪警反正”，为此，必须“加强瓦解敌伪军的工作，并坚持正确的对待俘虏的政策。对伪军必须进行巨大工作，争取反正。对死心塌地的汉奸部队则坚决歼灭之。对敌军工作要与日本人民解放同盟和朝鲜独立同盟很好的协同进行，给他们工作以很好的帮助”。②

在如何处理日军日侨问题上，1945 年 6 月 14 日，中共中央晋察冀分局敌工部提出一个意见书，指出：

> 今后工作总的方针应当是抓紧对我极端有利的形势，依敌兵及居留民之政治情绪，有计划连续不断的进行广泛而深入的宣传，加深其厌战反战情绪，告之以日本人民之应走出路与光明前途，使其进一步了解我党我军政策与解放联盟。欢迎其来边区避战，打破其怕“变成殖民地”之心理，加深其对军部之怀疑与不满，使敌酋之欺骗宣传破产。分局与区党委敌工部门要帮助解联改进宣传，提高技术，增加形势与政治的内容，使日本士兵认识今天形势对军部极端不利，而对日本人民反而有利，因为“产生出在日本进行新的民主政治的机会”（延安日人解联本部），号召他们为战后新日本建设而奋斗。地委以下敌工部门要通过各种组织（政权、民众团体、部队、民兵等的广大力量）切实解决撒发问题，严格纠正浪费观象。
>
> 其次，我们工作对象应包括所有在华日人（特务、宪兵、特警备队除外），而开展日本居留民工作，更应特别强调在现地征兵、空袭加紧、物资困难的现状下，使居留民陷于非常苦恼困厄之状态。我们要通过一切机关、各种部门动员广泛力量向日本居留民作宣传、交朋友，在不违反政府法令下与之进行商业来往，把他们反战心理与其

---

① 《总政关于敌军工作的指示》（1944 年 6 月 1 日），中央档案馆编《中共中央文件选集》第 14 册，中共中央党校出版社，1991，第 237 ~ 241 页。

② 《中国共产党第七次全国代表大会关于军事问题的决议（草案）》（1945 年 5 月 31 日），《八路军·文献》，第 1087 ~ 1088 页。

经济利益结合起来，逐渐引导他们向我靠近而走向反军部之路。“各级党委应深刻认识帮助建立新日本，帮助日本人民是我党应负之责任。”（分局指示）“没有日本人民助民主制度，便不能彻底消灭日本法西斯主义与军国主义，便不能保证太平洋的和平。”

再次，除宣传外，“开展日军内部及日本居留民之组织工作，目前即应想尽一切方法去进行”（总政指示）。“直至今日，我们在侨民内部的活动非常薄弱，应以一切努力在他们之间渗透我们的宣传，可能时必须成立解放联盟的秘密支部。”（延安解联本部）

根据一年来实际工作之体验，此指示在我区完全有实现之可能。在军队内部主要是组织敌兵逃亡及反抗官长等，内部关系较难成立（但亦并非放弃）。

最后，动员全党力量进行深入广泛的调查，了解敌军内情，搜寻对日军日侨工作之桥梁，是开展今后工作之关键，而物色、培养干部又是决定一切的问题。

一、动员全党造成群众运动

长期在华之日军日侨，已与中国的社会发生了一定的联系，这是我们进行工作之重要条件，也是必须造成群众运动之基本理由。特别由于敌人防范加严，必须动员全党通过广泛的社会力量，才能与工作对象接近一步，使工作跳出主观主义的圈子，如调查内情，撒发宣传品，感情拉拢。开展组织工作，哪一件也离不开中国人城工伪工之工作对象，因此他们必须很好结合。而伪军工作之好多经验又可为开展今后敌军工作之借鉴，以免再走不必要的迂回路子。特别是敌军工作不能从（上）而（下）建立一套组织，对此工作之具体领导与执行即必须各级敌工部门及其干部负起责任。

第一，敌工、伪工、城工之结合

首先必须纠正敌伪军工作分家的现象。敌工部门要把日军日侨工作提到经常议事日程上来，由领导者具体布置，切实抓紧，按时检查，并要成绩，纠正过去之不闻不问或不闻少问的态度。而日语干部也是敌工干部之一，只是分工不同而已。因此在不涉及秘密范围内，不论敌工、伪工，全应互相讨论，共同研究，协力进行，打破神秘思想，如情况、政策、指示、总结等，全是如此。依工作需要，日语干部同样可以而且应该进行伪军工作。

具体说：

A、在伪军工作之关系与中间人里，凡有条件与日军日侨接近，除特别重要者外，要给他们布置对日军日侨之一定工作（调查、撒宣传品、交朋友等，依关系之条件而定）。如有这种人尚不是我之关系者，应想一切办法拉上他。这是我各级敌工部经常工作之一，要在工作计划布置、总结报告中列为一项。

B、敌工与城工之工作配合准此，只是在不妨秘密原则下，可把能作日军日侨之线索桥梁移交或借用给敌工部门。

C、要注意通过日军日侨之朋友或关系来打开伪军或城市工作方便之门（如铲除坏人，掩护工作等）。

D、进行敌军工作要与城市附近之武工队很好配合，依工作需要亦可由城工、敌工干部等合组城市工作委员会，以收协力并进之效。

第二，动员广泛的社会力量

A、很多应敌人员（伪村长、保长、报告员、支差局等）已和敌人成为好朋友，来往甚密，在他调走时且向新来者介绍。有些“破鞋”已和敌人宛如夫妻，相爱甚深，远调时还想带走。而敌军内部之烧火、担水、喂马、买菜等之所谓“苦力”，在三四年接触中不仅取得敌之信任，且可粗通语言。而居留民与中国人之关系更多，有的与中国人合股营业，结成共同之经济关系。敌占城市与要道之商人、工人，酒馆、饭馆、理发店及一切小贩等，也常与日军日侨来往。学校教员（特别是日语教员）及本地较富裕有地位之人和他们的关系也不少。日军内翻译则更不要说，这是一不小的社会力量。他们全是我有力的桥梁。

B、今后我全体敌工干部并通过城工部门，很好注意调查搜集以上这些力量。各级党委并应在政民干部会上提出，布置到广大群众中去，直接间接广泛物色，然后介绍到敌工部门，依其本人条件加以具体的指导帮助，使之进行工作。

二、立即解决干部问题

第一，添设县级敌工干部

除各地委的干部要很好地调剂配备外，并决定在日军日侨较多之县添设专门干部，现正在分局训练中（冀中除外），不久即将毕业，回到各县着重开展日军日侨之工作。我各级敌工部必须很好的指导他的工作，动员各方面来协同配合，不要使他“孤军作战”，或当一般外干使用，致使日军日侨工作仍不能打开。

第二，训练合法的工作员

A、今后由外部接近敌人困难日增，因之应尽量通过合法人来作，选择敌占区之适当人员（或有条件到敌占区与日人接近者）加以短期训练，使其成为我之外围工作员。

B、这些人要由地委以下之敌工部门通过全党物色、搜寻。其条件是：

1. 能与日人接近并可取得其信任者（或他能掌握这样的人也可）。

2. 对抗日有相当认识，政治上较纯洁者。

3. 在敌人面前有合法职业与地位者。

4. 粗通日语和日式中国语者（非必要条件）。

C、物色送到区党委以上政工部进行训练，如不能远离者，可派人下去分头训练，期间不必过长，特别注意隐蔽。

D、派回后由各该地委或县之敌工部负责领导，他可在里面发展工作线索以扩大工作面。

三、继续加强调宣研究

第一，从分局五月指示后，有的地方已开始注意，收到一定的成绩（如涞源）。但这只证明调查工作是可以进行，今后须要继续努力，普遍开展。

第二，调查内容除敌军之编制、装备、番号、生活情形、内部矛盾、政治情绪、心理状态等（日侨主要是职业、财产、生活情形、政治情绪、心理状态等），应特别注意调查日军日侨与中国人的来往联系及可资对他们进行工作之一切线索、桥梁（军事建设调查按伪军要求项）。

第三，调查方式，除注意缴获、搜集敌之文件、书信即时按级送上外（如急于应用本地翻译出者，以后也要附原文件送上），主要是找出与敌接近之人进行口头询问，可能时开调查会，要热情耐心，不放松点滴材料，汇集上报。

第四，从俘虏搜集材料是调查之重要方式，今后当切实进行。一般由地委以上就要注意搜集，将材料随俘虏一并送上，再不能简单开个条送上了事。

四、建立宣传站

宣传品之撒发是一件很重要而现在还很薄弱的工作，因此在据点附近或敌常经由之村，由游击小组或村支部共组一两三人之宣传组，由村敌工委员直接领导，经常存一部宣传品于该处，在敌出发前，或张贴壁上，或压在路旁，如同埋设地雷一般来撒发“宣传地雷”（传单、标语等），从精神上打击敌人。

其次，在敌占城市或交通线上确定一定关系，负责给敌人报送宣传品并搜集宣传效果。其进行方式依当地情况具体商定，由外干负责领导、帮助。此方式在九分区已试行，效果尚好。

五、区常委以上之突击示范

由于工作经验缺乏及进行上之种种困难，为突破一点取得经验而推广之，并免上级领导架空，因此由区党委或分局派出一定干部配合解放联盟组成工作组，选择条件好之地区（如阳泉、平郊等），协同当地干部进行突击式的工作，作出调查、宣传、交朋友等的示范。①

可以看出，经过数年的历练与磨合，中共在对敌伪宣传方面已经逐渐

① 《中共中央晋察冀分局敌工部关于开展对日军日侨工作的意见》（1945 年 6 月 14 日），《晋察冀抗日根据地》第 1 册《文献选编》，第 1031 ~ 1035 页。

成熟，能够根据实际情况（被宣传对象的心理、接受度等）做出合情合理的安排。

同年6月5日，中共中央在关于城市工作的指示中，对伪军伪组织工作特别做了指示，提出“应该以每一个城市（大的，中等的和小的），每一段铁路公路，每一个伪军部队与伪警组织为工作对象，都组织一个有能力的工作委员会去进行工作。大城市与大部队还可以组织几个委员会，分头分区去工作。此种委员会不作根据地工作，专门负责组织与指导各该城市要道与伪军中的工作”，“应将主要注意力放在争取数十万伪军伪警和争取百万工人苦力的工作上”。工作人员方面，除了已有的在城市工作的干部等，“在伪军俘虏中亦可训练一些干部放回去”，针对伪军展开了大规模的政治攻势。

在某些地区，中共还将一些重要部门合并，以更好地推动对敌斗争。在冀鲁豫边区，“为了统一对敌伪工作，1945年，区党委决定：区党委社会部、城工部、行署公安总局、军区情报处等机关合并一起，统一为区党委社会部，目的是形成统一的对敌斗争拳头。当时社会部机关有700多人，城市建党、群运、军情、特情工作都管。这时区党委的社会部长是刘晏春，副部长万晓塘（区党委委员）、王乐亭，办公室主任王路宾，副主任宋子健。当时，我们有打入国民党内部的人，国民党也有打入我们内部的入，斗争极其尖锐、复杂。军事情报工作、国军工作、特防情报工作、城市党的工作、群众工作部门都是严格分开的，互不发生横的关系。城市国军党的工作与地下党组织的工作更是严格分开的，以确保安全”。①

日本“大东亚省”总务局总务课1944年7月发表的一份调查报告对抗战以来中共的对敌伪宣传进行了总结归纳。报告感叹：“现在日本的报人和重庆方面中国人的言论中都频繁地出现所谓‘中共的巧妙的宣传’这样的话语。其实，研究中共的人们都认为，中共不过是将时间、地点、

① 宋子健：《运西地区的敌军工作》，张玉鹏、张文杰主编《冀鲁豫边区敌军工作》，第354～355页。

事件和人结合而进行了适当的宣传罢了。然而，这种巧妙的宣传并非偶然产生的，它是周密考量和深入调研的产物。”

在日军占领地区，中共派出得力的宣传部队，采用不同于抗日根据地的宣传策略，取得了较好的成果，“情报显示，国民政府军队、保安队、警察、自卫团等之叛乱事件有日渐增加之趋势”。①

中共的敌伪工作，之所以取得成效，与其策略的灵活性有很大关系。如对敌占区的村落，中共将其分为“抗日一面”、“抗日两面”、“中间两面”、“亲日两面”、“亲日一面”五种类型。

“中共方面为使国民政府（指汪伪政权——引者注）的军队、警察由和平阵营转到抗日阵营，努力以口语化的文字激发其民族意识，获得了相当（大）的成果。”在华北和华中，由于中共的反复宣传，伪军低级军官和士兵了解到盟军在欧洲和太平洋的进展，有些伪军起义了，而有些则在遭遇中共军队的时候，尽管处境并不严峻，仍然选择了放下武器投降。②

在抗战末期的对敌伪宣传战中，中共领导下的民兵武装也发挥了一定的作用，比如在山东地区，民兵或利用敌人内部矛盾，或利用中共主力部队余威包围伪军一边威胁一边争取，或利用社会关系个别瓦解伪军，取得了很好的效果。

> 鲁中青驼寺区民兵滕万忠，仅去年（1944 年——引者注）下半年单独瓦解了八个伪军。滨海古贺区黄庄子民兵也在去年下半年将本庄在汉奸赵殿才部下当伪军的瓦解回了二十一个，直至赵殿才完全垮台和被捉。第四，变敌区村庄为我区前哨。今夏滨海沭水民兵轮训队，直接帮助沟北据点周围二十多个庄组织了民兵，即所谓同敌人“呛”起来了，直至沟北完全孤立，不得不自动撤退。鲁中蒙阴张庄区的民兵，在讨吴（化文）战役胜利以后，为了改变本区处于边沿区的形势，各庄都自动利用一切社会关系，并拿出本庄多余的及可能

① 「中共概説」、JACAR、Ref. A06033500100。

② 「中共概説」、JACAR、Ref. A06033500100。

抽出的枪枝，积极向鲁村以南的敌占区发展，不到一个月工夫，仅是经过南岩及唐庄开辟起来的就有二十多个庄子，民兵们称这种活动为“扣住大门”（即发展前面，巩固后面）。

当然，由于客观条件的限制，民兵政治水平不够，也闹出了不少的笑话。“最普遍的现象，是喊不上几句就同对方骂起来，致后互相射击起来了；再就是不能随时解答对方所提出的问题。如边联民兵曾到葛沟、河阳一带喊话，第一次伪军提出：‘你们为什么不使中央钱?’当时答复不上。于是回来问好了，第二次又去，可是对方又提出了新的问题：‘你们为什么给苏联当走狗?’还是答不上。第三次再去时，对方说：‘你们这些土羔子不要讲，叫八路同志来吧！’”①

瑕不掩瑜，总体而言，战略反攻阶段中共对敌伪军的宣传工作是非常出色的。

第七节　中共对日宣传的效果

检验中共在抗战期间对日宣传战的得失胜负，应联系当时中共的具体情况及其宣传目标，就事论事，方能言有所指。抗战期间，中共面对的宣传对象包括侵华日军及附敌的伪军、根据地民众和敌占区民众，也包括多数时候其无法直接接触的世界各国民众（只能通过来延安的中外记者及少数的中共驻外机构，以及苏联的媒体和世界各地的共产国际分支机构所属媒体等）。

据统计，从1937年到1945年，八路军、新四军、华南游击队总共对日伪作战125165次，毙伤日军520463人、伪军490130人，俘虏日军6213人、伪军512933人，向中共投诚反正的日军为746人、伪军183633

① 朱则民：《一年来山东人民武装之战斗与爆炸经验——一九四五年山东人民武装工作汇报之一部》，《山东革命历史档案资料选编》第4辑，第358页。

人。[①] 相对于这一时期日本驻华的数十万乃至上百万大军来说，这个数字诚然微不足道，而在中共的对敌宣传队伍中成绩较著的在华日人反战同盟1945年也指出，“（日本）士兵的情绪与两年前比较是低的多了，部分的已有反战行动，如某长官下令冲锋士兵不理，但还不能估计过高，这是由于客观的时局有利的变化，大部分都是自发的，反战同盟的工作只有部分的影响”。[②]

另外，军事科学院抗战史编写组对从全面抗战以来向中共领导投诚的日伪军数量有一个统计（见表3－1），从中可以看出，在1939年到1944年这段时间，伪军的反正人数相对较少。在中共领导的各抗日根据地，最困难的1942年，全年仅争取伪军反正9131人。1938年至1944年的6年时间，共争取伪军反正72849人，占总反正人数的39.51%。数据分析的结果表明了这一时期伪军的反正与抗日战争相持阶段拉锯战特点的一致性。

表3－1　全面抗战期间向中共投诚伪军数量统计

全面抗战年份	第一年	第二至四年	第五年	第六年	第七年	第八年
伪军反正人数	1366	32293	9131	12829	18596	40412

资料来源：《中国人民解放军战史》第2卷，“附件：战绩统计表1”，转引自刘威《伪军反正研究》，《沧桑》2008年第2期。

日军投诚人数方面，全面抗战第七年日军投诚数量比前两年投诚总和还多，第八年日军投诚数量多于前四年投诚总和，伪军也纷纷倒戈反正。可见世界局势和中国战局的关系是非常紧密的，日伪军在国际局势吃紧的时候多负隅顽抗，国际局势有利于反日阵线的时候则纷纷反正投诚。这种大趋势不容否认，但并不能就此否定抗战以来中共领导下的对敌伪宣传工作的伟绩。没有中国和日本的宣传者的辛苦付出和牺牲，这些数据肯定要大打折扣。

① 中国人民革命军事博物馆编辑《中国人民革命战争地图选》，地图出版社，1981，第49页。

② 「在華日人反戦同盟的宣伝工作」鹿地亘資料調査刊行会編「日本人民反戦同盟資料」第9巻、第150～151頁。

更为关键的还在于，中共势力从长征结束后的三师之众，到抗战后期发展成为百万雄兵，在抗日战争期间“抗击了百分之五十八的敌军（指侵华日军），百分之九十的伪军”，[①] 赢得了中国（尤其是华北）广大民众的民心。中共在抗战时期的发展模式中，军事斗争的作用举足轻重，然而正如前文所证，宣传和组织工作的作用也至关重要。而广大民众对中共武装的拥护，为中共此后的发展奠定了基础。

就国际、国内舆论而言，尽管国民党百般阻挠中外记者和社会名流等进入延安采访报道，也极力阻挠中共与外界的接触，并大肆妖魔化中共，但效果往往适得其反。外国记者之对中共极尽赞美之词，已如前所述。宣传工作欲达到预定目标，主事者之重视当然至关重要，而宣传对象本身行事的正当也是不可忽视的因素。关于外国媒体对抗战时期国共两党的报道，主持国民党当局对外宣传工作的董显光、曾虚白二人曾有诸多抱怨，[②] 而实际上，国民党和外国记者在全面抗战初期也有过蜜月期，董显光和曾虚白均主张利用外国人为中国抗战在国际上呐喊助威，使外国人之喉舌成为“我们的喉舌”，变外国人的笔墨为“我们的笔墨”。而外国记者也积极配合，比如在全面抗战初期：

> 美国记者对中国的抗战，大都持理解、同情或热情支持的态度。“七七”事变第二天，斯诺就在记者招待会上，当面谴责日本军方蓄意挑起战争。淞沪抗战开始，美国记者踊跃出席上海市长俞鸿钧举行的记者招待会，对战况进展做出分析性报道。日军攻占南京，一批记者由上海到南京采访战况。其中有美联社的麦克丹尼，合众社的爱泼斯坦，《纽约时报》的窦登，《芝加哥日报》的史蒂尔等。他们目睹日本在南京的大屠杀，纷纷撰文谴责，在国际舆论上引起强烈的反响。南京沦陷，武汉成为中国的抗战中心，美国记者的活动更加频繁，支持中国抗战的热情大为高涨。美国记者认为武汉时期是其在华

---

① 《毛泽东年谱（1893～1949）》中卷，第515页。

② 参见董显光《董显光自传：一个中国农夫的自述》；曾虚白：《曾虚白自传》（上），第309页。

采访生涯中“最罗曼蒂克”的时期，也是采访最自由的时期。在八年抗战的艰苦历程中，中国政界人物与美国记者的接触以这一时期为最频繁，关系也最融洽。

当时，不少记者如窦登、费虚、史蒂尔、爱泼斯坦、基恩等冒着炮火在平汉、津浦和陇海三条铁路线附近的战场上采访。台儿庄大捷，美国记者对战况的报道既详细又迅速，从而揭穿了日军的歪曲宣传。日本军队在南昌施放毒气，窦登首先发电揭露并予强烈抨击，国际舆论对日军的暴行大为震惊。在保卫武汉的战斗中，仅合众社记者拍发的战讯，就占外国记者总发电数的20%，这些电讯大都赞扬中国军在与日本侵略军作殊死斗争的英勇精神。[①]

而随着皖南事变的爆发，蒋介石冒天下之大不韪，在国共联合抗日的背景下，悍然命令国民党军队进攻中共抗日部队新四军，中共以政治攻势积极予以反击，同情中共的外国记者如斯诺、斯特朗和爱泼斯坦等人为中共在国际上发声，谴责国民党，而持中立立场的白修德等人在周恩来等人的努力争取之下，也对事件真相做了揭露。此事遂成为国民党与外国记者关系恶化的开端。而随着抗战的进行，国民党官僚系统的贪污腐化问题、国民党军队专事内战而消极抗日问题，甚至国民党的外电检查制度等，均引发外国记者的诸多不满，从而在国外媒体上对国民党进行了严厉批评。

相比之下，在延安，在采访还不是那么困难的1937～1939年，以及1944年6月美英记者团访问延安这段时间内，和中共接触的中外记者以及诸多社会名流，几乎无一例外地对中共赞誉有加。一个人两个人的报道或许会有偏差，但几十人几百人对国民党和中共均持抑前而扬后的态度，那么国民党本身肯定是出了很严重的问题。

中共在宣传战方面也有深刻的教训，如1945年，中共中央晋察冀分局敌工部检讨对于日军日侨工作，“首先是领导者没有抓紧，敌工部实际变成了伪工部，把敌军工作责任主要推在极少数日语干部与日本同志身

① 刘景修、张钊：《美国记者与中国抗战》，《民国档案》1989年第1期。

上，满足于写几张宣传品，招待一下俘虏之低级阶段工作”。[①] 而在伪军工作中，中共在山东根据地的教训更是十分深刻。据1943年8月起任中共冀南第七军分区政治部敌工科科长的杨大伦回忆：

> 鲁西北敌伪军工作开展得比较活跃，也有成效，主要是在党委统一领导下，充分调动发挥了党、政、军、民、广大群众的积极性，特别是发挥当地有影响人物的作用。各级领导同志，不仅领导而且亲自参与做敌伪军工作……如分区司令员赵边民，马颊河支队长李善亭，还有其他县、区领导同志，他们进行了大量的发展敌伪关系或打入派遣工作，上面提到的争取吴连杰部队程子方团的起义和堂邑伪县警备副大队长、中队长等人订立秘密抗日协定，都是他们亲自进行的。
>
> 日军投降后，抗战胜利了，作为日军爪牙的伪军，本应立即把部队拉过来，投诚反正，可是有的伪军却表现异常，过去认为和我们关系较好的伪军，也和我们坚决对立了，如与我们订过秘密抗日协定的中队长李同合，变得非常顽固，甚至扣留我们派去谈判的代表作战股长高喜增，堂邑敌工站长田志一，企图作为人质拒不投降，聊城县有的伪军关系也变得很坏，因此我们被迫采取军事行动，实行强攻，造成一些不必要的伤亡。究其原因，主要是我们对国民党在敌伪内部散布的曲线救国论的流毒，对伪军中的正统思想估计不足，在与国民党争夺敌伪军工作上缺乏针对性和有力措施，这是个深刻的教训。[②]

① 《中共中央晋察冀分局敌工部关于开展对日军日侨工作的意见》（1945年6月14日），《晋察冀抗日根据地》第1册《文献选编》，第1029页。

② 杨大伦：《鲁西北的敌军工作》，张玉鹏、张文杰主编《冀鲁豫边区敌军工作》，第271页。

第四章　抗战时期国民政府和国民党的对日宣传

宣传战的实质是把宣传者的观点推而广之，从而形成对其有利的舆论环境。推广的主体不同，推广的方式和手段也随之而异。抗战时期，不同于中国共产党大规模地组织和动员广大党员与民众的宣传模式，国民政府和国民党推广其抗日主张的方式主要是组织知识精英进行抗日宣传活动。

国民党在第一次国共合作时期也非常重视宣传，而自第一次国共合作失败后，国民党上下出于对“赤化”的恐惧，谈“民运”而色变，以至于在全面抗战初期，在宣传方面不得不和包括共产党在内的社会各界合作，组建政治部第三厅，对民众进行抗战宣传，然而终究是虎头蛇尾。在对日宣传方面，国民党在全面抗战之初起用鹿地亘等人，训练日军俘虏进行对日军的宣传战，取得了很好的效果。值得一提的是，在对外宣传方面，国民政府借国民党中央宣传部国际宣传处，延揽社会各界精英，进行国际宣传，取得了较好的宣传效果。

第一节　国民政府在对日宣传上的困扰与对策

南京国民政府建立后，经过近十年的建设与发展，到抗战全面爆发前夕，中国的国力已大有提升。1937 年初，时任国民政府教育部部长的王世杰在其日记中写道，过去一年，“日人之外交与军事压迫，一时虽有酿成战争之危，终究则中日外交谈判并未产生任何协定”。“而全国丰收开民国以来新纪录，尤予全国人民以绝大之安慰。即就教育言，因政府厉行义务教育之故，一年之中，小学儿童已增加三四百万人。”① 1937 年初，国民大会召开，决定实施经济建设五年计划。一切似乎都在向好的方向发展。然而卢沟桥枪声骤起，中日冲突爆发，打断了中国人建设现代化国家的计划。

中日对战，国民政府在宣传上面临两个重要的问题，一是朝野对日本的畏惧心理，二是国民党高层在对外政策上的意见不统一。

一　国民的畏日心理

中日两国，一为农业化国家，一为工业化国家，国力相差悬殊。对于日本自九一八事变以来咄咄逼人的对华侵略，中国人中稍有知识者都知道日本所图甚大。至于“大”到何种地步，由于政府压制抗日言论，社会各界均噤若寒蝉，只能寄希望于国家建设的提速和中日间最后摊牌时刻（战争）的延缓，给中国一个缓冲的机会。十年生息，中国国力虽有增长，但与日本相比，仍然有很大差距。又，自甲午以降，中日之间强弱之势逆转，此后中日之间的无数冲突，大都以中国屈辱求和告终，中国民众一则痛恨日本人，一则普遍认可日本的强国地位，故有此后国人负笈东瀛风潮的兴起。有识者固然深知中日之间国力的差距，无识小民则深怀近代以还国人对“洋人”的畏惧。中国要对抗日本，非举国一致、团结拼搏不可，然而国民党自第一次国共合作失败之后，抱着“攘外必先安内”的心理，对内力求武力统一，对外一味妥协忍让。对国民的抵制日货运动、抗日运动，极尽打压，一方面浇灭了热血青年的抗日激情，另一方面则深化了国民对日本的畏惧心理。

1935 年，日本帝国主义者在华北阴谋筹划华北“独立”运动，舆论哗然，国民政府不为所动，对日一味忍让，而要求国民“镇静，镇静，第三个镇静！”知名学者胡适也在当年 11 月 17 日在《大公报》发表题为《用统一的力量守卫国家》的星期论文，对日本帝国主义的进攻，只强调

① 《王世杰日记选（1937 年）》，中国社会科学院近代史研究所近代史资料编辑部编《近代史资料》总第 119 号，中国社会科学出版社，2009，第 149～150 页。

“一个‘守’字”，反对抵抗，认为“没有自守自卫的能力，妄想打倒什么，抵抗什么，都是纸上的空谈，甚至于连屈伏求和都不配”。

据王世杰日记记载，1937 年七七事变爆发次日，蒋介石即下决定动员中央直辖部队六师北上赴援，而外交部部长王宠惠于 7 月 13 日接蒋介石电话，“知中央军已开入河北，甚慌急。因十一日日使馆参赞日高曾奉日外部训令，一再向我外部声明，中央如动员，‘日方必下最大决心’”。[①] 王宠惠对日本的这种畏惧心理，在当时的国民政府中似乎没有代表性，除王宠惠外，只有时任军政部部长的何应钦也倾向对日退让，“（行政院同人）其余则均谓战争恐非如此退让所可避免，且政府立场如不明白坚定，对内亦殊可虑。李宗仁今日已电蒋院长，请速定抵抗大计”。[②]

而随着日军的步步紧逼，对局势的恐慌开始在朝野发酵，“二三日来，首都一般人士极深感大战爆发后之危险，无知识或无责任之人感觉身家危险，有知识者则对国家前途不胜恐惧。故政府备战虽力，而一般人之自信力仍日减。今日午后与胡适之先生谈，彼亦极端恐惧，并主张汪、蒋向日本做最后之和平呼吁，而以承认伪满洲国为议和之条件。吴达铨（吴鼎昌，字达铨，时任国民政府实业部长——原注）今晨向予言，战必败，不战必大乱，处此局势，唯有听蒋先生决定而盲从之”。“今日（8 月 3 日）午后约胡适之、吴达铨、周枚荪、彭浩徐、罗志希、蒋梦麟诸人在家密谈。胡、周、蒋均倾向于忍痛求和，意以为与其战败而求和，不如于大战发生前为之。达铨仍谓战固必败，和必乱。余谓和之大难，在毫无保证，以日人得步进步为显然事实。今兹求和不只自毁立场，徒给敌人以一二月或数月时间，在华北布置更强固，以便其进一步之压迫。”[③]

上述胡、吴、周、彭、罗、蒋诸人，或为政府高官，或为社会名流，对世界形势的了解远超普通民众，而其对日本畏惧若此，更遑论升斗小民了。在这样的背景下，中国出现了大大小小的汉奸。据王世杰 1937 年 9 月 21 日记载：“敌人年来到处收买奸侫与愚民为间谍，战事起后，各处

---

① 《王世杰日记选（1937 年）》，《近代史资料》总第 119 号，第 158～159 页。

② 《王世杰日记选（1937 年）》，《近代史资料》总第 119 号，第 149～150 页。

③ 《王世杰日记选（1937 年）》，《近代史资料》总第 119 号，第 160 页。

均发现汉奸机关，即首都亦然。就中最引起一般注意之案件，为行政院秘书黄濬，受日使领馆之收买，供给各种情报，为时殆垂二三年；其子晟在外部，亦受其指示。黄濬之入行政院，系唐有壬、曾仲鸣两人绍介，在王先生掌院时代。此次战事爆发，黄父子被逮，旋处死刑。”①

然而这种杀鸡骇猴的行动对于政府官员中存在的畏日情绪显然没有起到警醒的作用，西流湾周佛海家中的“低调俱乐部”，主张“中日和平”的政府高官依旧在活动。

到1937年11月21日，数月前力主逮捕主和的胡适的国民党元老居正，也在国防最高会议常务会议上“力主向日方求和，并谓如无人敢签字，彼愿为之”。②

概言之，当时主张不可放弃和平交涉的主和派官员和社会名流包括汪精卫、陶希圣、梅思平、胡适、张季鸾、左舜生、邵力子、张君劢、李璜、陈布雷、顾祝同、熊式辉、陈公博、罗君强、高宗武、程沧波和周佛海等人。③

基于此，国民政府中将解决“中日争端”的希望寄托于国际调停者不在少数。德国驻华大使陶德曼就是在此背景下被寄予了调停中日战争的厚望。而随着调停因日本胃口大开，蒋介石愤而拒绝，主和派大失所望，其对中日战争的前途转而陷于悲观。1938年1月28日的国防最高会议常务会议上，财政部部长孔祥熙即“对大局前途表示悲观”。④

1938年10月5日，王世杰在日记中写道：“近日政府之弱点，为行政院毫无热力。孔庸之自南京失陷后，原为力主接受德国大使转来之日本政府媾和条件之人，自政府实际移渝后，彼极懊丧……王亮畴掌管外交，其一切动作，纯属被动，无一贯的负责的政策；外部次长以下诸人亦复消极。以此之故，抗战虽一年有余，对外联络乃至借贷等事，毫无所成。”⑤

1938年10月初，日军大举犯粤，旬日间下广州，“我粤军毫未抵抗，

---

① 《王世杰日记选（1937年）》，《近代史资料》总第119号，第177～178页。

② 《王世杰日记选（1937年）》，《近代史资料》总第119号，第196页。

③ 参见胡惠春《汪精卫与“低调俱乐部”》，《抗日战争研究》1999年第1期。

④ 《王世杰日记选（1938年）》，中国社会科学院近代史研究所近代史资料编辑部编《近代史资料》总第120号，中国社会科学出版社，2009，第140页。

⑤ 《王世杰日记选（1938年）》，《近代史资料》总第120号，第186页。

中外惊异，余闻悉几于涕下，日本同盟社谣传余汉谋投降，甚至伦敦太晤士报纸亦倾向于置信。美国合众社电讯至谓，香港政府高级官员亦认华军有总奔溃之势”。①

而此时国民政府也已准备弃守武汉，迁往重庆。以汪精卫、孔祥熙为代表的主和派更是力主中日和谈，“今日（1938 年 10 月 24 日）在汪精卫先生处，汪、孔均倾向于和平，孙哲生力称决不可和，言时声色俱厉”。②

1938 年 11 月 29 日，王世杰约蒋廷黻、罗志希、张子英等人晚宴，餐后谈及战局前途，“蒋廷黻君极悲观，至谓国民政府幸存之可能不过百分之五”。③

次日，王世杰会晤汇丰银行顾问 Cassells，“彼主张国民政府向日表示愿和，似代表英国在华商人最近意见。彼意我国法币已入极端危险状态，趁此时或尚能挽救，迟则无及。余告以中国如向敌人请和，则无论敌人之条件如何，结果便只有接受之一法，因一经表示请求和，则吾军政领袖将无法督导军队继续抗战”。④

12 月 9 日，蒋介石与政府官员晤谈，“对继续抗战方针持之极坚。孔庸之在座，仍表示和议亦当考虑，并以敌人由桂攻黔为可惧为言。汪（精卫）先生在座，询问我们将认何项条件为媾和条件”。⑤

然 1938 年底有汪精卫等人叛逃之事发生。

国民政府迁渝后，政府中悲观论者仍不乏其人，据王世杰 1940 年 7 月 12 日记载：“近日政府中人颇多气馁者。今日张公权在参政会报告交通情形，极其悲观。王亮畴、孔庸之诸人均为悲观而气馁者。惟局势愈险，愈宜努力以图挽救，负责之人倘不咬定牙根，向前猛进，其他意志薄弱者必更馁。”⑥

---

① 《王世杰日记选（1938 年）》，《近代史资料》总第 120 号，第 189 页。
② 《王世杰日记选（1938 年）》，《近代史资料》总第 120 号，第 190 页。
③ 《王世杰日记选（1938 年）》，《近代史资料》总第 120 号，第 195 页。
④ 《王世杰日记选（1938 年）》，《近代史资料》总第 120 号，第 196 页。
⑤ 《王世杰日记选（1938 年）》，《近代史资料》总第 120 号，第 197 页。
⑥ 《王世杰日记选（1940 年）》，中国社会科学院近代史研究所近代史资料编辑部编《近代史资料》总第 124 号，中国社会科学出版社，2011，第 223 页。

面对日本人的进攻，对抗战前途悲观失望的情绪在中国朝野确实存在，甚至是较为普遍地存在的，这难免对中国的抗日宣传产生不利影响。

二　国民政府内部在对外政策上的意见分歧

除了畏惧日本的情绪，对中国的抗日宣传造成干扰的还有政府内部在对外政策上的分歧。国民政府内部，原有亲英美派、亲日派、亲德派、亲苏派的分别。反映在外交上，就是政府中人对于外交政策多有歧见。一个较为典型的例子就是政府中人在1940年6月德国猛攻英法联军，后者节节败退的时候，主张联德抗日。“因德军暂时胜利，颇有倾向德国，讥笑英法者，其浅薄殊可笑。凡此心理匪特无主义，亦且不认识列强真相。如朱骝先、孔庸之、张季鸾等，均有此幼稚病。”“（6月11日）义大利对英法宣战……朱骝先等竟于此时召开中德文化协会，为德人张目，殊显幼稚。”①

7月2日，国民党中央全会召开，孙科主张“如越、缅运输断绝，我当派特使赴德”。王世杰不禁在日记中怒批：“此语可谓幼稚之极，姑无论我之抗战有其一贯立场，且德国此时正欲利用日本与英为难，何至与我亲善（前年陈介赴德几至不能递国书）。即令德与我亲善，其援助又从何而至。”②

7月9日，王世杰在日记中写道：“党中倾向于联德者颇不乏人。我国言论如露此倾向，必立失美英同情，无殊自杀。予对今后宣传工作，细思之后，拟仍维持原来态度。如不能获党内之谅解，宁辞去宣传部职，不做无谓之迁就以误国。”③

7月17日，“晚间王亮畴、孙哲生约谈。哲生主张撤回驻英大使，退出国联，亲苏联德，余觉此皆投机冒险举动，未表同意”。7月18日，“今晨国防最高委员会，孙哲生提出其昨晚之主张，惟吴稚晖先生表示反对，余多附和”。好在经讨论后，蒋介石于7月20日否定了孙的意见，“不主张召回我驻英大使，亦不主张退出国联”。④然而这种联德的观点，

① 《王世杰日记选（1940年）》，《近代史资料》总第124号，第219页。
② 《王世杰日记选（1940年）》，《近代史资料》总第124号，第222页。
③ 《王世杰日记选（1940年）》，《近代史资料》总第124号，第223页。
④ 《王世杰日记选（1940年）》，《近代史资料》总第124号，第224、225页。

在朝野上下依然有不小的影响，发行量极大的《大公报》即持此观点。①

政府内部意见的不统一，影响了国家的宣传活动。

第二节 抗战时期国民党宣传政策的变化

国民党战时宣传政策的变化，国外方面以对美国关系的变化为转折点，国内方面以国共关系的变化为重要节点。宣传有对敌、对“我”及对第三方三个方面，总体而言，国民党在对国内军民和对以美国为首的第三方势力的宣传上着力较多，而在对日宣传方面着力较少。

抗战全面爆发后，国民党在宣传战上的举措，首先是鼓动民族精神、动员民众参与抗日。1938 年 3 月 31 日，国民党临时全国代表大会通过了陈果夫提出的关于确定文化建设原则纲领的提案，其中称：

> （甲）原则
>
> 一、根据总理“保持吾民族独立地位，发扬我固有文化，并吸收世界文化而光大之”之遗训，以建设中华民族之新文化。
>
> 二、以文化力量，发扬民族精神，恢复民族自信，加强全国民众之精神国防，以达民族复兴之目的。
>
> 三、对于一切文化事业，尽保育扶持之责，以督促、指导、奖励及取缔方法，促成全国协同一致之发展。
>
> （乙）纲领
>
> 一、遵奉总理伦理哲学之遗教，为国民精神教育之总纲，以忠孝仁爱信义和平为国民道德之项目，礼义廉耻为国民生活之规律。
>
> 二、表彰先烈民族英雄之言行事迹，以发扬民族正气，策励社会人心。
>
> 三、厘订文武合一之国民生活规条，以达生活军事化、集体化、

① 王世杰日记 1940 年 8 月 1 日记载：“大公报倾向于联德。该报主持者张季鸾、王芸生略有时誉，实则只是遇事追随时尚，毫无真知灼见，亦无信仰，不能使余敬仰。”《王世杰日记选（1940 年）》，《近代史资料》总第 124 号，第 219 页。

生产化、劳动化、艺术化之目的，实践为国家社会服务之人生观。

四、以民族至上、国家至上为准则，重新估定各地风俗习惯，订颁国民生活历，以齐一全国之习俗。

五、订颁与国家、社会、家族、个人现代生活相应，繁简适中，文质合度之礼制。

六、创制发扬民族精神与国家社会公共生活相应、庄敬正大、刚健和平之乐章。

七、本“迎头赶上”之精神，采取世界各国科学生产之方法，以增进国力、发展民生。

八、加紧推行全国标准语，以推进语言之统一。

九、确定汉文正楷为正规字体，并就文字源流及结构，研究其沿革变迁，订定简易正确之文字教育法。

十、取缔拉丁化汉字，及任意变化之不正规花纹立体字。

十一、本国人相互间不得使用外国语言文字。

十二、切实整理我国原有文献及历代发明，以发扬固有文化。

十三、提倡科学研究，普及科学常识，并以国家民族之需要为分别先后缓急之准则。

十四、关于人文学科之教学，应以中国社会现象为中心。

十五、建立三民主义的哲学、文艺及社会科学之理论体系。

十六、实施总理纪念奖金办法，以策励文艺、社会科学、自然科学、教育及社会服务之进步。

十七、厉行以民族国家为本位之教育，力求国民教育之普及，成人教育之推广，并发展女子教育，以培养仁慈博爱、体力智识两俱健全之母性。

十八、明定奖励出版办法，保障著作人之权益，以提高出版道德，文化水准，并取缔违反国家民族利益或妨害民族意识之言论文字。

十九、推广新闻、广播、电影、戏剧等事业，以发扬民族意识为主旨。

二十、设立国家学会，选拔文学、艺术、科学等积学之专家，以奖进学术研究之深造。

二十一、各宗教之文化事业，有利于民族国家者，应扶助其发展。

二十二、宣扬吾国文化于世界，以促进人类文化之向上，生活之淑善。

决议：交中央执行委员会分别采择施行。①

1938 年 4 月 1 日，国民政府军事委员会政治部第三厅成立，这是一个仿效北伐时期的政治工作体系而成立的机构。由陈诚担任政治部部长，郭沫若以部长兼第三厅厅长，主管宣传事宜。第三厅在引导民众进行抗日宣传方面做了大量的工作。

1939 年 1 月 27 日，国民党五届中央五次会议通过《改进国际宣传实施方案》和《切实推进沦陷区域宣传工作》等决议案，规定由国民党中央宣传部领导国际宣传。针对沦陷区的宣传，规定：

一、酌量划区　如一为冀鲁晋区域，一为苏浙皖区域，一为闽粤沿海区域，一为豫鄂皖区域等，东北各省如有可能时，亦应特列一区。

二、专员负责　每区应设特派委员一人，主持一切，并可酌量选定天津、上海、香港、汉口各地为各该区域之中心，以便策动工作。

三、工作概要　训练冒险犯难之大量青年同志，或追随最前线作战部队工作，或参加游击队工作，或深入敌后方工作，务必利用一切时机环境，从事一切文字宣传和口头宣传，并与中央所派一切特务机关取得密切联系。

四、确定经费　此项秘密工作，需费较巨。兹拟以每区月支万元

① 中国第二历史档案馆编《中华民国史档案资料汇编》第 5 辑第 2 编《文化》（1），凤凰出版社，1991，第 1 页。

计，应先确定每月划拨五万元。

决议：交战地党政委员会及中央训练委员会参考，并通过要点五项如下：

一、同一性质的工作应由各有关机构密切联系，例如党部、政治部等宣传工作，除本身独有的固定工作外，应力谋联络。

二、战区内宣传工作，除对原有之机构人才加以充实外，应尽量利用该区内之教育机构及人才。

三、战区内宣传政策方针，应适应实际环境需要，由中央有关机关共同商定，随时指示。

四、战区内宣传工作区域之划分，除相当的与战区划分范围相配合外，于特殊地方如香港、上海、天津等，应由中央派员主持。

五、战区内宣传工具应多准备，宣传经费并应宽筹。①

1939年4月14日，国民党中央宣传部颁发《现阶段之军事、外交宣传要点》，要求宣传：

甲　军事

（一）徐州及开封等处之退却，我方军队及军事损失极微，敌人企图在该地区段灭我方主力之预计完全失败。

（二）我方军略，系一面在广大战区内消耗敌人力量，一面调追敌人入我自动选择之地区，以便歼灭其主力，不拘于一城一地之得丧，而作过大的牺牲。

（三）今后战争将成为广的山地战与河川战，地理上于我有利。

（四）敌人深入腹地，其后方交通及给养之维持愈难。因此我方在东西北各战场袭击敌人后方之部队，应依整个计划，加紧推动。

（五）无论从消耗敌人实力或击破敌人主力着眼，武汉必须坚守

① 《中华民国史档案资料汇编》第5辑第2编《文化》(1)，第3～5页。

到底，并应疏散武汉人口，以期减少因敌机轰炸而发生之损失。

（六）战区及接近敌区之地域，务须加紧训练民众，使能协助军队抗敌自卫。

乙 外交

（一）对于德义方面，除因发生特殊重大变化，经中央认为必须有积极表示者外，暂以不作任何期望或不必要之刺激与攻击为原则。

（二）对于英法方面，应不断的表示好感，并不断的促其执行国联援助中国之决议案。

（三）对于苏联方面，应一致表示友好的态度，但不必公开表示特殊期望。

（四）对于美国，应竭力表示好感，并对于美政治家同情于我之言论，随时予以赞扬；对于美国朝野同情于我之行为（如救济难民、继续白银协定及捐助中国红十字会医药等）随时予以广泛之宣传。

（五）对于国联应继续表示维护，不可因其目前权威减低而附和反对国联者之论调。

（六）对于国际形势及外交动态，应为理智之深讨与阐述，凡有损吾国立场及足以惹起国交上恶感之字句均应避免。①

随着抗战进入相持阶段，国共矛盾逐渐凸显，1939 年 1 月 21 ~ 30 日，国民党召开五届五中全会，确定"溶共"、"防共"、"限共"、"反共"的方针，通过《防制异党活动办法》，决定设置"防共委员会"，严密监视共产党和一切进步力量的言论和行动。此后，蒋介石更是数次掀起反共高潮，中共主导的政治部第三厅的抗日宣传活动受到越来越多的掣肘，而国民党在国内宣传方面也把越来越多的精力放在反共宣传上。1941 年，国民党中央宣传部拟定《特种宣传纲要》，明确提

① 《国民党中央宣传部奉发蒋介石手定〈现阶段之军事、外交宣传要点〉》（1939 年 4 月 14 日），《中华民国史档案资料汇编》第 5 辑第 2 编《文化》（1），第 3 ~ 5 页。

出反共的口号。

抗战进入相持阶段后，在对外宣传方面，国民党十分重视国际援助对中国抗战的作用。蒋介石反复强调："中国抗战在时间上，尤其在最后问题的解决上，一定要和世界整个问题一起来解决。"① 争取国际社会援助中国抗战，是蒋介石自抗战伊始即极力推行的政策主张。总的说来，国民党的对外宣传在抗战前期主要为宣扬日寇的残暴以引起国际关注，并强调日本破坏国际公约，意欲独霸中国，损害欧美各国在华乃至在亚洲利益的侵略野心，突出中国非徒为自卫而战，亦为世界和平、为维护国际公约而战；抗战进入相持阶段后则强调中国军队的顽强御敌、中国抗战的世界意义等。

1937 年 10 月 29 日，蒋介石在淞沪前线对前方将士训话，直白地讲道："我们这次与敌人作战，如果单靠我们一国现有的军事力量，与他对抗，那末，我们建设未成，准备不足，当然不容易打败他。但是我们是被侵略的国家，我们是为国家生存而战，是为拥护国际信义而战。这种神圣伟大的民族抗战，世界各国除了倭寇之外，都要同情我们赞助我们，我们就可以国际形势压迫敌人。"②

除了对以美国为首的西方国家的宣传，国民党在全面抗战初期即开始进行针对日本的宣传活动，包括做广播、散发传单、让日本反战人士或日俘到前线向日军喊话等。蒋介石亦多次发表对日本民众的讲话，揭露日军在华暴行，声明中国人民并不以普通日本民众为敌，警示日本民众认识日本军部的邪恶本性，促其积极参加反战运动，等等。

南京沦陷后，蒋介石派员赴美宣传中国抗日，宣传内容中揭露日军暴行是重要组成部分，中国空军还于 1938 年 5 月 19 日飞赴日本投掷抗日宣传单。③

---

① 蒋介石：《"九一八"十周年告全国国民书》，中国国民党中央执行委员会训练委员会编印《总裁言论选集增编》（1），1944，第 317 页。

② 蒋介石：《对前方将士训话》（1937 年 10 月 29 日于淞沪前线），国民党军事委员会政治部编印《第一期抗战领袖言论集》，1938，第 66～67 页。

③ 《王世杰日记选（1938 年）》，《近代史资料》总第 120 号，第 161 页。

全面抗战初期，鹿地亘、绿川英子等日本左翼人士来华参加反战运动，蒋介石予以优容，聘请鹿地亘夫妇为国民政府军事委员会政治部设计委员，俾其协助政治部第三厅国际宣传处对敌宣传科，进行对日军的反战宣传活动。又着鹿地亘等人教育培训被俘日军士兵，组建剧团，在大后方演出抗日反战剧，教育后方民众。还组织经过改造的日军俘虏在前线对日军喊话等，取得了很好的宣传效果。只是后来因害怕日军俘虏“赤化”，对鹿地亘等人的活动加以诸多限制，使得国统区的日人反战活动草草收场。①

第三节　军事委员会政治部第三厅的宣传工作

组建于1938年初的国民政府军事委员会政治部第三厅，堪称国共合作进行抗日宣传战的典范。众所周知，北伐战争时期，国民革命军政治部在动员民众、确保北伐胜利上起了很大作用。七七事变后，第二次国共合作的局面形成，于是有人建议恢复部队的政治工作，按北伐时期的经验，运用政治工作宣传民众、组织民众、武装民众，实行全民抗战。国民党出于对民众运动的恐惧，害怕民众运动脱离其控制而成为中共扩大影响、发展势力的工具，屡屡对民间自发的抗日宣传活动予以打压。但随着形势的发展，现实迫使其不得不对日益发展的群众运动做出让步，在对民众进行抗战宣传的活动中与中国共产党合作。另一方面，国民党也试图借重中国共产党在群众运动中的经验，拉拢各界精英，唤醒民众，支持抗战。如果说在十年内战期间，蒋介石尚可以“攘外必先安内”为由压制共产党，以“牺牲未到最后关头”为由对日妥协，镇压民众的抗日活动，及至抗战全面爆发，国共合作，国民党的镇压活动失去了依据，很多时候不得不顺应形势发展，与时俱进。

① 参见孙金科《国统区日人反战运动》，东京，国际文化工房，2001。

1937年底，蒋介石开始考虑恢复政治部，并下令陈诚着手筹备相关事宜。1938年1月17日，国民政府改组军事委员会，公布修正《军事委员会组织大纲》，"为恢复北伐时期之政工功能与信誉"，恢复了政治部的编制，规定政治部与军训部、军全部、军政部同属国民政府军事委员会。1938年4月1日，政治部在汉口县花林正式成立。陈诚、黄琪翔被任命为政治部正、副部长，同时，邀请周恩来出任副部长。周恩来在第一次国共合作时期担任过黄埔军校政治部主任，是国民革命军政治工作的创始人之一。如果周恩来能接受邀请，对改变政治部的形象、提高政治工作的声誉有举足轻重的作用。从中国共产党方面来看，周恩来出任此职，可以推动抗战时期的政治工作，对改造国民党军队、扩大中共影响都有好处。经中共中央同意，周恩来从抗战大局出发，接受了这一任命。

政治部下设总务厅、第一厅、第二厅、第三厅四个办事机构，前面三个机构为国民党所掌控，其中总务厅厅长为赵志尧。第一厅掌管军中党务，厅长为贺衷寒，系复兴社健将，全面抗战前曾任政训处处长两年多，兼任中央新闻检查所所长一年多。第二厅管民众组织，厅长康泽，也是复兴社要角，以"铲共义勇队"起家。第三厅主管宣传，包括国内外宣传及思想界、文艺界的领导工作，是各国了解中国抗战的一个窗口，是动员人民抗战的喉舌。国民党拟以郭沫若为第三厅厅长，以复兴社的刘健群为副厅长，企图完全控制该厅。[①] 周恩来和郭沫若拒不出席政治部的几次部务会议以示抗议，最终蒋介石不得不撤销对刘健群的任命，由周恩来和郭沫若负责第三厅的组建。

周恩来等人开会讨论，反复磋商，确认第三厅下设五、六、七三个处，强调"第三厅必须建设成以共产党为核心的，动员各民主党派、人民团体和民主人士来参加的抗日民族统一战线的机构。具体地说，就是动员那些抗日民主的政治力量来共同工作"。"经过反复讨论和研究，最后

① 谢增寿：《论国民政府军委政治部第三厅的起落——为纪念抗日战争爆发五十周年而作》，《南充师院学报》（哲学社会科学版）1987年第3期。

经恩来同志集中决定，第五处主要地交给救国会，即沈钧儒先生领导的救国会和东北救亡总会。第六处由田汉负责。第七处对外宣传，重点是对日宣传，由范寿康兼任第七处处长。进一步具体化，就是：第五处处长是胡愈之，第一科科长徐寿轩，是东北救亡总会来的代表，科内很多是东北救亡总会的干部，主管文字编纂。第二科科长是当时赫赫有名的大律师张志让，是救国会的，主管民众动员和一般宣传。第三科科长尹伯休，分工管印刷、发行等总务工作。第六处处长是田汉，第一科科长洪深，管戏剧音乐；第二科科长郑用之，是国民党，担任电影制作和发行；第三科科长徐悲鸿，负责美术宣传。第七处第一科科长杜国庠，担任设计和日文翻译；第二科科长董维键，老共产党员，留美博士，熟悉国际情况，担任国际宣传；第三科科长冯乃超，担任对日文件的起草和负责协助鹿地亘的'日本人民反战大同盟'。"① 同时决定以中国共产党《抗日救国十大纲领》作为第三厅宣传工作的基本原则。

第三厅还有一系列工作团队，具体情况见表4－1。第三厅内还成立了一个中国共产党的秘密小组，直接由周恩来领导，成员有郭沫若、阳翰笙、杜国庠、冯乃超、田汉、董维键。基层党员成立了一个秘密的特别支部，由冯乃超任支部书记，刘季平任组织委员，张光年任宣教委员。

表4－1　第三厅所属工作团队一览

团队名称	主官姓名	所属厅处	工作地点	全体人数	派遣时间	应受当地最高政治部指挥、监督、考核
抗敌演剧队第一队	徐韬	第三厅第六处	连县	25	1938年10月	第四战区司令长官部
抗敌演剧队第二队	吕复	同上	南昌	28	1938年11月	第十八集团军总司令部

① 阳翰笙：《第三厅——国统区抗日民族统一战线的一个战斗堡垒（一）》，《新文学史料》1980第4期，第23页。

续表

团队名称	主官姓名	所属厅处	工作地点	全体人数	派遣时间	应受当地最高政治部指挥、监督、考核
抗敌演剧队第三队	徐世津	第三厅第六处	西安	28	1938年9月	第二战区司令长官部政治部
抗敌演剧队第四队	侯枫	同上	樊城	28	1938年10月	第五战区司令长官部政治部
抗敌演剧队第五队	王梦生	同上	屯溪	28	1938年9月	第三战区司令长官部政治部
抗敌演剧队第六队	陆万美	同上	立煌	26	1938年9月	安徽省政府主席廖磊
抗敌演剧队第七队	冼群	同上	屯溪	23	1938年9月	第三战区司令长官部政治部
抗敌演剧队第八队	刘斐章	同上	衡阳	30	1938年8月10日	暂由第三厅直接指挥
抗敌演剧队第九队	徐桑楚	同上	桂林	25	1938年11月	西南行营政治部
抗敌演剧队第十队	姚肇年	同上	洛阳	29	1938年9月	第一战区司令长官部政治部
抗敌宣传队第一队	吴狄舟	第三厅第五处	桂林	20	1938年9月1日	西南行营政治部
抗敌宣传队第二队	何惧	同上	浙江	20	1938年9月1日	第三战区司令长官部政治部
抗敌宣传队第三队	郑含华	同上	鄂西北	20	1938年9月1日	第五战区司令长官部政治部
抗敌宣传队第四队	卢德明	同上	陕西	20	1938年9月1日	西安行营政治部
电影放映队第一队	林斐	第三厅第六处	衡阳	32		
电影放映队第二队	欧阳齐修	同上	桂林	32		
电影放映队第三队	彭介人	同上	桂林	12		
孩子剧团	吴新稼	同上	重庆	60	1938年11月	暂由第三厅指挥
新安旅行团	汪达之	同上	桂林			西南行营政治部

资料来源：《武汉文史资料》1998年第3期，第150～151页。

第三厅成立后，立即着手进行抗日宣传方面的工作，取得了很好的效果。因抗战形势发展，第三厅辗转于武汉、长沙、衡阳、重庆等地，指导全国抗日宣传的发展，其工作可大致分为以下几个时期。

武汉工作时期（1938 年 4 ~8 月）。此时国民政府已退出南京，徐州会战正在进行，武汉成为领导全国抗战的中心，而全国各种宣传团体、刊物纷纷涌现，急需一个管理机构。第三厅工作极为繁忙，当时主要进行了以下工作：①调查各种民众团体（先从武汉三镇入手）；②以“保卫徐州”为中心，号召全国军民捍卫国土；③宣扬《抗战建国纲领》的真谛；④设计并推动各项扩大宣传运动；⑤注重对敌宣传，搜集敌情研究资料；⑥暴露敌人暴行，搜集暴行实证；⑦发起“七七献金运动”。

汉、长、衡三地工作时期（1938 年 8 ~11 月）。8 月初，武汉疏散人口，第三厅一部随迁衡阳、长沙，一部留汉。此时工作，以地域分为①汉口：举行“纪念八一三保卫大武汉”宣传活动；号召前方服务，参加追悼阵亡将士；参加前线慰劳及后方征募工作；组织并训练演剧队、歌咏队及宣传队，分派各战地工作；每周由日本反战人士鹿地亘、青山和夫、绿川英子等做日语广播；发起慰问武汉难民及伤兵工作。而在撤离武汉之际，第三厅人员又事先散发日文传单及涂写日文标语，撤离沿途也进行了抗战宣传。②长沙：举行“九一八纪念会”及在“双十节”扩大宣传；举行战利品展览及抗战美术巡回展览；发起救护伤兵工作运动；分发日寇暴行实录；开办电影放映人员训练班。③衡山：派员赴战区及沦陷区视察，并计划沦陷区宣传工作；派员慰问俘虏；加强国际宣传，如进行外语播音、国际航空通讯，寄发宣传画等；训练随部工作的孩子剧团；调查并指导当地宣传团体，深入附近乡村宣传；编译蒋介石言论集。

重庆工作时期（1938 年 11 月至 1939 年 7 月）。抵达重庆后，第三厅环境相对稳定，开展了大量工作。主要有：制定第二期抗战各种宣传纲要（如战地宣传纲要、兵役宣传纲要、民众宣传纲要等）及各种宣传计划（如西北边民宣传工作计划、敌后宣传工作计划等）；编印蒋介石及各院部长官讲演录及中央重要文件、抗战小丛书等；推动声讨汪精卫的宣传工作；参加并推动“精神总动员运动”；加紧对敌宣传，协助筹办简易日文日语训练班，并设立敌情研究资料库；草订优待俘虏办法，拟定日本反战义勇队计划草案；扩大慰劳将士工作（前线将士、负伤将士、入营壮丁的慰劳，派员分送食品、药物、宣传品等）。

第三厅的宣传业务分为一般宣传、艺术宣传、对敌宣传和印刷发行四个部分。其中一般宣传包括拟定各种纪念节日或特殊运动的宣传大纲和方案；拟定传单、标语、小册子、传单等宣传品；印发《前敌》、《士兵》两种周刊散发前方，《民众》三日刊散发后方；设计并推动各种扩大宣传运动（如4月7～12日的“第二阶段抗战扩大宣传周”、9月18～20日的“九一八纪念扩大宣传”等）；组织并训练抗敌宣传队派赴战区工作；参加征募慰劳运动及征募慰劳工作；调查全国宣传机关及民众团体；拟制并派发每周宣传要点；请名人广播演讲，并拟制新闻稿送中央社发表；等等。

艺术宣传包括戏剧工作、电影工作、美术工作和歌咏工作四部分。其中戏剧工作包括编辑抗战剧本和改订剧本，撰印戏剧新闻；召集临时话剧队赴乡村工作，改良旧戏剧本交各剧班上演，同时训练旧剧演员；组织并训练抗战演剧队十队，派赴战区工作，孩子剧团二队，随部工作；担任各种训练团体戏剧工作，派员前往讲授；担任各种纪念节日的戏剧宣传工作；担任戏剧广播，每隔晚一次；筹办国立剧场（会同中宣部、社会部、教育部进行）；指导戏剧运动。

电影工作包括拟具电影指导计划；指导文化战地摄影队的摄制工作；拟定战时电影检查条例，与中宣部会商电影检查办法；审查中外影片（与中宣部合办）；指导和监督中外电影公司摄制影片（与中宣部合办）；计划并指导各种纪念节日影片的摄制工作；组织并训练电影放映队三队，派赴战区工作；参加各种纪念节日的电影流动放映工作；摄制抗战影片和幻灯片；向各种来华代表团供给中国抗战建国的照片和影片。

美术工作包括绘制孙中山和蒋介石肖像、大幅布画、壁画、连环画、标语图画、木版画、抗战地图等；主办各种绘画展览会（如抗战建国漫画展览会、露天大布画展览会街头展览会、劳军展览会等）；经常供应国内外展览的美术宣传品；组织漫画宣传队，赴各地巡回工作；担任各种训练团体的美术指导；组成中华全国美术界抗敌协会；设计并布置各宣传团体训练机关的美术配备；等等。

歌咏工作包括拟制和印发各种纪念节日和特殊运动的歌词；翻制和搜集各种民歌俗谣调谱；审阅各项抗战歌咏作品；担任各项歌咏团体的指导工作；联合歌咏界举行每周歌咏会，并主持各种集体游行歌唱活动；参加并主持各项欢迎来华代表团的音乐会；举办武汉歌咏界联合干部训练班；召集各歌咏团体在宣传周内进行街头歌咏、轮渡歌咏、慰劳伤兵与难民等工作；歌咏广播；拟定音乐人员训练班的训练计划；对歌咏运动的经常性指导。

在印刷发行方面，第三厅成立后，印制了大量宣传品。这些印刷品，除少量由航空委员会用飞机散发至沦陷区敌后和战场外，多交予各演剧队、宣传队带往前方散发张贴，或交由战地文化服务处输送，或由第三厅第四科直接邮寄，或由各宣传团体前来领取，像当时第一、三、五、八、九、十战区和桂林行营均设有文化发行站。第一战区以洛阳为总站，下设郑州、渑池、南阳三个分站；第三战区以上饶为总站，下设金华、屯溪、于潜、永嘉、南平、赣州、吉安、绩溪八个分站；第五战区以宜昌为总站，下设沙市、沙阳、老河口、汉阳四个分站；第八战区以兰州为总站，下设西宁、宁夏两个分站；第九战区以长沙为总站，下设株洲、衡阳、邵阳三个分站；第十战区以西安为总站，下设米脂、韩城、宝鸡三个分站；桂林行营以桂林为总站，下设宾阳、梧州、兴宁、曲江四个分站。①

进入1939年后，政治部废处、股，厅下只设科。三厅改辖四科，第一科科长杜国庠，第二科科长洪深，第三科科长冯乃超，第四科科长何公敢。另有厅长办公室，阳翰笙为主任秘书。机构改组后第三厅的机构和职务设置以及人员安排有所精简，所以一时间，“候派”（等候分派）人员达二十

① 《中华民国史档案资料汇编》第5辑第2编《文化》（1），第62～71页。

余人。这一年10月底，在参加第二次南岳军事会议期间，陈诚主持召开了政治部江南方面政工会议，会上又提出调整政治部总部和各级机构的问题。12月3日，陈诚在政治部暨直属各单位人员联合纪念周仪式上讲话，宣布了调整计划。调整后的政治部将设办公厅、第一厅、第二厅、第三厅、第四厅。办公厅下辖总务处、交通处，以及机要、文书、人事、编审、调查等组。四个厅分管“人事”、“训练”、“宣传”、“经理”事宜。1940年，政治部按这个计划进行了调整，第三厅仍由郭沫若任厅长。

1939年，抗日战争在军事上进入了相持阶段。抗日民族统一战线内部国共两党时有摩擦，且矛盾不断激化。在政治部，第三厅的工作明显受到这种政治形势的影响。郭沫若于11月末所作的一首诗反映了当时的情形。诗中写道：“厅务闲闲等萧寺，偶提笔墨画竹字。非关工作不需人，受限只因党派异。殊途同归愧沱岷，权将默默易訚訚。”①

1940年底，由于国民党方面的迫害和阻挠，第三厅工作无法正常开展，郭沫若愤而辞职，第三厅的中共党员、干部和爱国人士亦纷纷去职，蒋介石改以何浩若任厅长，第三厅遂为国民党所掌控。

择要而言，在两年多的时间里，第三厅的抗敌宣传工作主要有九件大事：“第一，举行了抗战扩大宣传周。这是抗日战争爆发后我党在国统区所领导的第一次大规模抗日宣传活动，也是三厅成立之后，我们和国民党顽固派在宣传战线上的第一次较量。第二，组织了抗战一周年纪念活动，成功地发动了‘七七’献金，有力地推动了广大群众团结抗日的热潮。第三，组织了十个抗敌演剧队、四个抗敌宣传队和领导了‘孩子剧团’，深入前线和后方城乡，进行了艰苦卓绝、出生入死的抗日救亡宣传工作。第四，协助了文艺界各抗敌协会开展工作，促进了国统区文艺界的团结和抗战文艺的发展。第五，购置了大量药品和医疗器材，支援了各战区，特别是支援了八路军、新四军。第六，建立了全国慰劳总会，在全国范围内进行了前线慰劳。第七，建立了战地文化服务处，输送了大批抗日宣传品到前线。第八，进行了对日宣传和国标宣传；协助了‘日本人民反战大

---

① 蔡震：《从文献史料看郭沫若主政三厅始末》，《新文学史料》2012年第3期，第80页。

同盟’开展对敌工作。第九，领导了中国电影制片厂，拍摄和放映了不少新闻纪录片和抗战艺术影片，特别是团结和领导了电影戏剧界的大多数人共同进行斗争。”①

第三厅办的第一件大事，即举行抗战宣传周，其中使用了文字、口头、歌咏、美术、戏剧、电影以及游行等多种宣传手段，从中可见第三厅的工作模式。

扩大宣传周第一天为文字宣传日。在第三厅主持下，武汉各界领袖及各团体代表千余人，在市商会大会礼堂举行开幕礼，政府要员陈诚、邵力子发表讲话，说明宣传周目的，鼓励前方将士再接再厉，鼓励后方民众同仇敌忾。中共方面周恩来也做了演讲，解说宣传工作方法。下午，闻悉台儿庄我军大捷，三镇民众极为兴奋，遂举行庆祝大会，进行火炬游行。

扩大宣传周第二天为口头宣传日。内容有政府官员和社会名流（邵力子、汪精卫、黄琪翔、周恩来、史良、邹韬奋、于右任、陈铭枢、郭沫若、沈钧儒、章乃器、鹿地亘等）参与的广播讲演、公开讲演，还有三千余队由党政军及民众团体组成的宣传队开展的街头讲演等。

扩大宣传周第三天为歌咏宣传日。武汉各军政长官、各界来宾及武汉各歌咏团体在中山公园市体育场举行广场歌咏，郭沫若、田汉致辞，冼星海及张曙指挥，全体歌唱抗日救亡歌曲。随后开始在全市各地进行游行歌咏，晚七时在光明大戏院举行大合唱。

扩大宣传周第四天为美术宣传日。武汉歌咏团体及民众团体人员共数千人在武昌黄鹤楼集合，举行美术歌咏火炬游行大会，郭沫若致辞，田汉领导高呼口号，并由歌咏人员全场合唱救亡歌曲。随后列队出发游行，高举国旗、大会会旗、孙中山遗像等肖像，以及政治部艺术处所制的漫画六十幅，沿途引吭高歌，观者如堵，热烈异常，直至夜半始散。

扩大宣传周第五天为戏剧宣传日。在武汉的各个戏剧团队表演了

① 阳翰笙：《第三厅——国统区抗日民族统一战线的一个战斗堡垒（二）》，《新文学史料》1981年第1期，第11页。

《团结抗日》、《日兵暴行》、《青纱帐》、《东北之家》、《放下你的鞭子》、《难民曲》、《大家一条心》、《八百壮士》、《打鬼子去》等话剧。传统戏剧方面则有评剧、汉剧、楚剧、杂剧等，内容则为表现岳飞、文天祥、戚继光、八百壮士等民族英雄抵抗外敌的事迹。表演场地有室内室外，分日夜两场。各处演出，观者如堵。

扩大宣传周第六天为电影宣传日。由电影巡回放映队和汉口各影戏院在武汉各地放映中国电影制片厂所摄制的抗战影片，并播送抗战歌曲，以及陈诚和郭沫若的抗战讲演片，观众“皆甚拥挤”（详见表4－2、表4－3、表4－4）。

表4－2　抗战宣传周电影日戏院放映电影情况

地点	时间	放映内容
光明影戏院	下午三时起	火中的上海　最近抗战新闻片三种
世界影戏院	下午三时起	保卫我们的土地　最近抗战新闻片三种
新市场	下午三时起	抗战特辑二集　最近抗战新闻片三种
上海大戏院	下午三时起	加演最近抗战新闻片三种
明星大戏院	下午三时起	加演最近抗战新闻片三种
中央大戏院	下午三时起	加演最近抗战新闻片三种
维多利亚	下午三时起	加演最近抗战新闻片三种

表4－3　抗战宣传周电影日汉口方面巡回放映车所放电影情况

地点	时间	放映内容
中国球场	七时半	最近抗战新闻片
旧日租界	八时	最近抗战新闻片
大智门	八时半	最近抗战新闻片
特三区操场	九时	最近抗战新闻片
江汉关	九时半	最近抗战新闻片
民族路（总理铜像前）	十时	最近抗战新闻片
中山公园	十时半	最近抗战新闻片
硚口	十一时半	最近抗战新闻片

表 4-4　抗战宣传周电影日武昌方面巡回放映车所放电影情况

地点	时间	放映内容
省党部	七时半	最近抗战新闻片
左旗左端	八时	最近抗战新闻片
十字街口	八时	最近抗战新闻片
中正桥畔	八时半	最近抗战新闻片
司门口	九时	最近抗战新闻片
汉阳门	九时半	最近抗战新闻片
复兴纱厂第一厂	十时半	最近抗战新闻片
中正路北端	十时半	最近抗战新闻片
徐家棚	十一时	最近抗战新闻片

扩大宣传周第七天为游行宣传日。武汉三镇民众全体出动，拟举行盛大游行，但因天雨未能如计划顺利举行。①

政治部第三厅的业务中，也包括对敌宣传，具体有随时对各级政治部、各部队长官及政工人员进行对敌宣传的指导；颁发“对敌宣传工作要点”；颁发“日文标语集”、“日语口号”、“日语歌曲”等，使各级政工人员随时写制、印发或教授士兵喊叫、歌唱；颁发日文传单、小册子和漫画、通行证等；针对日寇的欺骗宣传，经常性地做日语广播（由鹿地亘、青山和夫等担任），并做英、俄、法语及朝鲜语、闽南话广播（针对台湾）；经常搜集并审核日文书报、俘虏文件及敌人散发的宣传品等；印发“敌情研究”一种，每周一次（后改为旬刊）；编制对敌研究的单行本，如《伪满的真相》、《十年来朝鲜的反日运动》等，又第二期对敌宣传述要一种、新式日语短期讲义一种；派员访视并慰问俘虏，草订《优待俘虏办法》；协助筹办简易日文日语训练班；拟定日本反战义勇队计划草案；设立敌情研究资料库。②

1938 年 5 月 19 日，国民政府出动中国仅有的两架马丁轰炸机，由徐焕升等驾驶，自汉口起飞，长途奔袭日本，在九州上空投下了成千上万的传单，

① 《武汉文史资料》1998 年第 3 期，第 142~149 页。

② 《中华民国史档案资料汇编》第 5 辑第 2 编《文化》（1），第 67~68 页。

打击了日军咄咄逼人的侵华势头，给狂热中的日本国民浇了一桶凉水。这其中的传单，大都为政治部第三厅所编印（详见表4－5、表4－6）。

表4－5　军委会政治部第三厅编印对敌宣传品情况（1938年）

宣传品名称	编制者	印刷数量（册）	交印日期	交货期限	主持印刷者	备考
对敌官兵宣传标语（十五种）	秘书处	7500000			总务厅	已经散发完竣
敬告日本国民书	同上	500000			同上	同上
告日本国民书	同上	10000000			同上	同上
对敌国民宣传标语（三十种）	同上	15000000			同上	已送航空委员会尚有大量存积未散发
一个真实	鹿地亘	1000000	（1938年）4月13日	4月30日	同上	正散发中
与日本士兵书	池田幸子	100000	4月22日	4月28日	同上	同上
与日本人民	鹿地亘	500000	4月27日	5月3日	同上	同上
通行证（五种）	第七处第一科	5000000	4月27日	5月10日	同上	同上
漫画（一种）	同上	500000	4月27日	5月10日	同上	同上
敌士兵反战同盟传单（两种）	第七处第一科搜集	6000000	4月30日	5月10日	同上	同上
中国被侵略民众告日本军人书	第七处第一科译	1000000	5月2日	5月6日	同上	正散发中
日文标语（十七种）	第七处第一科	8500000	5月4日	5月10日	同上	同上
对东北伪兵标语（九种）	同上	1800000	5月4日	5月10日	同上	同上
告东北同胞书	同上	500000	5月4日	5月10日	同上	同上
告日本政党人士	鹿地亘	1000000	5月7日	5月10日	同上	同上
告日本农民大众	同上	1000000	5月7日	5月10日	同上	同上
告日本工商业者	同上	1000000	5月7日	5月10日	同上	同上
告日本劳动者阶级	同上	1000000	5月7日	5月10日	同上	同上
告日本文化界	同上	1000000	5月7日	5月10日	同上	未印
告日本国民	同上	1000000	5月7日	5月10日	同上	未印

资料来源：《中华民国史档案资料汇编》第5辑第2编《文化》（1），第45～47页，下表同。

表 4－6　军委会政治部第三厅对敌宣传品散发单位与数量（1938 年）

单位：册

种类	分发单位						
	航委会	第一战区	第二战区	第三战区	第五战区	第五战区游击队	第六师政训处
一个真实	250000	1000000	1000000	2000000	3000000	1000	500
与日本士兵书		10000	10000	20000	30000	10000	300
与日本人民	250000	—	—	—	—	—	—
漫画	100000	50000	50000	100000	100000	1000	500
敌士兵反战同盟传单二种	1000000	每种 200000	每种 200000	每种 350000	每种 650000	—	每种 500 共 1000
告日本军人书	250000	100000	—	200000	400000	—	500
日文标语十七种	每种 10000	每种 50000	每种 50000	每种 100000	每种 150000	每种 1000 共 17000	每种 1000 共 17000
对东北伪军标语九种	—	每种 30000	每种 30000	每种 40000	每种 50000	每种 1000 共 9000	每种 1000 共 11000
告东北同胞书	—	100000	100000	100000	150000	2000	500
告日本农民大众	500000	—	—	—	—	—	—
告日本工商业者	500000	—	—	—	—	—	—
告日本劳动者阶级	500000	—	—	—	—	—	—
告日本政党人士	500000	—	—	—	—	—	—

政治部第三厅还制作了对日宣传的标语集，以便利政工人员对敌士兵宣传工作及举办各种训练班进行日语教育。据 1939 年 4 月 29 日日军驻华吕集团军抄录函寄日本陆军省的文告，其内容如下。

第一，说明中国抗战优点及胜利前途者，具体包括：①“说明我国抗战意义及坚强信念”，如“我们是世界和平的保卫者，为东洋之自由和平而战，诸君是为着什么流洒宝贵的血呢”（标语集中针对日本人的所有口号均为中文、日文对照书写）、“中国是由民族解放的神圣战争，向着自由民主的大路迈进着”、“我们四万万五千万人因民族解放的神圣战争更生了，钢铁一般团结起来了，中国成为不可征服的力量”、“中国人民认清了，他们的敌人，对于侵略的法西斯主义者，要奋斗到最后的一颗子弹”、“我们绝不敌视日本人民，抗日仅是对军事侵略者的抵抗防御而已”。②“说明我国胜利条件”，如“日本军部的速决战已经失败了，相反的，中国军队在战争中经过锻炼，汹涌出来的新的力量是无穷的”、“三个月即可征服中国的豪语已修改为长期膺惩，日本军部已被我们拖到泥海里去了”、“瞧！全国峰起的抗日烽火！义勇军、红枪会、哥老会不问其他一切新旧力量都向着暴戾的日本军阀”、“中国民众从残虐的侵略战争中得替了一切，瞧峰起的游击队吧”、“中国现在已不分南北、不分派别、为祖国的独立自由而团结了”、“战争愈延长中国军队愈强，日本军阀的速决战已经失败了”。③“传达国际反日援华运动真相”，如“全世界人民及民主国政府都站在我们这边，英、法、苏、美、印度，地球上无处不排斥日货、反对侵略”、“请看渡过重洋，经过地球集到我们手里的医药治疗品，你应该知道国际的同情是在那一面”、“对于日本军阀之疯狂的行动，现在国际间就要予以制裁”、“日货不卖同盟、日货运送拒绝，全世界的劳动者兄弟正给我们以有力的应援”、“因为日本军阀所给予各国的威胁，抗日组织已经世界的展开了”。

第二，说明侵略战争的意义及其失败前途者，包括：①“侵略战争之一般的意义”，如“一将功成万骨枯，只有军需资众发财，日本国民疲敝了”、“中国的奴隶化只有加重束缚你们的枷锁”、“日本军阀的胜利将以东亚为侵略的地盘，两国人民就要永远为战祸的牺牲”、“回忆五一五、二二六！侵略战争是日本军阀兽行的延长”、“北京取了、南京夺了、流了血的兵士手里得了些甚么”。②侵略战争对敌农民之影响，如“耕作的人手失掉了！田地荒芜，蚕都烂死了！百亿的战费卡住喉咙”、“打倒用孝女卖身的美谈来朦混农民的饥饿的军事法西斯主义者”。③侵略战争对敌工人之影响，如“给微薄的工费来制造军需品的服务劳动便是这班家伙的‘失业救济’”、“打倒用服务劳动来榨取劳动者的血汗的军事法西斯主义者”、“日本兄弟，劳动者出身兵士们！内地[①]是拒绝召集反战罢工

① 当时日本所谓内地，一般是指本州、四国、北海道、九州。

了”。④侵略战争对敌中小商工业者的影响，如“捐税胡乱的加重了，赤字公债把物价抬上了天”、“因为输入限制，输出也停滞了，再加世界和平民众抵制日货”、“如果战争延长，这是军需商人的天下，和平的商工业者的市场成了废墟”。

第三，启发日兵以日本国民应有之觉悟者，包括：①告以中日亲善之真正途径，如“中日两国人民握手，使远东从军事侵略者的铁索里解放出来”、“日本兄弟们，赶跑军事野心家！我们伸着手等待诸君的欢握”、“两国人民协力，打倒共同敌人日本军阀”、“起来！真的爱国者！是时候了！将日本黑暗化了的军阀，他的泥脚已经深陷了”、“打倒中日两国人民的共同敌人，日本的狂暴军部”、“谁是东洋和平之敌？是向诸君要求携手的中国？还是离间诸君我们的日本军阀”。②揭发日本军阀之欺骗，如“为着仅作为口实的‘防共协定’被驱使作这种残酷的战争”、“这就是‘防共’，在血还未干的战场上，军阀财阀已经勾结合贼了”、“谁是敌人呢？是要切诸位合作的中国呢？还是挑拨两大民国互相残杀、从中取利的日本军阀财阀呢”、“什么是人口问题的解决？就是赶你们去当炮灰”、“谁热惹起抗日的呢？亲爱的日本人民！中国从来没有敌视过诸君”、“日本军事法西斯蒂表面煽动爱国美谈，里面在嘲笑国民是乌合之众”、“他们的共存荣是侵略野心的烟幕，他们的同文同种是两国人民奴隶化的口实”、“不要上军阀御用恶宣传的当，这是日本军部驱使你们灭亡的眼罩子”。③说明在华侵略行动之真相，如“瞧瞧退时烧杀伤兵的日本军阀的真面”、“日本兵已经死伤了四十万，仗打到何时止？为什么打仗”、“砍掉陆军大臣的头。他说死伤四十万不足惊奇”、“奖励杀戮和奸淫妇人小儿的军事法西斯谛是人类之敌，瞧瞧他们‘防共协定’的真相”、“有自尊心的将士们成群自杀！在他们口袋中发现了慨叹奸淫虐杀之军纪堕落的绝望‘死谏’书”、“营救他们吧，在上海仓库、在南北战场不愿杀戮中国人民的日本士兵都在自杀”。

第四，唤起日兵之反省者，包括：①告以真正敌人是谁，如“以天皇名义使国家破灭的日本军部正是诸君的敌人”、“在埋葬诸君尸身的地上，争夺权利的人们正在建筑公司”、“吃得肥胖的资本家们带着妓女来到忠魂碑前假哭”、“谁是防共的牺牲者？是共产党吗？否，是两国人民”、“愿意作侵略之血的剑？还是愿意作光辉的东洋和平的盾”。②促其想念家乡、父母、妻子，如“听到没有？诸君妻子要求送还丈夫和父亲的呼声”、“不要被金鸢勋章①迷惑，老父老母在饥饿着啊”、“要求归国！失掉男子的故乡田园在荒废着”、“不要打！你们放出的每一颗子弹都是你们父母弟妹被榨取的血和肉”、“遭蹂躏的不仅是战区的田地，想想没人耕權［种］故乡的田地吧”。③传达国际和平人士与日本人民反战运动，如“从运输船丢掉了无数的慰问袋，因为这里发现了日本兄弟们染着血的反战传单”、“质问上海日本军事当局！为什么枪毙了想要把真的远东和平之道传达给诸君的几百个将士”、“不要和日本军阀同归于尽，响应世界人民的和平战线”、“不是日本和中国的战争，而是法西斯侵略主义和民主的正义人道的战争”。④指出日兵之出路，如“不要自杀，光荣的日本反战将士们，参加到建设自由独立的两民族的共同战线来”、“血腥的勋章有什么荣誉，荣誉属于从日本军阀的压制解放两民族的真正勇士”、“血流成河，有心的人们都含着悲泪。真实勇敢的日本反战将士们，诸君的奋起才能决定东洋的和平。调转枪头，真的敌人在你们后面狞笑着”。

第五，攻击日本军阀者，如“日本军阀，全世界都指摘着你们是侵略强盗”、“请看人民的饥饿！请看堆积如山的遗骨箱！再看你们的血腥的两手！军事法西斯们啊”、“日本军阀，自掘坟墓吧！用欺骗手段离间两国人民的时代已经过去了”、“日本军阀，纵火自焚吧！这是两国人民的愤火”。

第六，对一般伪兵用者，计有：“1. 不替日本汉奸当兵，中国人不打中国人！2. 拿起刀枪，当义勇军去！3. 帮助我们的游击队，袭击敌人后方。4. 破坏敌人的电线铁道，截断敌人的退路。5. 打倒汉奸组织的‘地方维持会’！6. 汉奸傀儡是勾结日本屠杀同胞的刽［刽］子手。7. 强杀出卖祖国、组织伪政府的汉奸！8. 誓死不做日本鬼子的奴隶！9. 能够复

① 金鸢勋章，日本军人勋章，1890 年设立，1946 年废止，授予有军功的陆海军军人或军属。

仇雪耻，才算英雄好汉！10. 倭寇强占我们的领土，和我们是势不两立的敌人！11. 倭寇的奸淫掳掠，真是惨无人道，我们一定要歼灭他！12. 倭寇口唱‘亲善合作’、‘王道乐土’，只是征服我们的烟幕，万勿堕其计中。13. 扰乱倭寇的后方，牵制倭寇的兵力！14. 誓死不作倭寇的奴隶。要做一个堂堂正正的中国人！15. 蒋委员长统领五百万大军，反攻敌人。同胞们快起来响应！16. 日本鬼子是我们中华民族的生死对头，我们要团结起来和他拼个你死我活。17. 国军各路大反攻，要把压迫你们的东洋鬼子赶出境去！18. 只有国民政府才能救我们被占领区域受苦难的同胞！19. 东洋鬼子已经被我们打死了五十万，中国境内要不许（留）一个敌人！20. 敌人杀害了我们的父母兄弟，我们应当替他们报仇！21. 敌人强奸了我们姊妹妻女，我们应当替他们雪耻！22. 倭寇引诱民众回籍，是想编作他们的奴隶！23. 敌人哄骗逃难的同胞回家，是要叫我们去任他宰杀！24. 严防倭寇以假笑的面孔，施阴毒的‘恩惠’！25. 揭穿敌人的假仁假义，他们腹里藏刀，我们不要受骗！”

第七，对东北伪兵用者，如“1. 东北的同胞们！我们知道你们的痛苦，赶快反正过来！2. 东北的同胞们，我们中国人不要打中国人！3. 不打倒日本军阀，东北同胞只死路一条！4. 东北的同胞们！我们反攻到处得手，日本鬼子快要倒台！5. 东北的同胞们！打跑日本鬼子，咱们打回老家去！6. 东北的同胞们不做汉奸，不做亡国奴！7. 东北的同胞们，日本军阀逼迫你们打先锋！倒转枪头去干掉他们吧！8. 东北的同胞！反正过来的长官当重用，拿枪来归的士兵有重赏！”

第八，基本喊话口号，如“欢迎日本士兵兄弟”、“缴枪不杀”、“优待俘虏”、“伤兵给送医院治疗”、“我们的敌人是日本军阀”、“勿杀中国兄弟”、“反对侵略战争”、“杀掉法西斯蒂长官”、“打倒日本帝国主义”、“要求回国”。

第九，辅助喊话口号，如“来参加我们的战线”、“我们不杀日本兵”、“日本军阀才是诸君的敌人”、“中国不是日本人民的敌人”、“保贵你们的生命”、“勿作日本军阀的牺牲品”、“不要死，不要受伤！不要屠杀”、“不要打仗！抛弃枪炮”、“同中国游击队合流”、“变侵略战争为革命”、“中日士兵兄弟联合万岁”。①

1940 年下半年日本大本营陆军部研究班关于中国对日宣传战的研究也表明，当时中国政府制作了大量的对日宣传传单，并以飞机投放、战场散布等方式流入日军官兵手中。当时以山西投放最多，其次为河北、山东、河南，“蒙疆”地区最少。

除了纸面上的宣传，国民党方面在广播宣传方面也做了很多努力。在汉口沦陷前，广播中心在汉口，此后则转到重庆，中国共产党也在其中发挥了重要作用。播放和收听情况分别见表 4－7、表 4－8。

表 4－7　全面抗战期间国民政府对日广播宣传情形

播放地点的变迁/声音	抗战全面爆发之初			抗战中期		抗战后期
	1. 上海　男		2. 南京　男	3. 汉口　男	4. 重庆　男/女	5. 贵阳　女/男
播放时间	每夜/下午		9 点 10 分至 9 点 40 分左右	10 分钟到 30 分钟		
播放指导者	国民政府军事委员会政治部　郭沫若毕业于九州大学医学部，妻子为日本人，以中共高层领导人身份负责宣传策划事宜					
播音员	鹿地亘	春山和夫	池田幸子	柳泽ちか子		绿川英子
备注	本名濑口贡	本名黑田善次	本名田口かね（鹿地亘妻子）	出生于长崎县，华人袁某情人，在上海当过服务员		黑田善次情人，加入世界语同盟的女性知识分子

表 4－8　全面抗战期间华北日军收听国民政府对日广播宣传（部分）情形

时间	1938 年 2 月 16 日 21 时至 21 时 30 分	1938 年 3 月 14 日 21 时 30 分至 21 时 50 分	1939 年 4 月 7 日 21 时 30 分至 21 时 45 分	1939 年 4 月 14 日 21 时 30 分至 21 时 45 分
收听地点	“蒙疆”大同	山东张店	河南清化镇	山东张店
播放局名称/播放者	重庆/日本人（男）	不明/日本人（男）	XPOY/重庆/日本人（男）	XPOY/重庆/日本人（男）

① 「呂集团参謀部複写対敵士兵宣伝標語集送付の件」、JACAR、Ref. C04120886100。

续表

时间	1938 年 2 月 16 日 21 时至 21 时 30 分	1938 年 3 月 14 日 21 时 30 分至 21 时 50 分	1939 年 4 月 7 日 21 时 30 分至 21 时 45 分	1939 年 4 月 14 日 21 时 30 分至 21 时 45 分
概要	1. 我军开始攻击津浦线南部日军，予以歼灭性打击。2. 据外电伦敦 15 日电报，反日国际大会发表如下决议：抵制日货；极力援助中国；拒售汽油于日本；揭露日本之暴力行为。中国方面代表顾维钧对上述决议致感谢辞	因中国空军空袭台湾，日本海军负责部队负责沿岸警备之空军负责人被罚。为此负责台湾警备责任之驱逐舰队队员发起叛乱，向日本空军发送反战传单，日本因此发布戒严令	（与俘虏之谈话）感谢被俘以来中国对我之优待，希望日军早日结束，返回本土	（新闻）湖北店附近之战斗，日军死伤者众多；日中两军激战于山西省中部附近，结果日军负伤 4 万人；日军畏惧中国军队之勇敢，斗志全失；杭州（广州）保卫战中，日兵五百人避战而逃

第四节　国际宣传处与国民政府的国际宣传

抗战时期国民政府的对外宣传，按照战事的进程，大致可以珍珠港事变作为一个分水岭。此前，国民政府致力于争取国际同情和支持；此后，国民政府的目的在于争取获得同盟国的平等待遇，提高国民政府的国际地位并稳固之及要求美英等国调整“先欧后亚”的战略步骤。①

在对外宣传方面的行为主体或者说负责者方面，国际宣传处（简称“国宣处”）是抗战时期国民政府负责对外宣传的主要机构，② 为纠正国际社会对中国的误会，宣扬中国抗战的正面形象，争取国际社会的理解、同情和援助发挥了十分重要的作用。

国宣处的前身是 1935 年在上海成立的对外电讯监察机构——军委会外电检查所。华北事变后，日本对华步步紧逼，中日大战一触即发，国外

① 王晓岚：《国际宣传处与国民政府的国际宣传》，《抗日战争研究》1998 年第 3 期。

② 参见吴廷俊《抗战外宣的主力军与领军人：“国宣处”与董显光、曾虚白》，《兰州大学学报》（社会科学版）2017 年第 1 期。

媒体亟须了解中国政府对日政策的变化。而当时的中国并没有一个统一的外电管理机构，以致从中国发往国外的电讯非常混乱。据当时蒋介石的外籍顾问端纳（W. H. Donald）说："蒋委员长夫妇经常接到外国记者申诉电稿受过多检查的抗议。有的电讯被检扣后所余字数无几。当时纽约时报曾流传着检扣后剩了圈点一字不留的讽刺故事。实使中国在国际宣传上陷于重大不利。"端纳遂推荐自己在担任伦敦《泰晤士报》驻华记者时认识的新闻界老友董显光，"为了国家前途考虑，考虑接受检查外国新闻电讯的任命"。而董显光最终同意出面组建军委会外电检查所。

军委会外电检查所的成立，不但为董显光后来组建国宣处奠定了必要的人才基础，而且在随后不久的西安事变中发挥了重要作用。当时外界纷纷谣传蒋介石已经遭遇不测，均为董显光否定，并劝说外国记者不要发布这种未经证实的消息。他本人则时时刻刻和宋美龄、宋子文、孔祥熙、何应钦等中央要员保持联系，以便获得权威信息。在董显光的努力下，除了日本，"那时候没有一个外国一流驻华记者听信谣言从上海发送不确切报道",① 而事后西安事变的和平解决，卒如董显光所言，这也为其赢得了外国记者的好感。

西安事变解决后，董显光找到同在《大陆报》供职的好友曾虚白，告以中日大战将提前发生，其将辞去在《大陆报》的职务，参加政府的抗日阵线。曾虚白亦有投笔从戎的志向，于是在董显光授意下，向蒋介石进献报国三策：①化学作战战术；②情报组织战术；③国际宣传战术。而侧重于国际宣传战术。在关于国际宣传的策略上，曾虚白提出，国际宣传要坚持三个原则："第一个原则，绝对不能说谎骗人，也不能夸大掩饰，要实事实说，以真动人，以诚格人，才能使人心悦诚服做我们的朋友来帮助我们"；"第二个原则是要揭露敌人的残暴"；"第三个原则，也是最重要的原则是要缔结共同抗敌的联合阵线"。

作为此后国宣处的核心人物之一，曾虚白确定的关于国际宣传的三大原则，实际上也成为后来国宣处奉行的工作原则，特别是第三个原则，成

---

① 董显光：《董显光自传：一个中国农夫的自述》，第118～119页。

为国宣处重点努力的方向。具言之，即“要做今日我敌会演变成与我友邦共同之敌的结论。因为，侵略者得寸进尺野心的扩展是没有止境的。就在我国言，日军进攻，由北而南，从东到西，蚕食鲸吞，永无满足的一日；足证他并吞了中国之后，必会霸占亚洲，霸占亚洲之后，自必要压倒列强登上独霸世界的宝座”。

除了上述三大原则，曾虚白还设计了进行国际宣传的具体操作细节，含“组织”与“技术”两大项目：“就‘组织’项目而言，第一个应注意的目标是各友邦的政府，除各国政府中的国策主持者外，我们要特别注意影响其国策形成的各级民意代表。其次，各友邦的民间团体，工、商、文、教虽种类不同，但对政治的倾向敌我之分，是非之判总要有个选择，我们要运用技巧帮助它们做这选择。此外，社会菁英，一言九鼎，是民意形成的主动力量，特别要注意的是大学教授与新闻记者中的杰出者，是我们发动组织网罗的重要人物。再就‘技术’项目而言，‘文学’与‘广播’当然是两大部门。这两大部门本身又分‘事实传播’与‘意见传播’两个子目。但，运用方法，不论文字还是广播，都不该直接出自‘我’的口与笔，必定要转借‘别人’的口与笔来发表‘我’要说与写的‘事实’与‘意见’。技术项目中，我分述‘文字’与‘广播’两大部门之后，最后强调运用人际关系所需的‘语言’技巧也是不可忽略的另一重要部门。‘语言’宣传的对象又分‘群众’与‘个人’两个子目，如何发生说服效果，运用的技巧千变万化，但，万变不离一个宗，那就是‘诚’，说真话，绝不骗人以求一时的成功。”①

近代以还，中国留给欧美的印象，一个是落后，一个是“黄祸”。落后的印象，是近代以来中国和西方国家之间无数的不平等条约编就的；“黄祸”的印象，是近代西方列强在侵略东方而遭遇重重阻力之际对以中国和日本为主的东方国家的污蔑之词造成的。19 世纪后半期，西方入侵东方，日本兴起明治维新运动，中国兴起洋务运动，而西方本身也出现种种社会问题，第一次世界大战的发生更引发了西方学者对本身文化的反

① 曾虚白：《曾虚白自传》（上），第 175～177 页。

思，担心东方文化会从人种、人口、文明、政治、经济和军事上威胁西方，加上日本在20世纪20年代后大肆宣扬所谓“日本精神”和“皇国主义”，引发了西方世界对东方（主要是中国和日本）发展的忧虑。而无论是“落后”还是“黄祸”，显然都是不受待见的。加上此时日本和西方关系尚未破裂，日本人到处收买媒体，贩卖对自己有利的言论。仅以上海为例，当时驻上海的外国报纸中，除了《大美晚报》和《密勒氏评论报》外，其余报纸均为日本人所控制，[①] 这就进一步加深了国际舆论对中国的冷漠和不信任。在此背景下，借西方人之口言我欲言，是明智的。

1937年9月，国民党中央政治委员会决定设立国防最高委员会，作为全国最高军事机构（亦即后来的军委会），全盘掌控中国抗战大局。军委会下辖六部，其中第五部负责宣传事宜，由陈公博担任部长，谷正纲（掌管对内宣传）和董显光（掌管对外宣传）担任副部长，曾虚白则担任国际宣传处处长，听从董显光领导。

第五部成立之时，中国在国际宣传上面临的处境是相当困难的。当时，中国民众，包括绝大多数的政府官员并未意识到国际宣传对中国抗战的意义所在。而日本则反是，“不断地派国内大员到欧美去游说，目的是在缓冲国际上舆论的抨击。他们会不惜重金、不择手段，谋求毁灭一切不利于他们的物证。譬如巴纳船炸沉的摄影片、日本飞机在南京被我们空军击落的写真，都会是他们所急于消灭的对象”。[②] 与此同时，日本各大报社向欧洲派驻大量记者，“各外交机关与商店，更散布许多间谍、浪人与特务人员。除此以外，还有不绝于途的说客、宣传家、观光团和访问机”，[③] 不断进行颠倒黑白的造谣宣传。七七事变爆发后，日本人更是瞄准西方世界的反共防共心态，声称其目的在于“防止赤化”，从而为其侵略行为披上了“合理”的外衣。

而中国方面，如著名语言学家、编辑出版家陈原所批评的那样：“我

---

① 董显光：《董显光自传：一个中国农夫的自述》，第127～128页。

② 陈岱楚：《迫切的国际宣传问题》，中国社会科学院近代史研究所、中国人民抗日战争史学会编《抗日战争史料丛编第2辑》第18卷，国家图书馆出版社，2015，第49页。

③ 艾毓英：《非常时期之宣传的奋斗》，《抗日战争史料丛编第2辑》第18卷，第45页。

们中国从来不会注意国际宣传，一个波兰女记者曾经为了这而替中国惋惜。但是敌人却天天处心积虑地在竭力散播对中国的造谣，世界人士所知道关于中国的，除掉一向的小脚、辫子之外，便是什么无组织、无秩序、残酷的天性等等一套敌人的造谣。”①

针对当时的局势，董显光和曾虚白决定从上海入手，他们“认定上海是外国人集中居住的大都市，要国际间了解我抗战内容与功效，说服在上海的外国人，是我们学习国际宣传最容易成功的起步”。但他们也知道，“控制公共租界和法租界的那些外国人，大半都是势利鬼。他们看到日军压境而来，虽知道不会立刻冲进租界，仍都认定妥协顺风倒，是识时务的俊杰。因此，我们要找不怕强顽说句公道话的外国人就变成凤毛麟角了。那时候，上海最畅销的西文报字林西报，虽由英人投资，实际是公共租界工部局（职权类似市政府）的机关报。它的态度审慎，但必要时也会帮日本人讲话。另一份西文报是上海泰晤士报，虽由英国人出面做发行人，实际由日本人投资做后台老板，因此，言论报道不避爽爽快快为日本宣传之嫌”。董、曾二人可资利用的只有董显光主持的《大陆报》及两份同情中国抗日的英文报——《密勒氏评论报》（周刊）和上海《大美晚报》。②

对于董显光和曾虚白二人来说，当时还面临一个人手不足的问题。第五部虽然成立，部长陈公博并不任事，董显光所能调度的还是此前军委会外电检查所的职员：曾虚白、董寿朋、魏景蒙、朱书清以及一位澳大利亚的老记者普赖德（F. L. Pratt），加上董显光本人共计六人，同时从事外电检查和对外宣传两份工作。“每天发英文新闻稿、协助外国记者取得正确战报”；董、曾二人还“分函英美要人缕述中国抗战必胜的信心”，“草拟外文广播稿约请社会菁英做广播讲演”。③

所幸当时上海民众抗日热情高涨，一个由知识分子结合而成的社

---

① 陈原：《抗战与国际宣传》，《抗日战争史料丛编第2辑》第19卷，第479～480页。

② 《大美晚报》一向支持抗日，“该报在沪反对汉奸活动甚力，其前任文艺编辑人朱惺公去岁（1939年）因此为汉奸丁默邨派人暗杀”。《王世杰日记选（1940年）》，《近代史资料》总第124号，第212页。

③ 曾虚白：《曾虚白自传》（上），第179～180、182页。

团——“抗战委员会”加入国宣处的外宣活动，其成员包括麦伦书院校长夏晋麟、沪上畅销英文杂志《天下》的主编兼立法委员温源宁、沪江大学校长刘湛恩和《曼彻斯特导报》记者田伯烈（H. J. Timperles），他们配合董显光等人的工作，“发生惊人的工作效果”。[①]

而当时驻沪军政当局也积极配合外宣工作。在前线指挥作战的陈诚、顾祝同、张发奎和朱绍良同意董显光的要求，发表每日战报，并于必要时候招待记者。而时任上海市市长的俞鸿钧，则是曾虚白在圣约翰大学的同学，其本人也当过记者，深知招待记者的重要性，于是同意每周开一次记者招待会，也为当时中国的对外宣传做出了重要贡献。

上海沦陷，董显光率第五部成员退守南京，准备继续开展对外宣传工作，却发现情况较之上海时候尚有不如，虽然第五部在南京一应办公设施应有尽有，仔细调查却发现手下职员都是各个党政机关有职人员借调过来的，此时或仍在原单位上班，或已疏散到后方去了，找到几个原国际宣传处现借调第五部工作的员工，又没几个懂外语或宣传技巧的。更要命的是，在南京，他们根本找不到那样愿意合作、愿意定期举行记者招待会的长官。

董显光和曾虚白认为，在当时的中国要开展国际宣传工作，一要有合适的人才，二要有良好的组织。董显光乃以此意面见蒋介石。此后，经各方协商，1937 年 11 月 6 日，军委会第五部被取消，与此同时，在军委会宣传部内增设了国际宣传处，全部接管了第五部的工作。1938 年 2 月，国宣处改隶国民党中央宣传部，董显光以中央宣传部副部长的名义负责该处工作，负责国际宣传事宜，曾虚白任处长。国宣处在名义上隶属中央宣传部，“但实际上，国际宣传处的人事编制与经费全部接受第五部的人事编制与经费原封不动继承下去，一切由董副部长督导，对军事委员会蒋委员长直接负责，宣传部长无权干涉”。[②] 1937～1945 年，国民党中央宣传部换了十任部长，董显光的副部长一职却始终未变，正可见国宣处所进行的国际宣传的专业性和不可替代性。

---

① 夏晋麟、温源宁、田伯烈后来均成为国际宣传处的工作人员，而刘湛恩则于 1938 年 4 月在上海被日伪特务暗杀。

② 曾虚白：《曾虚白自传》（上），第 192 页。

1937 年 11 月，国宣处西迁武汉。之后，其内部机构得到迅速扩充和调整，建立了以武汉为总部，以上海、香港、伦敦、纽约、日内瓦、柏林、莫斯科七个支部为附属机构的严密的组织网络。总部内设有四科一会一室，即（英文）编撰科、外事科、对敌科、总务科、对敌宣传研究委员会和一个小型的新闻摄影室。附属的七个支部完全听从总部指挥，一切宣传材料都由总部供给。各支部主要负责人均须经过总部严格的考核筛选方可上任。

正在此时，震惊世界的南京大屠杀爆发。揭发敌人的残暴，正是国宣处组建之初的原则之一。董显光和曾虚白决定将向世界舆论曝光南京大屠杀作为当时工作的一个重点。恰巧有两个外国人目睹了当时的大屠杀惨案，一个是英国《曼彻斯特导报》记者田伯烈，一个是美国教授史迈士。而田伯烈又与董、曾二人在上海共事过，是抗战委员会成员。董、曾随即联系田伯烈，商议揭露南京大屠杀惨案事宜。根据国宣处成立之初设定的“借他人之口进行宣传”的主张及当时形势，董、曾商定，当时的国际宣传应由了解抗战真相和中国政策的国际友人而非中国人来进行，田伯烈正是一个绝好的人选，遂出资请田伯烈并由其代约史迈士写两本关于日军在南京进行大屠杀的目睹实录。之后《外人目睹中之日军暴行》英文版在伦敦和纽约同时出版，发行量达 30 万册。

田伯烈的著作出版后，国民政府立即组织人进行翻译。印刷以后，国宣处即奉送 20 册给蒋介石，又分送各机构和要人，反响强烈。因需求数量一加再加，1938 年 8 月 20 日国宣处复战地文化服务处的函件称：“贵处函为兹送《外人目睹中之日军暴行》一万七千余册，经分交各办事处转发，现已积存无几，尚第四八两战区及各地游击队保安团均未送发，拟请再行增印三万册左右送处，以便继续担负散发等由，准此，自应照办，因武汉方面印刷数量有限，兹拟在本月底以前，至少先行印上五千册送上，并当尽量设法于最短期内印送三万册，以供需要。”① 国宣处并派员与美国哈蒙基金会取得联系，策划在美放映南京大屠杀发生时美国传教士

① 《国民党中央宣传部国际宣传处为推荐英记者田伯烈所著〈外人目睹中之日军暴行〉一书和各部门的往来函件》，中国第二历史档案馆藏，档案号：七一八（四）/4711。

马吉拍摄的记录电影，引起极大反响。①

蒋介石希望得到西方世界尤其是美国的支持和援助，所以在对外宣传中尤其重视对美国的宣传。1938 年初，根据蒋介石的训令，结合当时中日战争情形，董显光和外交部部长王宠惠协商拟定了详细的对美宣传计划，其中也提到了日军的暴行问题：

(1) 电张彭春同志，嘱其暂勿返国，留美积极推进宣传工作，并与外交部及国际宣传处随时通电报，取得密切联络；(2) 电胡适同志，亦嘱其以电报与外交部及国际宣传处随时接洽，取得密切联络；(3) 前美国联合通讯社驻华记者李甫业经国际宣传处派赴纽约设立宣传支部，今正绕道欧洲向美国出发中；(4) 盛顿美国教士(Frank Price) 业经国际宣传处聘定，将寄去之种种宣传资料用通讯小册及其他出版物方式广为分送，并广约名人分赴各方演讲；(5) 国际宣传处本约定李国钦同志在纽约作宣传工作，惟李同志近来似注意于搜集美国报纸之言论印成周报，拟即电嘱此后应集中全力向美国金融界及商界领袖作广大之宣传；(6) 拟在战区中物色传教士六人至十人，嘱其赴美将耳闻目观者向美国各处演讲；(7) 派中国新闻记者一人，携带表现我抗战精神及敌军暴行之电影及照片等赴美宣传。②

董显光等人还积极策划派员赴日本向世人揭示南京大屠杀的真相，据 1938 年 5 月 6 日董显光致蒋介石签呈记载：

谨密呈者：

职部国际宣传处前因在敌国境内推进宣传工作，曾派外人四人赴日，兹四人中已有三人返华，报告工作成绩，尚有相当收获。据报告

① 参见张生《美国文本记录的南京大屠杀》，《历史研究》2012 年第 5 期。

② 《国际宣传处为促使美政府援蒋派员赴美宣传办法》，中国第二历史档案馆藏，全宗号 9，案卷号 69。

称，彼等赴日，将职部国际宣传处嘱其秘密携去之英日文宣传品分别递送，流传颇广。此中并有外人叙述日军暴行之文件甚多，颇引起相当波动。三人之一，更携有外人在南京所摄日军暴行影片四百尺，曾密约东京各使领馆人员及开明之日本士绅作数次演映，迄四月中旬，日方警察尚未发现彼等宣传之迹象。彼等复携有第三国人及日人自己所摄战区中暴行照片多套，秘密分赠东京各国使领馆人员。随呈附上此种照片一套，此为日军人在战区所摄，送至上海洗印，由职部转辗觅得者。日人自摄暴行，测其用意，迨欲表示其威武欤？孟却斯德导报记者田伯烈，搜集战地第三国人所记录之日方暴行数十篇，约一十余万言，刊印专书，将于本月中旬在伦敦、纽约同时出版，此项照片已尽量刊载此书中。各该外人留日之时复广作耳语宣传，即向各国驻日使领馆人员、各国驻日通讯记者、日本工商界领袖、日本基督徒及日本政党要员、机关公务员等作个别之谈话，告以日军人对华作战之不智，若何破坏其自己之市场，若何毁灭其自己之战斗力量，他日必为苏俄所乘，复告以中国民众抗战之情绪如何昂扬，抱如何抗战到底之决心，全世界抵制日货运动之普遍，表示国际间对于日本侵略战之如何不满。三外人返华后，报告日本内幕真相甚详，兹撮其纲要，敬祈鉴核。此上

军事委员会委员长蒋

职董显光（印）谨呈

二十七年五月六日①

向世人揭露南京大屠杀真相，是国宣处在工作开展初期的一项重要活动，而按照曾虚白的总结归纳，国宣处的工作，根据战局的转变可分为三个阶段。第一阶段从 1938 年 9 月到 1940 年 9 月欧洲战争爆发，日本与德国和意大利签订三国经济军事同盟，为中国孤军奋斗时期；第二阶段从

① 《董显光汇报国际宣传处派员赴日揭露南京大屠杀真相致蒋介石密呈》，《民国档案》2000 年第 4 期。

1940年9月到1941年12月日本偷袭珍珠港，为中国各“盟邦”对华政策“犹豫不决”时期；第三阶段从1941年12月到抗战结束，为中国参加世界大战时期。[①]

各个时期国际形势不同，国宣处采取的对外宣传政策也各有侧重。第一阶段重在揭露敌人的残暴。而到了第二阶段，因“我们要争取国际的同情进而予我以实援，那末做这种宣传不独徒耗精力，而且有得到宣传敌方威力反效果的危险。我们既要中立国家放弃他们的中立立场，对我们积援助，当然要他们下不惧冒参战危险的决心，才能做得到的。因此，我们不能再揭示战争的恐怖面，以打消他们的勇气”。[②] 这一时期宣传工作的中心政策，“是要扫除国际间的妥协空气，纠正其中立姿态，由同情的心态转变成实际助我的行动”，具体到宣传工作上，就是要在理论上揭露日本“南进”和“北进”的野心，分析说明中日战争是世界大战的前奏，说明援助中国击败日本就是消灭他们自己的敌人。

在宣传方法上，第二阶段仍是“避免采取直接宣传姿态，转而直接发动美国民间团体积极援华。我们只尽量供给他们所需的资料，由美国民间团体自动的推动，促使美国对中国抗战表示同情，再由同情进而为积极援助，希望最后能再由积极援助更进而发起美国自动对日作战运动。这一时期的工作，最先由张彭春邀请美国前国务卿史汀生为名誉会长组织美国人的‘不参加日本侵略委员会’为起步，进而实现了美国人自动组织的‘中国救济事业组合委员会’，算是造塔结了顶。这个联合委员会是联合从事援华事业七个美国人团体的一个大组合，会员人数十万，遍布全美。领导人物有威尔基，亨利·鲁斯与赛珍珠女士以及其他美国政、商、学各界的知名人士数百人。从民国十九年起一直到太平洋战事爆发时止，不断在美国各大都市举行游行、展览、茶会、演讲、广播等种种宣传运动。到最后数月，在洛杉矶、好莱坞一带所举行的援华宣传运动，参加人数之

① 曾虚白：《曾虚白自传》（上），第227页。曾氏此种划分，盖从国宣处迁武汉，组织既定后开始计算，对于此前国宣处在上海及南京（包括向世人揭露南京大屠杀惨案真相）的工作有所忽略，鄙意可将此阶段划入曾氏所谓第一阶段。

② 曾虚白：《曾虚白自传》（上），第232、233页。

多，情绪之紧张热烈，可说空前”。

具体到宣传的内容，“在武汉会战（1938 年 6 月 18 日至 10 月 26 日——引者注）阶段，注重宣传我军力量之日增、经济财政的稳定。武汉撤守以后注重宣传我军在各战场屡挫敌锋及在大后方建立抗战物质与人文之稳固基础”。

由于得到军委会的配合，国宣处能够“随时能得（各战区）胜败真相如实供给外国记者及关心我抗战成败的国际友人；最高潮长沙大捷时，我们得军委会的协助，派专机由董副部长亲自伴同外国记者到长沙战场做实地采访”。①

而国宣处也派员在后方进行深入采访，为外国记者提供英文稿，同时在国外出版各种刊物和小册子，宣传中国的抗战。

而随着中日战争的发展，中国抗战的重要性日渐凸显，来华访问的外国记者和国际友人也日益增多，国宣处成为他们了解中国的重要平台。国宣处热情接待这些外国友人，尤其重视国外各通讯社和大报的记者，如英国路透社，美国联合社、合众社，法国新闻社，德国新闻社、海外通讯社，苏联塔斯社，以及美国《纽约时报》、《洛杉矶时报》的记者。这些外国记者发回国内的报道，无疑为世界人民了解中国抗战、改变一度不利于中国的国际舆论做出了积极的贡献。

1938 年 10 月，武汉失守，国宣处奉命移驻衡山。11 月中旬，奉命移驻重庆，12 月 1 日在重庆两路口巴县中学的校舍内正式开始办公。重庆时期，国宣处的内部组织和业务范围均有所扩大，其人员近 150 人，凡六科三室，六科为编纂科、外事科、对敌科、摄影科、广播科和总务科，三室为秘书室、新闻检查室和资料室。

六科中以编纂科最为重要。该科 1937 年冬设于武汉，沈剑虹为第一任科长，以后依次为郑钧、赵敏求、万君和。沈氏“英文写得简洁明快，无懈可击，故经他过目修正的英文稿，实无再请外籍顾问润笔的需要，因此，所请外籍顾问大都也自己参加写稿的工作”。该科的主要工

① 曾虚白：《曾虚白自传》（上），第 232、233、234 页。

作为采集新闻，撰发电讯、通讯，出版刊物，印发书籍和小册子，为求真求实，该科撰稿员足迹遍及大后方各个城市。到1945年，该科所发行的定期刊物主要有：英文《战时中国》（*China at War*）月刊一种、半月刊两种、日刊一种，在华盛顿、芝加哥、旧金山、墨尔本、蒙特利尔各刊行日刊一种，在伦敦、加尔各答各刊行周刊一种，在悉尼刊行三日刊一种。此外还办有《东方呼声》世界语月刊。在国内出版的外文定期刊物有《重庆新闻》（*Chungching Reporter*）和专供苏联人士阅读的俄文日刊。编纂科还配合战事撰发特种宣传资料。

外事科是国宣处开展对外活动宣传的重要部门，1937年12月在武汉设立，科长季泽晋。其工作的重点是接洽外国记者或访客访问中国政府要人或社会名流，并安排每周由外交部和国防部派员来国宣处召开的记者招待会。当时规定外交部来人为代表政府的政治发言人，朱世民任之，国防部来人为代表政府的军事发言人，徐培根任之。朱能操英语，徐则需季泽晋做翻译。

对敌科设于1937年12月，科长崔万秋，科员几乎是清一色的留日学生。对敌科工作重心有四个：①收听敌方广播，译送党政首长参考；②操日语向日方广播，以瓦解敌方斗志，播音员有中国人，也有日本人①；③编写日文报道与论文，编成日文报纸和杂志，由中国情报机关运到敌区散发；④搜集敌方广播和各种印刷品中的敌情资料，编写成《敌情研究》、《敌方谬论》、《敌情报告》、《敌情检讨》和《敌情资料》等不定期刊物，分送党政首长以作决策之参考。具体工作由1938年3月在该科内成立的由邵毓麟主持的对敌宣传研究委员会负责。1942年，国民党中央宣传部成立了对敌宣传委员会，专门负责对敌宣传的规划和督导，但各项具体工作仍由国宣处对敌科办理。1943年11月，国民党中央秘书处决定将对敌科易名为“对敌广播收录科”，明确规定了它的职掌是负责办理日语广播，收录日方广播电讯。

---

① 如日本作家绿川英子就曾参加国宣处的对日广播。参见孙金科、于景鸿《日本作家绿川英子的反战斗争》，《抗日战争研究》2005年第2期。

摄影科，顾名思义，负责为世界各国关于中国抗战的文字报道提供相应的图片资料，科长李钦瑞，人手不多，而其足迹则遍布大后方各重要城市，且常出入于各战区。该科设立于 1938 年冬末，次年 6 月以“邝光新闻摄影通讯处”名义向国外发稿，并产生了一定影响。1940 年 4 月摄影室正式扩大为摄影科，该科所摄照片几乎全部寄运香港，由驻香港办事处分别邮寄英美等国及南洋各地。

秘书室由曾虚白实际负责，成员有倪源卿、王家棫、马彬龢等。倪源卿负责起草董显光每周向国宣处驻外机构发表的函告，还负责处理全处英文文牍。马彬龢负责以蒋介石为首的政府高层文告的英译。王家棫则负责“择译外国报章重要资料”。

新闻检查室实际上就是上海时期的外电检查所，向由董显光和曾虚白二人负责，国宣处迁渝后由魏景蒙负责。

资料室由学者唐鲁滨主持，其任务在于搜集储藏各种有关宣传的资讯，以备处里其他部门检用。

另外，国宣处此前在对外宣传时奉行“借口”的办法，由外国人出面推动中国的对外宣传工作，在人事方面亦由外人出面，此时一仍旧贯，未做变更。[①] 只是添设了中国海外通讯社和成都编辑委员会，原来的七个支部也被集中扩大为香港、上海、伦敦、纽约四个办事处。

在曾虚白所说国宣处工作第二阶段，加强香港办事处也成为外宣工作的当务之急。国宣处邀请了在上海时合作过的温源宁前往香港发展外宣事业。

温源宁（1899～1984），广东陆丰人。英国剑桥大学法学硕士。1925 年起，历任北京大学西方语言文学系教授兼英文组主任、清华大学西洋文学系教授、北平大学女子师范学院外国文学系讲师等职。1935 年起，与林语堂、全增嘏、姚克等合编英文文史月刊《天下》。1936 年任立法院立法委员，在淞沪会战时曾与董显光、曾虚白等合作推动中国的外宣事业。

淞沪会战结束后，1937 年底，温源宁赴香港，筹组国民党中央宣传

① 曾虚白：《曾虚白自传》（上），第 238～241 页。另参见武燕军《抗战时期的国际宣传处》，《民国档案》1990 年第 2 期。

部国际处在香港进行对外宣传事宜，1938年，国宣处在香港设支部，1939年扩大为办事处，温源宁为办事处主任。在1942年以前，该办事处是国宣处整个组织中至为重要的联络站，对外为一切国际宣传刊物运寄国外的发送站，对内为招引各国作家、记者以及知名人士前往内地的招待站。同时还秘密与港英政府及各国情报人员联络，利用当地英文报纸撰发通讯稿等。该办事处办有英文刊物《远东镜》月刊一种，1940年停刊。1949年香港沦陷后，该处人员大部分回渝，少数留港人员转入地下活动。

对于温源宁的工作表现，曾虚白的评价是："温源宁博士跟英国人打交道有他牛津绅士作风的特殊技能。在这紧要关头他把我们的香港办事处与香港政府结上了特殊关系。一直到民三十年十二月因香港陷敌我办事处不得不撤销为止，香港办事处经常负担了国际宣传处宣传资料向国际间吐纳总关口的重要任务。"①

除此之外，国宣处还增设了仰光、印度尼西亚和新加坡办事处，分别由骆传华、谢善才和叶公超主持。其中叶公超尤为曾虚白称道："只有叶公超是得来不易的一位宣传奇才。……经温源宁推荐给显光兄立即请他担任我们国宣处的新加坡办事处主任。公超到了新加坡不独跟英国当局结了密切的关系，并且在华侨社会中树立了领导地位。"

叶公超（1904～1981），江西九江人，1920年赴美国留学，获麻省赫斯特大学学士学位。1924年获剑桥大学文学硕士学位。离英后，再赴法国巴黎大学研究院研究。1926年归国，任北京大学英文系讲师。1927年春参与创办新月书店，同年任暨南大学外国文学系主任、图书馆馆长，并兼吴淞中国公学英国文学教授。1929年任清华大学外国文学系教授。1935年复任北京大学英文系讲师。1937年抗日战争全面爆发后随校南迁。1938年5月，任西南联合大学外国文学系主任。

叶公超不但深具宣传才能，而且有极佳的组织才能。太平洋战争爆发后，他与新加坡政府经济部和英国驻新宣传部紧密联系，组织了新加坡的华侨反侵略委员会，帮助华侨华人避难到安全地带，又组织华侨游击队准

① 曾虚白：《曾虚白自传》（上），第266～267页。

备抗日，展现了超强的工作能力和旺盛的工作精神，以及和英国人打交道的高超技巧。①

温源宁和叶公超，很好地完成了各自的工作，为争取国际舆论同情和支持中国抗战做出了贡献。

在珍珠港事变之前，国宣处在对外宣传方面的业绩主要是："1. 在美（国）先创立不参加日本侵略委员会，继发动联合对华救济委员会；2. 在英（国）组织援华委员会；3. 在国内，以成都编辑委员会为中心，发动在英美耶稣教信徒之宣传，以海外通讯社为中心，发动在英美天主教信徒之宣传（此为在美打击中共宣传之中心组织）。"②

"不参加日本侵略委员会"集中了美国"许多同情我们（指中国——引者注）而热心为我们奔走的人士"，太平洋战争爆发后，该组织改名为"援助民主国以自卫委员会"，"其中心目标，就是要敦促美国断然自任远东反侵略的战士。这样有力的美国民间组织若能逐渐扩大，自然会影响到美国舆论和一般民众心理，根本动摇了孤立派反参战的阻力。因此支助这个'自卫委员会'变成了我们在这阶段最主要的工作"。

国宣处支助"自卫委员会"的工作主要包括四个方面："（一）文字：约请在华美侨执笔，撰写通讯，即将此项资料辑成《美国联合援华丛书》大量供给该会运用。（二）联络：该会曾派美国传播界领导人物亨利·鲁斯夫妇（Mr. & Mrs. Henry Luce）来华，从事联络。鲁斯是美国泰晤士新闻周刊、生活杂志、幸福杂志的主办人，于民国三十年五月八日抵渝，二十一日返美，历时半月，曾由显光兄亲自陪同赴成都、西安、潼关等地考察，所得印象异常良好。返美后竭力宣扬我国抗战精神；并向美国朝野呼吁增强援华。幸福杂志九月号特辟专栏，题目：《中国——我们的盟友》，计一百页，共载长文五篇，照片五十余帧。九月间，该会复派电影故事写作家卫德慕来华，收集宣传资料及电影故事张本。亦经国宣处尽量予以协

① 曾虚白：《曾虚白自传》（上），第267～268页。

② 《国民党中央宣传部国际宣传处曾虚白关于国际宣传工作检讨报告书》，《中华民国史档案资料汇编》第5辑第2编《文化》（1），第498页。

助。(三) 广播：发动渝、蓉、筑、昆[①]各地美侨，并敦请各界名流举行广播演讲，共计七十一次，演讲稿制成录音带及选辑专册，广泛运用。(四) 摄影：专为响应摄制此次运动的宣传电影纪录片共三部，成套新闻照片共十一套。在此一时期中，我们的广播与摄影有了突出的表现。……我们的新闻片，也接一连二的辑入美国的寰球新闻片中。总结说，我们的宣传工作，开始得到同盟国家的重视，愿意和我们携手合作起来了。”[②]

珍珠港事变之后，美国对日宣战，中国也迅疾对日宣战，中美成为盟友，中国在欧美原本需要遮遮掩掩的宣传工作也开始公开化，并取得了一系列成果，表现在：

> 1. 国外办事处，在美成立五处，墨西哥一处，加拿大一处，英国一处，澳洲一处，印度二处，国内办事处昆桂二处，计国内外宣传据点十三处。
>
> 2. 宣传资料的递送，经多方设法，在美聘得一业余无线电专家，在梵多拉设立收音台，收录我以广播送美之宣传文字，每日一、二万字，再以电报打字方法拍送纽约、芝加哥、旧金山三办事处，计在二小时内皆可全文送达。
>
> 3. 聘请东吴大学校长杨永清先生在美主持中国问题演讲服务处，服务处凡愿作中国问题演讲者及愿约请演讲中国问题者，皆可在该处登记，由该处供给资料或代撰演讲稿，并排定日程，目前在该处登记者已超过十人。
>
> 4. 经美国务院代聘专家合作协助之结果，本处所撰宣传文字及照片陆续为美国重要报纸杂志及画刊大量采用登载，我电力微弱，在美不能吸引听众之国际广播电台，经与美国全国十电台之联播，使中国之声不断闻于全美。[③]

---

① 渝、蓉、筑、昆，指重庆、成都、贵阳、昆明。

② 曾虚白：《曾虚白自传》（上），第262～263页。

③ 《国民党中央宣传部国际宣传处曾虚白关于国际宣传工作检讨报告书》，《中华民国史档案资料汇编》第5辑第2编《文化》(1)，第498～499页。

第五节 国民政府和国民党的宣传效果

在对外宣传方面，除国际宣传处外，重庆国民政府的驻外机构，宋美龄、宋子文、胡适等社会名流的对外宣传活动，均对中国的抗战产生了积极正面的影响，宋美龄 1942 年 11 月至 1943 年 6 月的美国之行，更是掀起了一股“夫人外交”的旋风，在美国造成轰动效应。

而另一方面，由于中美两国在二战中目标的不一致，蒋介石念兹在兹的是“抗战建国”，即一方面通过抗战统一全国军令政令，另一方面借助美国的帮助取得抗战胜利，因而希望美国把更多的财力物力投入中国战区；而罗斯福则是希望看到国共合作抗日，不要因为国共内争而影响其“先欧后亚”的整体战略，在这一点上，美国总统和中国战区统帅部参谋长史迪威的观点是一致的，这也从根本上导致了蒋介石和史迪威两人的矛盾。[①] 而众多美国记者在两人的矛盾冲突中选择支持史迪威，则进一步激化了他们和蒋介石之间本来就不融洽的关系，加上国民党的贪污腐败问题、国民党军队作战不利的问题，都成为美国人批评蒋介石的理由。

国宣处同人抱着“打开西方人漠视中国的门”的愿望，努力工作，为西方记者提供各种便利，也一度赢得了他们的友谊，然而，“世界大战展开以后，大家的注意转移到别的战线上去，对中国艰苦抗战的新闻兴趣减少了。因此，国际宣传处在可怜戋戋的预算限制内，不断奋斗使中国的努力仍活跃在同盟国人士的印象中。这工作有时正像希腊神话中西悉福斯（Sisyphus）滚石上山一样困难”。[②]

① 顾莹惠：《“史迪威事件”与战时中美英三角关系》，《苏州大学学报》（哲学社会科学版）2006 年第 1 期。

② 董显光：《董显光自传：一个中国农夫的自述》，第 196、197 页。西悉福斯，即西西弗斯，希腊神话人物，科林斯王国的建立者，因为触犯了众神而受到惩罚。诸神要求他把一块巨石推上山顶，而由于那巨石太重了，每每未上山顶就又滚下山去，前功尽弃，于是他就不断重复、永无止境地做这件事。诸神认为再也没有比进行这种无效无望的劳动更为严厉的惩罚了。西西弗斯的生命就在这样一件无效又无望的劳作当中慢慢消耗殆尽。

除了西方人漠视中国这一困难，国宣处还面临资金和人才的困难。国宣处最初在美国设立办事处时，其经费“简直微不足道”，而当时日本仅仅在美国一个国家的宣传费用就达到每年四百万到六百万美元，“在整个抗战期间，我们的宣传永远是落后的”。1945年春，美国司法部发表各国在美宣传费用的比较报告，由国宣处支持的中国新闻社（Chinese News Service，即国宣处纽约办事处）排在英、比、荷、波兰、捷克等国之后的第九位。

在人员方面，美国新闻署是跟国宣处对称的一个政府机构，在战争快结束时，其在重庆新闻处的中美人员总数达150人，而国宣处在重庆中枢人员，连同工友在内不到100人，国宣处在美国纽约的办事人员只有12人（英国宣传部驻美办事处在纽约RCA职员超过100人）。[①] 相比之下，中国在国际宣传方面的投入（物力、人力）在世界范围内确实是相当少的。因此确实很难要求国宣处的宣传效果比肩美国、英国等在宣传上进行了大量投入的国家。甚至于日本，在太平洋战争爆发之前，其在对外宣传上的投入，也是中国完全没办法相比的。

但宣传效果的大小、好坏又不完全是资金和人力投入的问题，否则就完全没办法评价和解释国共两党在抗战期间的宣传效果。国民党在宣传上不如共产党，根本原因在于蒋介石不重视党务，不信任本党党员，而是倾向于直接吸收社会精英进入国民党，这在国际宣传处的运作上表现得很明显。另外，和中国共产党不同，在第一次国共合作破裂后，国民党疏离于社会底层，这也是其对内宣传效果不彰的重要原因。1940年，国民政府曾对抗战以来各个方面的情况进行总结，陶涤亚在其检讨抗战以来国民政府宣传工作的文章中指出，该工作存在“不普遍深入”、“不讲求效率”和“不切合实际”三个方面的缺陷，所谓“不普遍深入”又包含三个方面的问题：“论地域，十分之六七只是在都市，没有到乡村，只是在后方，没有到前方；论对象，大都只是对智识程度在水平线以上的份子宣传，没有对水平线以下的广大群众宣传；论方法，只是在表面上做些因袭

① 董显光：《董显光自传：一个中国农夫的自述》，第198页。

的呆板的工作，很少能用‘入木三分’的工夫，发挥宣传的‘魅力’，使观者听者全神贯注被我所吸引，动作听我指挥，而不自觉地受我的影响。”陶氏认为，之所以出现这样的问题，原因在于国民党方面宣传组织不健全，“宣传组织还不能像人身上的毛细血管那样的普遍，所以不能达到呼吸相通，指挥灵活的地步”，以及宣传人员“修养不足，研究不够”。[①] 如果说前者尚有一定道理可循，后者则未免牵强。须知民国时期中国知识分子绝大多数集中于城市，深入农村的毕竟是少数，在这个意义上，国民政府能够利用的资源远超中国共产党，而中共在解放区和沦陷区的宣传工作做得有声有色，国民党方面却乏善可陈，根本原因还是在于其对广大群众的疏离、对群众运动的疏离。

相比之下，中共则非常重视组织与宣传工作。中国共产党宣传之有效，很大程度上在于组织的有力，国民党则反是。中共之所以在宣传方面独树一帜，获得中外人士广泛认可，与其为数众多且信仰坚定的党员的工作有密切关系。

① 陶涤亚：《战时宣传工作的理论与实践》，张研、孙燕京主编《民国史料丛刊》第299辑《政治·抗日战争》，大象出版社，2009，第310~311页。

结　语

一

宣传之运用于战争，历史悠久，秦末楚汉相争，刘邦以“四面楚歌”之计动摇楚军军心；淝水之战，秦兵少却，朱序于阵后大呼“秦兵败矣”，众遂大奔。这两件事，皆堪称宣传战在战争中的妙用。

以此观之，宣传在战争中的应用，并非近代才有的事情，其运用或有应用范围的大小、组织严密与否的区别，至于组织手法的高下，则未必古不如今。只是说到宣传在战争中的大规模运用，确乎肇始于第一次世界大战。

第一次世界大战期间，两线作战的德国为了赢得胜利，在军事斗争之外投入了大量人力、物力、财力来颠覆敌国政府，其中就包括投入不少于 3.82 亿马克用于“和平宣传”（亦即宣传战），其中，从 1914 年至 1917 年底的 4 年间，包括布尔什维克在内的俄国革命者从德国外交部得到的金钱和武器共计 2600 万马克，约合现在的 7500 万欧元。“德国政府希望，可能的俄国革命将引起俄罗斯帝国的崩溃、俄国退出战争并与德国媾和。德国需要这个结果，因为 1917 年它已经无力在两条战线上同时作战。”①

第一次世界大战后十年，蒋介石以北伐而统一中国，中国共产党主导

① 姚海：《俄国革命中的德国经费问题》，《史学月刊》2012 年第 6 期。

的宣传在其中发挥了重要作用。[①] 中共在宣传上的经验来自苏俄，而苏俄的经验，来自包括第一次世界大战期间的宣传实践在内的长期革命工作。

至于日本，其陆军省新闻班、海军省海军军事普及委员会、外务省情报部和文化事业部、铁道省国际观光局，均为直接受到第一次世界大战中宣传战的启发而建立起来的负责宣传事务的机构。

与之前宣传在各个领域的运用不同，第一次世界大战以来的宣传战，形式多样，手段千变万化。用之以利我，则利于万方，苟为敌用以乘我，则必祸害无穷。孙子曰："夫兵形象水，水之形，避高而趋下，兵之形，避实而击虚。水因地而制流，兵因敌而制胜。故兵无常势，水无常形，能因敌变化而取胜者，谓之神。"[②] 对于宣传战，不可不慎。

"宣传战"三字自其出现于中国历史舞台后，便频繁出现于各种中文的宣传文件中，足见当事者对宣传战作为一种战争模式的认可，对其所涉及社会各方面的广度和深度的体认。宣传之为"战"，自然有其作为战争的复杂性和多变性，宣传战要取得预期效果，必然要因时、因地、因势、因人制宜。

时者，时间，乃是事物发展的不同阶段。阶段不同，形势各异。抗战初期，国际社会对中国形势并不关注，国民党中央宣传部国际宣传处在进行对外宣传时，着重强调日军的残暴，引起国际社会的愤慨、关注，而在抗战进入防御阶段后，则突出国民党军队的顽强抵抗、英勇抗战，以此强调国民党军队是一支可以依赖的部队，中国的抗战前途光明。

势者形势，大势。一国一地区，乃至整个世界的形势，以时推演，积渐而化。1941 年 12 月 7 日，日军偷袭珍珠港，中国紧随美国之后对日宣

---

① 王奇生《党员、党权与党争：1924～1949 年中国国民党的组织形态》一书中写道："'一大'后，国民党对民众运动确实予以了前所未有的重视，采取了一系列措施来开展群众工作。中央党部先后设立了农民部、工人部、青年部、妇女部和商人部，作为领导民众运动的机构，工运、农运计划及相关的政策法规也相应出台。只是群众运动的实际工作多依靠参加该党的中共党员来进行。在中共党员的协力下，国民党动员民众的能力大大加强。特别是在北伐战争中，国民党气势如虹的发展，多仰赖民众运动之力。"（第 25 页）

② 《孙子兵法·虚实篇》。

战，中国在国际上的抗日宣传也随之公开化。1942 年 11 月至 1943 年 7 月，宋美龄访美，遍访纽约、华盛顿、芝加哥、旧金山、洛杉矶等地，发表演讲，在美国社会引起轰动，取得了良好的宣传效果，也是借助了中美合作抗日的大势。

宣传方式因人而异，也是宣传能够取得效果的重要原因。在华北广大农村，农民识字率低，中共在对农民以及以农民为主要兵源的伪军进行宣传的时候就强调口头宣传的作用，对于传单等宣传品，强调“在农村里最好是宣传画、歌谣、政府布告（适合于中国民情）”，而“为着上层分子与敌占区青年学生及城市宣传、口头宣传与传单已嫌不足，可以出专门的小册子，不定期杂志。要用灰色封面或形式。今后为着开展城市与上层分子工作，争取敌占区青年，这种宣传小册子，必须有计划的印发，环绕一定的中心与内容，文字要中国化，敌占区人士还不习惯于我们的新名词”。[①]

即便面对同一阶层的人，地区不同，宣传方式也有变化的必要。同样是在华北，中共的宣传方式就有喊话、座谈会、讲演、歌谣、地方戏曲、宣传画、壁报等，而受众对各种不同宣传方式的接受度是有差异的，这就需要宣传者进行具体而微的分析，做出不同的应对。

宣传欲求其有效，须有一定的技巧和方法，“成功的宣传有赖于在适宜的条件下对各种方法的巧妙运用。方法是宣传者可以控制的东西，条件是他必须适应这些东西”。[②]

第一次世界大战之后，世界各主要大国，均极为重视宣传在战争中的应用。随着社会的进步和科技的发展，以及对前人经验教训的总结，人们在实践中得出了诸多关于宣传的方法和技巧。抗战期间中日间的宣传战，也向世人展现了诸多的宣传方法和技巧。关于宣传工作的得失利弊，无论中方还是日方，事后都有详细的工作汇报。比如在对华北民众的宣传方式上，中日双方均强调口头宣传，在山东，日军的“宣传方式着重于口头

① 《山东革命历史档案资料选编》第 12 辑，第 143～144 页。

② 〔美〕哈罗德·D. 拉斯维尔：《世界大战中的宣传技巧》，第 155 页。

宣传与训练，各地建立宣传网，以为要深入农村，反对共产党欺骗必须着重口头宣传”。[①] 中共方面也指出：“在广大的农村，对伪军、伪组织的下层，应当强调口头宣传——喊话，座谈会，讲演。”“必须把喊话工作向前提高一步，喊话工作是对伪军士兵最好的宣传方式。”[②] 两者的总结，均结合了当时华北中国底层民众文盲率较高、农民和底层士兵识字率较低的现状。

二

从第一次世界大战开始，近代社会的战争就有“总体战”的称谓，即战争非徒单纯的武力较量，而是参战双方军事、经济等各方面综合实力的全面对抗，与此相对应的宣传战，牵涉面之广，远超以往，也就需要高度的组织性，以便协调各方力量，为达到自身目的而共同奋斗。

中共对宣传工作的重视是以强大的组织工作为后盾的。抗战期间，中共不仅通过办教育培养了大批政治工作干部，颁布政治工作条例，组建政治工作体系，还发动广大党员，深入农村、深入基层，宣传中共的抗日主张，将政治工作发展成为群众运动，形成党、政、军、民联动的广大宣传工作网络，在无论对敌、对友还是对内的宣传工作中，都取得了堪称卓越的成果。

抗战期间的国民党，组织规模空前扩张，但其本身作为一个政党的力量非常弱小，大多数国民党党员只是挂名党籍。如王奇生所总结：“党不能在农村、工厂、矿山、铁路以及其他部门中建立深厚的组织基础，也不能在民间团体和社会组织中建立健全的政治领导。……国民党始终未能建立一个具有严密渗透性和强大内聚力的政党组织体系。……在社会整合方面，国民党的组织和影响也未能深入到社会底层和辐射到社会生活的各个方面。三四十年代的大量资料显示，国民党在广大农村基层社会的影响甚至不如乡村教会组织和秘密社会团体。”[③]

---

① 《山东革命历史档案资料选编》第12辑，第41页。

② 《山东革命历史档案资料选编》第12辑，第142、143页。

③ 王奇生：《党员、党权与党争：1924～1949年中国国民党的组织形态》，第405～406页。

抗战时期日本的宣传组织，固然极为严密，上至内阁情报委员会（后来的内阁情报部、内阁情报局），下至军队中的“宣抚班”、政治工作队等，统一执行日本政府各部协商（通过内阁情报委员会）后的宣传政策；日本的媒体，经过整合之后，也统一接受内阁情报委员会的监督。在形成日本国内的统一舆论方面，日本人做得非常成功。而在对沦陷区中国社会的控制方面，由于兵力不足，日本人主要通过傀儡政权实现，而傀儡政权在国民党、共产党和日军三方势力的包围之下，为求生存，朝秦而暮楚，左右支应，其对日军很难谈得上什么忠诚度，往往以所谓“两面派”居多。而沦陷区民众对傀儡政权，或不假辞色，或经共产党工作而敷衍日本人，或积极参与抗日运动。

诚如拉斯维尔在其《世界大战中的宣传技巧》中所总结的那样，战争中的宣传工作，应该有统一的机构来负责，指挥不统一，将带来危险，还会导致大量的重复劳动。[①]

日本政府因为宣传口径不一而整合日本通讯社和媒体，第一章已有论述。关于宣传口径的统一，第一次世界大战时，参战各国已经注意到这一问题，毕竟，由于近代战争的“整体战”性质，一国的许多机构都会或多或少地参与战时宣传工作，如外交部、外交和领事人员，陆军部、野战司令部，国内行政机关的主要服务部门等。宣传不可能完全垄断在一个机构手里，因此，必须通过各个部门之间迂回曲折的协调，达到最终的一致。在第一次世界大战中，参战各国主要通过以下方式来减少相互冲突、比例失调和重复等危险：记者招待会（德国）；宣传主管委员会，每人负责宣传工作的一个主要分支（英国）；以各主要部门名义运作的单个宣传主管（美国）。[②] 国民党中央宣传部国宣处在抗战时期也采用了召开记者招待会的形式，试图统一宣传，很明显是受了一战时德国模式的影响。

中共也很重视统一宣传的问题。1941 年 5 月 25 日，中央书记处发表关于统一各根据地内对外宣传的指示：

---

① 〔美〕哈罗德·D. 拉斯维尔：《世界大战中的宣传技巧》，第 27 页。

② 〔美〕哈罗德·D. 拉斯维尔：《世界大战中的宣传技巧》，第 159～160 页。

中共在全国以至全世界所占的重要地位，中共每一负责同志和领导机关之一言一动在全国以至全世界所发生的巨大影响，政治形势之紧张，敌人谋我之尖锐，党派斗争之激烈，都要求我党统一对外宣传及采取慎重处事的态度。从近几月中各根据地的广播与战报看来，我党的对外宣传是不适合于这个要求的。特别应引起我们注意的，是许多违反党的政策与中央指示的言论之公开广播（如另立中央政府的主张，马日事变的估计，陈团起义[①]的发表，仇货充斥的自白等），与各地对外宣传工作中独立无政府状态的存在。这种全世界任何国家政党所没有的极端严重的现象，如不迅速纠正，对党对革命必有很大危害。因此中央决定：

（1）一切对外宣传均应服从党的政策与中央决定，各中央局、中央分局、省委、区党委负责同志的公开发言，尤应严格遵守此原则。各军事领袖不得军委许可不准公开发表有关全国性的意见。凡牵涉到全国性意义的重要政治事变，任何中央局、中央分局、省委、区党委负责同志及任何军事首长，在中央未指示前，不得公开发言，以保障全党意见与步调的一致。

（2）一切对外宣传工作的领导，应统一于宣传部。宣传部应负责立即停止在这方面的无监督无政府的现象，中央局、中央分局、省委、区党委应经常检查这一工作，并加强其领导。

（3）各地方报纸下的通讯社，应成为对外宣传的重要机关。广播台及起广播台作用的战报台，应划归通讯社，并设立广播委员会专门负责广播材料的审查编辑，并由宣传部指定一政治上坚强的同志领导之，并经常检查其工作。

（4）各地应经常接收延安新华社的广播，没有收音机的应不惜代价设立之，各地报纸的通讯社，应有专门同志负责接收与编辑的工

---

① 皖南事变后，国民党顽固派掀起反共浪潮，汤恩伯调集9个师共12万大军，试图以7倍于彭雪枫部队的兵力，一举歼灭刚由彭雪枫部队改编而来的新四军四师，国民党李仙洲部一四二师四二五团团长、中共党员陈锐霆被迫率部渡过颍河，与新四军作战。1941年4月18日，陈锐霆经中共中央同意，率部起义。

作，应同延安新华社直接发生通讯关系，并一律改为新华社某地分社。关于电台广播内容与广播办法等，应受延安新华社之直接领导。

（5）各地报纸应经常发表新华社广播，其他根据地的广播的登载与否，应根据本决定第二项来审查处理，无选择的登载是不允许的。

中央书记处

同日，毛泽东和朱德、王稼祥、叶剑英就当时形势和统一宣传问题致电八路军、新四军各负责人，指出：

日军发动此次小规模战争，现华中、华南已退返原防，晋南亦无大战，证明其目的仅在吓蒋，此次进攻似已至结束期。……目前西方新慕尼黑危险虽因苏联的坚强政策暂时被打破，但东方新慕尼黑危险却日见增涨，日、美、华妥协反共反苏反德的阴谋正在东京与华盛顿交换意见，国民党两星期来对国际局势一言不发，而只宣传共产党如何不配合作战，可见其正在沉机观变中。……在此时局动荡之秋，我党宣传必须统一于中央的宣传政策之下，因此我军各首长必须严格遵照中央二月一日指示，不得随便发表意见。

5月26日，毛泽东出席中共中央政治局会议，做关于时局的报告。关于党的对外宣传问题，毛泽东指出：过去习惯对外宣传不统一，表现在各根据地宣传政策不统一，今后要统一起来。①

国民党方面，出于对群众运动走向“赤化”的本能恐惧，虽然在抗战期间和中共合作进行抗日宣传，但实际上并不热心于此，对群众运动百般阻挠，其群众工作不仅在华北、华中无法和中共争衡，即便在大后方，也是画虎不成反类犬。

① 《毛泽东年谱（1893～1949）》中卷，第300～301页。

三

高度组织化的、统一的宣传，是宣传战胜利的必要条件，但远非决定性条件。宣传对象对宣传者观点的接纳、认可才是问题的关键。抗战期间中国和日本之间的宣传战，各宣传主体（日本、中国国民党、中国共产党）有不同的宣传对象，其宣传侧重点各有不同，宣传效果亦有不同。中国共产党长征劫余，众不过数万，在“敌、我、第三方”三大宣传对象中，受内外条件限制，主要力量其实还是用于“我”这一方面，亦即国统区、解放区及敌后抗日根据地的广大民众，尤以后二者为宣传重点，盖非此不足以发展壮大自身实力进而立足于华北。

国民党方面，全面抗战初期与中共合作，在发动民众积极抗日方面也取得了较好的成果，后则因恐惧民众“赤化”，压制民众运动，在对“我”的宣传方面未免虎头蛇尾。而以蒋介石借力于国际社会以解决中日问题的心理，国民党系统的抗日宣传，主要对象还是“第三方”，尤其是美国。但因美国“先欧后亚”的战略以及西方社会漠视东方的传统心理，以军事委员会第三厅为中心的国民党外宣系统虽尽力宣传国民党的抗日政策，也取得了一定的效果，但并未达到预期。又因国民党本身的问题（腐败、军事溃败等），在抗战后期，国民党的国际观感反而远比共产党差。

日本政府在全面侵华之初，迷恋武力征服，对中国方面的抗日活动，只重视其军事方面的反抗，对中国方面的抗日宣传——不管是国民党系统还是共产党系统，皆不以为意。后因 1939 年冬国民党发动对日冬季攻势，日本政府意识到中国实力仍在，难以单凭武力解决“中国事变”，遂有 1940 年下半年日本大本营陆军部研究班对中国对日宣传战的调查。日本军方意识到中国（尤其是中共）方面的对日宣传“巧妙而顽强”，对侵华日军官兵颇具威胁性，提出应加以防范。[①] 而由于当时侵华日军与中共在

① 「支那事変ニ於ケル支那側思想工作ノ状況（無形戦力思想関係資料第二号　大本営陸軍部研究班一九四〇年九月）」吉田裕監修、松野誠也編集『日本軍思想・検閲関係資料』、第 40 頁。

华北布局的城乡错位，日军对中共在华北的宣传及发展壮大，初无切肤之感，此后日方在华北的防共组织“华北灭共委员会”在评估中共在华北的抗日宣传效果时，也没有看到中共在华北发展党组织的努力，对其发展并未真正留意。直至1940年8月百团大战爆发，华北日军震惊于中共在华北的发展，才开始重视中共，遂有此后日本在华北的数次“治安强化运动”，宣传战和武力“扫荡”一起开展。中共应对日方进攻的重要手段之一就是派出敌后武工队，在敌伪统治地区开展政治攻势，分化瓦解日伪军，并取得了良好的效果。

分析抗日战争中国、共、日、伪各方在宣传战上错综复杂的关系，应注意到对底层的争取及其效应其实是其各自力量消长变化的重要一环。所谓“底层”，以言中国，是广大的农民、小生产者、工人、小商贩等，其中又以农民为最主要的成分。在中共重点发展的华北地区，长期生活在封闭落后环境下的广大农民群众，其于国、共、日、伪四方势力而言，是敌是友？一开始其实并非黑白分明的。日本宣传工作做得好的地方，则为所谓的“模范村”，成为日本人的帮凶；中共宣传工作做得好的地方，则又成为中共的势力范围或表面上应付日伪、背地里和中共势力往来的“两面派”力量。为争夺华北农民，中日双方进行了激烈的宣传战。

以言日本，除了受到日本政府严格管控的日本国内广大底层民众，大多数来自农村的侵华日军士兵，也是底层民众。早在全面侵华战争爆发之前，日本社会即先经受过包括马克思主义思想在内的西方思想的洗礼，底层、阶级斗争、军阀、财阀、资产阶级等概念对于日本士兵而言其实并非完全陌生的。因而中共针对日军官兵的阶级斗争宣传、底层关怀并非无的放矢，而是引发了一定共鸣。就像抗战时期在八路军中负责敌军工作的蔡乾所说的那样：“日本军的士兵最大多数是工人农民，启发他们的阶级觉悟是必要的。比方拿些具体的统计或具体事实来说明这战争对日本工人农民生活的危害，激起他们的愤怒，指出必须与中国人民携起手来反对日本帝国主义才是日本的出路。同时尽量揭发日军官兵矛盾的事实，（例如长官打骂士兵，差别的待遇等）来启发日兵对官长的反感和不满，也是非常必要的。”[①] 松野诚也在解说日本大本营陆军部研究班的调查报告时也指出，对于大多数为穷困农民出身的日军士兵的心境，接受纯粹的军队教育培养起来的日军高级指挥官是无法理解的，而日军中的阶级歧视和苛酷的军纪，也使日军下级士官和士兵的不平、不满情绪随之产生。[②] 中共的宣传人员，正是在准确的宣传思想指导下，有针对性地对日军官兵进行宣传，从而引起了他们的共鸣，在看了中共的宣传单后，发出“确实如此”、“说得对啊”的感慨。[③]

中共对日军官兵的宣传，自然有功利主义的考量，却也符合其建党理念。正是因为对身处社会底层的工人和农民有着朴素的阶级感情，中共的宣传人员发自内心地希望原本凶残的敌人改邪归正，向他们宣传“我们不杀日本士兵”、“不杀中国兄弟”、“中国不是日本士兵的敌人”、“我们的敌人是日本军阀”、“日本军阀才是你们的敌人”、“打倒日本帝国主义”、“不要成为日本军阀的牺牲品”、“中日士兵兄弟联合万岁”。[④]

可以说，中共在抗战时期中日间宣传战上的胜利，在很大程度上源自其对社会底层的争取，而社会底层对中共的拥护和支持则成为中共发展壮大的动力源泉。传统中国是农业国家，农民占了中国人口的绝大多数。孟子云：“得天下有道，得其民，斯得天下矣。得其民有道，得其心，斯得民矣。得其心有道，所欲与之聚之，所恶勿施尔也。”[⑤] 中国有史以来，还从来没有一个组织，能够像中国共产党那样，将全心全意为人民服务的意识灌输到每一个党员心中并贯彻始终，唯其如此，中共党员才会真正想群众之所想，急群众之所急，深入底层民众，了解民众疾苦，在和群众真

---

① 蔡前：《八路军抗战以来敌军工作经验》，《八路军军政杂志》第1卷第5期，1939年5月，第59页。

② 「解説」吉田裕監修、松野誠也編集『日本軍思想・検閲関係資料』、第8頁。

③ 「支那事変ニ於ケル軍人軍属ノ思想二影響ヲ及セル諸因ノ観察（無形戦力思想関係資料第四号　大本営陸軍部研究班一九四〇年九月）」吉田裕監修、松野誠也編集『日本軍思想・検閲関係資料』、第134頁。

④ 「支那事変ニ於ケル支那側思想工作ノ状況（無形戦力思想関係資料第二号　大本営陸軍部研究班一九四〇年九月）」吉田裕監修、松野誠也編集『日本軍思想・検閲関係資料』、第44頁。

⑤ 《孟子・离娄上》第九章。

正融为一体之后，方宣传自己的抗日主张，“越来越多的证据表明，共产党在中国获得政权的原因不只有一个，如地主所有制或帝国主义，如果要将其归纳为一条，这就是共产党能够了解民间疾苦：从殴打妻子到隐瞒土地，无所不知，从而动员群众的革命激情”。[①] 中共在华北农村进行的革命性变革，是其赢得农民拥护的根本原因，而这一切，当然离不开中共优秀的组织工作。

中共成就的“底层效应”，不同于中国历史上三百年左右一次的治乱循环中出现的底层民众对专制统治者的反抗造就的“再开盛世”，而是由富于斗争精神的知识分子、工农精英携起手来，将马克思恩格斯的阶级斗争理论和中国的实际相结合，原则性与灵活性相结合，打破“士农工商”的传统四民社会中士大夫治国理政格局下士大夫的傲慢，由中共组织的参与者，从上到下，每一个共产党人均积极投入抗日宣传，从而赢得了广大民众、第三方乃至敌人的支持和拥护。这种效应的打造，既不同于美国凭借强大的军事实力、经济实力大撒传单、大肆广播的碾压性宣传，不同于日本迷恋武力征服、视宣传为小道的武力宣传，也不同于国民党走上层路线、专以美国为对象的宣传，而是打破窠臼、全员投入的宣传，其能成功，是势所必然。

四

除了规模大小的区别外，近代的宣传和前近代的宣传还有一个重要的区别，就是社会心理学要素的大规模运用。

二战进行正酣之际，美国国家研究院（National Research Council）和科学社（Science Service）邀请美国各大学教授和军事教育机关教官，对参战的美军士兵的心理进行研究，最终合编了一本名为《军人心理学》（*Psychology for the Fighting Man*）的心理学专著。该书认为，现代战争乃是全面战争，其由军事的、经济的和心理的战争合成。其中“心理战争

① 〔美〕杜赞奇：《文化、权力与国家——1900～1942年的华北农村》，王福明译，江苏人民出版社，2003，第239页。

是战争中最新的军备，它是指导意见、信仰、信心、勇气以及意志，从事作战，兼具攻守两方面，因为可以鼓舞自己的民心士气，也可摧毁敌人的士气”。而宣传被视为心理战的主要武器。它“包括改变国家人民，敌军的意见，战略，战术。在前线用无线电广播，后方用飞机散发传单，轰击敌人”。编者认为，心理战争，大致有四个依次出现的步骤，即“敌兵必先厌战，感到烦闷、疲倦、失望。为别离亲属而烦闷，为饥寒，为忧愁和流血，为残废和伤亡，为战争的蹂躏破坏而厌倦”；“第二步心理战争，变醒悟为绝望，使厌战的敌人相信胜利已经不可能”；“第三步给予优待的诺言，指示出路”；“引起失望之后，给予优待的诺言后，心理战争还要推进一步。引导敌人归咎于自己的领袖”。①

心理战的目的，在于改变受众的心理，这其实也正是宣传战的目的，在很大程度上，二者是一而二、二而一的。当然，就抗日战争全局而言，作为总体战一部分的宣传战的发展脉络，也是和国际局势的发展息息相关的。从中国的角度出发，没有中外反法西斯势力在军事斗争、经济斗争上的不懈努力和相互合作，宣传战的发展、中国宣传目标的达成都是不可想象的。

在抗战期间中日双方的宣传战这一战场上，无论是中国人也好，日本人也罢，乃至于第三国人，三方之间对于其余二者都有思维定势，这种定势很多时候强烈地限制着主体下一步的心理活动，使中日双方的宣传攻势难以展开。

宣传的手段是信息的传递。近代以来，信息传递的手段经历了翻天覆地的巨大变化，从面对面的谈话、演讲，到借助广播电台、电视台的演讲，从学术传统的言传身教，到报刊在社会各个领域、各个阶层的遍地开花，信息传递的覆盖面呈几何数级增长。然而，宣传毕竟不是简单的信息传递，人们的意识和行为不会因为接触到某种信息而立刻发生变化，这涉及极为复杂的社会心理学问题。肖・阿・纳奇拉什维利在其《宣传心理

① 〔美〕E. G. 波林编《美国军人心理学》，陈孝禅译，湖南师范学院教育系，1984，第13、293、302～303页。

学》（1979）一书中引用了国外心理学界特别是美国心理学界的许多实验研究成果，其中一项研究表明，在报刊、广播、电视等传播工具大规模地得到利用的情况下，它们对形成美国社会各界的观点和态度的影响竟然是微不足道的。[①] 宣传手段之发达如战后的美国尚且如此，抗战时期心理严重对立的中日两国民众，试图通过宣传手段改变对方的心理，其难度不言而喻。

因而宣传活动要获得受众的认可，需要采取很多技巧性的方式方法，比如“自己人效应”，即利用第三国乃至敌国人士进行宣传战。抗战时期，中日两国都起用了为数不少的第三方甚至敌方阵营的人员为自己的宣传战工作。国民党在进行国际宣传时，聘请田伯烈等外国记者，起到了很好的宣传效果；国共双方在面对日军的时候，都起用了日军俘虏进行宣传战；而侵华日军在沦陷区更是大量利用中国人为其奴化宣传服务，蒙蔽了不少中国民众。

从宣传心理学的角度说，上述例子堪称成功运用“自己人效应”和“名片效应”的典范。纳奇拉什维利认为：“不仅是观点上的一致，而且是传播者和听众之间所存在的以及听众认为有某种意义的一切相似性，都能提高宣传员的影响力。这种相似性会使人产生一种‘同体观’倾向，把传播者和自己视为一体。”是为“自己人效应”。而“宣传员把他的报告的基本主题组织到另外一些能为听众所接受的主题中间去。这样就能使听众产生一种印象。似乎这位宣传员在观点方面是和听众相近的，和听众有许多共同的东西，这种印象有助于造成宣传员和听众意见一致的情境”。这正是“名片效应”的内容。就如苏联学界在20世纪70年代所做关于“名片效应”的实验：“先向受试者们提出一些他们所能接受的观点，然后再提出宣传员的立场。结果表明，取得这样一些受试者的同意，要比那些未经过‘名片’投递程序的受试者快得多，容易得多。每当宣传员运用那些同他所宣传的思想并无有机联系的问题作为‘名片’时，

① 〔苏〕肖·阿·纳奇拉什维利：《宣传心理学》，第5～6页。

这种效应就会非常有力地显示出来。”①

从日本方面来说，抗战时期日本政府对中国军民的宣传，虽然其方式五花八门，规模亦堪称浩大，但仍无法决定其对华宣传战的最终结果。决定中国民众对日态度和定势的乃是其社会心理，而这种心理，在抗战过程中，是需要耐心而细致的工作予以培养和维持的。抗战时期中国共产党通过精心努力获得广大底层民众的支持，堪称社会心理学和宣传战完美结合的典范。

中共在抗日战争中最为重要的成果，是赢得了农村广大民众的拥护和爱戴。农民之所以拥护中国共产党，中共的宣传是一方面原因，中共武装纪律严明、热情帮助老百姓的具体行动更是重要的原因。

关于中共武装的军纪，曾在 1937 年到延安采访的美国记者史沫特莱在当年底与美国驻华大使馆武官卡尔逊上尉的谈话中提到：

> 作为女性，我不能避而不谈我所知道的八路军对待这个国家妇女的行为，哪怕是八路军最无耻的敌人也无法指控他们调戏妇女、招娼狎妓。我问卡尔逊上尉，使八路军得以避免这类行为的是“理想主义”么？不是，绝对不是，八路军是由那些在中国人民中占 99% 的工人和农民的子弟、丈夫和父亲组成的。他们经过训练而懂得，他们，工农的子弟兵，是人民仅有的保护者。这样的士兵能去奸淫那些身为他们阶级姊妹的妇女吗？她们事实上往往就是他们自己的或是他们周围同志们的姊妹、妻子或母亲。无论八路军到达什么地方，都会有来自各地的男人加入队伍。没有一个连队没有这样的人。如果别人敢于把妇女当做娼妓，他们就会遭到身边那些人的坚决反对，这些人不是那些妇女的兄弟、儿子，就是她们的丈夫。被一般军队当作妓女的总是工人和农民家的妇女——几乎从没有富人家的妇女。侵犯一个工农妇女，也就侵犯了八路军的根基。
>
> ……

① 〔苏〕肖·阿·纳奇拉什维利：《宣传心理学》，第 85 ~ 86 页。

有一天我介绍卡尔逊上尉和一些传教士见面，他们似乎深为关切的是，我，身为女性，生活在这支军队里，以及，这支军队里有五六个中国妇女。我听到卡尔逊用一种深沉而动人的真诚态度回答他们：“我可以诚恳地告诉你们，任何妇女都可以生活在这支队伍里而不必为受污辱而存丝毫的忧虑。我相信，这是世界上最严于律己和自制的一支军队。我所见到的是料想不到的事实，是我终生难忘的阅历。”①

史沫特莱揭示了中共武装作为一支“来自人民，为人民服务”的人民军队的力量来源，而“人民”的主要构成，就是包括广大农村地区的农民在内的中国底层民众。以这样的部队为基础，中共身体力行地向老百姓进行抗日宣传，老百姓听得进去。

八路军军纪严明，这是中国工农红军的传统。从建军之日起，中共武装就极为强调军纪。1927年10月3日，工农红军第一军第一师第一团离开三湾向宁冈古城前进。出发前，毛泽东就在枫树坪向战士和干部讲话时强调行军纪律：“说话要和气，买卖要公平，不拿群众一个红薯。”② 10月24日，毛泽东在荆竹山向部队做动员讲话时，又宣布工农革命军三项纪律：“一、行动听指挥；二、不拿群众一个红薯；三、打土豪要归公。”③ 1928年1月25日，毛泽东在部署部队再次从遂川县城分兵下乡时，根据第一次下乡的经验和教训，宣布工农革命军最早的“六项注意”：“还门板，捆铺草，说话和气，买卖公平，不拉伕、请来伕子要给钱，不打人不骂人。要求部队每到一地，都要检查‘六项注意’的执行情况。”④

1937年10月30日，毛泽东致电时任八路军一二〇师直属工兵营营

① 〔美〕艾·史沫特莱：《中国在反击——一个美国女人和八路军在一起》，第223~224页。

② 《毛泽东年谱（1893~1949）》上卷，第222页。

③ 《毛泽东年谱（1893~1949）》上卷，第225页。

④ 《毛泽东年谱（1893~1949）》上卷，第233页。

长王兆相等并告八路军总部、第一二〇师："注意部队的纪律，无论如何困难，不得乱拿工农一草一木，每天出发训话一次。"11 月 27 日，毛泽东又与彭德怀致电朱德、任弼时，指出为防备日军进攻晋察冀边区和晋西北地区，在八路军占领区域立即进行三项准备工作："加强新部队的政治教育与党的工作，这是巩固部队工作的核心；加强必要的军事与游击动作的训练；动员地方民众。"①

以毛泽东为首的中共高层的反复强调是中共武装军纪严明的重要原因，而红军的政治委员制度则是制度性的保障。1940 年 4 月、5 月刊载在《八路军军政杂志》第 2 卷第 4 期、第 5 期的《中国国民革命军第十八集团军（第八路军）政治工作条例（草案）》在其总则中明确规定，第十八集团军改编自中国工农红军，"政治工作是革命军队的生命线，第十八集团军继承了过去红军时代政治工作的优良传统，向来非常重视政治工作，而与一切忽视政治工作的观念与取消政治工作的企图作坚决的斗争"。"在抗日战争中，第十八集团军政治工作的基本内容是提高军队的战斗力，求得官兵一致，军民一致，团结友军，瓦解敌军。以争取抗日战争的最后胜利。""求得'官兵一致'，这就是说，要进行战地居民中的政治工作，发动战地民众积极参加抗战。为此目的，必须森严军队的纪律，使居民对军队无所畏而有所爱。必须在地方民众中进行宣传鼓动工作和组织群众团体的工作，必须实行抗日民族统一战线的各项政策，协助当地政府实行民主改革与民生改善，实行在民国二十六年九月间与友党友军共同订定的抗日建国的基本政治原则，即民族独立、民体自由、民生幸福等三大原则。必须发动战区的基本群众——工农劳动群众，同时团结一切抗日的社会阶层。必须增强战地居民的自卫能力，组织抗日自卫军与抗日游击队。必须在其行动区域中摧毁敌伪政权，恢复中国的政权。"②

良好的纪律，加上对广大民众的热心帮助，使得中共在民众中树立了很高的威望，中共的抗日宣传也得到了民众的广泛响应。正如萧华在

① 《毛泽东年谱（1893～1949）》中卷，第 34～35、39 页。

② 《中国国民革命军第十八集团军（第八路军）政治工作条例（草案）》，《八路军军政杂志》第 2 卷第 4 期，1940 年 4 月，第 125～142 页。

1944年全山东政治工作会议上所总结的那样：

> 我军之模范纪律与行动，在敌占区影响最深，我部队帮助民众担水，给敌占区民众以极深印象。以武装整齐，武器良好之武宣队，到敌占区行动一次，给敌占区人民影响，强于多次讲演。
>
> 宣传与实际行动结合，还表现在对于敌占区各种斗争，宣传工作必须协同。无论反抢粮、反封锁、反捉壮丁、反新国民运动各种工作，必须贯彻宣传活动。因为我们的工作，一切均依靠于群众自觉，要群众自觉斗争，必须进行宣传工作。因此，宣传部门必须接近一切实际活动，或实际参加，不然就不能很好的领导与组织宣传工作，必然形成宣传的脱离实际现象。
>
> 宣传鼓动工作必须：不简单在于解析问题，还必须鼓动行动，指出出路，各地对我宣传品反映："你们说的对，但叫我们怎样办呢？"不单是要提出问题，还必须有解决办法。但秘密办法，却不能公开宣传。①

或许正是在这个意义上，英国记者贝特兰指出："中华民族的真正力量到底在哪里呢？不在沿海的大城市，不在省会。它的确是在这里，在乡村里，市镇里，在这里的农民群众中，他们过了许多年无知无识的生活，经历了许多年的内战，现在正在自觉地日益加强的目标下联合成一个有机的整体了。"②

---

① 《山东革命历史档案资料选编》第12辑，第144页。

② James M. Bertram：《华北前线》中文版，文缘出版社，1939，第313页。

参考文献

一　报刊

《八路军军政杂志》、《解放日报》、《新华日报》（华北版）

二　日记、回忆录、史料集、工具书等

〔苏〕A. M. 普罗霍罗夫主编《苏联百科词典》，中国大百科全书出版社翻译出版，1986。

《陈赓日记》，战士出版社，1982。

《东史郎日记》，江苏教育出版社，1999。

董显光：《董显光自传：一个中国农夫的自述》，曾虚白译，台北，台湾新生报社，1980。

冯玉祥：《我所认识的蒋介石》，中国青年出版社，2015。

复旦大学历史系日本史组编译《日本帝国主义对外侵略史料选编》，上海人民出版社，1975。

郭沫若：《革命春秋》，人民文学出版社，1979。

国民党军事委员会政治部编印《第一期抗战领袖言论集》，1938。

《晋察冀抗日根据地》史料丛书编审委员会、中央档案馆编《晋察冀抗日根据地》第1册《文献选编》，中共党史出版社，1989。

军事科学院军事历史研究部编著《中国人解放军战史》，军事科学出版社，1987。

李宗仁口述，唐德刚撰写《李宗仁回忆录》，华东师范大学出版社，1996。

林声主编《“九一八”事变图志》，辽宁人民出版社，1991。

《刘伯承回忆录》，上海文艺出版社，1987。

刘伯承元帅旧居陈列馆筹建领导小组、刘伯承元帅研究丛书编辑室编《刘伯承元帅研究》，重庆出版社，1989。

《刘少奇选集》上卷，人民出版社，1981。

《彭雪枫传》编写组编《彭雪枫传》，当代中国出版社，2004。

日本防卫厅战史室编《华北治安战》，天津市政协编译组译，天津人民出版社，1982。

山东社会科学院历史研究所编《山东革命历史档案资料选编》第4、7、12辑，山东人民出版社，1982、1983。

上海社会科学院历史研究所编《“八一三”抗战史料选编》，上海人民出版社，1986。

王安娜：《中国——我的第二故乡》，三联书店，1980。

王健英编《中国共产党组织史资料汇编》，红旗出版社，1983。

《忆彭雪枫同志》编辑组编《忆彭雪枫同志》，河南人民出版社，1979。

曾虚白：《曾虚白自传》，台北，联经出版事业有限公司，1988。

张军锋主编《八路军老战士口述实录》，中央文献出版社，2005。

张玉鹏、张文杰主编《冀鲁豫边区敌军工作》，河南人民出版社，1995。

政协山西省委文史资料研究委员会编《山西文史资料》第14辑，山西人民出版社，1980。

中共河北省委组织部、中共河北省委党史资料征集编审委员会、河北省档案局编《中国共产党河北省组织史资料》，河北人民出版社，1990。

中共江苏省委党史工作办公室、江苏省档案馆编《中共中央华中局》，中央党史出版社，2003。

中共中央党史研究室第一研究部译《共产国际、联共（布）与中国革命文献资料选辑（1938～1943）》，中共党史出版社，2012。

中共中央党史研究室第一研究部译《联共（布）、共产国际与抗日战争时期的中国共产党（1937～1943.5）》，中共党史出版社，2012。

中共中央文献研究室编《毛泽东年谱（1893～1949）》，人民出版社、中央文献出版社，1993。

中共中央宣传部办公厅、中央档案馆编研部编《中国共产党宣传工作文献选编》，学习出版社，1996。

中国第二历史档案馆编《中华民国史档案资料汇编》第5辑第2编《文化》(1)，江苏古籍出版社，1991。

中国国民党中央执行委员会训练委员会编印《总裁言论选集增编》，1944。

中国人民革命军事博物馆编辑《中国人民革命战争地图选》，地图出版社，1981。

中国人民解放军河北军区政治部编《冀中抗日战争简史》，河北人民出版社。

中国人民解放军历史资料丛书编审委员会编《八路军·文献》，解放军出版社，1994。

中国人民政治协商会议河北省石家庄市委员会文史资料研究委员会编《石家庄文史资料》第2辑，1984。

中国人民政治协商会议山东省宁津县委员会文史资料组编《宁津文史资料》第3辑，1983。

中国社会科学院近代史研究所、中国人民抗日战争史学会编《抗日战争史料丛编第2辑》第18、19卷，国家图书馆出版社，2015。

中国社会科学院近代史研究所中华民国史组编《胡适往来书信选》下册，中华书局，1980。

中央档案馆编《中共中央文件选集》第10、11、12、13、14册，中共中央党校出版社，1985、1989、1991。

中央文献研究室二部编《朱德自述》，解放军文艺出版社，2003。

《周佛海日记》上编，中国文联出版社，2003。

反戦同盟記録編集委員会編『反戦兵士物語：在華日本人反戦同盟員の記録』日本共産党中央委員会出版部、1963。

鹿地亘資料調査刊行会編『日本人民反戦同盟資料』不二出版、1994～1995。

公安調査庁『戰前の情報機構要覧：情報委員会から情報局まで』1964。

奥平康監修『言論統制文献資料集成』第20巻「戦前の情報機構要覧：情報委員会から情報局まで」日本圖書センター、1991～1992。

有山輝雄・西山武典編『同盟通信社関係し料』柏書房、1999。

『日本思想大系　55　渡辺華山・横井小楠等』岩波書店、1971。

勝部真長等編『勝海舟全集』第18巻、勁草書房、1972。

竹内好編『現代日本思想大系9アジア主義』筑摩書房、1963。

萩野富士夫編『情報局関係極秘資料』第2、7、8巻、不二出版、2003。

吉田裕監修、松野誠也編集『日本軍思想・検閲関係資料』現代史料出版社、2003。

三　专著

〔美〕埃德加·斯诺：《西行漫记》，董乐山译，三联书店，1979。

〔美〕艾·史沫特莱：《中国在反击——一个美国女人和八路军在一起》，江枫译，湖南人民出版社，1987。

〔瑞典〕达格芬·嘉图：《走向革命》，杨建立、朱永红、赵景峰译，中央党史资料出版社，1987。

戴季陶：《日本论》，民智书局，1928。

〔美〕戴维·贝尔加米尼：《日本天皇的阴谋》，张震文等译，商务印书馆，1984。

邓力群主编《纪念埃德加·斯诺》，新华出版社，1984。

丁名楠：《帝国主义侵华史》第1卷，人民出版社，1973。

〔美〕杜赞奇：《文化、权力与国家——1900～1942年的华北农村》，王福明译，江苏人民出版社，2003。

〔美〕E.G.波林编《美国军人心理学》，陈孝禅译，湖南师范学院教育系，1984。

〔美〕哈罗德·D.拉斯维尔：《世界大战中的宣传技巧》，张洁、田青译，中国人民大学出版社，2003。

韩文昌、邵玲主编《民国时期中央国家机关组织概述》，中央档案出版社，1994。

侯敬智、蒋一斌主编《中国人民解放军政治工作发展史》，国防大学出版社，1995。

江沛：《日伪“治安强化运动”研究（1941～1942）》，南开大学出版社，2006。

姜思毅主编《中国共产党军队政治工作七十年史》第2卷，解放军出版社，1991。

黎永泰：《毛泽东与美国》，云南人民出版社，1993。

李达：《抗战中的八路军一二九师》，人民出版社，1985。

〔新加坡〕李炯才：《日本：神话与现实》，张卫、傅光明译，海南出版社，1999。

林之达主编《中国共产党宣传史》，四川人民出版社，1990。

刘熙明：《伪军：强权竞逐下的卒子（1937～1949）》，台北，稻乡出版社，2002。

〔日〕内川芳美、新井直之：《日本新闻事业史》，张国良译，新华出版社，1986。

乔希章：《大将谭政》，解放军文艺出版社，1999。

裘克安编著《斯诺在中国》，三联书店，1982。

裘克人、蒋乾麟、续建宜主编《无产阶级军队政治工作思想的形成与发展》，上海人民出版社，1994。

〔美〕R. J. 史麦赫司脱：《日本军国主义的社会基础》，郭俊鉌译，台北，金禾出版社，1994。

〔日〕入谷敏男：《日本人的集团心理》，天津编译中心译，中国文史出版社，1989。

盛邦和：《东亚走向近代的精神历程——近三百年中日史学与儒学传统》，浙江人民出版社，1995。

〔日〕松本重治：《上海时代》，曹振威、沈中琦等译，上海书店出版社，2005。

孙金科：《日本人民的反战斗争》，北京出版社，1996。

汪学起、是翰生编《第四战线——国民党中央广播电台掇实》，中国文史出版社，1988。

王奇生：《党员、党权与党争：1924～1949年中国国民党的组织形态》，华文出版社，2015。

王向远：《日本对中国的文化侵略——学者、文化人的侵华战争》，昆仑出版社，2005。

王云风主编《延安大学校史》，陕西人民教育出版社，1994。

吴廷璆主编《日本史》，南开大学出版社，2004。

〔苏〕肖·阿·纳奇拉什维里：《宣传心理学》，金初高译，新华出版社，1984。

徐则浩：《从俘虏到战友：记八路军、新四军的敌军工作》，安徽人民出版社，2005。

〔日〕小林清：《在华日人反战组织史话》，社会科学文献出版社，1987。

杨奎松：《毛泽东与莫斯科的恩恩怨怨》，江西人民出版社；

杨兆麟、赵玉明：《人民大众的号角——延安（陕西）广播史话》，中国广播电视出版社，1986。

朱谦之：《日本的朱子学》，三联书店，1958。

村上啓作編述『戰争要論』陸軍大学校将校集会所、1925。

山室信一『思想課題としてのアジア』岩波書店、2001。

生方敏郎『明治大正见闻史』中央公論社、1978。

溝口雄三・浜下武志・平石直昭・宮島博史編『アジアから思考』第6巻、東京大学出版会、1994。

川勝平太・浜下武志編『アジア交易圏と日本工業化——1500—1900』リブロポート、1991。

四　论文

曹大臣：《日本占领华中初期的基层控制模式——以太仓县为中心

(1937～1940)》,《民国档案》2004年第1期。

陈志杰:《从日蒋和谈看日本的诱降政策》,《民国档案》2002年第2期。

崔莹:《抗战初期的国民政府军事委员会政治部第三厅》,《历史档案》1989年第3期。

丁则勤:《百团大战前华北日军对中共力量的认识和对策》,《抗日战争研究》1997年第3期。

范晓利:《谈民国温源宁之〈不够知己〉》,《名作欣赏》2015年第9期。

顾莹惠:《“史迪威事件”与战时中美英三角关系》,《苏州大学学报》(哲学社会科学版)2006年第1期。

哈艳秋:《回旋历史的声音(下篇)——简论日本侵华时期的日伪广播》,《中国广播》2005年第12期。

胡惠春:《汪精卫与“低调俱乐部”》,《抗日战争研究》1999年第1期。

黄兆康、项东:《抗战时期毛泽东关于友军与敌军工作的理论和实践》,《军事历史研究》1993年第5期。

金克木:《代沟的底层》,《读书》1989年第6期。

柯绛:《日本在华特务机关调查统计(1935～1936年)》,《民国档案》1996年第1期。

李良志、鲁书月:《胡乔木对抗日战争宣传与研究的贡献》,《抗日战争研究》2004年第1期。

林之达:《从党的宣传史看第一次国内革命战争的失败》,《毛泽东思想研究》2007年第1期。

刘健英:《八路军和中共中央军委政治工作机构的演变》,《抗日战争研究》1994第2期。

刘景修、张钊:《美国记者与中国抗战》,《民国档案》1989年第1期。

柳茂坤:《抗日战争时期的敌后武工队》,《抗日战争研究》1993年第2期;

罗焕章:《不能忘记的历史——读孙金科著〈日本人民的反战斗争〉》,《抗日战争研究》1997年第2期。

吕万和、崔树菊:《日本“大东亚共荣圈”迷梦的形成及其破灭》,

《世界历史》1983年第4期。

戚其章：《日本大亚细亚主义探析——兼与盛邦和先生商榷》，《历史研究》2004年第3期。

盛邦和：《19世纪与20世纪之交的日本亚洲主义》，《历史研究》2000年第3期。

孙道同：《论八路军瓦解和争取敌军的工作》，《南京政治学院学报》1995年第4期。

孙金科：《赣榆县抗日山烈士陵园》，《抗日战争研究》1993年第1期。

孙金科：《关于国统区日人反战运动的几个问题》，《贵州文史丛刊》1990年第4期。

孙金科：《关于野坂参三》，《抗日战争研究》2007年第1期。

孙金科：《国统区日本人民反战同盟》，《近代史研究》1990年第1期。

孙金科：《日本作家绿川英子的反战斗争》，《抗日战争研究》1995年第2期。

孙金科：《野坂参三没有去过华北敌占区或敌后根据地》，《抗日战争研究》1992年第2期。

孙金科：《在日本举行的"日中战争时期在华日本人反战运动国际讨论会"综述》，《抗日战争研究》1999年第2期。

孙金科：《镇远俘虏收容所纪实》，《文史天地》1995年第6期。

孙金科：《周恩来与在华日本人民反战运动》，《文史天地》1995年第5期。

王东、王志刚：《抗战期间毛泽东关于人民军队敌军工作的理论和思想》，《中州学刊》2011年第1期。

王建朗：《尘封下的真相：解读蒋介石亲自修改的一组对日议和文件》，《抗日战争研究》2004年第2期。

王林燕：《抗战期间我军对敌宣传策略浅谈》，《军事记者》2005年第12期。

王美平：《甲午战争前后日本对华观的变迁——以报刊舆论为中心》，《历史研究》2012年第1期。

王明德：《不战而屈人之兵——抗战时期中共的对敌宣传》，《台州师专学报》1997 年 2 月。

王杉：《抗日战争时期日本在华特务情报网的设置》，《西北大学学报》（哲学社会科学版）1996 年第 3 期。

王晓岚：《国际宣传处与国民政府的国际宣传》，《抗日战争研究》1998 年第 3 期。

王雪洁：《我党抗日期间对伪军的工作》，《中国档案》1995 年第 7 期。

吴景平：《蒋介石与抗战初期国民党的对日和战态度——以名人日记为中心的比较研究》，《抗日战争研究》2010 年第 2 期。

吴廷俊：《抗战外宣的主力军与领军人："国宣处"与董显光、曾虚白》，《兰州大学学报》（社会科学版）2017 年第 1 期。

武燕军：《抗战时期国民党政府的国际宣传处》，《历史档案》1990 年第 2 期。

谢增寿：《论国民政府军委政治部第三厅的起落——为纪念抗日战争爆发五十周年而作》，《南充师院学报》（哲学社会科学版）1987 年第 3 期。

徐行：《周恩来与抗战初期的政治部第三厅》，《南开学报》（哲学社会科学版）2005 年第 4 期。

徐则浩：《抗日战争中八路军、新四军的敌军工作》，《安徽史学》1987 第 3 期。

杨栋梁、王美平：《日本"早期亚洲主义"思潮辨析——兼与盛邦和、戚其章先生商榷》，《日本学刊》2009 年第 3 期。

杨奎松：《蒋介石抗日态度之研究——以抗战前期中日秘密交涉为例》，《抗日战争研究》2000 年第 4 期。

杨天石：《"桐工作"辨析》，《历史研究》2005 年第 2 期。

杨天石：《蒋介石对孔祥熙谋和活动的阻遏——抗战时期中日关系再研究之二》，《历史研究》2006 年第 5 期。

杨天石：《蒋介石亲自掌控的对日秘密谈判》，《中国社会科学院学术咨询委员会集刊》第 2 辑，社会科学文献出版社，2006。

杨天石：《蒋介石日记披露抗战期间对日密谈内幕》，《党史文苑》

2009年10月上半月。

杨天石：《抗战期间日华秘密谈判中的“姜豪工作”》，《近代史研究》2007年第1期。

杨天石：《王克敏、宋子文与司徒雷登的和平斡旋》，《中国文化》第23期，2007年8月。

姚海：《俄国革命中的德国经费问题》，《史学月刊》2012年第6期。

于景森：《抗战时期党的对敌宣传工作及其经验》，《党史博采》1995年第12期。

张国功：《世界已无叶公超——读〈叶公超传〉》，《书屋》2006年第2期。

张生：《美国文本记录的南京大屠杀》，《历史研究》2012年第5期。

张新法：《中共华北地方组织在创建抗日根据地中的地位与作用初探》，《抗日战争研究》2001年第3期。

赵国忠：《刘伯承首创敌后武工队》，《文史杂志》1999年第1期。

赵玉明：《日本侵华广播史略（上）》，《中国广播》2015年第5期。

周韬、李彩素：《论中国共产党与抗战时期的国民政府政治部第三厅》，《湖南科技大学学报》（社会科学版）2010年第2期。

周晓东：《论中共在抗日战争中的瓦解敌军工作》，《抗日战争研究》1997年第2期。

柳俪威：《中国共产党争取伪军工作述论——以晋察冀边区为例》，硕士学位论文，河北师范大学，2006。

闫妮：《抗战时期国民政府对敌舆论宣传研究》，硕士学位论文，湘潭大学，2013。

朱蓉蓉：《抗日战争时期的民间外交研究》，博士学位论文，苏州大学，2010。

坂輪宣政「日蓮信仰と戦前大陸での活動——宣撫班と八木沼丈夫を足がかりに」(第十回日蓮宗教化学研究発表大会）、『現代宗教研究』(1)、2010年3月。

伊藤桂一「新・秘めたる戦記（119）宣撫班長の仕事——藤井軍曹の体験」『丸』57（12）、2004年12月。

中村重穂「大日本軍宣撫班編『日本語會話讀本』の執筆者をめぐる一考察」『北海道大学留学生センター紀要』2002年12月。

中村重穂「宣撫班本部編『日本語會話讀本』の文献学的考察：その成立過程をめぐって」『北海道大学留学生センター紀要』2004年12月。

中村重穂「宣撫班本部編『日本語會話讀本』の文献学的考察・その2：南満洲教育会編纂教科書との比較を通して」『北海道大学留学生センター紀要』2006年12月。

中村重穂「宣撫工作としての日本語教育に関する一考察——元宣撫官への書面調査から」『日本語教育』（120）、2004年1月。

中村重穂「大日本軍宣撫班と『日本語會話讀本』——日中15年戦争期華北に於ける日本語教育の一断面」『日本語教育』（115）、2002年10月。

里見脩「同盟社の『戦時報道体制』——通信社と国家」『マス・コミュニケーション研究』第66巻、2005年。

狭間直樹「初期アジア主義についての史的考察」『東亜』第410巻、2001年。

Gordon Daniels, "Japanese Domestic Radio and Cinema Propaganda, 1937－1945: And Overview," K. R. M. Short, *Film and Radio Propaganda in World War Ⅱ*, London, Croom Helm Ltd., 1983.

图书在版编目(CIP)数据

抗日战争期间中日间的宣传战：1937－1945／翟意安著．－－北京：社会科学文献出版社，2021.4（2023.2 重印）
ISBN 978－7－5201－7980－5

Ⅰ.①抗…　Ⅱ.①翟…　Ⅲ.①抗日战争－宣传工作－研究－中国②侵华战争－宣传工作－研究－日本　Ⅳ.①K265.06②K313.460.6

中国版本图书馆 CIP 数据核字（2021）第 034378 号

抗日战争期间中日间的宣传战（1937～1945）

著　　者／翟意安

出 版 人／王利民
责任编辑／邵璐璐
责任印制／王京美

出　　版／社会科学文献出版社·历史学分社（010）59367256
地址：北京市北三环中路甲 29 号院华龙大厦　邮编：100029
网址：www.ssap.com.cn
发　　行／社会科学文献出版社（010）59367028
印　　装／唐山玺诚印务有限公司

规　　格／开　本：787mm × 1092mm　1/16
印　张：24.75　字　数：381 千字
版　　次／2021 年 4 月第 1 版　2023 年 2 月第 4 次印刷
书　　号／ISBN 978－7－5201－7980－5
定　　价／138.00 元

读者服务电话：4008918866